鉄筋コンクリート基礎構造部材の耐震設計指針(案)・同解説

AIJ Guidelines for Seismic Design
of Reinforced Concrete Foundation Members (Draft)

2017 制　定

日本建築学会

本書のご利用にあたって
本書は，作成時点での最新の学術的知見をもとに，技術者の判断に資する技術の考え方や可能性を示したものであり，法令等の補完や根拠を示すものではありません．また，本書の数値は推奨値であり，それを満足しないことがただちに建築物の安全性を脅かすものでもありません．ご利用に際しては，本書が最新版であることをご確認ください．本会は，本書に起因する損害に対しては一切を責任を有しません．

ご案内
本書の著作権・出版権は(一社)日本建築学会にあります．本書より著書・論文等への引用・転載にあたっては必ず本会の許諾を得てください．
Ⓡ〈学術著作権協会委託出版物〉
本書の無断複写は，著作権法上での例外を除き禁じられています．本書を複写される場合は，学術著作権協会（03-3475-5618）の許諾を受けてください．

　　　　　　　　　　　　　　　　　　　　一般社団法人　日本建築学会

序

　1981年の新耐震設計法では上部構造の設計に保有水平耐力計算が導入され，強度と変形性能（弾塑性挙動）を考慮して耐震設計を行うようになった．一方，基礎構造の耐震設計に関しては，1984年に通達が出され，2001年の告示化で一次設計が義務化された．また，日本建築学会「建築基礎構造設計指針（2001）」刊行や，東北地方太平洋沖地震（2011）など大地震での基礎の被害の検証などにより，上部構造同様に基礎構造においても，大地震時の性能評価が薦められてきている．しかし，基礎構造の大地震時の検証方法に関しては，建物全体の設計という観点から基礎構造を捉えた総合的な設計規準はなく，設計者は「終局時に上部構造と基礎構造を含めた建物全体がどのような崩壊形になるのか」という設計思想が少ないまま，設計方法や解析モデルを選択し，基礎構造の終局状態の検討（二次設計）を行っているケースがあると考えられる．

　基礎梁，基礎杭，パイルキャップなどの基礎構造部材に関する安全限界設計時や保有水平耐力時の設計については，本会により一部の指針（「鉄筋コンクリート造建物の終局強度型耐震設計指針・同解説（1990）」や「鉄筋コンクリート造建物の靱性保証型耐震設計指針・同解説（1999）」）を刊行するとともに，技術資料（「大断面基礎構造部材の強度・変形性能」等）が提示されてきているが，応力・変形解析を含む統一した指針などは示されていない．また，極めて稀に起こる地震時の基礎部分の地震力の設定法や明確な目標性能，およびそれを実現するためのモデル化の方法や設計のクライテリアは提示されてきていない．

　従来は，基礎梁などの地中部分を設計する際に，計算上の数値では必要ないが，剛性や強度について十分余裕を持たせるという思想のもとに，ある程度の耐震性能が確保されてきた．しかし，最近になって，基礎構造の合理化を目指す動きが活発で，高強度材料を用いた基礎杭，施工を省力化するための大径場所打ち杭，杭頭の固定度を低下させ杭頭の曲げモーメント低減を図るためのパイルキャップ工法，経済性を考慮して基礎梁断面や根入れ部分を小さくできる杭頭免震工法など，従来なかった各種工法が開発されるようになってきている．

　また，解析においては，鉄筋コンクリート構造部材等の構造体のモデル化とともに，建物周辺の地盤のモデル化が必要となる．地盤の場合，対象が自然物であり，構造部材と比較して，ばらつきが大きい場合が想定され，地盤調査の適正な精度・頻度や安全側の工学的な地盤の評価が求められる．

　以上の状況に鑑み，短期許容応力度設計で想定する地震力を超える大きな地震力に対する鉄筋コンクリート基礎構造部材の耐震設計の適切な評価方法を提示する目的で，本指針の策定にあたった．本指針においては，特に中地震時および大地震時における基礎構造の性能設計を目的として，上部構造の耐震設計と基礎構造の耐震設計を整合させて，基礎構造部材の耐震設計を行うことを意図した．

　地盤に関しては，一般的な評価方法として主に「建築基礎構造設計指針（2001）」の考え方を示している．しかし，極めて稀に起こる地震時における杭と地盤の実際の挙動については，十分なデ

ータが得られていないこともあり，地震動観測、地震被害、構造実験などの今後の研究やデータ収集が必要である．

　また，本指針は，鉄筋コンクリート部材を対象としたものであるが，その他の基礎杭として鋼管杭や外殻鋼管付き既製コンクリート杭（SC杭）についても検討を行った．しかしながら，これらの部材に関しては，十分な試験データ等を収集することができず，現状，適用対象外としている。今後の研究や知見により，本指針に示す鉄筋コンクリート部材の評価法と同等以上の性能情報をもって，本指針に適用することも考えられる．

2017年3月

日本建築学会

本書作成関係委員

――五十音順・敬称略――

構造委員会

委員長　緑川　光正
幹　事　加藤　研一　　塩原　　等　　竹脇　　出
委　員　（省略）

鉄筋コンクリート構造運営委員会

主　査　塩原　　等
幹　事　河野　　進　　田尻　清太郎　渡辺　一弘
委　員　飯塚　正義　　石川　裕次　　和泉　信之　　市之瀬　敏勝
　　　　稲井　栄一　　加藤　大介　　壁谷澤　寿一　壁谷澤　寿海
　　　　北山　和宏　　楠　　浩一　　小室　　努　　坂田　弘安
　　　　真田　靖士　　高橋　元美　　谷　　昌典　　勅使川原　正臣
　　　　西村　康志郎　西山　峰広　　蜷川　利彦　　野口　貴文
　　　　萩尾　浩也　　藤本　利昭　　前田　匡樹　　松森　泰造
　　　　向井　智久　　山野辺　宏治

鉄筋コンクリート部材性能小委員会

主　査　河野　　進
幹　事　北山　和宏
委　員　石川　裕次　　伊藤　　央　　楠原　文雄　　高橋　典之
　　　　高森　直樹　　谷　　昌典　　西村　康志郎　日比野　陽
　　　　松井　智哉　　渡辺　英義

鉄筋コンクリート基礎構造部材の耐震設計ワーキンググループ

主　査　小室　　努
幹　事　飯塚　正義　　梅村　美孝
委　員　秋田　知芳　　井川　　望　　伊藤　　央　　井上　芳生
　　　　金子　　治　　小林　勝已　　迫田　丈志　　中西　啓二
　　　　廣瀬　智治　　余川　弘至　　米澤　健次

執筆担当者

1章　　飯塚正義　　井上芳生　　小室　努　　梅村美孝

2章　　飯塚正義　　梅村美孝　　小室　努

3章　　飯塚正義　　梅村美孝　　小室　努

4章　　井川　望　　井上芳生　　梅村美孝　　金子　治
　　　　小室　努　　中西啓二

5章　　飯塚正義　　小林勝已　　迫田丈志　　廣瀬智治
　　　　余川弘至　　米澤健次

6章　　飯塚正義　　金子　治　　小林勝已　　廣瀬智治

鉄筋コンクリート基礎構造部材の耐震設計指針（案）・同解説

目　　次

本文　解説
ページ　ページ

1章　総　　則
1.1　適 用 範 囲…………………………………………………………………… 1…… 73
1.2　用　　語………………………………………………………………………… 1…… 75
1.3　記　　号………………………………………………………………………… 4…… 78

2章　材料および材料強度
2.1　使 用 材 料…………………………………………………………………… 16…… 87
2.2　材料強度・許容応力度………………………………………………………… 17…… 88
2.3　材 料 定 数…………………………………………………………………… 17…… 89

3章　耐震目標性能と確認方法
3.1　建物全体の構造システムを考慮した基礎構造部材の限界状態の定義……… 18…… 90
3.2　耐震性能の確認………………………………………………………………… 18…… 91
3.3　基礎構造の安全限界状態の確認方法………………………………………… 18…… 92

4章　耐震性能の判定
4.1　モデル化の一般原則…………………………………………………………… 18…… 94
4.2　設計カテゴリー………………………………………………………………… 19…… 96
4.3　解析モデルカテゴリー………………………………………………………… 19……100
4.4　設計の原則……………………………………………………………………… 20……104
　4.4.1　基礎構造部材の耐震性能判定…………………………………………… 20……104
　4.4.2　解析モデルカテゴリーの適用条件……………………………………… 20……107
　4.4.3　設計用地震力および設計用地盤変位…………………………………… 21……109
　4.4.4　応答値の算定……………………………………………………………… 22……120
　4.4.5　不確定性要因および応答値割増し係数………………………………… 24……124
　4.4.6　解析モデルカテゴリーの選択と応答値の割増し……………………… 24……127
4.5　部材の保証設計………………………………………………………………… 24……130

5章　基礎構造部材の保有性能と構造規定
5.1　設計用限界値の算定…………………………………………………………… 25……132
5.2　基　礎　梁……………………………………………………………………… 25……134

5.3　マットスラブ……………………………………………………27……143
　5.4　場所打ちコンクリート杭………………………………………33……152
　　5.4.1　場所打ち鉄筋コンクリート杭……………………………33……152
　　5.4.2　場所打ち鋼管コンクリート杭……………………………36……175
　5.5　既製コンクリート杭……………………………………………41……202
　　5.5.1　ＰＨＣ杭……………………………………………………41……202
　　5.5.2　ＰＲＣ杭……………………………………………………44……220
　5.6　パイルキャップ…………………………………………………47……232
　　5.6.1　場所打ちコンクリート杭のパイルキャップ……………47……232
　　5.6.2　既製コンクリート杭のパイルキャップ…………………53……256

6章　杭の諸強度と変形特性の設定

　6.1　基本事項…………………………………………………………61……282
　6.2　杭体のモデル化…………………………………………………62……282
　　6.2.1　場所打ち鉄筋コンクリート杭……………………………62……282
　　6.2.2　場所打ち鋼管コンクリート杭……………………………62……289
　　6.2.3　既製コンクリート杭………………………………………66……298
　6.3　杭周辺地盤のモデル化…………………………………………71……304

鉄筋コンクリート基礎構造部材の耐震設計指針（案）

鉄筋コンクリート基礎構造部材の耐震設計指針(案)

1章 総　　　則

1.1 適用範囲

1. 鉄筋コンクリート基礎構造部材の耐震設計指針（案）・同解説（以下，本指針）は，鉄筋コンクリート造（以下，RC 造）建物の RC 造の基礎構造部材（基礎梁，パイルキャップならびに杭等をいい，以下同様とする）の耐震設計に適用する．
2. 建物の構造種別が RC 造以外の場合でも，基礎構造部材が RC 造であれば，本指針を適用することができる．
3. 特別な調査・研究に基づく場合，本指針に示す耐震性能と同等以上の性能を確保できる範囲内で，本指針の一部の適用を除外することができる．

1.2 用　　　語

本指針の本文で使用している用語を以下のとおり定義する．

損 傷 限 界 状 態：建物に補修や補強を必要とするほどの著しい損傷が生じない限界の状態で，部材または構造物に付与する構造性能レベルに対応するクライテリアに基づいて評価する．

安 全 限 界 状 態：上部構造の空間を保持できなくなるほどの損傷または破壊に至らない限界の状態で，部材または構造物の終局限界状態に基づいて評価する．

稀に発生する地震動：生起頻度によって定められた中程度の地震動．構造物の供用期間中に1回から数回遭遇する地震動

極めて稀に発生する地震動：生起頻度によって定められた最大級の地震動．数百年に一回程度発生する可能性のある地震動

設 計 用 地 震 力：地震動により生じる構造物の慣性力を静的な力に置換した設計用の地震荷重．基礎構造の設計用地震力は，上部構造から基礎構造に伝達される構造物の慣性力を対象とする．

設 計 用 地 盤 変 位：地震動により生じる地盤変形により杭に作用する設計用地盤変位．設計用地盤変位は，地盤の地震応答解析等から算定する．

損傷限界設計用地震力：稀に発生する地震動に相当する地震力で，保有水平耐力計算等の構造計算においては，地上部の地震力算定時の標準せん断力係数 C_0 を 0.2 以上とする．

安全限界設計用地震力：極めて稀に発生する地震動に相当する地震力で，保有水平耐力計算等の構造計算においては，地上部の地震力算定時の標準せん断力係数 C_0 を 1.0 以上とする．

応　　答　　値：静的非線形解析により得られる応力と変位

限　　界　　値：実験や解析等から得られる部材の耐力と変位の限界値

設 計 用 応 答 値：応答値に割増し係数を乗じた得られる設計用の応答値

設 計 用 限 界 値：限界値に低減係数を乗じて得られる設計用の限界値

設 計 カ テ ゴ リ ー：上部構造と基礎構造とを含めた構造物全体としての崩壊モードを明確にするため，上部構造と基礎構造それぞれにおいて塑性化を許容するか，弾性内で留めるかの組合せを表現した設計分類

解析モデルカテゴリー：解析モデルにおいて，上部構造と基礎構造を一体として扱うかまたは分離して扱うか，地盤モデルを多層として扱うか一様として扱うかを表した解析モデルの分類指標．設計条件および目標性能を考慮して，設計カテゴリーから適切に解析モデルを選択し，検証を行う．

解析モデルカテゴリー①：上部構造と基礎構造を一体にした多層地盤モデルで，一体型ともいう．

解析モデルカテゴリー②：上部構造と基礎構造を分離した複数杭・多層地盤モデルで，分離型1ともいう．

解析モデルカテゴリー③：上部構造と基礎構造を分離した単杭・多層地盤モデルで，分離型2ともいう．

解析モデルカテゴリー④：上部構造と基礎構造を分離した単杭・一様地盤モデルで，分離型3ともいう．

上　部　構　造：基礎構造に対し上部構造と称し，基礎梁，またはマットスラブの下端を境界として，それよりも上の構造とする．地下階がある場合は，地下階を含む．

基　礎　構　造：上部構造に対し基礎構造と称す．直接基礎の場合は，基礎梁，またはマットスラブと基礎スラブを基礎構造とする．杭基礎の場合は，基礎梁，またはマットスラブとパイルキャップ，および杭を含め基礎構造とする．

基 礎 構 造 部 材：基礎構造を構成する部材．基礎梁，マットスラブ，基礎スラブ，パイルキャップ，杭をいう．

地　　下　　部：土に接している建物の部位

地　　下　　階：土に接している建物の階

地　　上　　部：土に接していない地下部より上の建物の部位

地　　上　　階：地下階に対し，地下階を除く地上部の建物の階

限 界 回 転 角：基礎構造部材の限界状態に対応する回転角

基　　　　　礎：直接基礎での基礎スラブ，および杭基礎でのパイルキャップと杭を総称したもの．

基　礎　ス　ラ　ブ：上部構造からの荷重を直接地盤に伝えるために設けられた直接基礎の構造部分．フーチング基礎ではフーチング部分，べた基礎ではスラブ部分

パイルキャップ：上部構造からの荷重を杭を介して地盤に伝えるために設けられた杭基礎の構造部分

杭　　　　　：パイルキャップからの荷重を地盤に伝えるため，パイルキャップ下の地盤中に設けられる柱状の構造部材

杭　基　礎：直接基礎に対するもので，パイルキャップからの荷重を，杭を介して地盤に伝える形式の基礎

既　製　杭：工場などであらかじめ製作された杭

既製コンクリート杭：高強度プレストレストコンクリート杭（PHC杭），高強度プレストレスト鉄筋コンクリート杭（PRC杭），外殻鋼管付高強度コンクリート杭（SC杭）などの総称

場所打ち鉄筋コンクリート杭：あらかじめ地盤中に削孔された孔内に，鉄筋かごを挿入した後，コンクリートを打設することによって，現場において造成される杭

場所打ち鋼管コンクリート杭（鋼管巻き場所打ちコンクリート杭）：場所打ち鉄筋コンクリート杭に鋼管を巻いた杭で，鋼管内に鉄筋を配する場合と配さない場合の二通りがある．

杭頭半剛接合：杭とパイルキャップの接合部分に回転剛性を制御する仕組みを取り入れた接合方法．変形や軸力等に応じて，回転剛性を制御し，従来の接合方法と比較し，杭頭部や基礎梁の曲げモーメントを低減させることを目的とする．

杭頭接合面：杭の最上部においてパイルキャップと接する水平面部分で，杭天端ともいう．

のみ込み部：杭がパイルキャップ内にのみ込んでいる接合部

杭　頭　部：杭全長のうち，パイルキャップ下面から$2D\sim3D$（D：杭径）程度下方にいたる範囲の部分

杭　　　体：杭全長にわたる杭本体

杭　先　端：杭の最深底部の水平面

杭　先　端　部：杭全長のうち，杭先端から$2D$（D：杭径）程度上方にいたる範囲の部分

杭　中　間　部：杭全長のうち，杭頭部と杭先端部を除いた部分

杭体接合部：既製杭どうしの継手接合部分

基　礎　梁：柱脚の変位や回転を拘束する目的で設けられた最下階の梁

マットスラブ：複数の柱および杭をつなぐ板状の基礎

液　状　化：水で飽和した砂が，振動・衝撃などによる間隙水圧の上昇のためにせん断抵抗を失う現象

信　頼　強　度：材料強度，算定式のばらつき等を考慮して終局強度の下限値として計算される断面あるいは部材の強度

上　限　強　度：材料強度，算定式のばらつき，スラブ，直交壁，施工上の配筋等，強度上昇の要因を考慮して終局強度の上限値として計算される断面あるいは部材の強度

1.3 記　　号

本指針の本文で使用している記号を，以下のとおり定義する．〔　〕内に記載の数字は，用語を使用している章，節，項を示す．

A_c：パンチング算定断面における鉛直断面積の和（mm²）〔5.3〕
　　　場所打ち鉄筋コンクリート杭の断面積（mm²）〔5.4.1〕
　　　PHC 杭のコンクリートの断面積（mm²）〔5.5.1〕〔6.2.3〕
　　　PRC 杭のコンクリートの断面積（mm²）〔5.5.2〕〔6.2.3〕
　　　柱の全主筋のうち第2危険断面（図5.6.4中の直線BCD）を横切ってから十分な定着長さを有する柱主筋の断面積の和（mm²）〔5.6.1〕
　　　場所打ち鉄筋コンクリート杭の断面積（mm²）〔6.2.1〕
A_e：PHC 杭のコンクリート換算断面積（mm²）〔5.5.1〕〔6.2.3〕
　　　PRC 杭のコンクリート換算断面積〔5.5.2〕〔5.6.2〕
A_g：主筋全断面積（mm²）〔5.4.1〕
　　　PC 鋼材および軸方向鉄筋の全断面積（mm²）〔5.5.2〕〔6.2.3〕
　　　軸方向筋（鉄筋および PC 鋼材）の全断面積（mm²）〔5.5.2〕
A_h：検討対象のパイルキャップのはかまトップ筋のうち，定着部が危険断面を横切ってから十分な定着長さを有するはかまトップ筋の断面積の和（mm²）〔5.6.1〕
A_p：PC 鋼材の全断面積（mm²）〔5.5.1〕〔6.2.3〕
A_s：水平力作用方向の杭前面のパイルキャップのせん断破壊面の水平投影面積（mm²）〔5.6.2〕
　　　軸方向鉄筋の全断面積（mm²）〔6.2.3〕
A_{ce}：検討対象のパイルキャップに接続する柱の引張側端部主筋のうち，定着部が危険断面を横切ってから十分な定着長さを有する主筋の断面積の和（mm²）〔5.6.1〕
A_{cm}：検討対象のパイルキャップに接続する柱の中間主筋のうち，定着部が危険断面を横切ってから十分な定着長さを有する中間主筋の断面積の和（mm²）〔5.6.1〕
A_{gb}：基礎梁下端筋のうち，第1危険断面（図5.6.4中の直線AC）を横切ってから十分な定着長さを有する基礎梁下端筋の断面積の和（mm²）〔5.6.1〕
A_{gu}：検討対象のパイルキャップに接続する基礎梁上端筋のうち，曲下げ定着部が危険断面を横切ってから十分な定着長さを有する上端筋の断面積の和（mm²）〔5.6.1〕
A_{gv}：基礎梁下端1段目主筋以外の曲上げ定着部分のうち，第2危険断面（図5.6.4中の直線BCD）を横切ってから十分な定着長さを有する基礎梁下端筋の断面積の和（mm²）〔5.6.1〕
A_{pc}：杭の軸方向鉄筋のうち，杭心よりも圧縮側にあり，定着部が第2危険断面（図5.6.4中の直線BCD）を横切ってから十分な定着長さを有する杭の軸方向鉄筋の断面積の和（mm²）〔5.6.1〕
A_{pt}：杭の軸方向鉄筋のうち，引張縁近傍にあり，定着部が第1危険断面（図5.6.4中の直線

　　　　AC）を横切ってから十分な定着長さを有する杭の軸方向鉄筋の断面積の和（mm²）
　　　　〔5.6.1〕
A_{qc1}：水平力作用方向の杭前面のパイルキャップのコーン状破壊面の有効投影面積（mm²）
　　　　〔5.6.2〕
$_cA$：鋼管コンクリート部内コンクリートの断面積（mm²）〔5.4.2〕〔6.2.2〕
$_rA$：鋼管コンクリート部内の杭主筋の断面積（mm²）〔6.2.2〕
$_sA$：腐食しろを考慮した鋼管の有効断面積（mm²）〔5.4.2〕〔6.2.2〕
a：柱中心から杭心までの距離（mm）〔5.6.2〕
a_t：基礎梁の引張鉄筋断面積（mm²）〔5.2〕
　　　マットスラブ有効幅 b_{sy} 内に配置された引張鉄筋断面積（mm²）〔5.3〕
　　　パンチング算定断面幅（c_2+d）内に配筋された引張鉄筋全断面積（mm²）〔5.3〕
　　　パイルキャップの引張鉄筋断面積（mm²）〔5.6.2〕
a_w：1組のせん断補強筋の断面積（mm²）〔5.2〕〔5.4.1〕〔5.5.2〕
b：基礎梁の幅（mm）〔5.2〕
　　　等価長方形断面の幅（mm）で，$b=(\pi/4)D$ としてよい．〔5.4.1〕
　　　有効断面幅〔5.5.2〕
b_{co}：柱周囲のパンチングシヤー耐力に対する算定断面の延べ長さ（mm）〔5.6.2〕
b_{po}：群杭のパイルキャップにおける杭周囲のパンチングシヤー強度算定断面の延べ長さ（mm）〔5.6.2〕
b_{sy}：損傷限界時のマットスラブ有効幅（mm）〔5.3〕
b_{su}：安全限界時のマットスラブ有効幅（mm）〔5.3〕
C_{BU}：必要保有水平耐力時ベースシヤー係数〔3.3〕
C_0：上部構造の設計用標準せん断力係数〔4.4.3〕
c：杭表面とパイルキャップ側面までの距離（mm）〔5.6.2〕
c_1：マットスラブに接続する長方形柱のせい（mm）〔5.3〕
c_2：マットスラブに接続する長方形柱の幅（mm）〔5.3〕
D：円形柱および杭の直径（mm）〔5.3〕
　　　杭直径（mm）〔5.4.1〕
　　　鋼管の直径（mm）〔5.4.2〕
　　　杭外径（mm）〔5.5.1〕〔5.5.2〕〔5.6.2〕
D_c：柱のせい〔5.6.1〕
D_g：基礎梁のせい〔5.6.1〕
D_p：パイルキャップの長さ〔5.6.1〕
D_{cp}：パイルキャップせい（mm）〔5.6.2〕
d：基礎梁の有効せい（mm）〔5.2〕〔5.6.2〕
　　　マットスラブの有効せい（mm）〔5.3〕

等価長方形断面の有効せい（mm）で，$d=0.9D$ としてよい．〔5.4.1〕

杭の有効せい（mm）〔5.5.1〕〔5.5.2〕

パイルキャップの有効せい（mm）〔5.6.2〕

d'：パンチングシヤーの破壊面を定義する長さ（mm）〔5.6.2〕

d_b：異形鉄筋の呼び名に用いた数値〔5.4.1〕〔5.4.2〕

定着鉄筋の呼び名に用いた数値（mm）〔5.4.2〕〔6.2.2〕

杭の引張鉄筋の呼び名に用いた数値〔5.6.1〕

d_p：2本杭または4本杭のパイルキャップのパンチングシヤー耐力算定用のせい（mm）で，杭天端からパイルキャップ天端までの鉛直距離〔5.6.2〕

2本杭または4本杭のパイルキャップのパンチングシヤー強度算定用のせい（mm）で，杭天端からパイルキャップ天端までの鉛直距離〔5.6.2〕

d_t：杭の引張縁から PC 鋼材までの距離（mm）〔5.5.1〕

杭体コンクリートの引張縁から軸方向鉄筋芯までの距離（mm）〔5.5.2〕

d_{ce}：検討対象のパイルキャップに接続する杭の引張側端部主筋のうち，定着部の危険断面を横切ってから十分な定着長さを有する主筋の重心位置から C 点までの水平距離（mm）〔5.6.1〕

d_{cm}：検討対象のパイルキャップに接続する柱の中間主筋のうち，定着部の危険断面を横切ってから十分な定着長さを有する中間主筋の重心位置から C 点までの水平距離（mm）〔5.6.1〕

d_{ex}：検討対象のパイルキャップに接続する杭心から C 点までの水平距離（mm）〔5.6.1〕

d_{ey}：基礎梁材軸中心位置から C 点までの鉛直距離（mm）〔5.6.1〕

d_{gx}：検討対象のパイルキャップに接続する基礎梁上端筋の曲下げ定着部の当該鉄筋重心位置から C 点までの水平距離（mm）〔5.6.1〕

d_{gy}：基礎梁下端筋のうち，第1危険断面（図 5.6.4 中の直線 AC）を横切ってから十分な定着長さを有する基礎梁下端筋の重心位置から図 5.6.4 中の C 点までの鉛直距離（mm）〔5.6.1〕

d_{hy}：検討対象のパイルキャップのはかまトップ筋のうち，定着部が危険断面を横切ってから十分な定着長さを有するはかまトップ筋の重心位置から C 点までの鉛直距離（mm）〔5.6.1〕

d_{px}：杭の軸方向鉄筋のうち，引張側近傍にあり定着部が第1危険断面（図 5.6.4 中の直線 AC）を横切ってから十分な定着長さを有する杭の軸方向鉄筋の重心位置から図 5.6.4 中の C 点までの水平距離（mm）〔5.6.1〕

d_{x2}：第2危険断面（図 5.6.4 中の直線 BCD）の水平投影長さ（mm）〔5.6.1〕

d_{y2}：第2危険断面（図 5.6.4 中の直線 BCD）の鉛直投影長さ（mm）〔5.6.1〕

E：弾性〔4.2〕

E-E：基礎梁を除く上部構造および基礎梁，杭ならびにパイルキャップの各限界設計時の設計

カテゴリーで，損傷限界設計時，安全限界設計時において上部構造および基礎構造とも弾性状態とする．〔4.2〕〔4.4.1〕〔4.4.4〕〔4.4.6〕

E-P：基礎梁を除く上部構造および基礎梁，杭ならびにパイルキャップ杭の安全限界設計時の設計カテゴリーで，基礎梁を除く上部構造および基礎梁は弾性状態，パイルキャップは未降伏かつせん断破壊を許容せず，杭は塑性（降伏）を許容〔4.2〕〔4.4.1〕〔4.4.4〕〔4.4.6〕

E_c：PRC 杭のコンクリートのヤング係数（N/mm²）〔5.5.2〕〔6.2.3〕

場所打ち鉄筋コンクリート杭のコンクリートのヤング係数（N/mm²）〔5.4.1〕〔6.2.1〕，

PHC 杭のコンクリートのヤング係数（N/mm²）で，4×10^4 する．〔6.2.3〕

PRC 杭のコンクリートのヤング係数（N/mm²）で，4×10^4 とする．〔6.2.3〕

E_p：PC 鋼材のヤング係数（N/mm²）で，2.0×10^5 とする．〔6.2.3〕

E_s：PC 鋼材および軸方向鉄筋のヤング係数（N/mm²）〔5.5.2〕

軸方向鉄筋のヤング係数（N/mm²）で，2.05×10^5 とする．〔6.2.3〕

$_cE$：鋼管コンクリート部内のコンクリートのヤング係数（N/mm²）〔6.2.2〕

$_rE$：鋼管コンクリート部内の杭主筋のヤング係数（N/mm²）〔6.2.2〕

$_sE$：鋼管のヤング係数（N/mm²）〔6.2.2〕

F：鋼管の基準強度（N/mm²）〔5.4.2〕

F_c：コンクリートの設計基準強度（N/mm²）〔2.3〕〔5.2〕〔6.2.2〕〔6.2.3〕

パイルキャップのコンクリートの設計基準強度（N/mm²）〔5.4.2〕〔5.5.1〕〔5.6.2〕〔6.2.2〕

杭のコンクリートの設計基準強度（N/mm²）〔5.4.1〕

PHC 杭のコンクリートの設計基準強度（N/mm²）〔5.5.1〕

PRC 杭のコンクリートの設計基準強度〔5.5.2〕

鋼管コンクリート部内のコンクリートの設計基準強度（N/mm²）〔6.2.2〕

f_c：PHC 杭のコンクリートの損傷限界圧縮強度（N/mm²）〔5.5.1〕

PRC 杭のコンクリートの損傷限界圧縮強度（N/mm²）〔5.5.2〕

f_b：付着割裂の基準となる強度（N/mm²）〔5.4.2〕〔6.2.2〕

f_s：コンクリートの短期許容せん断応力度（N/mm²）〔5.2〕〔5.3〕

場所打ち鉄筋コンクリート杭のコンクリートの短期許容せん断応力度（N/mm²）〔5.4.1〕

パイルキャップコンクリートの短期許容せん断応力度（N/mm²）〔5.6.2〕

f_t：引張鉄筋の短期許容引張応力度（N/mm²）〔5.2〕〔5.6.2〕

マットスラブ内に配筋された引張鉄筋の短期許容引張応力度（N/mm²）〔5.3〕

パンチング算定断面幅（c_2+d）内に配筋された引張鉄筋の短期許容引張応力度（N/mm²）〔5.3〕

PHC 杭のコンクリートの損傷限界曲げ引張強度（N/mm²）〔5.5.1〕

　　　　　PRC杭のコンクリートの損傷限界曲げ引張強度（N/mm²）〔5.5.2〕
　　　　　コンクリートの曲げ引張強度（N/mm²）〔6.2.3〕
　f_{cn}：支圧部のコンクリートの損傷限界圧縮応力度（N/mm²）〔5.5.1〕
　f_{cu}：支圧部のコンクリートの安全限界支圧強度（N/mm²）〔5.5.1〕
　f_{na}：パイルキャップのコンクリートの短期許容圧縮応力度（N/mm²）〔5.5.1〕
　${}_sf_c$：パイルキャップのコンクリートの短期許容圧縮応力度（N/mm²）〔5.6.2〕
　${}_sf_s$：鋼管の短期許容せん断応力度（N/mm²）〔5.4.2〕
　${}_wf_t$：せん断補強筋の短期許容引張応力度（N/mm²）〔5.2〕
　${}_cG$：鋼管コンクリート部内のコンクリートのせん断弾性係数（N/mm²）〔6.2.2〕
　${}_sG$：鋼管のせん断弾性係数（N/mm²）〔6.2.2〕
　H_1：地下階の地震力〔4.4.3〕
　　h：杭のパイルキャップへの埋込み長さ（mm）〔5.6.2〕
　　I：PHC杭の杭断面の断面二次モーメント（mm⁴）〔5.5.1〕
　　　　　PRC杭の杭断面の断面二次モーメント（mm⁴）〔5.5.2〕
　　I_e：PC鋼材の考慮した換算断面二次モーメント（mm⁴）〔5.5.1〕
　　　　　PC鋼材および軸方向鉄筋を考慮した換算断面二次モーメント（mm⁴）〔5.5.2〕
　　j：基礎梁の応力中心距離（mm）〔5.2〕
　　　　　応力中心距離（mm）〔5.2〕〔5.4.1〕〔5.5.2〕
　　　　　マットスラブの応力中心距離〔5.3〕
　　　　　パイルキャップの応力中心距離（mm）で，(7/8) dとしてよい．〔5.6.2〕
　K_s：鋼管コンクリート部のせん断剛性（N/mm）〔6.2.2〕
　K_v：場所打ち鉄筋コンクリート杭の軸剛性（N/mm）〔6.2.1〕
　　　　　PHC杭の軸剛性（N/mm）〔6.2.3〕
　　　　　PRC杭の軸剛性（N/mm）〔6.2.3〕
　K_{vc}：鋼管コンクリート部の圧縮時の軸剛性（N/mm）〔6.2.2〕
　K_{vt}：鋼管コンクリート部の引張時の軸剛性（N/mm）〔6.2.2〕
　$K_θ$：杭頭接合部の回転剛性（N・mm/rad）〔6.2.2〕
　k_p：引張鉄筋比による補正係数〔5.5.2〕
　k_u：断面寸法による補正係数〔5.5.2〕
　　L：杭頭の曲げモーメントMとせん断力Qの比（=M/Q）〔5.6.2〕
　L_2：鉄筋の定着長さ〔5.6.1〕
　L_d：定着鉄筋の付着長さ（mm）〔5.4.2〕〔6.2.2〕
　L_p：場所打ち鉄筋コンクリート杭の解析上の要素分割長さ（mm）〔6.2.1〕
　　　　　鋼管コンクリート部の解析上の要素分割長さ（mm）〔6.2.2〕
　　　　　PHC杭の解析上の要素分割長さ（mm）〔6.2.3〕
　　　　　PRC杭の解析上の要素分割長さ（mm）〔6.2.3〕

l, l'：杭心を結ぶ直線と直交する方向のパイルキャップの幅（mm）〔5.6.2〕

l_e, l_e'：パイルキャップのせん断有効幅（mm）〔5.6.2〕

l_p：柱フェイスから杭心までの距離（mm）〔5.6.2〕

l_x：x 方向の柱の中心距離〔5.3〕

l_y：y 方向の柱の中心距離〔5.3〕

M：設計する基礎梁の最大曲げモーメント（N・mm）〔5.2〕

　　杭に生じる最大曲げモーメント〔5.4.1〕〔5.5.1〕〔5.5.2〕

　　曲げモーメント〔6.2.1〕

M_A：マットスラブの損傷限界曲げモーメント（N・mm）〔5.3〕

M_D：マットスラブの損傷限界設計用曲げモーメント（N・mm）〔5.3〕

M_0：マットスラブの安全限界曲げ強度（N・mm）〔5.3〕

M_f：マットスラブのパンチング算定断面内の主筋により伝達される損傷限界曲げモーメント（N・mm）〔5.3〕

M_p：杭頭曲げモーメント〔5.6.1〕

M_s：パンチング算定断面の前・後面のコンクリートの直接せん断力により伝達される曲げモーメント（N・mm）〔5.3〕

　　PHC 杭の損傷限界曲げモーメント（N・mm）〔5.5.1〕

　　PRC 杭の損傷限界曲げモーメント（N・mm）〔5.5.2〕

M_t：パンチング算定断面の両側面のねじりにより伝達される曲げモーメント（N・mm）〔5.3〕

M_U：マットスラブの安全限界設計用曲げモーメント（N・mm）〔5.3〕

M_u：マットスラブの曲げ強度（N・mm）〔5.3〕

　　コンクリートの圧縮縁が限界ひずみ ε_{cu} に達するときの曲げモーメント〔6.2.3〕

M_y：PC 鋼材の引張応力度が規格降伏点に達したとき（引張降伏）の曲げモーメント〔6.2.3〕

M_{y1}：PC 鋼材が引張降伏するときの曲げモーメント〔6.2.3〕

M_{y2}：軸方向鉄筋が引張降伏するときの曲げモーメント〔6.2.3〕

M_{cr}：曲げひび割れ発生時の曲げモーメント〔6.2.3〕

　　PHC 杭の曲げひび割れモーメント（N・mm）〔6.2.3〕

　　PRC 杭の曲げひび割れモーメント（N・mm）〔6.2.3〕

$_sM_f$：マットスラブ内のパンチング算定断面幅内の主筋により伝達される安全限界曲げ強度（N・mm）〔5.3〕

$_sM_s$：パンチング算定断面の前・後面のコンクリートの直接せん断力により伝達される安全限界曲げ強度（N・mm）〔5.3〕

$_sM_t$：パンチング算定断面の両側面のねじりにより伝達される安全限界曲げ強度（N・mm）〔5.3〕

M_{aF}：引張鉄筋比が釣合い鉄筋比以下の場合の基礎梁の損傷限界曲げモーメント（N・mm）〔5.2〕

M_{am}：マットスラブの損傷限界曲げモーメント（N・mm）〔5.3〕

M_{ju}：危険断面位置を横切る有効な鉄筋によるパイルキャップの曲げ強度（N・mm）〔5.6.1〕

M_{uF}：基礎梁の曲げ終局強度（N・mm）〔5.2〕

$_aM_{cp}$：パイルキャップの損傷限界曲げモーメント（N・mm）〔5.6.2〕

$_rM_{ty}$：杭頭接合部の定着鉄筋の最外縁引張鉄筋が材料強度に達したときの曲げモーメント（N・mm）〔6.2.2〕

$_sM_{ph}$：接合法Bにおけるパイルキャップへの杭埋込み部前・後面のコンクリートの支圧による損傷限界曲げモーメント（N・mm）〔5.6.2〕

$_sM_u$：軸方向力を考慮した鋼管の全塑性モーメント（N・mm）〔5.4.2〕

$_sM_{u0}$：軸方向力が作用しないときの鋼管の全塑性モーメント（N・mm）〔5.4.2〕

$_uM_{cp}$：パイルキャップの安全限界曲げ強度（N・mm）〔5.6.2〕

$_uM_{ph}$：接合法Bにおけるパイルキャップへの杭埋込み部前・後面のコンクリートの支圧による安全限界曲げ強度（N・mm）〔5.6.2〕

$_{sc}M_u$：鋼管コンクリート部の曲げ強度（N・mm）〔5.4.2〕

M/Q：M, Qは強度算定時における最大曲げモーメントおよびせん断力〔5.2〕

$M/(Q\cdot d)$：せん断スパン比〔5.4.1〕〔5.5.2〕

N：鋼管コンクリート部に作用する軸方向力（N）〔5.4.2〕

　　設計用軸方向力（N）〔5.4.2〕

　　軸方向力（N）（圧縮力を正，引張力を負とする）〔5.5.1〕

　　軸方向力（N）（圧縮力を正とする）〔5.5.2〕

　　軸方向力〔6.6.2〕

N_0：鋼管コンクリート部の圧縮強度（N）〔5.4.2〕

N_p：検討対象のパイルキャップに接続する杭の杭頭に作用する軸方向力（N）で，圧縮力の場合を正，引張力の場合を負とする〔5.6.1〕

　　杭頭に作用する安全限界状態における軸方向力（N）で，圧縮力の場合を正，引張力の場合を負とする．〔5.6.1〕

　　杭頭軸方向力〔5.6.1〕

N_s：杭天端に作用する安全限界設計時の軸方向力（N）で，引張りの場合ゼロとする．〔5.6.2〕

N_{cu}：鋼管コンクリート部の杭軸方向圧縮強度（N）〔6.2.2〕

N_{tu}：鋼管コンクリート部の杭軸方向引張強度（N）〔6.2.2〕

$_sN_{cu}$：鋼管の圧縮強度（N）〔5.4.2〕

n：保証設計用の応力割増し係数〔4.4.4〕〔4.5〕

　　ヤング係数比（=5）〔5.5.1〕〔5.5.2〕〔6.2.3〕

P：塑性〔4.2〕

P-E：基礎梁を除く上部構造および基礎梁，杭ならびにパイルキャップの安全限界設計時の設計カテゴリーで，基礎梁を除く上部構造は塑性（降伏）を許容，基礎梁および杭は弾性（未降伏），パイルキャップは未降伏かつせん断破壊させない．〔4.2〕〔4.4.1〕〔4.4.4〕〔4.4.6〕

P-P①：基礎梁を除く上部構造および基礎梁，杭ならびにパイルキャップの安全限界設計時の設計カテゴリーで，基礎梁を除く上部構造と杭は塑性（降伏）を許容，基礎梁は弾性（未降伏），パイルキャップは未降伏かつせん断破壊させない．〔4.2〕〔4.4.1〕〔4.4.4〕〔4.4.6〕

P-P②：基礎梁を除く上部構造および基礎梁，杭ならびにパイルキャップの安全限界設計時の設計カテゴリーで，基礎梁は塑性（降伏を許容）とし基礎梁を除く上部構造および杭は塑性（降伏）・弾性（未降伏）のいずれも許容，パイルキャップは未降伏かつせん断破壊させない．〔4.2〕〔4.4.1〕〔4.4.4〕

P_x, P_y：x方向とy方向の杭間隔（mm）〔5.6.2〕

　　p_g：主筋比（％）〔5.4.1〕，軸方向鉄筋比（$=A_g/(b \cdot d)$）〔5.5.2〕

　　p_t：引張鉄筋比（％）で，$p_t=p_g/4$としてよい〔5.4.1〕．引張鉄筋比（％）〔5.2〕〔5.6.2〕
　　　　引張鉄筋比（$=p_g/4$）〔5.5.2〕

　　p_w：基礎梁のせん断補強筋比〔5.2〕，せん断補強筋比〔5.4.1〕，〔5.5.2〕

　　　Q：設計する基礎梁の最大せん断力（N）〔5.2〕
　　　　杭に生じる最大せん断力（N）〔5.4.1〕〔5.5.1〕〔5.5.2〕

　　Q_1：1階の地震層せん断力〔4.4.3〕

　　Q_f：基礎の層せん断力〔4.4.3〕

　　Q_p：検討対象のパイルキャップに接続する杭の杭頭に作用する安全限界設計時水平力（N）〔5.6.1〕
　　　　杭頭に作用する安全限界状態におけるせん断力（N）〔5.6.1〕
　　　　杭頭せん断力〔5.6.1〕

　　Q_s：場所打ち鉄筋コンクリート杭の損傷限界せん断力（N）〔5.4.1〕
　　　　場所打ち鋼管コンクリート杭の損傷限界せん断力〔5.4.2〕

　　Q_u：場所打ち鉄筋コンクリートのせん断強度（N）〔5.4.1〕
　　　　鋼管コンクリート部のせん断強度（N）〔5.4.2〕
　　　　PRC杭のせん断強度（N）〔5.5.2〕

　　Q_{AS}：PHC杭の損傷限界せん断力（N）〔5.5.1〕
　　　　PRC杭の損傷限界せん断力（N）〔5.5.2〕

　　Q_{aF}：基礎梁の損傷限界せん断力（N）〔5.2〕

　　Q_{su}：基礎梁の安全限界せん断強度（N）〔5.2〕
　　　　PHC杭のせん断強度（N）〔5.5.1〕

$_sQ_0$：軸方向力が作用しないときの鋼管のせん断強度（N）〔5.4.2〕

$_aQ_{cp}$：パイルキャップの損傷限界せん断力（N）〔5.6.2〕

$_sQ_{h1}$：パイルキャップへの杭埋込み部前面のコンクリートの短期許容せん断力（N）〔5.6.2〕

$_sQ_{ph}$：接合法 A におけるパイルキャップへの杭埋込み部の損傷限界せん断力（N）〔5.6.2〕

接合法 B におけるパイルキャップへの杭埋込み部の損傷限界せん断力（N）〔5.6.2〕

$_uQ_{cp}$：パイルキャップの安全限界せん断強度（N）〔5.6.2〕

$_uQ_{ph}$：接合法 A におけるパイルキャップへの杭埋込み部前面のコンクリートの安全限界せん断強度（N）〔5.6.2〕

接合法 B におけるパイルキャップへの杭埋込み部の安全限界せん断強度（N）〔5.6.2〕

R：鋼管の半径（mm）〔5.4.2〕

R_d：構造部材の設計用限界値（強度，変形（角））〔4.5〕

R_n：構造部材の限界値（強度，変形（角））〔4.5〕

R_u：鋼管コンクリート部の安全限界変形角（%）〔5.4.2〕

r, r'：柱幅，柱せい（mm）〔5.6.2〕

r_o：杭の外半径（mm）〔5.5.1〕〔5.5.2〕〔6.2.3〕

r_i：杭の内半径（mm）〔5.5.1〕〔5.5.2〕〔6.2.3〕

r_p：杭中心から PC 鋼材までの距離（mm）〔5.5.1〕

杭中心から軸方向鉄筋までの距離（mm）〔5.5.2〕

S：必要長さの修正係数で，直線定着する杭頭定着鉄筋の場合 1.0 とする．〔5.4.2〕〔6.2.2〕

S_o：断面芯より片側にある杭断面の断面一次モーメント（mm³）〔5.5.1〕〔5.5.2〕

S_d：構造部材の設計用応答値（応力，変形（角））〔4.5〕

S_r：静的解析から得られた構造部材の応答値（応力，変形（角））〔4.5〕

S_m：材料強度に上限強度を用いた基礎梁両端ヒンジ発生時の応力〔4.5〕

T_c：柱の全主筋のうち，第 2 危険断面（図 5.6.4 中の直線 BCD）を横切ってから十分な定着長さを有する柱主筋による引張力（N）〔5.6.1〕

T_g：地盤の弾性固有周期〔4.4.2〕

T_h：検討対象のパイルキャップのはかまトップ筋のうち，定着部が危険断面を横切ってから十分な定着長さを有するはかまトップ筋による引張力（N）〔5.6.1〕

T_{ce}：検討対象のパイルキャップに接続する柱の引張側端部主筋のうち，定着部が危険断面を横切ってから十分な定着長さを有する主筋による引張力（N）〔5.6.1〕

T_{cm}：検討対象のパイルキャップに接続する柱の中間主筋のうち，定着部が危険断面を横切ってから十分な定着長さを有する中間主筋による引張力（N）〔5.6.1〕

T_{gb}：検討対象のパイルキャップに接続する基礎梁下端筋のうち，第 1 危険断面（図 5.6.4 中の直線 AC）を横切ってから十分な定着長さを有する下端筋による引張力（N）〔5.6.1〕

1章 総　則 — 13 —

T_{gu}：検討対象のパイルキャップに接続する基礎梁上端筋のうち，曲下げ定着部が危険断面を横切ってから十分な定着長さを有する上端筋による引張力（N）〔5.6.1〕

T_{gv}：基礎梁下端1段目主筋以外の曲上げ定着部分のうち，第2危険断面（図5.4.6中の直線BCD）を横切ってから十分な定着長さを有する基礎梁下端筋による引張力（N）〔5.6.1〕

T_{pc}：杭の軸方向鉄筋のうち，杭心よりも圧縮側にあり，定着部が第2危険断面（図5.6.4中の直線BCD）を横切ってから十分な定着長さを有する杭の軸方向鉄筋による引張力（N）〔5.6.1〕

T_{pt}：杭の軸方向鉄筋のうち，引張側近傍にあり，定着部が第1危険断面（図5.6.4中の直線AC）を横切ってから十分な定着長さを有する杭の軸方向鉄筋による引張力（N）〔5.6.1〕

t：マットスラブの厚さ（mm）〔5.3〕，腐食しろを考慮した鋼管の板厚（mm）〔5.4.2〕，杭の肉厚（mm）〔5.5.1〕〔5.5.2〕

V_0：マットスラブの安全限界せん断力（N）〔5.3〕

V_A：マットスラブの損傷限界せん断力（N）〔5.3〕

V_D：マットスラブの損傷限界設計用せん断力（N）〔5.3〕

V_U：マットスラブの安全限界設計用せん断力（N）〔5.3〕

$_aV_{cp1}$：パイルキャップにおける柱周囲の損傷限界パンチングシヤー耐力（N）〔5.6.2〕

$_aV_{cp2}$：群杭のパイルキャップにおける杭周囲の損傷限界パンチングシヤー耐力（N）〔5.6.2〕

$_uV_{cp1}$：群杭のパイルキャップにおける柱周囲の安全限界パンチングシヤー強度（N）〔5.6.2〕

$_uV_{cp2}$：群杭のパイルキャップにおける杭周囲の安全限界パンチングシヤー強度（N）〔5.6.2〕

x：1組のせん断補強筋の間隔（mm）〔5.2〕〔5.4.1〕〔5.5.2〕

Z_e：換算断面係数（mm³）〔5.5.1〕

　　PC鋼材および軸方向筋を考慮した換算断面係数（mm³）〔5.5.2〕

Z_p：鋼管の塑性断面係数（mm³）〔5.4.2〕

α：基礎梁のせん断スパン比 $\dfrac{M}{Q \cdot d}$ による割増し係数〔5.2〕

　　割裂破壊に対する補正係数で，横補強筋で拘束されたコア内に定着する場合は1.0，それ以外の場合は1.25とする〔5.4.2〕〔6.2.2〕

　　杭のせん断スパン比による係数〔5.5.1〕

β：設計用限界値のための低減係数〔4.5〕

β_b：パイルキャップの形状による低減係数〔5.6.2〕

γ：コンクリートの気乾単位体積重量（kN/m³）〔2.3〕〔6.2.2〕

　　杭のコンクリートの単位体積重量（kN/m³）〔5.4.1〕

ε：軸方向ひずみ〔6.2.2〕

ε_{cu}：コンクリートの圧縮限界ひずみ〔5.4.1〕〔5.4.2〕〔6.2.3〕

限界ひずみ〔5.5.2〕
　　　　コンクリートの最外縁の圧縮限界ひずみ〔6.2.3〕
ε_{pi}：プレストレスによるPC鋼材の初期ひずみ〔6.2.3〕
ε_{pu}：PC鋼材の引張限界ひずみ〔5.5.1〕〔5.5.2〕
η：軸力比〔5.4.2〕
　　寸法効果による低減係数〔5.5.1〕
θ_y：場所打ち鋼管コンクリート杭の杭頭接合部の降伏変形角（rad）〔5.4.2〕
θ_u：場所打ち鋼管コンクリート杭の杭頭接合部の限界変形角（rad）〔5.4.2〕
$_r\theta_{ty}$：杭頭接合部の曲げモーメントが $_rM_{ty}$ に達したときの回転角（rad）〔6.2.2〕
κ：円形断面の形状係数で4/3とする．〔5.4.1〕
$_c\kappa$：鋼管コンクリート部内のコンクリートのせん断変形算定用形状係数〔6.2.2〕
$_s\kappa$：鋼管のせん断変形算定用形状係数〔5.4.2〕〔6.2.2〕
λ：付着長さの補正係数で，$\lambda=0.86$ とする．〔5.4.2〕〔6.2.2〕
μ：杭天端の摩擦係数で，0.5とする．〔5.6.2〕
ν：ポアソン比〔6.2.2〕
$_c\nu$：鋼管コンクリート部内のコンクリートのポアソン比〔6.2.2〕
$_s\nu$：鋼管のポアソン比〔6.2.2〕
ξ：場所打ち鉄筋コンクリート杭の施工の品質管理に関わる係数で，通常の施工品質管理を行う場合には0.75以下，高品質な施工管理を行う場合には1.0以下とする．〔5.4.1〕
　　場所打ち鋼管コンクリート杭の施工の品質管理に関わる係数で，通常の施工品質管理を行う場合には0.75以下，高品質な施工管理を行う場合には1.0以下とする．〔6.2.2〕
$\xi \cdot F_c$：場所打ち鉄筋コンクリート杭のコンクリートの圧縮対する材料強度（N/mm²）〔5.4.1〕〔5.4.2〕
σ_o：平均軸方向応力度（N/mm²）〔5.4.1〕〔5.5.2〕
　　軸方向力による平均軸方向応力度（N/mm²）〔5.5.1〕〔5.5.2〕
σ_B：コンクリートの圧縮強度（N/mm²）で，設計基準強度とする．〔5.3〕
σ_d：PHC杭のコンクリートの短期許容斜張応力度（N/mm²）〔5.5.1〕
　　PRC杭のコンクリートの短期許容斜張応力度（N/mm²）〔5.5.2〕
σ_e：有効プレストレス量（N/mm²）で，A種は4，B種は8，C種は10とする．〔5.5.1〕〔6.2.3〕
　　有効プレストレス量（N/mm²）〔5.5.2〕〔6.2.3〕
σ_g：有効プレストレスを考慮した軸方向応力度（N/mm²）〔5.5.1〕
　　有効プレストレス量 σ_e を考慮した平均軸方向応力度（N/mm²）〔5.5.2〕
σ_y：基礎梁主筋の規格降伏点（N/mm²）〔5.2〕
　　マットスラブ有効幅 b_{su} 内に配置された引張鉄筋の材料強度（N/mm²）〔5.3〕
　　パンチング算定断面幅（c_2+d）内に配筋された引張鉄筋の材料強度（N/mm²）〔5.3〕

引張鉄筋の規格降伏点（N/mm²）〔5.6.2〕

σ_{wy}：せん断補強筋の規格降伏点（N/mm²）〔5.2〕〔5.4.1〕〔5.5.2〕

σ_{yg}：検討対象のパイルキャップに接続する基礎梁上端筋のうち，曲下げ定着部が危険断面を横切ってから十分な定着長さを有する上端筋の材料強度（N/mm²）〔5.6.1〕

σ_{yc}：柱の全主筋のうち，第2危険断面（図5.6.4中の直線BCD）を横切ってから十分な定着長さを有する柱主筋の材料強度（N/mm²）〔5.6.1〕

σ_{yh}：検討対象のパイルキャップのはかまトップ筋のうち，定着部の危険断面を横切ってから十分な定着長さを有するはかまトップ筋の材料強度（N/mm²）〔5.6.1〕

σ_{yp}：杭の軸方向鉄筋の材料強度（N/mm²）〔5.6.1〕

σ_{yce}：検討対象のパイルキャップに接続する柱の引張側端部主筋のうち，定着部が危険断面を横切ってから十分な定着長さを有する主筋の材料強度（N/mm²）〔5.6.1〕

σ_{ycm}：検討対象のパイルキャップに接続する柱の中間主筋のうち，定着部が危険断面を横切ってから十分な定着長さを有する中間主筋の材料強度（N/mm²）〔5.6.1〕

σ_{ygb}：基礎梁下端筋のうち，第1危険断面（図5.6.4中の直線AC）を横切ってから十分な定着長さを有する基礎梁下端筋の材料強度（N/mm²）〔5.6.1〕

σ_{ygy}：基礎梁下端1段目主筋以外の曲上げ定着部分のうち，第2危険断面（図5.6.4中の直線BCD）を横切ってから十分な定着長さを有する基礎梁下端筋の材料強度（N/mm²）〔5.6.1〕

$_c\sigma_B$：鋼管コンクリート部内コンクリートの圧縮強度（N/mm²）で，設計基準強度とする．〔5.4.2〕

$_c\sigma_s$：パイルキャップのコンクリートの直接せん断強度（N/mm²）〔5.6.2〕

$_c\sigma_t$：パイルキャップのコンクリートの引張強度（N/mm²）〔5.6.2〕

$_r\sigma_y$：鋼管コンクリート部内の杭主筋の材料強度（N/mm²）〔6.2.2〕

定着鉄筋の材料強度（N/mm²）〔5.4.2〕〔6.2.2〕

$_s\sigma_y$：鋼管の材料強度（N/mm²）〔5.4.2〕〔6.2.2〕

τ_u：コンクリートの直接せん断強度（N/mm²）〔5.3〕

パイルキャップのコンクリートのせん断強度（N/mm²）〔5.6.2〕

パイルキャップのコンクリートの直接せん断強度（N/mm²）〔5.6.2〕

ϕ：不確定性を考慮した係数〔4.4.4〕

設計用応答値のための割増し係数〔4.5〕

曲率〔6.2.1〕

ϕ_{y1}：PC鋼材が引張降伏するときの曲率〔6.2.3〕

ϕ_{y2}：軸方向鉄筋が引張降伏するときの曲率〔6.2.3〕

ϕ_c：支圧による圧縮強度増大係数で，2.0以下とする．〔5.5.1〕

ϕ_u：コンクリートの最外縁の圧縮ひずみが限界圧縮ひずみ ε_{cu} に達するときの曲げモーメント時曲率〔6.2.3〕

ϕ_y：PC 鋼材が降伏するときの曲率〔6.2.3〕

　　ϕ_{cr}：曲げひび割れ発生時の曲率〔6.2.3〕

　　　　　PHC 杭の曲げひび割れ時の曲率（1/mm）〔6.2.3〕

　　　　　PRC 杭の曲げひび割れ時の曲率（1/mm）〔6.2.3〕

　　$_r\phi_{ty}$：鋼管杭の直径 +200 mm の仮想鉄筋コンクリート断面において，引張側の杭最外縁の定着鉄筋が材料強度に達したときの曲率（1/mm）〔5.4.2〕

　　　　　杭頭接合部の曲げモーメントが $_rM_{ty}$ に達したときの曲率（1/mm）〔6.2.2〕

2 章　材料および材料強度

2.1　使用材料

1.　基礎梁およびパイルキャップに使用するコンクリートの種類および品質等は，下記による．

　（1）　コンクリートの種類は普通コンクリートとするとともに，本会「建築工事標準仕様書・同解説 JASS 5 鉄筋コンクリート工事（2015）」（以下，JASS 5）に定めるところによる．

　（2）　コンクリートの調合，製造，運搬，受入れ，打込み，締固め，養生，型枠工事，品質管理および検査の方法は，JASS 5 に定めるところによる．

　（3）　コンクリートに使用する材料は，JASS 5 に規定する材料による．

2.　場所打ち鉄筋コンクリート杭および場所打ち鋼管コンクリート杭に使用するコンクリートの種類および品質等は，下記による．

　（1）　コンクリートの種類は普通コンクリートとするとともに，本会「建築工事標準仕様書・同解説 JASS 4 杭・地業および基礎工事（2009）」（以下，JASS 4）に定めるところによる．

　（2）　コンクリートの調合，製造，運搬，受入れ，打込み，締固め，養生，品質管理および検査の方法は，JASS 4 に定めるところによる．

　（3）　コンクリートに使用する材料は，JASS 4 に規定する材料による．

3.　プレキャストコンクリートの種類および品質等は，本会「建築工事標準仕様書・同解説 JASS 10 プレキャスト鉄筋コンクリート工事（2013）」（以下，JASS 10）に定めるところによる．

4.　鉄筋の種類および品質等は，JIS G 3112「鉄筋コンクリート用棒鋼」の規格に定めるところによるほか，国土交通大臣より材料の品質に関する認定を取得し，かつ強度の指定を受けたものとする．

5.　鋼材の種類および品質等は，JIS G 3136（建築構造用圧延鋼材），JIS G 3101（一般構造用圧延鋼材），JIS G 3106（溶接構造用圧延鋼材）の規格に定めたところによるほか，日本工業規格に適合するものもしくは国土交通大臣より材料の品質に関する認定を取得し，かつ強度の指定を受けたものとする．

6. 既製杭に使用する緊張材の種類および品質等は，JIS G 3109（PC鋼棒），JIS G 3536（PC鋼線およびPC鋼より線），JIS G 3137（細経異形PC鋼棒）の規格に定めたところによるほか，国土交通大臣より材料の品質に関する認定を取得し，かつ強度の指定を受けたものとする．

2.2 材料強度・許容応力度

1. コンクリートの圧縮に対する材料強度は，設計基準強度とする．なお，引張り，せん断，付着に関する材料強度を用いる場合は，建築基準法および関連規定が定める数値による．
2. 鉄筋の材料強度は，特別な場合を除き表2.2.1による．なお，同表の圧縮の数値とせん断補強以外に用いる場合の引張りの数値は，SD490を除き1.1倍以下の数値とすることができる．

表2.2.1 鉄筋の材料強度（N/mm^2）

鉄筋の種類		材料強度（N/mm^2）		
		圧縮	引張り	
			せん断補強以外に用いる場合	せん断補強に用いる場合
丸鋼	SR235	—	—	235
	SR295	—	—	295
異形鉄筋	SD295A，SD295B	295	295	295
	SD345	345	345	345
	SD390	390	390	390
	SD490	490	490	490

3. 鋼材の材料強度は，平12建告第2464号第1および第3による．なお，建築基準法施行令および告示に数値規定のない鋼材の材料強度は，国土交通大臣の認定を取得した指定強度による．
4. 緊張材の材料強度は，平13国交告第1024号による．なお，建築基準法施行令および告示に数値規定のない緊張材の材料強度は，国土交通大臣の認定を取得した指定強度による．
5. コンクリートおよび鉄筋の許容応力度は，本会「鉄筋コンクリート構造計算規準・同解説（2010）」（以下，RC規準）による．鋼材および緊張材の許容応力度は，建築基準法施行令および関連告示による．

2.3 材料定数

鉄筋とコンクリートの材料定数は，通常の場合，表2.3.1による．

表2.3.1 鉄筋とコンクリートの材料定数

材料	ヤング係数（N/mm^2）	ポアソン比	線膨張係数（1/℃）
鉄筋	2.05×10^5	—	1×10^{-5}
コンクリート	$3.35 \times 10^4 \times \left(\dfrac{\gamma}{24}\right)^2 \times \left(\dfrac{F_c}{60}\right)^{\frac{1}{3}}$	0.2	1×10^{-5}

［注］ γ：コンクリートの気乾単位体積重量（kN/m^3）で，特に調査しない場合はRC規準による．
F_c：コンクリートの設計基準強度（N/mm^2）

3章　耐震目標性能と確認方法

3.1　建物全体の構造システムを考慮した基礎構造部材の限界状態の定義

1. 基礎構造部材の損傷限界状態とは，基礎構造部材に補修や補強を必要とするほどの著しい損傷が生じない限界の状態をいう．
2. 基礎構造部材の安全限界状態とは，基礎構造部材が上部構造内の空間を保持できなくなるほどの損傷または破壊に至らない限界の状態をいう．

3.2　耐震性能の確認

基礎構造部材の耐震性能の確認は，次の（1）および（2）による．
（1）稀に発生する地震動に相当する地震力に対し，4章に記載のモデル化の方法を用いて応力および変形解析を行ない，基礎構造部材に生じる設計用応力や設計用変形（角）（変形および変形角の総称で，以下同様とする）が設計用損傷限界値を超えないことを確認する．
（2）極めて稀に発生する地震動に相当する地震力に対し，4章に記載のモデル化の方法を用いて応力および変形解析を行ない，基礎構造部材において避けるべき破壊形式や過大な応力や変形が生じないことを確認する．

3.3　基礎構造の安全限界状態の確認方法

安全限界状態の検証において，基礎構造は，上部構造の崩壊メカニズムに対し，先行して破壊（曲げ破壊およびせん断破壊）させないこととする．ただし，耐力壁を用いた構造で上部構造の耐力が高い場合（必要保有水平耐力時ベースシヤー係数 $C_{BU} \geq 0.4$）は，上部構造の必要保有水平耐力時，もしくは基礎構造に必要な保有水平耐力時に対し，基礎構造が脆性破壊（せん断破壊，曲げ圧縮破壊，斜張力破壊，パンチングシヤー破壊）しないことを確認する．この場合においても基礎構造が保有する水平耐力はベースシヤー係数にして0.4以上を確保する．

4章　耐震性能の判定

4.1　モデル化の一般原則

1. 基礎構造のモデル化においては，原則として地震時における構造物の非線形特性および地盤変形を考慮し，以下の条件を適切に評価する．
    a．上部構造と杭を含む基礎構造間の力の伝達機構および変形の連続性

b．地盤の非線形特性を考慮した杭を含む基礎構造と地盤間の力の伝達機構および変形の連続性

2．解析モデルは，原則として地盤の剛性を評価し，基礎構造と上部構造の相互作用を適切に評価するためにそれらを一体としたモデルとする．ただし，基礎構造が十分な剛性および強度を保有し，かつ適切な境界条件の設定により，上部構造と基礎構造間において力が伝達され，地震時の応力および変形を十分な精度で評価しうる場合には，上部構造と基礎構造をそれぞれ分離してモデル化してもよい．

3．杭と地盤の間の力の伝達機構を表現する水平地盤ばねは適正な評価のもと用いる．
　鉛直方向の杭先端ばねおよび鉛直方向の杭周面摩擦ばねは適正な評価のもと用いるが，適正な評価が困難な場合は，安全側と判断される解析モデル等を適切に用いて設計する．

4.2　設計カテゴリー

上部構造および基礎構造の損傷限界状態および安全限界状態の確認において，降伏を許容するかどうかおよび想定崩壊モードならびに許容する塑性化部位を明確にするために，表 4.2.1 に示す設計カテゴリーを設定する．なお，安全限界状態の確認においては，基礎構造部材のせん断破壊は原則許容しないが，設計カテゴリー P-P①，P-P②，E-P における杭で，建物の崩壊や転倒が生じないことを確認した場合は，せん断破壊を許容する．なお，パイルキャップには，曲げ降伏およびせん断破壊を許容しないこととする．

表 4.2.1　各限界設計と設計カテゴリー

	設計カテゴリー[1]	部材・部位の降伏・未降伏			
		基礎梁，マットスラブを除く上部構造	基礎梁，マットスラブ	杭	パイルキャップ
損傷限界設計時	E-E	損傷限界耐力以下	損傷限界耐力以下	損傷限界耐力以下	損傷限界耐力以下
安全限界設計時	E-E	未降伏	未降伏	未降伏	曲げ降伏およびせん断破壊を許容しない
	P-E	降伏を許容	未降伏	未降伏	
	P-P①	降伏を許容	未降伏	降伏を許容	
	P-P②	—[2]	降伏を許容	—[2]	
	E-P	未降伏	未降伏	降伏を許容	

［注］　1）設計カテゴリーを示す 2 字の英大文字の一番目は上部構造の弾性（E）か塑性（P）かを表し，二番目は基礎構造の弾性（E）か塑性（P）かを表す．なお，弾性はひび割れを許容するが，降伏していない状態のことである．
　　　2）降伏を許容，未降伏のいずれでもよい．

4.3　解析モデルカテゴリー

基礎構造部材の設計用応答値を求める解析モデルは，設計カテゴリーおよび適用条件等を考慮し，以下の解析モデルカテゴリーから選択する．
　また，解析法については，各解析モデルカテゴリーに応じて線形解析または非線形解析のいずれ

かとする．

・解析モデルカテゴリー①：上部構造・基礎構造一体，多層地盤モデル（または一体型という）
・解析モデルカテゴリー②：上部構造・基礎構造分離，多層地盤モデル（または分離型1という）
・解析モデルカテゴリー③：上部構造・基礎構造分離，単杭・多層地盤モデル（または分離型2という）
・解析モデルカテゴリー④：上部構造・構造基礎分離，単杭・一様地盤モデル（または分離型3という）

なお，上記解析モデルカテゴリー以外でも，応答値を適切に評価できるモデルは可とする．

4.4 設計の原則
4.4.1 基礎構造部材の耐震性能判定

基礎構造部材の耐震性能の判定は，目標とした耐震性能を満たすように次の手順で行う．

a．上部構造の構造計画を行い，地盤調査結果に基づき，基礎構造を計画する．
b．上部構造および基礎構造の許容できる降伏部位を定め，設計カテゴリー（E-E, P-E, P-P①，P-P②，E-P）を決定する．
c．解析モデルカテゴリー（解析モデル①，②，③，④）を選択し，適用条件を確認する．
d．上部構造部材および基礎構造部材の断面および配筋等を設定する．
e．設計用地震力および設計用地盤変位を設定する．
f．上部構造，基礎構造ならびに地盤のモデル化を行う．
g．静的非線形増分解析を行い，検定のための項目として，応力と変形（角）を算定する．
h．不確定性を配慮して応答値を割増しし，設計用応答値を定める．
i．5章に基づいて限界値を設定するとともに，適切な低減係数を乗じて設計用限界値を設定する．
j．設計用応答値が，設計用限界値を超えていないことを確かめる．
k．基礎構造部材の避けるべき破壊モードを部材レベルで防止する（部材の保証設計）．

4.4.2 解析モデルカテゴリーの適用条件

解析モデルカテゴリーの適用条件を確認する．適用条件には，下記に示す，設計，上部構造，基礎構造，地盤に関する項目がある．

（1）設　　計
　　　杭　　：杭に降伏を許容する場合は，解析モデルカテゴリー①，②，③のいずれかとする．
　　　基礎梁：基礎梁に降伏を許容する場合は，解析モデルカテゴリー①とする．
　　　引抜き抵抗：杭に引抜き力を期待する場合は，解析モデルカテゴリー①，②のいずれかとする．

浮　上　り：浮上りをモデルに取り入れる必要がある場合は，解析モデルカテゴリー①とする．
（2）上部構造
　　耐　震　壁：耐震壁直下の杭に引抜き力が生じる場合や，耐震壁付帯柱（主として最下階）の変動軸力が，長期軸力に対して，50％以上の場合は，解析モデルカテゴリー①，②のいずれかとする．
（3）基礎構造
　　杭　　　　：杭頭部もしくは杭体部に非線形特性を考慮する必要のある場合は，解析モデルカテゴリー①，②，③のいずれかとする．
　　基 礎 剛 性：基礎が剛と仮定できるほどの剛性がない場合（例えば，基礎梁せいやマットスラブの厚さが杭径の1.5倍未満の場合）は，解析モデルカテゴリー①，②のいずれかとする．
　　杭頭半剛接合：杭頭半剛接合の構法を利用した場合は，解析モデルカテゴリー①，②，③のいずれかとする．
（4）地　盤
　　地 盤 構 成：一様の弾性地盤として扱えない場合は，解析モデルカテゴリー①，②，③のいずれかとする．また，解析モデルカテゴリー①，②，③は，地盤の水平ばねを弾塑性で扱うこととする．
　　液　状　化：液状化のおそれのある場合は，解析モデルカテゴリー①，②，③のいずれかとする．
　　地 盤 周 期：地盤の弾性固有周期 T_g が，0.75秒を超える場合は，解析モデルカテゴリー①，②，③のいずれかとし，地盤変位を外力として考慮する．〔基礎指針を参照〕

4.4.3　設計用地震力および設計用地盤変位

1. 基礎構造部材の耐震性評価のための設計用荷重は，上部構造から基礎構造部材に伝達される設計用地震力（杭頭水平力，鉛直荷重），および設計用地盤変位の2つで，杭の設計用水平力は地上部から伝達される1階の地震層せん断力に基礎部や地下部の地震力を加算して算定する．
2. 設計用地震力は，損傷限界状態を確認するための稀に発生する地震動に相当する地震力（以下，損傷限界設計用地震力という），および安全限界状態を確認するための極めて稀に発生する地震動に相当する地震力（以下，安全限界設計用地震力という）とし，以下による．
（1）損傷限界設計用地震力は，上部構造の設計用標準せん断力係数 C_0=0.2以上に対応する地震力を用いる．
（2）安全限界設計用地震力は，基礎構造に要求する性能（要求性能レベル）に応じて表4.4.1に示すように設定し，各要求性能レベルに応じた設計用地震力および設計用地盤変位を表4.4.2に示す方法で算定する．

表4.4.1 基礎構造の要求性能と基礎構造設計用地震力の設定方法

要求性能レベル	基礎構造の要求性能	設計用地震力の算定方法
Ⅰ	基礎構造が先行して破壊しない	上部構造の保有水平耐力に基づく数値以上
Ⅱ	地上部の必要保有水平耐力以上，あるいは地上部の必要保有水平耐力の担保	上部構造の必要保有水平耐力に基づく数値以上
Ⅲ	設計者の設定した目標値以上の耐力確保	基礎構造の耐震目標性能に基づく数値以上

表4.4.2 基礎構造部材の設計用地震荷重の設定方法

要求性能レベル	杭頭水平力（設計用地震力）= 基礎の層せん断力Q_f = 1階の地震層せん断力 Q_1 + 地下階の地震力 H_i		地盤応答変位（設計用地盤変位）
	1階の地震層せん断力 Q_1	地下階の地震力 H_i	
Ⅰ	上部構造の保有水平耐力相当（崩壊メカニズム時もしくは限界層間変形時）の地震層せん断力以上	設定した1階の地震層せん断力に対応する設計用地下震度から設定した地震力以上	工学的基盤で定義された入力地震動による応答変位またはそれを増幅した変位
Ⅱ	上部構造の必要保有水平耐力相当の地震層せん断力以上		工学的基盤で定義された入力地震動による応答変位
Ⅲ	設計者が設定した基礎構造の耐震性能の目標値		

3. 地下階の設計用地震力は，振動特性を考慮して設定するか，要求性能を考慮して設定したベースシヤー係数に対応した適切な設計用地下震度を用いて設定する．
4. 設計用地盤変位は，工学的基盤面上の加速度応答スペクトルに基づく設計用入力地震動を用いた地震応答解析または地盤の増幅特性を適切に評価した手法により設定する．ただし，損傷限界状態設計時には考慮しなくてもよい．
5. 設計用地震力と設計用地盤変位は，建物および地盤の振動特性に基づく同時性や位相差を考慮して適切に組み合わせるものとし，原則として下記（1）および（2）による．なお，別途詳細な解析に基づく場合は，この限りでない．
（1） 建物および地盤の振動特性の違いを定量的に評価できる場合には，最大値に重み付けて組み合わせる等の方法を用いてよい．
（2） 上記以外は，設計用地震力と設計用地盤変位（あるいは等価な荷重分布）による応力の最大値が同時に生じるものとして，同時に作用させる．

4.4.4 応答値の算定

設計用地震力および設計用地盤変位に対し，4.3で選択した解析モデルカテゴリーを用いて次の（1）および（2）により応答値を算定し断面の設計・検討を行う．なお，解析モデルのモデル化

は，6.2による．

(1) 応答値の算定

各解析モデルカテゴリーの応答値は，以下による．

1) 解析モデルカテゴリー①：上部構造・基礎構造一体，多層地盤モデル（一体型）

杭，基礎梁ならびに上部構造の応答値は，同時に算定する．

2) 解析モデルカテゴリー②：上部構造・基礎構造分離モデル，多層地盤モデル（分離型1）

a) 基礎構造の剛性と引抜き抵抗力を考慮して上部構造の応答値を算定する．

b) 上記a)により求まる上部構造を支持する柱下端における応力を基礎構造の各作用位置に与え，基礎構造の応答値を算定する．

c) 基礎梁の応力は，a)とb)の応力の和とする．

3) 解析モデルカテゴリー③：上部構造・基礎構造分離，単杭，多層地盤モデル（分離型2）

解析モデルカテゴリー④：上部構造・基礎構造分離，単杭，一様地盤モデル（分離型3）

a) 基礎構造の剛性を考慮して上部構造の応答値を算定する．なお，安全側の判断として，基礎梁下をピン支持として算定してもよい．

b) 上記a)の解析により求まる上部構造の柱脚位置の応力を基礎構造の荷重として杭頭に作用させ，基礎構造の応答値を算定する．

c) 基礎梁の応力は，a)とb)の応力の和とする．

(2) 耐震性能判定のための各部位の検討

設計カテゴリーに応じて，表4.4.3および表4.4.4により断面を検討する．

表4.4.3　設計カテゴリー E-E の場合の損傷限界設計時検討条件

部材・部位	曲げと軸力に対する検討	せん断力に対する検討
・杭体 ・杭頭接合部 　（パイルキャップ） ・基礎梁	設計用損傷限界曲げモーメント $\geq \phi \cdot$ 応答曲げモーメント	設計用損傷限界せん断力 $\geq \phi \cdot$ 応答せん断力

［記号］ϕ：不確定性を考慮した係数で，損傷限界設計時の検討では1.0とする．

表4.4.4　設計カテゴリー E-E，P-E，E-P，P-P ①および P-P ②の場合の安全限界設計時検討条件

部材・部位	曲げと軸力に対する検討	せん断力に対する検討
・杭体 ・杭頭接合部 　（パイルキャップ） ・基礎梁	設計用曲げ強度 $\geq \phi \cdot$ 応答曲げモーメント	設計用せん断強度 $\geq n \cdot \phi \cdot$ （応答せん断力またはメカニズム時応力）

［記号］ϕ：不確定性を考慮した係数で，4.4.5による．
　　　　n：保証設計用の応力割増し係数で，4.5による．

4.4.5 不確定性要因および応答値割増し係数

静的非線形解析で求めた応答値(応力,変形,変形角等)に対して不確定性を考慮した割増し係数を乗じることにより、耐震性判定のための設計用応答値を算定する.

不確定性要因のうち,本指針においては,採用する解析モデル(設計カテゴリーと解析モデルカテゴリーの組合せ)に応じた割増し係数を考慮する.

4.4.6 解析モデルカテゴリーの選択と応答値の割増し

解析モデルカテゴリーごとの応答値の割増しは,設計カテゴリーを考慮し,以下の条件を適切に評価する.

(1) 一体型の解析モデル(解析モデルカテゴリー①)を採用した場合もしくは,設計カテゴリーがE-EもしくはP-Eの場合で,分離型の解析モデル(解析モデルカテゴリー②,③,④)を採用した場合.

(2) 設計カテゴリーがE-PもしくはP-P①の場合で,分離型の解析モデル(解析モデルカテゴリー②,③)を採用した場合.

4.5 部材の保証設計

1. 基礎構造部材が避けるべき破壊モード(せん断破壊や曲げ圧縮破壊等)で破壊しないことを確認するために,(4.5.1)式による保証設計を行う.ただし,基礎梁にヒンジを計画する場合は(4.5.2)式によってもよい.部材の設計用限界値の算定方法は,5章による.

$$R_d \geq n \cdot S_d \tag{4.5.1}$$

$$R_d \geq S_m \tag{4.5.2}$$

記号　R_d:構造部材の設計用限界値(強度,変形(角))で,次式による.

$$R_d = \beta \cdot R_n$$

β:設計用限界値のための低減係数〔5章参照〕

R_n:構造部材の限界値(強度,変形(角))〔5章参照〕

n:保証設計用の応力割増し係数(1.1以上とする)

S_d:構造部材の設計用応答値(応力,変形(角))で,次式による.

$$S_d = \phi \cdot S_r$$

ϕ:設計用応答値のための割増し係数〔4.4.5参照〕

S_r:静的解析から得られた構造部材の応答値(応力,変形(角))〔4.4.4参照〕

S_m:材料強度に上限強度を用いた基礎梁両端ヒンジ発生時の応力

2. パイルキャップにおいては,パイルキャップに作用する安全限界状態設計用応力の組合せに対して,過大な損傷の集中が起こらないことを確認する.また,群杭のパイルキャップにおいては,群杭が地震力に抵抗する場合,一体として見なせるために必要な強度および剛性を有することを確認する.

3. 杭体接合部においては,杭体接合部の強度が接合する杭体の強度(上下で異なる場合は小さ

い方）を上回ることを確認する．
4. 上記の各種強度・変形性能が確保されるため，5 章に示す構造規定を満足することを確認する．

5 章　基礎構造部材の保有性能と構造規定

5.1　設計用限界値の算定

1. 各限界状態における限界値算定式および低減係数は，本章による．なお，算定式に適用範囲および構造規定が示されている場合は，これらに従うものとする．
2. 各限界状態における限界値および設計用限界値の算定は，下記による．
   （1） 損傷限界値は，使用する各材料の短期許容応力度に基づいて算定する．設計用損傷限界値は，損傷限界値に低減係数を乗じて算定する．
   （2） 安全限界値は，使用する各材料の材料強度に基づいて算定する．安全限界変形（角）は，終局強度の 80％低下時点の変形（角）より設定する．設計用安全限界値は，安全限界値に低減係数を乗じて算定する．

5.2　基礎梁

1. 本節は，パイルキャップおよび柱に接合する基礎梁の各限界状態設計時における限界値の算定および設計用限界値の設定に適用する．
2. 損傷限界値の算定および損傷限界設計用限界値設定のための低減係数は，次の(1)から(3)による．
   （1） 損傷限界曲げモーメント

   基礎梁の引張鉄筋比が釣合い鉄筋比以下のときは，損傷限界曲げモーメントは（5.2.1）式によることができる．

   $$M_{aF} = a_t \cdot f_t \cdot j \tag{5.2.1}$$

   記号　M_{aF}：引張鉄筋比が釣合い鉄筋比以下の場合の基礎梁の損傷限界曲げモーメント（N・mm）

   　　　a_t：基礎梁の引張鉄筋断面積（mm^2）

   　　　f_t：引張鉄筋の短期許容引張応力度（N/mm^2）

   　　　j：基礎梁の応力中心距離で，$(7/8)d$ としてよい

   　　　d：基礎梁の有効せい（mm）

   （2） 損傷限界せん断力

   損傷限界せん断力は，原則として（5.2.2）式による．

$$Q_{aF} = bj\left\{\frac{2}{3}\alpha \cdot f_s + 0.5_w f_t(p_w - 0.002)\right\} \tag{5.2.2}$$

ただし,

$$\alpha = \frac{4}{\frac{M}{Q \cdot d} + 1} \quad \text{かつ} \quad 1 \leq \alpha \leq 2$$

記号　Q_{aF}：基礎梁の損傷限界せん断力（N）

b：基礎梁の幅（mm）．T形梁の場合はウェブの幅（mm）

j：基礎梁の応力中心距離（mm）で，(7/8)dとすることができる

d：基礎梁の有効せい（mm）

p_w：基礎梁のせん断補強筋比で，次式による．なお，p_wの値が0.012を超える場合は，0.012として損傷限界せん断力を計算する．

$$p_w = \frac{a_w}{b \cdot x}$$

a_w：1組のせん断補強筋の断面積（mm²）

x：1組のせん断補強筋の間隔（mm）

f_s：コンクリートの短期許容せん断応力度（N/mm²）

$_w f_t$：せん断補強筋の短期許容引張応力度（N/mm²）で，390を超える場合は390として損傷限界せん断力を計算する．

α：基礎梁のせん断スパン比 $\frac{M}{Q \cdot d}$ による割増し係数

M：設計する基礎梁の最大曲げモーメント（N・mm）

Q：設計する基礎梁の最大せん断力（N）

（3）低減係数

損傷限界状態における低減係数は，1.0以下とする．

3．安全限界値の算定および安全限界設計用限界値設定のための低減係数は，次の（1）から（3）による．

（1）安全限界曲げ強度

基礎梁の安全限界曲げ強度（以下，単に曲げ強度という）は，精算式によることを原則とするが，(5.2.3)式によってもよい．なお，引張側にスラブが接続する場合は，曲げ強度に有効な範囲内のスラブ筋を考慮する．

$$M_{uF} = 0.9 \cdot a_t \cdot \sigma_y \cdot d \tag{5.2.3}$$

ここで,

M_{uF}：基礎梁の曲げ終局強度（N・mm）

a_t：基礎梁の引張鉄筋断面積（mm²）

σ_y：基礎梁主筋の規格降伏点（N/mm²）

d：基礎梁の有効せい（mm）

（2） 安全限界せん断強度

基礎梁の安全限界せん断強度（以下，単にせん断強度という）は，(5.2.4) 式による．

$$Q_{su} = \left\{ \frac{0.053 p_t^{0.23}(F_c + 18)}{M/(Q \cdot d) + 0.12} + 0.85\sqrt{p_w \cdot \sigma_{wy}} \right\} b \cdot j \tag{5.2.4}$$

記号　Q_{su}：基礎梁の安全限界せん断強度（N）

p_t：引張鉄筋比（%）

F_c：コンクリートの設計基準強度（N/mm²）

M/Q：M, Q は強度算定時における最大曲げモーメントおよびせん断力（ただし，$M/(Q \cdot d)$ は $M/(Q \cdot d) < 1$ のとき 1 とし，$M/(Q \cdot d) > 3$ のとき 3 とする）（mm）

d：基礎梁の有効せい（mm）

p_w：基礎梁のせん断補強筋比

σ_{wy}：せん断補強筋の規格降伏点（N/mm²）

b：基礎梁の幅（mm）

j：応力中心距離（mm）で，$(7/8)d$ としてよい

（3） 低減係数

安全限界状態における低減係数は 1.0 とする．

4. 安全限界設計時に曲げ降伏を許容する基礎梁の安全限界変形角は，せん断強度に対する安全限界設計時の設計用せん断力の比に応じて，適切に定める．

5. 構造規定

（1） 基礎梁主筋は，本会「鉄筋コンクリート構造計算規準・同解説（2010）」（以下，RC 規準という）17 条の規定に準じて必要な定着長さを確保することとする．

（2） 基礎梁主筋の配筋は 2 段筋までを原則とするが，止むを得ない場合は有効せい d および付着特性を考慮することを条件に 3 段筋とすることができる．

6. 留意事項

（1） 基礎梁に寸法が梁せいの 1/3 以下かつ 250 mm 以下の開孔を設ける場合は，RC 規準 22 条の貫通孔周囲の補強を準用して補強する．

（2） 基礎梁に人通孔のような大きな孔を設ける場合は，開孔部分の破壊を含めた挙動を考慮して設計を行う．

（3） コンクリート打設を複数回に分けて行う場合の水平打継ぎは，JASS 5 に従って行い，一体性を損なわないようにする．

5.3 マットスラブ

1. 本節は，次の（1）～（5）を満たすマットスラブの各限界状態設計時における限界値の算定および設計用限界値の設定に適用する．

（1） 杭に直接支持され，かつ，梁形のない基礎スラブとする．

（2） 地震時に応力抵抗機構を形成する基礎スラブとする．
（3） 柱直下に杭（単杭または複数杭）が設けられた基礎スラブとする．
（4） 柱のせいまたは杭の直径は，各方向の柱中心距離の 1/20 以上とする．
（5） スパンはほぼ均等とし，地震力の作用方向の柱前後の隣接スパンにおいても，直交する両方向についても，原則として，小さい方のスパンは大きい方のスパンの 80％ 以上とする．

2. 損傷限界値および設計用損傷限界値設定のための低減係数は，次の（1）～（3）による．
 （1） 損傷限界曲げモーメント

$$M_{am} = a_t \cdot f_t \cdot j \tag{5.3.1}$$

記号　M_{am}：マットスラブの損傷限界曲げモーメント（N・mm）

　　　a_t：マットスラブ有効幅 b_{sy} 内に配置された引張鉄筋断面積（mm²）

　　　　　ただし，図 5.3.1 に示す X 方向の場合，柱間帯 $l_y/2$ に配筋された引張鉄筋断面積は，柱列帯 $l_y/2$ に配筋された引張鉄筋断面積の 3/7 を上限として，柱列帯 $l_y/2$ に配筋された引張鉄筋断面積に加算する．Y 方向も同様とする．

　　　f_t：マットスラブ内に配筋された引張鉄筋の短期許容引張応力度（N/mm²）

　　　j：マットスラブの応力中心距離（mm）で，$(7/8)d$ としてよい．

　　　d：マットスラブの有効せい（mm）

　　　b_{sy}：損傷限界時のマットスラブ有効幅は隣接する架構間の全幅とする（図 5.3.1 において，X 方向の場合は，柱列帯 $l_y/2$ に柱間帯 $l_y/2$ を，Y 方向の場合は，柱列帯 $l_x/2$ に柱間帯 $l_x/2$ を加えたもの）．

（2） 損傷限界設計時のパンチングシヤー検討用の損傷限界せん断力および損傷限界曲げモーメント

$$V_D/V_A + M_D/M_A \leq 1 \tag{5.3.2}$$

記号　V_D：マットスラブの損傷限界設計用せん断力（N）

　　　V_A：マットスラブの損傷限界せん断力（N）

　　　M_D：マットスラブの損傷限界設計用曲げモーメント（N・mm）

　　　M_A：マットスラブの損傷限界曲げモーメント（N・mm）

 1）損傷限界せん断力

$$V_A = A_c \cdot f_s \tag{5.3.3}$$

記号　V_A：マットスラブの損傷限界せん断力（N）

　　　A_c：パンチング算定断面における鉛直断面積の和（mm²）で，(5.3.4) 式による．なお，円形の柱および杭の場合は，(5.3.5) 式による．また，マットスラブ上下に接続する鉛直部材の断面が異なる場合には，上下の柱と杭における A_c の平均値を用いる．

$$A_c = 2d \cdot (c_1 + c_2 + 2d) \tag{5.3.4}$$

$$A_c = \pi d \cdot (D + d) \tag{5.3.5}$$

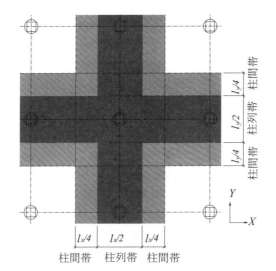

[記号] l_x：x 方向柱の中心距離，l_y：y 方向柱の中心距離

図 5.3.1　マットスラブの有効幅

t：マットスラブの厚さ（mm）

c_1：マットスラブに接続する長方形柱のせい（mm）〔図 5.3.2 参照〕

c_2：マットスラブに接続する長方形柱の幅（mm）〔図 5.3.2 参照〕

d：マットスラブの有効せい（mm）

D：円形柱および杭の直径（mm）

f_s：コンクリートの短期許容せん断応力度（N/mm²）

2) 損傷限界曲げモーメント

$$M_A = M_f + M_s + M_t \tag{5.3.6}$$

M_A：マットスラブの損傷限界曲げモーメント（N・mm）

M_f：マットスラブのパンチング算定断面内の主筋により伝達される損傷限界曲げモーメント（N・mm）で，残留ひび割れ幅 0.3 mm 程度以下となる曲げモーメントとして $M_f = \Sigma(a_t \cdot f_t \cdot j)$ とする．Σ は，柱の左右において引張りとなるスラブ上端筋とスラブ下端筋による曲げモーメントの合計を表す．

a_t：パンチング算定断面幅（$c_2 + d$）内に配筋された引張鉄筋断面積（mm²）

f_t：上記鉄筋の短期許容引張応力度（N/mm²）

j：マットスラブの応力中心距離（mm）で，$(7/8)d$ としてよい．

M_s：パンチング算定断面の前・後面のコンクリートの直接せん断力により伝達される曲げモーメント（N・mm）で，次式による．

$M_s = d \cdot (c_1 + d) \cdot (c_2 + d) \cdot f_s$　　　中柱

$M_s = d \cdot (c_1 + d) \cdot (c_2 + d/2) \cdot f_s$　　　図 5.3.2 の側柱 A

$M_s = d \cdot (c_1 + d) \cdot (c_2 + d) \cdot f_s/2$　　　図 5.3.2 の側柱 B

$$M_s = d \cdot (c_1+d) \cdot (c_2+d/2) \cdot f_s/2 \qquad \text{図5.3.2の隅柱}$$

M_t：パンチング算定断面の両側面のねじりにより伝達される曲げモーメント（N・mm）で，次式による．ただし，図5.3.2の側柱Aおよび隅柱については，十分な張出しスラブが無い場合は次式で求まる数値の1/2とする．

$$M_t = 6 \cdot d^2 \cdot [c_1+(2/3) \cdot d] \cdot f_s$$

ここで，円形断面の場合におけるc_1およびc_2については，(5.3.4)式および(5.3.5)式の関係から$[\pi(D+d)/4-d]$に置換して算定する．また，マットスラブの上下において異なる形状の鉛直断面部材が配置される場合には，各c_1およびc_2を算定し，その平均値を用いる．

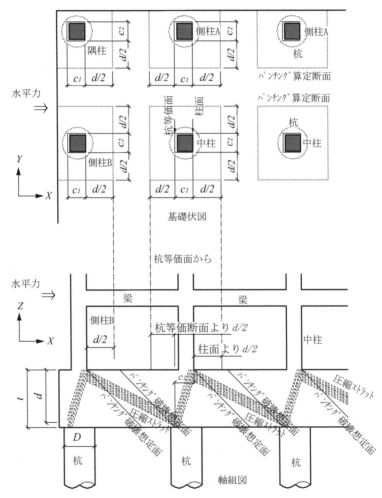

[記号]　t：マットスラブの厚さ
　　　　c_1：マットスラブに接続する長方形柱のせい
　　　　c_2：マットスラブに接続する長方形柱の幅
　　　　d：マットスラブの有効せい
　　　　D：杭の直径

図5.3.2　水平力とパンチング算定断面およびパンチング破壊想定面

（3） 損傷限界状態における低減係数

損傷限界状態における設計用限界値設定のための低減係数は，1.0以下とする．

3. 安全限界値および設計用安全限界値設定のための低減係数は，次の（1）～（3）による．

（1） 曲げ強度

マットスラブの安全限界曲げ強度は，適切な式によるか，次式による．

$$M_u = 0.9 \cdot a_t \cdot \sigma_y \cdot d \tag{5.3.7}$$

記号　M_u：マットスラブの曲げ強度（N・mm）

a_t：マットスラブ有効幅 b_{su} 内に配置された引張鉄筋断面積（mm²）

σ_y：同上鉄筋の材料強度（N/mm²）とし，JIS 鉄筋では規格降伏点の 1.1 倍を用いることができる．

d：マットスラブの有効せい（mm）

b_{su}：安全限界時のマットスラブ有効幅は隣接する架構間の全幅とする．（図 5.3.1 において，X 方向の場合は，柱列帯 $l_y/2$ に柱間帯 $l_y/2$ を，Y 方向の場合は，柱列帯 $l_x/2$ に柱間帯 $l_x/2$ を加えたもの）

（2） パンチングシヤー検討用の安全限界せん断強度および安全限界曲げ強度

$$V_U/V_0 + M_U/M_0 \leq 1 \tag{5.3.8}$$

記号　V_U：マットスラブの安全限界設計用せん断力（N）

M_U：マットスラブの安全限界設計用曲げモーメント（N・mm）

V_0：マットスラブの安全限界せん断強度（N）

M_0：マットスラブの安全限界曲げ強度（N）

1） 安全限界せん断強度

$$V_0 = A_c \cdot \tau_u \tag{5.3.9}$$

記号　V_0：マットスラブの安全限界せん断強度（N）

A_c：パンチング算定断面における鉛直断面積の和（mm²）で，（5.3.4）式による．なお，円形の柱および杭の場合は，（5.3.5）式による．また，マットスラブ上下に接続する鉛直部材の断面が異なる場合には，上下の柱と杭における A_c の平均値を用いる．

τ_u：コンクリートの直接せん断強度（N/mm²）で，次式による．

$$\tau_u = 0.335 \cdot \sqrt{\sigma_B} \ (\text{N/mm}^2)$$

σ_B：コンクリートの圧縮強度（N/mm²）で，設計基準強度とする．

2） 安全限界曲げ強度

$$M_0 = {}_sM_f + {}_sM_s + {}_sM_t \tag{5.3.10}$$

記号　M_0：マットスラブの安全限界曲げ強度（N）

${}_sM_f$：マットスラブ内のパンチング算定断面幅内の主筋により伝達される安全限界曲げ強度（N・mm）で，次式による．

$${}_sM_f = 0.9\Sigma(a_t \cdot \sigma_y \cdot d)$$ とし，Σ は，柱の左右において引張りとなるス

ラブ上端筋とスラブ下端筋による曲げ強度の合計とする．

a_t：パンチング算定断面幅（c_2+d）内に配筋された引張鉄筋断面積（mm²）

σ_y：同上引張鉄筋の材料強度（N/mm²）

d：マットスラブの有効せい（mm）

$_sM_s$：パンチング算定断面の前・後面のコンクリートの直接せん断力により伝達される安全限界曲げ強度（N・mm）で，次式による．

$_sM_s = d \cdot (c_1+d) \cdot (c_2+d) \cdot \tau_u$　　　　中柱

$_sM_s = d \cdot (c_1+d) \cdot (c_2+d/2) \cdot \tau_u$　　　図5.3.2の側柱A

$_sM_s = d \cdot (c_1+d) \cdot (c_2+d) \cdot \tau_u/2$　　　図5.3.2の側柱B

$_sM_s = d \cdot (c_1+d) \cdot (c_2+d/2) \cdot \tau_u/2$　　図5.3.2の隅柱

$_sM_t$：パンチング算定断面の両側面のねじりにより伝達される安全限界曲げ強度（N・mm）で次式による．ただし，図5.3.2の側柱Aおよび隅柱については，十分な張出しスラブが無い場合は次式で求まる数値の1/2とする．

$_sM_t = 6 \cdot d^2 \cdot [c_1+(2/3) \cdot d] \cdot \tau_u$

τ_u：コンクリートの直接せん断強度（N/mm²）で，式（5.3.9）による．

ここで，円形断面の場合におけるc_1およびc_2については，(5.3.4)式および(5.3.5)式から$[\pi(D+d)/4-d]$に置き換えて算定する．また，マットスラブの上下において異なる形状の鉛直断面部材が配置される場合には，各c_1およびc_2を算定し，その平均値を用いる．

（3）安全限界状態における低減係数

　　設計用限界値設定のための低減係数は，1.0以下とする．

4．構造規定

（1）マットスラブ各方向の全幅について，引張鉄筋のコンクリート断面積に対する割合は0.2％以上とする．

（2）柱間帯および柱列帯に配筋される引張鉄筋断面積は，それぞれについて$0.004\,b_{sy} \cdot d$以上，$0.004\,b_{su} \cdot d$以上とする．

（3）マットスラブのせん断補強筋比は，柱列帯においては0.2％以上とし，その他の部分においては0.1％以上とし，かつD13以上の鉄筋を350 mm以下，またはマットスラブ厚の1/2以下の間隔で配筋する．

（4）腹筋は，マットスラブ厚さに応じてD13以上の鉄筋を500 mm以下の間隔でX，Y両方向に配筋する．

（5）外周部や隅角部では，マットスラブの主筋を柱や杭との連続性を考慮した定着方法とする．

（6）外周部は250 mm以上の厚さの壁を設けるか，あるいははね出しスラブとする．

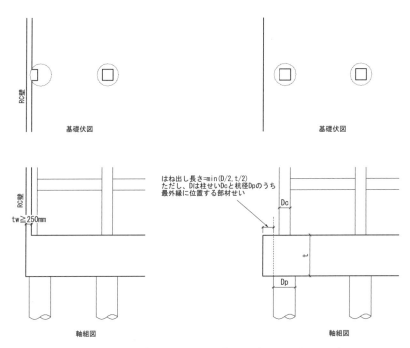

図 5.3.3 壁付マットスラブとはね出しマットスラブ

5.4 場所打ちコンクリート杭

5.4.1 場所打ち鉄筋コンクリート杭

1. 本項は，下記（1）から（3）を満たす場所打ち鉄筋コンクリート杭の限界値の算定および設計用限界値の設定に適用する．

   （1） 杭の工法および仕様は，JASS 4 による．

   （2） コンクリートは普通コンクリートとするとともに，コンクリートの設計基準強度は，21 N/mm² 以上 40 N/mm² 以下とする．鉄筋の種別は，SD295A, SD295B, SD345, SD390, SD490 および高強度せん断補強筋とする．

   （3） 杭頭接合部は，主筋をパイルキャップへ定着する方法による．

2. 限界値および設計用限界値設定のための低減係数は，下記による．

   （1） 損傷限界設計時

   1） 損傷限界曲げモーメント

   損傷限界曲げモーメントは，コンクリートおよび鉄筋の応力度とひずみの関係として線形弾性，断面のひずみ分布を直線に仮定し，圧縮縁がコンクリートの短期許容圧縮応力度（$2/3\xi \cdot F_c$, ξ, F_c は（5.4.1）式参照）に達したとき，または圧縮側鉄筋が短期許容圧縮応力度に達したとき，引張側鉄筋が短期許容引張応力度に達したときに対して求めたそれぞれの曲げモーメントのうち，最小値とする．コンクリートのヤング係数は，次式による．

   $$E_c = 3.35 \times 10^4 \times \left(\frac{\gamma}{24}\right)^2 \times \left(\frac{\xi \cdot F_c}{60}\right)^{\frac{1}{3}} \tag{5.4.1}$$

記号　　E_c：場所打ち鉄筋コンクリート杭のコンクリートのヤング係数（N/mm²）
　　　　F_c：杭のコンクリートの設計基準強度（N/mm²）
　　　　ξ：場所打ち鉄筋コンクリート杭の施工の品質管理に関わる係数で，通常の施工品質管理を行う場合には 0.75 以下，高品質な施工管理を行う場合には 1.0 以下とする．
　　　　γ：杭のコンクリートの単位体積重量（kN/m³）

2) 損傷限界せん断力

損傷限界せん断力は（5.4.2）式による．

$$Q_s = \frac{1}{\kappa} \cdot f_s \cdot A_c \tag{5.4.2}$$

記号　　Q_s：場所打ち鉄筋コンクリート杭の損傷限界せん断力（N）
　　　　κ：円形断面の形状係数で 4/3 とする
　　　　f_s：場所打ち鉄筋コンクリート杭のコンクリートの短期許容せん断応力度（N/mm²）で，次式による．

$$f_s = \min\left\{ 1.5\,\xi\left(\frac{F_c}{30}\right),\ 1.5\,\xi\left(0.49 + \frac{F_c}{100}\right) \right\}$$

　　　　A_c：場所打ち鉄筋コンクリート杭の断面積（mm²）

3) 低減係数

設計用損傷限界値算定用の低減係数は，曲げモーメントおよびせん断力とも 1.0 以下とする．

(2) 安全限界設計時

1) 曲げ強度

場所打ち鉄筋コンクリートの曲げ強度は，応力度とひずみの関係をコンクリートについては e 関数法などの適切な方法で，鉄筋については材料強度を折れ点とするバイリニアで設定し，断面の平面保持を仮定した曲げ解析によって算定する．コンクリートの圧縮縁のひずみが圧縮限界ひずみ ε_{cu} に達したときの曲げモーメントを，曲げ強度とする．なお，コンクリートの圧縮に対する材料強度は $\xi \cdot F_c$〔ξ，F_c は（5.4.1）式参照〕とし，圧縮限界ひずみ ε_{cu} は 0.003 とする．軸方向力を杭の断面積で除した平均軸方向応力度 σ_0（N/mm²）の範囲は，$-0.05\,\xi \cdot F_c$ 以上かつ $(1/3)\,\xi \cdot F_c$ 以下とする（ただし圧縮を正とする）．

2) せん断強度

場所打ち鉄筋コンクリート杭のせん断強度は，円形断面を等価長方形断面に置換した（5.4.3）式で算定する．

$$Q_u = \left[\frac{0.053\,p_t^{0.23}(18 + \xi \cdot F_c)}{M/(Q \cdot d) + 0.12} + 0.85\sqrt{p_w \cdot \sigma_{wy}} + 0.1\,\sigma_0 \right] b \cdot j \tag{5.4.3}$$

記号　　Q_u：場所打ち鉄筋コンクリートのせん断強度（N）

$M/(Q \cdot d)$：せん断スパン比で，1.0以下の場合には1.0，3.0以上の場合には3.0とする．

M：杭に生じる最大曲げモーメント（N・mm）

Q：杭に生じる最大せん断力（N）

d：等価長方形断面の有効せい（mm）で，$d=0.9D$としてよい．

D：杭直径（mm）

p_t：引張鉄筋比（％）で，$p_t=p_g/4$としてよい．

p_g：主筋比（％）（$p_g = \dfrac{100 A_g}{b \cdot d}$）

A_g：主筋全断面積（mm²）

b：等価長方形断面の幅（mm）で，$b=(\pi/4)D$としてよい．

ξ, F_c：(5.4.1)式の記号の説明による．

p_w：せん断補強筋比（$p_w = \dfrac{a_w}{b \cdot x}$）

a_w：1組のせん断補強筋の断面積（mm²）

x：せん断補強筋のピッチ（mm）

σ_{wy}：せん断補強筋の規格降伏点（N/mm²）

σ_0：平均軸方向応力度（N/mm²）で，圧縮を正とし，0以上かつ$(1/3)\xi \cdot F_c$以下とする．

j：応力中心距離（mm）で，$j=(7/8)d$としてよい．

3） 低減係数

設計用曲げ強度算定用の低減係数は0.95以下とする．設計用せん断強度算定用の低減係数は0.8以下とする．

3. 杭頭部における安全限界状態設計用の曲げ降伏後の限界塑性変形角は，原則として1/100以下とする．ただし，平均軸方向応力度σ_0（N/mm²）の範囲は0以上かつ$(1/3)\xi \cdot F_c$以下，主筋比は1.8％以下とする．なお，実験等により限界塑性変形角を求める場合には，当該数値によることができる．

4. 構造規定

（1） 主筋を重ね継手とする場合は，$40 d_b$以上（d_b：異形鉄筋の呼び名に用いた数値）とする．

（2） 曲げ降伏を許容する部分では，主筋にせん断補強筋等を溶接してはならない．

（3） 主筋を束ねる場合，2本以下とする．

（4） 主筋は，一段配筋とする．

（5） 主筋比p_gは，0.6％以上とする．ただし，杭頭から杭直径の5倍より深い範囲では，0.4％以上としてよい．

（6） せん断補強筋はD10以上の異形鉄筋を用いる．原則として杭頭から杭直径の5倍の深

さまでの範囲においては，せん断補強筋の間隔を 150 mm 以下とし，かつせん断補強筋比 p_w を 0.1% 以上とする．杭頭から杭直径の 5 倍より深い範囲では，せん断補強筋の間隔を 300 mm 以下としてよい．

5.4.2　場所打ち鋼管コンクリート杭

1. 本項は，下記の（1）から（5）を満たす場所打ち鋼管コンクリート杭および杭頭接合部の限界値の算定，安全限界変形角の設定，設計用限界値および設計用安全限界変形角を設定するための低減係数の設定に適用する．
   （1）鋼管と鋼管内コンクリートの合成断面が，外力に対して一体挙動することが確認された工法で，施工管理方法が確立し，かつ，適切な管理の下で施工される工法とする．
   （2）原位置地盤の掘削方法は，アースドリル工法，リバースサーキュレーション工法，オールケーシング工法とする．
   （3）コンクリートは普通コンクリートとするとともに，コンクリートの設計基準強度は，21 N/mm² 以上 40 N/mm² 以下とする．鉄筋の種別は，SD295A，SD295B，SD390，SD490 および国土交通大臣の認定を取得した高強度せん断補強筋とし，鋼管は SKK400，SKK490 とする．
   （4）鋼管の現場継手は，適切な管理の下で施工される溶接継手とする．
   （5）杭頭接合部は，定着鉄筋にてパイルキャップに定着する接合方法とする．これ以外の接合方法を用いる場合は，信頼できる資料等によるものとする．

2. 杭体の限界値および設計用限界値設定のための低減係数は，下記（1）および（2）による．
   （1）損傷限界状態
      損傷限界状態における鋼管コンクリート部の限界値（損傷限界曲げモーメント，損傷限界せん断力）は，下記（ⅰ）および（ⅱ）による．なお，鋼管の腐食しろは，施工法に応じて適宜考慮する．また，鉄筋コンクリート部の限界値は，5.4.1 による．
   （ⅰ）損傷限界曲げモーメント
      損傷限界曲げモーメントは，鋼管および鋼管コンクリート部内のコンクリートならびに鋼管内に主筋が配置されている場合は主筋の応力度とひずみの関係として線形弾性，断面のひずみ分布を直線に仮定し，下記①から⑤に対して求めた曲げモーメントのうちの最小値とする．
      ①鋼管の圧縮縁が短期許容圧縮応力度に達したとき
      ②コンクリートの圧縮縁が短期許容圧縮応力度に達したとき
      　ただし，コンクリートの短期許容圧縮応力度は，$2/3 \cdot \xi \cdot F_c$〔$\xi \cdot F_c$ は（5.4.1）式参照〕とする．
      ③圧縮側鉄筋が短期許容圧縮応力度に達したとき
      ④鋼管の引張縁が短期許容引張応力度に達したとき
      ⑤引張側鉄筋が短期許容引張応力度に達したとき

なお，鋼管の短期許容応力度は基準強度 F とし，鋼管コンクリート部内のコンクリートの短期許容圧縮応力度は 5.4.1 項に，主筋の短期許容応力度は 2.2 節による．

(ii) 損傷限界せん断力

損傷限界せん断力は，(5.4.4) 式による．

$$Q_s = \frac{1}{{}_s\kappa} \cdot {}_sf_s \cdot {}_sA \tag{5.4.4}$$

記号　Q_s：場所打ち鋼管コンクリート部の損傷限界せん断力 (N)

　　　${}_s\kappa$：鋼管のせん断変形算定用形状係数で，次式による．

$$\qquad {}_s\kappa = 2.0$$

　　　${}_sf_s$：鋼管の短期許容せん断応力度 (N/mm^2) で，次式による．

$$\qquad {}_sf_s = \frac{F}{\sqrt{3}}$$

　　　F：鋼管の基準強度 (N/mm^2)

　　　${}_sA$：腐食しろを考慮した鋼管の有効断面積 (mm^2)

(iii) 設計用限界値算定のための低減係数

設計用限界値算定のための低減係数は，損傷限界曲げモーメントおよび損傷限界せん断力とも 1.0 以下とする．

(2) 安全限界状態

安全限界状態における鋼管コンクリート部の圧縮ひずみの限界値（曲げ強度，せん断強度）は，下記 (i) および (ii) による．なお，鋼管の腐食しろは，施工法に応じて適宜考慮する．また，鉄筋コンクリート部の限界値は，5.4.1 による．

(i) 曲げ強度

曲げ強度は，応力度とひずみの関係を鋼管については材料強度を折れ点として引張強さの 85% 強度を限界値とするバイリニア，鋼管コンクリート部内のコンクリートについては e 関数法等，鋼管内に主筋が配置されている場合の杭主筋については材料強度を折れ点とするバイリニアの骨格曲線で設定し，断面の平面保持を仮定した方法により算定する．このとき，曲げ強度は，鋼管の圧縮縁の応力度が引張強さの 85% 強度に達したとき，または圧縮側コンクリートが圧縮限界ひずみ ε_{cu} に達したときの曲げモーメントのうち，小さい方の数値とする．ただし，コンクリートの圧縮に対する材料強度は $\xi \cdot F_c$〔$\xi \cdot F_c$ は (5.4.1) 式参照〕とし，圧縮限界ひずみ ε_{cu} は 0.003 とする．軸方向力を杭の換算断面積（コンクリート断面に鋼管の有効断面積にヤング係数比を乗じた数値を加算した数値．なお，鉄筋を配した場合は，鉄筋の断面積にヤング係数比を乗じた数値をさらに加算する）で除した平均軸方向応力度 σ_0 の範囲は，$-0.07\xi \cdot F_c$ 以上かつ $0.15\xi \cdot F_c$ 以下とする（ただし圧縮を正とする）．

(ii) せん断強度

せん断強度は，(5.4.5) 式による．

$$Q_u = {}_sQ_0\sqrt{1-\eta^2} \cdot \frac{{}_{sc}M_u}{{}_sM_u} \tag{5.4.5}$$

記号　　Q_u：鋼管コンクリート部のせん断強度（N）

${}_sQ_0$：軸方向力が作用しないときの鋼管のせん断強度（N）で，次式による．

$$ {}_sQ_0 = \frac{2t(D-t){}_s\sigma_y}{\sqrt{3}} $$

D：鋼管の直径（mm）

t：腐食しろを考慮した鋼管の板厚（mm）

${}_s\sigma_y$：鋼管の材料強度（N/mm^2）

η：軸力比で，次式による．

$$ \eta = \frac{N}{{}_sN_{cu}} $$

N：設計用軸方向力（N）

${}_sN_{cu}$：鋼管の圧縮強度（N）で，次式による．

$$ {}_sN_{cu} = {}_s\sigma_y \cdot {}_sA $$

${}_sA$：腐食しろを考慮した鋼管の有効断面積（mm^2）

${}_{sc}M_u$：鋼管コンクリート部の曲げ強度（N・mm）

${}_sM_u$：軸方向力を考慮した鋼管の全塑性モーメント（N・mm）で，次式による．

$$ {}_sM_u = {}_sM_{u0} \cos\frac{\pi \cdot \eta}{2} $$

${}_sM_{u0}$：軸方向力が作用しないときの鋼管の全塑性モーメント（N・mm）で，次式による．

$$ {}_sM_{u0} = Z_p \cdot {}_s\sigma_y $$

Z_p：鋼管の塑性断面係数（mm^3）で，次式による．

$$ Z_p = \frac{4}{3}R^3\left\{1-\left(1-\frac{t}{R}\right)^3\right\} $$

R：鋼管の半径（mm）

（ⅲ）　設計用限界値算定のための低減係数

設計用曲げ強度算定のための低減係数は 0.95 以下とし，設計用せん断強度算定のための低減係数は 0.8 以下とする．

3．杭体の安全限界変形角および設計用安全限界変形角設定用の低減係数は，原則として下記（1）および（2）による．ただし，実験等により安全限界変形角および設計用安全限界変形角を求める場合は，当該数値によることができる．また，鉄筋コンクリート部の安全限界変形角および設計用安全限界変形角設定用の低減係数は，5.4.1 項による．

（1）　安全限界変形角

鋼管コンクリート部の安全限界変形角は，(5.4.6) 式による．

$$R_u = 7.5 - \frac{{}_c\sigma_B - 39}{55} - 0.05 \frac{D}{t}\sqrt{\frac{{}_s\sigma_y}{324}} - 5.0\frac{N}{N_0} \tag{5.4.6}$$

記号　R_u：鋼管コンクリート部の安全限界変形角（%）

　　　　t：腐食しろを考慮した鋼管の板厚（mm）

　　　　D：鋼管の直径（mm）

　　　　N：鋼管コンクリート部に作用する軸方向力（N）

　　　　N_0：鋼管コンクリート部の圧縮強度（N）で，次式による．

$$N_0 = {}_sA \cdot {}_s\sigma_y + {}_cA \cdot {}_c\sigma_B$$

　　　　${}_sA$：腐食しろを考慮した鋼管の有効断面積（mm²）

　　　　${}_s\sigma_y$：鋼管の材料強度（N/mm²）

　　　　${}_cA$：鋼管コンクリート部内のコンクリートの断面積（mm²）

　　　　${}_c\sigma_B$：鋼管コンクリート部内のコンクリートの圧縮強度（N/mm²）で，設計基準強度とする．

（2）　設計用安全限界変形角設定用の低減係数

　　　鋼管コンクリート部の設計用安全限界変形角を設定するための低減係数は，0.95 以下とする．

4．杭頭接合部の限界値および設計用限界値設定のための低減係数は，下記（1）から（3）による．ただし，パイルキャップコンクリートの材料強度は F_c とし，圧縮限界ひずみ ε_{cu} は 0.003 とする．

（1）　損傷限界曲げモーメント

　　　杭頭接合部の損傷限界曲げモーメントは，圧縮側における杭頂部の局所抵抗を考慮し，引張側の応力度分布を中立軸からの距離により補正した接合面での応力度分布（以下，接合面での補正応力度分布という）を用いて，平面保持を仮定した場所打ちコンクリート杭の損傷限界曲げモーメントの算定方法に準じて算定する．ただし，接合面での補正応力度分布を適切に設定できない場合は，接合部を鋼管の直径 +200 mm の仮想鉄筋コンクリート断面として損傷限界曲げモーメントを算定してもよい．

（2）　曲げ強度

　　　杭頭接合部の曲げ強度は，接合面での補正応力度分布を用いて，平面保持を仮定した場所打ちコンクリート杭の曲げ強度の算定方法に準じて算定する．ただし，接合面での補正応力度分布を適切に設定できない場合は，杭頭接合部を鋼管の直径 +200 mm の仮想鉄筋コンクリート断面として曲げ強度を算定してもよい．

（3）　設計用限界値設定のための低減係数

　　　設計用限界値算定のための低減係数は，損傷限界曲げモーメントについては 1.0 以下，曲げ強度については 0.95 以下とする．

5．杭頭接合部の安全限界変形角および設計用安全限界変形角設定用の低減係数は，下記（1）および（2）または実験により定める．ただし，パイルキャップコンクリートの材料強度は

F_c とし,圧縮限界ひずみ ε_{cu} は 0.003 とする.

(1) 安全限界変形角

杭頭接合部の安全限界変形角は,接合面での補正応力度分布を用いて,平面保持を仮定した場所打ちコンクリート杭の曲げ強度の算定方法を用いて算定する.ただし,接合面での補正応力度分布を適切に設定できない場合は,接合部を鋼管の直径 +200 mm の仮想鉄筋コンクリート断面として安全限界変形角を算定してもよい.

$$\theta_u = 15 \times \theta_y \tag{5.4.7}$$

記号　θ_u:場所打ち鋼管コンクリート杭の杭頭接合部の限界変形角 (rad)

θ_y:場所打ち鋼管コンクリート杭の杭頭接合部の降伏変形角 (rad) で,次式による.

$$\theta_y = {}_r\phi_{ty} \cdot L_d$$

${}_r\phi_{ty}$:鋼管の直径 +200 mm の仮想鉄筋コンクリート断面において,引張側最外縁の定着鉄筋が材料強度に達したときの曲率 (mm^{-1})

L_d:定着鉄筋の付着長さ (mm) で,次式による.

$$L_d = \lambda \cdot \alpha \cdot \frac{S \cdot {}_r\sigma_y \cdot d_b}{10 \cdot f_b}$$

λ:付着長さの補正係数で,$\lambda = 0.86$ とする.

α:割裂破壊に対する補正係数で,横補強筋で拘束されたコア内に定着する場合は 1.0,それ以外の場合は 1.25 とする.

S:必要長さの修正係数で,直線定着する定着鉄筋の場合 1.0 とする.

${}_r\sigma_y$:定着鉄筋の材料強度 (N/mm^2)

d_b:定着鉄筋の呼び名に用いた数値 (mm)

f_b:付着割裂の基準となる強度 (N/mm^2) で,次式による.

$$f_b = \frac{F_c}{40} + 0.9$$

F_c:パイルキャップコンクリートの設計基準強度 (N/mm^2)

(2) 安全限界変形角設定用の低減係数

設計用安全限界変形角を設定するための低減係数は,0.95 以下とする.

6. 構造規定は,下記 (1) から (5) による.

(1) 鋼管の直径は 600 mm 以上 2 500 mm 以下とする.

(2) 鋼管の板厚は 6 mm 以上かつ鋼管の直径の 1/100 以上とする.

(3) 鋼管の長さは,原則として鋼管の直径の 5 倍以上とする.なお,鋼管と鋼管内コンクリートの合成断面が外力に対して一体挙動することが確認できる場合は,この限りではない.

(4) 鉄筋コンクリート部の主筋と鋼管の重ね継手は,原則として $45\,d_b$ 以上 (d_b:異形鉄筋の呼び名に用いた数値) とする.なお,外力により杭体に生じる応力が継手部を通して鋼管コンクリート部および鉄筋コンクリート部に伝達することが確認できる場合は,この限

りではない．
(5) 鉄筋コンクリート部の構造規定は，5.4.1項の構造規定に準じる．

5.5　既製コンクリート杭
5.5.1　PHC杭

1. 本項は，下記の（1）から（3）を満たす高強度プレストレストコンクリート杭（以下，PHC杭という）の限界値の算定および設計用限界値の設定に適用する．
   (1) PHC杭の材料および品質は，JIS A 5373（プレキャストプレストレストコンクリート製品）または指定性能評価機関等の評定基準等を満たすものとする．杭体のコンクリートの設計基準強度は，$80\ \text{N/mm}^2$ 以上 $105\ \text{N/mm}^2$ 以下とする．
   (2) PHC杭に作用する軸方向力は，ゼロまたは圧縮力とする．
   (3) 杭どうしの接合部は，安全限界設計時の軸方向力，曲げモーメントならびにせん断力を確実に伝達できるものとする．
   (4) 杭頭接合部は，杭頭部に接合した定着筋をパイルキャップに定着する接合方法（以下，接合法Aという），または杭頭部をパイルキャップに埋め込む接合方法（以下，接合法Bという）とする．

2. PHC杭の限界値および設計用限界値設定のための低減係数は，下記（1）および（2）による．
   (1) 損傷限界設計時
   (ⅰ) 損傷限界曲げモーメントは，（5.5.1）式による．

$$M_s = \min\left\{ Z_e\left(f_t + \sigma_e + \frac{N}{A_e}\right),\ Z_e\left(f_c - \sigma_e - \frac{N}{A_e}\right)\right\} \tag{5.5.1}$$

　　　記号　　M_s：PHC杭の損傷限界曲げモーメント（N・mm）
　　　　　　Z_e：換算断面係数（mm³）で，次式による．
$$Z_e = I_e / r_o$$
　　　　　　I_e：PC鋼材を考慮した換算断面二次モーメント（mm⁴）で，次式による．
$$I_e = I + \frac{1}{2} \cdot n \cdot A_p \cdot r_p^2$$
　　　　　　I：PHC杭の断面二次モーメント（mm⁴）で，次式による．
$$I = \pi(r_o^4 - r_i^4)/4$$
　　　　　　r_o：杭の外半径（mm）
　　　　　　r_i：杭の内半径（mm）
　　　　　　n：ヤング係数比（=5）
　　　　　　A_p：PC鋼材の全断面積（mm²）
　　　　　　r_p：杭中心からPC鋼材までの距離（mm）
　　　　　　f_t：PHC杭のコンクリートの損傷限界曲げ引張強度（N/mm²）で，次式によ

る．

$$f_t = \min(\sigma_e/2, 5)$$

σ_e：有効プレストレス量（N/mm²）で，A種は4，B種は8，C種は10とする．

f_c：PHC杭のコンクリートの損傷限界圧縮強度（N/mm²）で，次式による．

$$f_c = F_c \times 2/3.5$$

F_c：PHC杭のコンクリートの設計基準強度（N/mm²）

N：軸方向力（N）（圧縮力を正，引張力を負とする）

A_e：PHC杭のコンクリート換算断面積（mm²）で，次式による

$$A_e = A_c + (n-1) \cdot A_p$$

A_c：PHC杭のコンクリートの断面積（mm²）で，次式による

$$A_c = \pi(r_o^2 - r_i^2)$$

(ⅱ) 損傷限界せん断力は，(5.5.2) 式による．

$$Q_{AS} = \frac{t \cdot I}{S_o} \cdot \sqrt{(\sigma_g + 2\sigma_d)^2 - \sigma_g^2} \tag{5.5.2}$$

記号　Q_{AS}：PHC杭の損傷限界せん断力（N）

t：杭の肉厚（mm）

S_o：断面芯より片側にある杭断面の断面一次モーメント（mm³）で，次式による．

$$S_o = 2(r_o^3 - r_i^3)/3$$

σ_g：有効プレストレスを考慮した軸方向応力度（N/mm²）で，次式による．

$$\sigma_g = \sigma_e + \sigma_0$$

σ_0：軸方向力による平均軸方向応力度（N/mm²）で，次式による．

$$\sigma_0 = N/A_e$$

σ_d：PHC杭のコンクリートの短期許容斜張応力度（N/mm²）で，次式による．

$$\sigma_d = 1.8$$

I：(5.5.1) 式の記号の説明による．

(ⅲ) 設計用損傷限界算定用の低減係数は，曲げモーメントに対しては1.0以下，せん断力に対しては0.6以下とする．

(2) 安全限界設計時

(ⅰ) 曲げ強度は，応力度とひずみの関係をコンクリートについてはバイリニアなどの方法で，PC鋼材については規格降伏点と規格引張強度を折れ点とするトリリニアで設定し，断面の平面保持を仮定した曲げ解析によって算定する．圧縮側最外縁のコンクリートのひずみが限界ひずみ ε_{cu} に達したときの曲げモーメントと，PC鋼材の引張ひずみが限界ひずみ ε_{pu}（=0.05）に達したときの曲げモーメントのうち小さい方を，曲げ強度とする．なお，コンクリートの限界ひずみ ε_{cu} は，コンクリートの設計基準強度 F_c が 85 N/mm² 以下の

場合には 0.0025，F_c が 105 N/mm² の場合には 0.002625 とする．平均軸方向応力度 σ_0 の範囲は 0～30 N/mm² とする．

（ⅱ） せん断強度は，(5.5.3) 式による．

$$Q_{su} = \alpha \cdot \eta \cdot \frac{t \cdot I}{S_0} \cdot \sqrt{(\sigma_g + 2\sigma_d)^2 - \sigma_g^2} \tag{5.5.3}$$

記号　Q_{su}：PHC 杭のせん断強度（N）

α：杭のせん断スパン比による係数で，次式による．

$$\alpha = \frac{4}{M/(Q \cdot d) + 1}$$

かつ，$1 \leq \alpha \leq 2$

M：杭に生じる最大曲げモーメント（N・mm）

Q：杭に生じる最大せん断力（N）

d：杭の有効せい（mm）で，次式による．

$$d = D - d_t$$

D：杭外径（mm）

d_t：杭の引張縁から PC 鋼材までの距離（mm）

η：寸法効果による低減係数で，次式による．

$$\eta = \frac{1800 - d}{1600} \quad (270 \text{ mm} \leq d < 600 \text{ mm})$$

$$\eta = 0.75 \quad (600 \text{ mm} \leq d)$$

σ_g：有効プレストレスを考慮した軸方向応力度（N/mm²）で，次式による．

$$\sigma_g = \sigma_e + \sigma_0$$

σ_0：軸方向力による平均軸方向応力度（N/mm²）で，次式による．ただし，σ_0 の範囲は 0～30（N/mm²）とする．

$$\sigma_0 = N/A_e$$

σ_d：PHC 杭のコンクリートの短期許容斜張応力度（N/mm²）で，次式による．

$$\sigma_d = 1.8$$

I：(5.5.1) 式の記号の説明による．

t, S_0：(5.5.2) 式の記号の説明による．

（ⅲ） 設計用曲げ強度算定用の低減係数は，1.0 以下とする．設計用せん断強度算定用の低減係数は，1.0 以下とする．

3．PHC 杭の杭頭接合部の限界値と設計用限界値設定のための低減係数は，下記による．

（1）損傷限界設計時

（ⅰ） 接合法 A の杭頭接合部の損傷限界曲げモーメントは，パイルキャップが杭頭と接する中空円形断面において，断面の平面保持を仮定した曲げ解析を行い，圧縮縁がコンクリートの損傷限界圧縮応力度 f_{cn} に達したとき，圧縮側鉄筋が短期許容圧縮応力度に達したと

き，引張鉄筋が短期許容引張応力度に達したときに対して求めた曲げモーメントのうち，最小値とする．コンクリートの支圧部の損傷限界圧縮応力度 f_{cn} は，下式による．

$$f_{cn} = \phi_c \cdot f_{na} \tag{5.5.4}$$

記号　f_{cn}：支圧部のコンクリートの損傷限界圧縮応力度（N/mm²）

　　　ϕ_c：支圧による圧縮強度増大係数で，2.0 以下とする．

　　　f_{na}：パイルキャップのコンクリートの短期許容圧縮応力度で，$(2/3)F_c$ とする．

　　　F_c：パイルキャップのコンクリートの設計基準強度（N/mm²）

（ⅱ）接合法 B の杭頭接合部の損傷限界曲げモーメントは，PHC 杭の杭体の損傷限界曲げモーメントと同じとする．

（ⅲ）設計用限界値設定のための低減係数は，接合法 A および接合法 B ともに，1.0 以下とする．

（2）安全限界設計時

（ⅰ）接合法 A の杭頭接合部の曲げ強度は，パイルキャップが杭頭と接する中空円形断面において，コンクリートと鉄筋の応力度分布を仮定して，力の釣合い条件によって算定する．コンクリートの安全限界支圧強度は，次式による．

$$f_{cu} = \phi_c \cdot F_c \tag{5.5.5}$$

記号　f_{cu}：支圧部のコンクリートの安全限界支圧強度（N/mm²）

　　　ϕ_c：支圧による圧縮強度増大係数で，2.0 以下とする．

　　　F_c：パイルキャップのコンクリートの設計基準強度（N/mm²）

（ⅱ）接合法 B の杭頭接合部の曲げ強度は，PHC 杭の杭体の曲げ強度と同じとする．

（ⅲ）設計用限界値設定のための低減係数は，接合法 A および接合法 B ともに 1.0 以下とする．

4．杭頭部における安全限界状態設計用の曲げ降伏後の限界塑性変形角はゼロとする．

5.5.2　PRC 杭

1．本項は，下記の（1）～（4）を満たす高強度プレストレスト鉄筋コンクリート杭（以下，PRC 杭という）の限界値の算定および設計用限界値の設定に適用する．

（1）PRC 杭の材料・品質は，JIS A 5373（プレキャストプレストレストコンクリート製品）または信頼できる資料による．杭体のコンクリートの設計基準強度は，80 N/mm² 以上 105 N/mm² 以下とする．PC 鋼材および軸方向鉄筋の全断面積を杭の断面積で除した比率は、2.3% 以上 6.2% 以下とする．

（2）PRC 杭に作用する軸方向力は，ゼロまたは圧縮力とする．

（3）杭どうしの接合部は，安全限界設計時の軸方向力，曲げモーメントならびにせん断力を確実に伝達できるものとする．

（4）杭頭接合部は，杭頭部をパイルキャップに埋め込む接合法（接合法 B）とし，埋込み深さは杭外径の 2 倍以上とする．

2. PRC杭の限界値および設計用限界値設定のための低減係数は，次の (1) および (2) による．

(1) 損傷限界設計時

(i) 損傷限界曲げモーメントは，(5.5.6) 式による．

$$M_s = \min\left\{Z_e\left(f_t + \sigma_e + \frac{N}{A_e}\right), Z_e\left(f_c - \sigma_e - \frac{N}{A_e}\right)\right\} \tag{5.5.6}$$

記号　M_s：PRC杭の損傷限界曲げモーメント (N・mm)

Z_e：PC鋼材および軸方向鉄筋を考慮した換算断面係数 (mm^3) で，次式による．

$$Z_e = I_e / r_o$$

I_e：PC鋼材および軸方向鉄筋を考慮した換算断面二次モーメント (mm^4) で，次式による．

$$I_e = I + \frac{1}{2} \cdot n \cdot A_g \cdot r_p^2$$

I：PRC杭の断面二次モーメント (mm^4) で，次式による．

$$I = \pi(r_o^4 - r_i^4)/4$$

r_o：杭の外半径 (mm)

r_i：杭の内半径 (mm)

n：ヤング係数比 ($= E_s / E_c = 5$)

E_s：PC鋼材および軸方向鉄筋のヤング係数 (N/mm^2)

E_c：PRC杭のコンクリートのヤング係数 (N/mm^2)

A_g：PC鋼材および軸方向鉄筋の全断面積 (mm^2)

r_p：杭中心から軸方向鉄筋までの距離 (mm)

f_t：PRC杭のコンクリートの損傷限界曲げ引張強度 (N/mm^2) で，次式による．

$$f_t = \min(\sigma_e/2, 5)$$

σ_e：有効プレストレス量 (N/mm^2)

f_c：PRC杭のコンクリートの損傷限界圧縮強度 (N/mm^2) で，次式による．

$$f_c = F_c \times 2/3.5$$

F_c：PRC杭のコンクリートの設計基準強度 (N/mm^2)

N：軸方向力 (N) (圧縮力を正とする)

A_e：PRC杭のコンクリート換算断面積 (mm^2) で，次式による．

$$A_e = A_c + (n-1) \cdot A_g$$

A_c：PRC杭のコンクリートの断面積 (mm^2) で，次式による．

$$A_c = \pi(r_o^2 - r_i^2)$$

(ii) 損傷限界せん断力は，(5.5.7) 式による．

$$Q_{AS} = \frac{t \cdot I}{S_o} \cdot \sqrt{(\sigma_g + 2\sigma_d)^2 - \sigma_g^2} \tag{5.5.7}$$

記号　　Q_{AS}：PRC 杭の損傷限界せん断力（N）

　　　　　t：杭の肉厚（mm）

　　　　　S_o：断面芯より片側にある杭断面の断面一次モーメント（mm³）で，次式による．

$$S_o = 2(r_o^3 - r_i^3)/3$$

　　　　　σ_g：有効プレストレス量 σ_e を考慮した軸方向応力度（N/mm²）で，次式による．

$$\sigma_g = \sigma_e + \sigma_0$$

　　　　　σ_0：軸方向力による平均軸方向応力度（N/mm²）で、次式による．

$$\sigma_0 = N/A_e$$

　　　　　σ_d：PRC 杭のコンクリートの短期許容斜張応力度（N/mm²）で，次式による．

$$\sigma_d = 1.8$$

　　　　　I, σ_e, N, A_e：(5.5.6) 式の記号の説明による．

（ⅲ）　設計用損傷限界算定用の低減係数は，曲げモーメントについては1.0以下，せん断力については0.6以下とする．

（2）　安全限界設計時

（ⅰ）　曲げ強度は，応力度とひずみの関係をコンクリートについてはバイリニアなどの方法で，軸方向鉄筋については規格降伏点を折れ点とするバイリニアで，PC 鋼材については規格降伏点と規格引張強度を折れ点とするトリリニアで設定し，断面の平面保持を仮定した曲げ解析によって算定する．圧縮側最外縁のコンクリートのひずみが限界ひずみ ε_{cu} に達したときの曲げモーメントと，PC 鋼材の引張ひずみが限界ひずみ $\varepsilon_{pu}(=0.05)$ に達したときの曲げモーメントのうち小さい方を，曲げ強度とする．コンクリートの限界ひずみ $_c\varepsilon_{cu}$ は設計基準強度 F_c が 85 N/mm² 以下の場合には 0.0025，F_c が 105 N/mm² の場合には 0.002625 とする．平均軸方向応力度 σ_0 の範囲は 0～25 N/mm² とする．

（ⅱ）　せん断強度は，(5.5.8) 式による．

$$Q_u = \left[\frac{0.092 k_u k_p (18 + F_c)}{M/(Q \cdot d) + 0.12} + 0.85\sqrt{p_w \cdot \sigma_{wy}} + 0.1(\sigma_0 + \sigma_g)\right] b \cdot j \tag{5.5.8}$$

記号　　Q_u：PRC 杭のせん断強度（N）

　　　　　$M/(Q \cdot d)$：せん断スパン比で，1.0以下の場合には1.0，3.0以上の場合には3.0とする．

　　　　　M：杭に生じる最大曲げモーメント（N・mm）

　　　　　Q：杭に生じる最大せん断力（N）

　　　　　d：杭の有効せい（mm）（$=D-d_t$）

　　　　　D：杭外径（mm）

d_t：杭体コンクリートの引張縁から軸方向鉄筋芯までの距離（mm）

k_u：断面寸法による補正係数で，表5.5.1による．

表5.5.1 断面寸法による補正係数 k_u

杭外径(mm)	300	350	400	450以上
k_u	0.82	0.76	0.73	0.72

k_p：引張鉄筋比による補正係数で，次式による．

$$k_p = 0.82(100 p_t)^{0.23}$$

p_t：引張鉄筋比 （$= p_g/4$）

p_g：軸方向鉄筋比 （$= A_g/(b \cdot d)$）

A_g：PC鋼材および軸方向鉄筋の全断面積（mm²）

b：有効断面幅 $b = A_c/D$

A_c：PRC杭のコンクリートの断面積（mm²）で，(5.5.6)式の記号の説明による．

p_w：せん断補強筋比 （$p_w = \dfrac{a_w}{b \cdot x}$）

a_w：1組のせん断補強筋の断面積（mm²）

x：1組のせん断補強筋の間隔（mm）

σ_{wy}：せん断補強筋の規格降伏点（N/mm²）

σ_0：軸方向力による平均軸方向応力度（N/mm²）で，圧縮を正とし，かつ0〜5N/mm²とする．

σ_e：有効プレストレス量（N/mm²）

j：応力中心距離（mm）で，$j = (7/8)d$とする．

(iii) 設計用限界値算定用の低減係数は，曲げ強度とせん断強度ともに1.0以下とする．

3. PRC杭の杭頭接合部の限界値と設計用限界値算定のための低減係数は，損傷限界設計時および安全限界設計時ともに，杭体の限界値および低減係数と同じとする．

4. 杭頭部における安全限界設計用の曲げ降伏後の限界塑性変形角はゼロとする。

5. 構造規定

杭頭接合部は接合法Bとし，杭体よりも先に損傷あるいは破壊させないことを前提とする．

5.6 パイルキャップ

5.6.1 場所打ちコンクリート杭のパイルキャップ

1. 本項は，次の(1)から(7)までを満たす基礎梁外端側（側柱下および外柱下）場所打ち鉄筋コンクリート杭のパイルキャップの限界値および設計用限界値設定のための低減係数に適用する．両側に基礎梁が配置される場所打ち鉄筋コンクリート杭のパイルキャップに対しては，特殊な条件下以外では下記の(1)から(3)までおよび(5)から(7)までを満たせば本節の検討を

省略してよいこととする．なお，基礎梁を設けずマットスラブとする場合は，(1)から(7)までを準用する．

(1) コンクリートの設計基準強度は，21 N/mm²以上 60 N/mm²以下とする．

(2) 鉄筋の種別は，SD295A，SD295B，SD345 および SD390 とする．

(3) 杭頭応力を伝達する軸方向鉄筋が配筋されている1本杭が取り付くパイルキャップを対象とする．

(4) 基礎梁上端主筋のうち1段目主筋はパイルキャップ内に，また1段目主筋以外の上端筋は柱基礎梁接合部内またはパイルキャップ内に十分な定着長さを確保して定着されていることとする．また，基礎梁下端筋はパイルキャップ内に十分な定着長さを確保して定着されていることとする．

(5) 柱主筋は，パイルキャップ内に十分な定着長さを確保して定着されていることとする．

(6) 杭およびパイルキャップならびに基礎梁間に極端な偏心がないものとする．

(7) パイルキャップの上面位置は，基礎梁材軸中心位置以上とする．

2. 基礎梁外端側（側柱下および外柱下）のパイルキャップにおいて，杭と基礎梁が閉じる方向の力を受ける場合と杭と基礎梁が開く方向の力を受ける場合について，ひび割れや局部圧縮が生じる危険断面〔図5.6.1および図5.6.2参照〕を設定し，それぞれの危険断面において限界値を算定する．基礎梁外端部以外のパイルキャップについては，杭頭に生じる曲げモーメントとせん断力に対する限界値を算定する．なお，図5.6.1および図5.6.2において L_2 は本会「鉄筋コンクリート造配筋指針・同解説」に規定される鉄筋の定着の長さを示している．

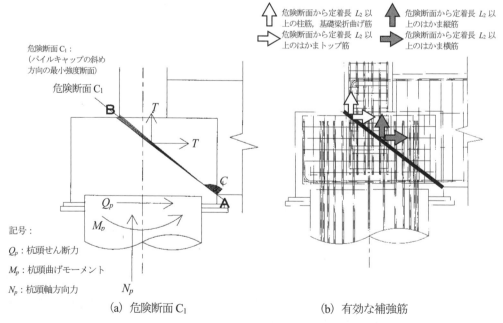

図5.6.1 閉じる方向の力を受ける場合の危険断面と有効な補強筋

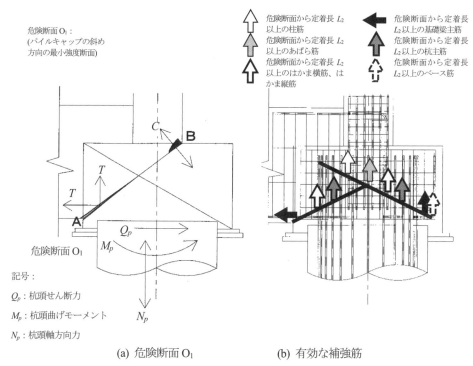

(a) 危険断面 O_1　　　(b) 有効な補強筋

図 5.6.2　開く方向の力を受ける場合の危険断面と有効な補強筋

3. 基礎梁外端側パイルキャップにおける安全限界値および安全限界値設定のための低減係数は，次による．

（1）閉じる方向の力を受ける場合

（ⅰ）基礎梁外端側の杭頭周辺部において，杭と基礎梁が閉じる方向の力を受ける場合の危険断面を横切る有効な鉄筋によるパイルキャップの曲げ強度 M_{ju} は，(5.6.1) 式による．

$$M_{ju} = T_{gu} \cdot d_{gx} + T_{ce} \cdot d_{ce} + T_{cm} \cdot d_{cm} + T_h \cdot d_{hy} + N_p \cdot d_{ex} + Q_p \cdot d_{ey} \quad (5.6.1)$$

記号　　M_{ju}：危険断面位置を横切る有効な鉄筋によるパイルキャップの曲げ強度（N·mm）

T_{gu}：検討対象のパイルキャップに接続する基礎梁上端筋のうち，曲下げ定着部が危険断面を横切ってから十分な定着長さを有する上端筋による引張力（N）で，次式による．

$$T_{gu} = A_{gu} \cdot \sigma_{yg}$$

A_{gu}：検討対象のパイルキャップに接続する基礎梁上端筋のうち，曲下げ定着部が危険断面を横切ってから十分な定着長さを有する上端筋の断面積の和（mm²）

σ_{yg}：同上鉄筋の材料強度（N/mm²）

d_{gx}：検討対象のパイルキャップに接続する基礎梁上端筋の曲下げ定着部の当該鉄筋重心位置からC点までの水平距離（mm）〔図 5.6.3〕

T_{ce}：検討対象のパイルキャップに接続する柱の引張側端部主筋のうち，定着部が危険断面を横切ってから十分な定着長さを有する主筋による引張力（N）で，次式による．

$$T_{ce} = A_{ce} \cdot \sigma_{yce}$$

A_{ce}：検討対象のパイルキャップに接続する柱の引張側端部主筋のうち，定着部が危険断面を横切ってから十分な定着長さを有する主筋の断面積の和（mm²）

σ_{yce}：同上鉄筋の材料強度（N/mm²）

d_{ce}：同上鉄筋の重心位置からC点までの水平距離（mm）〔図5.6.3〕

T_{cm}：検討対象のパイルキャップに接続する柱の中間主筋のうち，定着部が危険断面を横切ってから十分な定着長さを有する中間主筋による引張力（N）で，次式による．

$$T_{cm} = A_{cm} \cdot \sigma_{ycm}$$

A_{cm}：検討対象のパイルキャップに接続する柱の中間主筋のうち，定着部が危険断面を横切ってから十分な定着長さを有する中間主筋の断面積の和（mm²）

σ_{ycm}：同上鉄筋の材料強度（N/mm²）

d_{cm}：同上鉄筋の重心位置からC点までの水平距離（mm）〔図5.6.3〕

T_h：検討対象のパイルキャップのはかまトップ筋のうち，定着部が危険断面を横切ってから十分な定着長さを有するはかまトップ筋による引張力（N）で，次式による．

$$T_h = A_h \cdot \sigma_{yh}$$

A_h：検討対象のパイルキャップのはかまトップ筋のうち，定着部が危険断面を横切ってから十分な定着長さを有するはかまトップ筋の断面積の和（mm²）

σ_{yh}：同上鉄筋の材料強度（N/mm²）

d_{hy}：同上鉄筋の重心位置からC点までの鉛直距離（mm）〔図5.6.3〕

N_p：検討対象のパイルキャップに接続する杭の杭頭に作用する軸方向力（N）で，圧縮力の場合を正，引張力の場合を負とする．

d_{ex}：同上杭心からC点までの水平距離（mm）〔図5.6.3〕

Q_p：同上杭頭に作用する安全限界設計時水平力（N）

d_{ey}：基礎梁材軸中心位置からC点までの鉛直距離（mm）〔図5.6.3〕

なお，A点は基礎梁下面がパイルキャップに接する点，B点は柱外面（柱幅より基礎梁幅のほうが大きい場合には基礎梁末端面）がパイルキャップに接する点，C点の位置は，危険断面（図5.6.3中の直線AB）における圧縮中心位置で，直線ABの線上でB点から直線ABの長さの0.8倍の長さの位置とする．

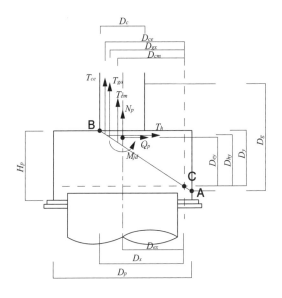

[注] (5.6.1)式以外の記号は,下記による.
D_c:柱のせい, D_g:基礎梁のせい,
D_p:パイルキャップの長さ,
d_x:B点からC点までの水平距離,
d_y:パイルキャップ上面からC点までの鉛直距離

図5.6.3 (5.6.1)式の記号の説明

(ⅱ) 低減係数は,1.0以下とする.

(2) 開く方向の力を受ける場合

(ⅰ) 基礎梁外端側の杭頭周辺部において,杭と基礎梁が開く方向の力を受ける場合の危険断面を横切る有効な鉄筋によるパイルキャップの曲げ強度 M_{ju} は,(5.6.2)式による.

$$M_{ju}=T_{gb}\cdot d_{gy}+T_{pt}\cdot d_{px}+(T_c+T_{pc}+T_{gv})\cdot d_{x2}/2+N_p\cdot d_{x2}/2-Q_p\cdot d_{y2}/2 \qquad (5.6.2)$$

記号　　M_{ju}:危険断面位置を横切る有効な鉄筋によるパイルキャップの曲げ強度(N・mm)

T_{gb}:検討対象のパイルキャップに接続する基礎梁下端筋のうち,第1危険断面(図5.6.4中の直線AC)を横切ってから十分な定着長さを有する下端筋による引張力(N)で,次式による.

$T_{gb}=A_{gb}\cdot \sigma_{ygb}$

A_{gb}:基礎梁下端筋のうち,第1危険断面(図5.6.4中の直線AC)を横切ってから十分な定着長さを有する基礎梁下端筋の断面積の和(mm²)

σ_{ygb}:同上鉄筋の材料強度(N/mm²)

d_{gy}:同上鉄筋の重心位置から図5.6.4中のC点までの鉛直距離(mm)

T_{pt}:杭の軸方向鉄筋のうち,引張縁近傍にあり,定着部が第1危険断面(図5.6.4中の直線AC)を横切ってから十分な定着長さを有する杭の軸方向鉄筋による引張力(N)で,次式による.

$T_{pt}=A_{pt}\cdot \sigma_{yp}$

A_{pt}:杭の軸方向鉄筋のうち,引張縁近傍にあり,定着部が第1危険断面(図

5.6.4中の直線AC）を横切ってから十分な定着長さを有する杭の軸方向鉄筋の断面積の和（mm²）

σ_{yp}：同上鉄筋の材料強度（N/mm²）

d_{px}：同上鉄筋の重心位置から図5.6.4中のC点までの水平距離（mm）

T_c：柱の全主筋のうち，第2危険断面（図5.6.4中の直線BCD）を横切ってから十分な定着長さを有する柱主筋による引張力（N）で，次式による．

$$T_c = A_c \cdot \sigma_{yc}$$

A_c：柱の全主筋のうち，第2危険断面（図5.6.4中の直線BCD）を横切ってから十分な定着長さを有する柱主筋の断面積の和（mm²）

σ_{yc}：同上鉄筋の材料強度（N/mm²）

T_{pc}：杭の軸方向鉄筋のうち，杭心よりも圧縮側にあり，定着部が第2危険断面（図5.6.4中の直線BCD）を横切ってから十分な定着長さを有する杭の軸方向鉄筋による引張力（N）で，次式による．

$$T_{pc} = A_{pc} \cdot \sigma_{yp}$$

A_{pc}：杭の軸方向鉄筋のうち，杭心よりも圧縮側にあり，定着部が第2危険断面（図5.6.4中の直線BCD）を横切ってから十分な定着長さを有する杭の軸方向鉄筋の断面積の和（mm²）

T_{gv}：基礎梁下端1段目主筋以外の曲上げ定着部分のうち，第2危険断面（図5.6.4中の直線BCD）を横切ってから十分な定着長さを有する基礎梁下端による引張力（N）で，次式による．

$$T_{gv} = A_{gv} \cdot \sigma_{ygy}$$

A_{gv}：基礎梁下端1段目主筋以外の曲上げ定着部分のうち，第2危険断面（図5.6.4中の直線BCD）を横切ってから十分な定着長さを有する基礎梁下端筋の断面積の和（mm²）

σ_{ygy}：同上鉄筋の材料強度（N/mm²）

d_{x2}：第2危険断面（図5.6.4中の直線BCD）の水平投影長さ（mm）

N_p：杭頭に作用する安全限界状態における軸方向力（N）で，圧縮力の場合を正，引張力の場合を負とする

Q_p：杭頭に作用する安全限界状態におけるせん断力（N）

d_{y2}：第2危険断面（図5.6.4中の直線BCD）の鉛直投影長さ（mm）

なお，危険断面位置設定のためのA，B，C，Dの各点の位置は，下記による．

・A点：基礎梁下端とパイルキャップ側面の交点

・B点：基礎梁下端1段目主筋の曲上げ定着部の鉄筋のパイルキャップ側面からの位置（d_{bx}）および基礎梁下端1段目主筋の基礎梁底面からの位置（d_{by}）により定まる点

・D点：杭の最外縁引張鉄筋の定着末端より$8d_b$（d_b：杭の引張鉄筋の呼び名に用いた数値）手前の位置（d_{by}）および杭引張主筋のパイルキャップ側面からの位置（d_{bx}）によ

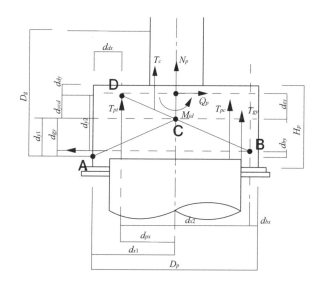

[注] (5.6.2)式以外の記号は，下記による．
D_g：基礎梁のせい
D_p：パイルキャップの長さ
d_{x1}：A 点から C 点までの水平距離
d_{x2}：B 点から D 点までの水平距離
d_{y1}：A 点から C 点までの鉛直距離
d_{y2}：B 点から D 点までの鉛直距離

図 5.6.4　(5.6.2)式の記号の説明

り定まる点
　・C 点：直線 BD と杭の材軸中心線との交点
（ⅱ）低減係数は 0.8 以下とする．

4．構造規定
　パイルキャップの形状および配筋は，次の(1)から(4)までの規定を満たすものとする．
（1）安全限界状態における応力をパイルキャップ周辺の部材に確実に伝達できる形状および配筋とする．
（2）パイルキャップの高さは，原則として 1500 mm 以上かつ（杭径 −200 mm）以上とする．
（3）パイルキャップ上面位置は，基礎梁材軸中心位置以上の位置とする．
（4）パイルキャップ内のベース筋およびはかまトップ筋，縦筋，横筋は，両方向に同量の鉄筋を配置する．

5.6.2　既製コンクリート杭のパイルキャップ

1．本項は，既製杭の杭頭において，定着筋をパイルキャップ内に定着する接合方法（以下，接

合法Aという），および杭頭部をパイルキャップに埋め込む接合方法（以下，接合法Bという）におけるパイルキャップの限界値および設計用限界値設定のための低減係数に適用する．

2. 単杭のパイルキャップへの埋込み部の地震力作用方向前面の限界値および設計用限界値設定のための低減係数は，下記による．

(1) 接合法Aの場合

1) 損傷限界せん断力

$$_sQ_{ph} = {_sQ_{h1}} \tag{5.6.3}$$

記号　$_sQ_{ph}$：接合法Aにおけるパイルキャップへの杭埋込み部の損傷限界せん断力（N）

$_sQ_{h1}$：パイルキャップへの杭埋込み部前面のコンクリートの短期許容せん断力（N）で，次式による．

$$_sQ_{h1} = (2/3) \cdot {_c\sigma_t} \cdot A_{qc1}$$

$_c\sigma_t$：パイルキャップのコンクリートの引張強度（N/mm²）で，次式による．

$$_c\sigma_t = 0.31\sqrt{F_c}$$

F_c：パイルキャップのコンクリートの設計基準強度（N/mm²）

A_{qc1}：水平力作用方向の杭前面のパイルキャップのコーン状破壊面の有効投影面積（mm²）で，次式による．

$$A_{qc1} = \frac{1}{2}\pi\left(c + \frac{D}{2}\right) \cdot c + 2c \cdot h$$

c：杭表面とパイルキャップ側面までの距離（mm）

D：杭外径（mm）

h：杭のパイルキャップへの埋込み長さ（mm）

2) 安全限界せん断強度

$$_uQ_{ph} = \mu \cdot N_s + {_sQ_{h1}} \tag{5.6.4}$$

記号　$_uQ_{ph}$：接合法Aにおけるパイルキャップへの杭埋込み部前面のコンクリートの安全限界せん断強度（N）

μ：杭天端の摩擦係数で，0.5とする．

N_s：杭天端に作用する安全限界設計時の軸方向力（N）で，引張りの場合0とする．

$_sQ_{h1}$：(5.6.3) 式の記号の説明による．

3) 設計用限界値設定のための低減係数は，損傷限界せん断力および安全限界せん断強度ともに0.6とする．

(2) 接合法Bの場合

1) 損傷限界曲げモーメント

$$_sM_{ph} = {_sf_c} \cdot \left(\frac{D \cdot h^2 \cdot L}{6L + 4h}\right) \tag{5.6.5}$$

記号　$_sM_{ph}$：接合法Bにおけるパイルキャップへの杭埋込み部前・後面のコンクリートの支圧による損傷限界曲げモーメント（N・mm）

　　　$_sf_c$：パイルキャップのコンクリートの短期許容圧縮応力度（N/mm²）

　　　D, h：(5.6.3) 式の記号の説明による．

　　　L：杭頭の曲げモーメント M とせん断力 Q の比（M/Q）

2) 安全限界曲げ強度

$$_uM_{ph}=F_c\cdot\left(\frac{D\cdot h^2\cdot L}{6L+4h}\right) \tag{5.6.6}$$

記号　$_uM_{ph}$：接合法Bにおけるパイルキャップへの杭埋込み部前・後面のコンクリートの支圧による安全限界曲げ強度（N・mm）

　　　F_c：パイルキャップのコンクリートの設計基準強度（N/mm²）

　　　D, h, L：(5.6.5) 式の記号の説明による．

3) 損傷限界せん断力

$$_sQ_{ph}=(2/3)\cdot {_c\sigma_s}\cdot A_s \tag{5.6.7}$$

記号　$_sQ_{ph}$：接合法Bにおけるパイルキャップへの杭埋込み部の損傷限界せん断力（N）

　　　$_c\sigma_s$：パイルキャップのコンクリートの直接せん断強度（N/mm²）で，次式による．

　　　　　$_c\sigma_s=0.335\sqrt{F_c}$

　　　A_s：水平力作用方向の杭前面のパイルキャップのせん断破壊面の水平投影面積（mm²）で，次式による．

　　　　　$A_s=c\cdot(c+D)$　　　ただし，$c/D\leqq1.0$

　　　c, F_c, D：(5.6.3) 式の記号の説明による．

4) 安全限界せん断強度

$$_uQ_{ph}={_c\sigma_s}\cdot A_s \tag{5.6.8}$$

記号　$_uQ_{ph}$：接合法Bにおけるパイルキャップへの杭埋込み部の安全限界せん断強度（N）

　　　$_c\sigma_s, A_s$：(5.6.7) 式の説明による．

5) 設計用限界値設定のための低減係数は，損傷限界曲げモーメント，安全限界曲げ強度については1.0，損傷限界せん断力および安全限界せん断強度については0.7とする．

3. 2本の杭で支持される場合（以下，2本杭という）および4本の杭で支持される場合（以下，4本杭という）のパイルキャップの限界値および設計用限界値設定のための低減係数は，下記による．

　なお，3本杭や5本杭以上の場合は，本号に準じて限界値を算定するとともに，設計用限界値設定のための低減係数を適切に設定する．

（1）限界曲げモーメント

1) 損傷限界曲げモーメント

　2本杭のパイルキャップの損傷限界曲げモーメントは，(5.6.9)式による．なお，4本杭の場合は各方向の損傷限界曲げモーメントを算定する．また，検討断面は，柱フェイス位置として図5.6.5による．2本杭の検討断面は，図5.6.5に示す検討断面①と②で設計用曲げモーメントがいずれか大きい方とし，4本杭の検討断面は，x方向に対しては検討断面①と②で，y方向に対しては検討断面③と④で設計用曲げモーメントがいずれか大きい方とする．

$$_aM_{cp}=\beta_b \cdot a_t \cdot f_t \cdot j \tag{5.6.9}$$

記号　$_aM_{cp}$：パイルキャップの損傷限界曲げモーメント（N·mm）

　　　　β_b：パイルキャップの形状による低減係数で，次式による．
　　　　　　・$d/l_p<2.0$ の場合：$\beta_b=1.0$
　　　　　　・$2.0\leq d/l_p$ の場合：$\beta_b=-0.12d/l_p+1.24$（$\beta_b\leq l_p/a$ の場合は $\beta_b=l_p/a$）

　　　　d：基礎梁の有効せい（mm）

　　　　l_p：柱フェイスから杭心までの距離（mm）〔図5.6.6参照〕

　　　　a：柱中心から杭心までの距離（mm）〔図5.6.6参照〕

　　　　a_t：パイルキャップの引張鉄筋断面積（mm²）

　　　　f_t：引張鉄筋の短期許容引張応力度（N/mm²）

　　　　j：パイルキャップの応力中心距離（mm）で，$(7/8)d$ としてよい．

　　　　d：パイルキャップの有効せい（mm）

2) 安全限界曲げ強度

　2本杭のパイルキャップの安全限界曲げ強度は，(5.6.10)式による．なお，4本杭の場合は各方向の安全限界曲げ強度を算定する．また，検討断面は柱フェイス位置として図5.6.5による．2本杭の検討断面は，図5.6.5に示す検討断面①と②で設計用曲げモーメントがいずれか大きい方とし，4本杭の検討断面は，x方向に対しては検討断面①と②で，y方向に対しては検討断面③と④で設計用曲げモーメントがいずれか大きい方とする．

$$_uM_{cp}=0.9\cdot\beta_b\cdot a_t\cdot\sigma_y\cdot d \tag{5.6.10}$$

記号　$_uM_{cp}$：パイルキャップの安全限界曲げ強度（N·mm）

　　　　β_b, a_t, d：(5.6.9)式の記号の説明による．

　　　　σ_y：引張鉄筋の規格降伏点（N/mm²）

3) 設計用損傷限界曲げモーメント算定用および設計用安全限界曲げ強度算定用の低減係数は，1.0以下とする．

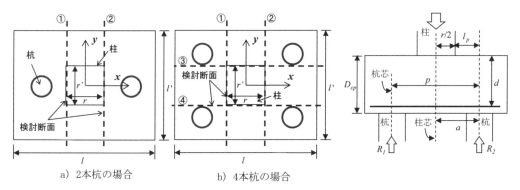

図 5.6.5 検討断面　　図 5.6.6 記号 p, a, d, l_p, D_{cp}

(2) 限界せん断力

1) 損傷限界せん断力

群杭のパイルキャップの損傷限界せん断力は，(5.6.11) 式による．なお，検討断面は，限界曲げモーメントと同様に柱フェイス位置として図5.6.5による．

$$_aQ_{cp} = l_e \cdot j \cdot f_s \text{ または } l_e' \cdot j \cdot f_s \tag{5.6.11}$$

記号　$_aQ_{cp}$：パイルキャップの損傷限界せん断力（N）

l_e, l_e'：パイルキャップのせん断有効幅（mm）で，次式による．

$$l_e = \min(l, 3r, r+2D_{cp}), \quad l_e' = \min(l', 3r', r'+2D_{cp})$$

l, l'：杭心を結ぶ直線と直交する方向のパイルキャップの幅（mm）〔図5.6.5〕

r, r'：柱幅，柱せい（mm）〔図5.6.5〕

D_{cp}：パイルキャップせい（mm）〔図5.6.6〕

j：パイルキャップの応力中心距離（mm）で，$(7/8)d$としてよい．

f_s：パイルキャップコンクリートの短期許容せん断応力度（N/mm²）で，次式による．

$$f_s = 1.5 \times \min(F_c/30, 0.49 + F_c/100)$$

F_c：パイルキャップのコンクリートの設計基準強度（N/mm²）

d：パイルキャップの有効せい（mm）

2) 安全限界せん断強度

群杭のパイルキャップの安全限界せん断強度は，(5.6.12) 式による．なお，検討断面は，限界曲げモーメントと同様に柱フェイス位置とし図5.6.5による．

$$_uQ_{cp} = l_e \cdot j \cdot \tau_u \text{ または } l_e' \cdot j \cdot \tau_u \tag{5.6.12}$$

記号　$_uQ_{cp}$：パイルキャップの安全限界せん断強度（N）

l_e, l_e', j：(5.6.11) 式の記号の説明による．

τ_u：パイルキャップのコンクリートのせん断強度（N/mm²）で，次式による．

$$\tau_u = \frac{0.053 p_t^{0.23}(F_c+18)}{l_p/d+0.12}$$

（ただし，l_p/d は $l_p/d<1$ のとき 1 とし，$l_p/d>3$ のとき 3 とする）

p_t：引張鉄筋比（％）

d, l_p：(5.6.9)式の記号の説明による．

F_c：パイルキャップのコンクリートの設計基準強度（N/mm²）

3) 設計用損傷限界せん断力および設計用安全限界せん断強度算定用の低減係数は，1.0以下とする．

(3) 限界パンチングシヤーおよび強度

1) 損傷限界パンチングシヤー

ⅰ) 柱周囲の損傷限界パンチングシヤー

群杭のパイルキャップにおける柱周囲の損傷限界パンチングシヤーは，(5.6.13)式による．

$$_aV_{cp1} = \alpha \cdot b_{co} \cdot j \cdot f_s \tag{5.6.13}$$

記号　$_aV_{cp1}$：パイルキャップにおける柱周囲の損傷限界パンチングシヤー（N）

α：1.5

b_{co}：柱周囲のパンチングシヤーに対する算定断面の延べ長さ（mm）で，次式による．〔図 5.6.7〕

・$d \leqq c$ の場合：$b_{co} = 2(r+r') + \pi d$

・$d > c$ の場合：$b_{co} = 2(r+r') + \pi(d+c)/2$

c：杭表面とパイルキャップ側面までの距離（mm）〔図 5.6.7〕

r, r'：柱幅，柱せい〔図 5.6.7〕

j：パイルキャップの応力中心距離（mm）で，$(7/8)d$ としてよい．

f_s：パイルキャップコンクリートの短期許容せん断応力度（N/mm²）で，次式による．

$$f_s = 1.5 \times \min(F_c/30, 0.49 + F_c/100)$$

F_c：パイルキャップのコンクリートの設計基準強度(N/mm²)

d：パイルキャップの有効せい（mm）

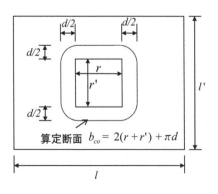
a) $d \leqq c$ の場合

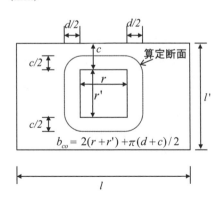
b) $d > c$ の場合

図 5.6.7　群杭のパイルキャップにおける柱周囲のパンチングシヤーの算定断面

ⅱ) 杭周囲の損傷限界パンチングシヤー

群杭のパイルキャップにおける杭周囲の損傷限界パンチングシヤーは，(5.6.14)式による．

$$_aV_{cp2}=\alpha \cdot b_{po} \cdot d_p \cdot f_s \tag{5.6.14}$$

記号　$_aV_{cp2}$：群杭のパイルキャップにおける杭周囲の損傷限界パンチングシヤー（N）

α：1.0

b_{po}：群杭のパイルキャップにおける杭周囲のパンチングシヤー算定断面の延べ長さで，パンチングシヤー算定用のせい d_p とパイルキャップ端から杭表面までの距離（c, c'）の関係により適切に算定する〔図5.6.8〕．なお，4本杭の場合の b_{po} は b_{p1} と b_{p2} のいずれか小さい方の数値とする〔図5.6.8 (b)〕．

d'：パンチングシヤーの破壊面を定義する長さ（mm）で，次式による．

$d'=\min(d_p, (P_x-D)/2, (P_y-D)/2)$

d_p：2本杭または4本杭のパイルキャップのパンチングシヤー算定用のせい（mm）で，杭天端からパイルキャップ天端までの鉛直距離〔図 5.6.9 (b)〕

P_x, P_y：x 方向と y 方向の杭間隔（mm）〔図 5.6.9 (a)〕

D：杭直径（mm）．

f_s：(5.6.13)式の記号の説明による．

2) 安全限界パンチングシヤー強度

ⅰ) 柱周囲の安全限界パンチングシヤー強度

群杭のパイルキャップにおける柱周囲の安全限界パンチングシヤー強度は，(5.6.15)式による．

$$_uV_{cp1}=\alpha \cdot b_{co} \cdot j \cdot \tau_u \tag{5.6.15}$$

記号　$_uV_{cp1}$：群杭のパイルキャップにおける柱周囲の安全限界パンチングシヤー強度（N）

α：1.5

b_{co}, j：(5.6.13)式の記号の説明による．

τ_u：パイルキャップのコンクリートの直接せん断強度（N/mm^2）で，次式による．

$\tau_u=0.335\sqrt{F_c}$

F_c：パイルキャップのコンクリートの設計基準強度（N/mm^2）

ⅱ) 杭周囲の安全限界パンチングシヤー強度

群杭のパイルキャップにおける杭周囲の安全限界パンチングシヤー強度は，(5.6.16)式による．

$$_uV_{cp2}=\alpha \cdot b_{po} \cdot d_p \cdot \tau_u \tag{5.6.16}$$

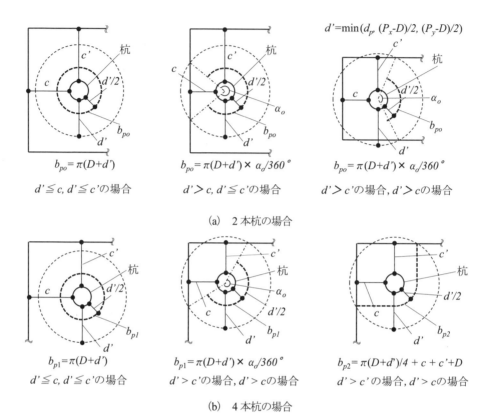

図 5.6.8 群杭パイルキャップにおける杭周囲のパンチングシヤー強度算定断面

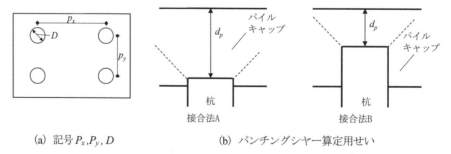

図 5.6.9 群杭のパイルキャップにおける杭周囲のパンチングシヤー算定式中の記号

記号　　$_uV_{cp2}$：群杭のパイルキャップにおける杭周囲の安全限界パンチングシヤー強度（N）

　　　　　α：1.0
　　　　　b_{po}, d_p：(5.6.14) 式の記号の説明による．
　　　　　τ_u：(5.6.15) 式の記号の説明による．

3) 群杭のパイルキャップにおける柱周囲の設計用損傷限界パンチングシヤーおよび設計用安全限界パンチングシヤー強度算定用の低減係数は，1.0 以下とする．また，群杭のパイルキャップにおける杭周囲に対しては，設計用損傷限界パンチングシヤー算定用の低減係数は，1.0 以下とし，設計用安全限界パンチングシヤー強度算定用の低減係数は，0.9 以下とする．

(4) パイルキャップへの杭埋込み部の損傷限界せん断力および安全限界せん断強度

群杭のパイルキャップにおいて，パイルキャップへの杭埋込み部の損傷限界せん断力および安全限界せん断強度は，単杭の場合と同じとし，接合方法に応じて算定するものとする．

(5) パイルキャップへの杭埋込み部の損傷限界曲げモーメントおよび安全限界曲げ強度

群杭のパイルキャップにおいて，接合法 B を用いた場合のパイルキャップへの杭埋込み部の損傷限界曲げモーメントおよび安全限界曲げ強度は，単杭の場合と同じとする．

(6) 群杭のパイルキャップにおける構造規定

1) パイルキャップの各方向の全幅について，引張鉄筋断面積のコンクリート断面積に対する割合は 0.2％以上とし，せん断有効幅内に配筋される引張鉄筋の断面積は $0.004 \cdot l_e \cdot d$（l_e：パイルキャップのせん断有効幅，d：パイルキャップの有効せい）以上とする．

2) せん断補強筋は，せん断有効幅内に関しては 0.2％以上とし，その他の部分に対しては 0.15％以上とする．

6章　杭の諸強度と変形特性の設定

6.1　基本事項

杭体のモデル化に必要な諸強度と変形特性は，対象とする杭の種類に応じて使用する設計式の適用条件を考慮し，より実状に近い挙動を示すものを用いることとする．

6.2　杭体のモデル化

6.2.1　場所打ち鉄筋コンクリート杭

1. 本項の適用範囲は，5.4.1 項の適用範囲による．

2. 場所打ち鉄筋コンクリート杭の軸方向力〜軸変形関係は線形とし，軸剛性は（6.2.1）式による．ただし，平均軸方向応力度 σ_0 の範囲は $-0.05\xi \cdot F_c$ 以上，$(1/3)\xi \cdot F_c$ 以下（ξ：場所打ち鉄筋コンクリート杭の施工の品質管理に関わる係数，F_c：場所打ち鉄筋コンクリート杭のコンクリートの設計基準強度）とする．

$$K_v = \frac{E_c \cdot A_c}{L_p} \tag{6.2.1}$$

記号　K_v：場所打ち鉄筋コンクリート杭の軸剛性（N/mm）

　　　E_c：場所打ち鉄筋コンクリート杭のコンクリートのヤング係数（N/mm^2）で，（5.4.1）式による．

　　　A_c：場所打ち鉄筋コンクリート杭の断面積（mm^2）

　　　L_p：場所打ち鉄筋コンクリート杭の解析上の要素分割長さ（mm）

3. 場所打ち鉄筋コンクリート杭の杭体のせん断変形は，杭長／杭直径の比が5.0以上の場合には無視することができる．

4. 場所打ち鉄筋コンクリート杭の杭体の曲げ変形は，原則として以下の仮定により曲げモーメントと曲率の関係（$M-\phi$ 関係）をモデル化して算定する．

（1）断面の平面保持を仮定して，鉄筋とコンクリートの応力度〜ひずみ関係をモデル化し，断面の曲げ解析を行って，$M-\phi$ 関係を計算する．

（2）鉄筋の応力度とひずみの関係は，材料強度を用いたバイリニアとする．

（3）コンクリートの応力度とひずみの関係には，e関数法またはバイリニアなど適切な関係を用いる．

5. 杭頭の曲げ降伏前の杭頭接合部からの杭主筋の抜出しによる変形と，杭頭の曲げ降伏後の変形特性を考慮する場合には，杭頭部に回転ばねを用いてモデル化する．

6.2.2　場所打ち鋼管コンクリート杭

1. 本項は，5.4.2の適用範囲を満たす場所打ち鋼管コンクリート杭の変形特性の設定に適用する．

2. 杭体のモデル化は，下記（1）から（3）による．

（1）軸方向力〜軸方向変形特性

場所打ち鋼管コンクリート部の軸方向力〜軸方向変形特性は，杭軸方向強度（圧縮および引張強度）と軸剛性をもとに，軸方向力と軸方向ひずみの関係（$N-\varepsilon$ 関係）としてバイリニアの骨格曲線にモデル化する．なお，鉄筋コンクリート部は，6.2.1による．

（ⅰ）杭軸方向圧縮強度

$$N_{cu} = \xi \cdot F_c \cdot {}_cA + {}_s\sigma_y \cdot {}_sA + {}_r\sigma_y \cdot {}_rA \tag{6.2.2}$$

記号　N_{cu}：鋼管コンクリート部の杭軸方向圧縮強度（N）

　　　ξ：場所打ち鋼管コンクリート杭の施工の品質管理に関わる係数で，通常の施

工品質管理を行う場合には 0.75 以下，高品質な施工管理を行う場合には 1.0 以下とする．

F_c：鋼管コンクリート部内のコンクリートの設計基準強度（N/mm²）
$_cA$：鋼管コンクリート部内のコンクリートの断面積（mm²）
$_s\sigma_y$：鋼管の材料強度（N/mm²）
$_sA$：腐食しろを考慮した鋼管の有効断面積（mm²）
$_r\sigma_y$：鋼管コンクリート部内の杭主筋の材料強度（N/mm²）
$_rA$：鋼管コンクリート部内の杭主筋の断面積（mm²）

（ⅱ）杭軸方向引張強度

$$N_{tu} = {_r\sigma_y} \cdot {_rA} + {_s\sigma_y} \cdot {_sA} \qquad (6.2.3)$$

記号　N_{tu}：鋼管コンクリート部の杭軸方向引張強度（N）
$_r\sigma_y$：鋼管コンクリート部内の杭主筋の材料強度（N/mm²）
$_rA$：鋼管コンクリート部内の杭主筋の断面積（mm²）
$_s\sigma_y$：鋼管の材料強度（N/mm²）
$_sA$：腐食しろを考慮した鋼管の有効断面積（mm²）

（ⅲ）軸　剛　性

$$K_{vc} = ({_cE} \cdot {_cA} + {_sE} \cdot {_sA})/L_p \qquad (6.2.4)$$
$$K_{vt} = ({_rE} \cdot {_rA} + {_sE} \cdot {_sA})/L_p \qquad (6.2.5)$$

記号　K_{vc}：鋼管コンクリート部の圧縮時の軸剛性（N/mm）
K_{vt}：鋼管コンクリート部の引張時の軸剛性（N/mm）
$_cE$：鋼管コンクリート部内のコンクリートのヤング係数（N/mm²）
$_cA$：鋼管コンクリート部内のコンクリートの断面積（mm²）
$_sE$：鋼管のヤング係数（N/mm²）
$_sA$：腐食しろを考慮した鋼管の有効断面積（mm²）
$_rE$：鋼管コンクリート部内の杭主筋のヤング係数（N/mm²）
$_rA$：鋼管コンクリート部内の杭主筋の断面積（mm²）
L_p：鋼管コンクリート部の解析上の要素分割長さ（mm）

（2）せん断力～せん断変形特性

鋼管コンクリート部のせん断変形は，場所打ち鉄筋コンクリート部を含めた杭長と杭直径の比が5.0以上の場合には無視することができる．それ以外の場合は，せん断強度とせん断剛性をもとに，せん断力とせん断ひずみの関係（$Q-\gamma$関係）としてバイリニアの骨格曲線にモデル化する．なお，鉄筋コンクリート部は，6.2.1による．

（ⅰ）せん断強度

鋼管コンクリート部のせん断強度は，5.4.2に示す鋼管コンクリート部のせん断強度とし，

(5.4.4) 式により算出する．

(ⅱ) せん断剛性

$$K_s = \left(\frac{1}{_c\kappa} \cdot {_cG} \cdot {_cA} + \frac{1}{_s\kappa} \cdot {_sG} \cdot {_sA} \right) / L_p \tag{6.2.6}$$

記号　K_s：鋼管コンクリート部のせん断剛性（N/mm）

　　　$_cG$：鋼管コンクリート部内のコンクリートのせん断弾性係数（N/mm²）で，次式による．

$$_cG = \frac{_cE}{2(1+{_c\nu})}$$

　　　$_cE$：鋼管コンクリート部内のコンクリートのヤング係数（N/mm²）

　　　$_c\nu$：鋼管コンクリート部内のコンクリートのポアソン比

　　　$_cA$：鋼管コンクリート部内のコンクリートの断面積（mm²）

　　　$_c\kappa$：鋼管コンクリート部内のコンクリートのせん断変形算定用形状係数で，次式による．

$$_c\kappa = 1.1$$

　　　$_sG$：鋼管のせん断弾性係数（N/mm²）で，次式による．

$$_sG = \frac{_sE}{2(1+{_s\nu})}$$

　　　$_sE$：鋼管のヤング係数（N/mm²）

　　　$_s\nu$：鋼管のポアソン比

　　　$_sA$：腐食しろを考慮した鋼管の有効断面積（mm²）

　　　$_s\kappa$：鋼管のせん断変形算定用形状係数で，次式による．

$$_s\kappa = 2.0$$

　　　L_p：鋼管コンクリート部の解析上の要素分割長さ（mm）

（3）　曲げモーメント～曲げ変形特性

鋼管コンクリート部の曲げモーメント～曲げ変形特性は，鋼管とコンクリートならびに鋼管内に主筋が配置されている場合は主筋の応力度とひずみ度の関係を用いて断面の平面保持を仮定した方法から算出した数値をもとに，曲げモーメントと曲率の関係（$M-\phi$ 関係）または曲げモーメントと部材端回転角の関係（$M-\theta$ 関係）としてトリリニアの骨格曲線にモデル化する．なお，鉄筋コンクリート部は，6.2.1による．

（ⅰ）　第1折れ点の曲げモーメントと曲率・部材端回転角

第1折れ点の曲げモーメントは，5.4.2に示す損傷限界曲げモーメントとする．また，第1折れ点の曲率・部材端回転角は，損傷限界曲げモーメントに対応する曲率・部材端回転角とする．

（ⅱ）　第2折れ点の曲げーモーメントと曲率・部材端回転角

第2折れ点の曲げモーメントは，5.4.2に示す曲げ強度とする．また，第2折れ点の曲率・部材端回転角は，面積等値等の方法により算出した曲率・部材端回転角とする．

3. 杭頭接合部における鉄筋の抜出しによる変形特性のモデル化は，下記による．

杭頭接合部では，パイルキャップからの定着鉄筋の抜出しを考慮して，曲げモーメント～曲げ変形特性を設定する．曲げモーメント～曲げ変形特性は，接合部の曲げ強度と回転剛性をもとに，接合部端部における曲げモーメントと回転角の関係（$M-\theta$ 関係）としてバイリニアの骨格曲線にモデル化する．モデル化に際しては，杭頭接合部に作用する軸方向力を考慮する．

（1） 曲 げ 強 度

杭頭接合部の曲げ強度は，5.4.2 に示す杭頭接合部の曲げ強度とする．

（2） 回 転 剛 性

杭頭接合部の回転剛性は，5.4.2 に示す杭頭接合部の曲げ強度の算定方法を用いて，定着鉄筋の最外縁引張鉄筋が材料強度に達したとき曲げモーメントと回転角から算定する．

$$K_\theta = {}_rM_{ty}/{}_r\theta_{ty} \tag{6.2.7}$$

記号　K_θ：杭頭接合部の回転剛性（N・mm/rad）

　　　${}_rM_{ty}$：杭頭接合部の定着鉄筋の最外縁引張鉄筋が材料強度に達したときの曲げモーメント（N・mm）

　　　${}_r\theta_{ty}$：杭頭接合部の曲げモーメントが ${}_rM_{ty}$ に達したときの回転角（rad）で，次式による．

$$ {}_r\theta_{ty} = {}_r\phi_{ty} \cdot L_d $$

　　　${}_r\phi_{ty}$：杭頭接合部の曲げモーメントが ${}_rM_{ty}$ に達したときの曲率（mm^{-1}）

　　　L_d：定着鉄筋の付着長さ（mm）で，次式による．

$$ L_d = \lambda \cdot \alpha \cdot \frac{S \cdot {}_r\sigma_y \cdot d_b}{10 \cdot f_b} $$

　　　λ：付着長さの補正係数で，$\lambda = 0.86$ とする．

　　　α：割裂破壊に対する補正係数で，横補強筋で拘束されたコア内に定着する場合は 1.0，それ以外の場合は 1.25 とする．

　　　S：必要長さの修正係数で，直線定着する杭頭定着鉄筋の場合 1.0 とする．

　　　${}_r\sigma_y$：定着鉄筋の材料強度（N/mm^2）

　　　d_b：定着鉄筋の呼び名に用いた数値（mm）

　　　f_b：付着割裂の基準となる強度（N/mm^2）で，次式による．

$$ f_b = \frac{F_c}{40} + 0.9 $$

　　　F_c：パイルキャップコンクリートの設計基準強度（N/mm^2）

4. 鋼管および鋼管コンクリート部の杭主筋，杭頭接合部の定着鉄筋，鋼管コンクリート部のコンクリート，パイルキャップコンクリートの材料定数は，以下による．

（1） 材 料 強 さ

鋼管および鋼管コンクリート部の杭主筋，杭頭接合部の定着鉄筋の材料強度は，表 6.2.1 による．

表 6.2.1 鋼管および杭頭接合部定着鉄筋の材料強さ

鋼材	種別	引張強さ (N/mm²)	基準強度 F(N/mm²)	材料強度 σ_y(N/mm²)
鋼管	SKK400	400	235	258
	SKK490	490	315	347
鉄筋	SD295A・B	440	295	324
	SD345	490	345	379
	SD390	560	390	429
	SD490	620	490	490

[注] SD490を除き，$\sigma_y=1.1\cdot F$ とする．

(2) 材 料 定 数

鋼管および鋼管コンクリート部の杭主筋，杭頭接合部の定着鉄筋，鋼管コンクリート部のコンクリート，パイルキャップコンクリートのヤング係数，ポアソン比は，表6.2.2による．

表 6.2.2 鋼管および鋼管コンクリート部の杭主筋，杭頭接合部の定着鉄筋鋼管コンクリート部のコンクリート，パイルキャップコンクリートの材料定数

鋼材	種別	ヤング係数 E(N/mm²)	ポアソン比 ν
鋼 管	SKK400	205 000	0.3
	SKK490		
鉄 筋	SD295	205 000	—
	SD345		
	SD390		
	SD490		
鋼管コンクリート部のコンクリート	—	$3.35\times10^4\times\left(\dfrac{\gamma}{24}\right)^2\times\left(\dfrac{\xi\cdot F_c}{60}\right)^{\frac{1}{3}}$	0.2
パイルキャップのコンクリート	—	$3.35\times10^4\times\left(\dfrac{\gamma}{24}\right)^2\times\left(\dfrac{F_c}{60}\right)^{\frac{1}{3}}$	

[記号] γ：コンクリートの気乾単位体積重量（kN/m³）
ξ：場所打ち鋼管コンクリート杭の施工の品質管理に関わる係数で，通常の施工品質管理を行う場合には0.75以下，高品質な施工管理を行う場合には1.0以下とする．
F_c：コンクリートの設計基準強度（N/mm²）

6.2.3 既製コンクリート杭

1. 本項の適用範囲は，5.5.1「PHC杭」および5.5.2「PRC杭」の適用範囲による．
2. Ｐ Ｈ Ｃ 杭

(1) PHC杭の軸剛性は（6.2.8）式による．平均軸方向応力度 σ_0 は，0〜30 N/mm² 以下と

する．

$$K_v = \frac{E_c \cdot A_e}{L_p} \tag{6.2.8}$$

記号　K_v：PHC 杭の軸剛性（N/mm）

　　　E_c：PHC 杭のコンクリートのヤング係数（N/mm²）で，4×10^4 とする．

　　　A_e：PHC 杭のコンクリート換算断面積（mm²）で，次式による．

$$A_e = A_c + (n-1) \cdot A_p$$

　　　A_c：PHC 杭のコンクリートの断面積（mm²）で，次式による．

$$A_c = \pi(r_o^2 - r_i^2)$$

　　　r_o：杭の外半径（mm）

　　　r_i：杭の内半径（mm）

　　　n：ヤング係数比（= 5）

　　　A_p：PC 鋼材の全断面積（mm²）

　　　L_p：PHC 杭の解析上の要素分割長さ（mm）

（2）　PHC 杭の杭体のせん断変形は，杭長／杭直径の比が 5.0 以上の場合には無視することができる．

（3）　PHC 杭の杭体の曲げ変形は，以下の仮定により，曲げひび割れ発生時の曲げモーメント M_{cr} と曲率 ϕ_{cr}，PC 鋼材が降伏するときの曲げモーメント M_y と曲率 ϕ_y，コンクリートの最外縁の圧縮ひずみが圧縮限界ひずみ ε_{cu} に達するときの曲げモーメント M_u と曲率 ϕ_u を算定し，図 6.2.1 の実線で示すバイリニア（OAD）の $M-\phi$ 関係を用いて算定する．

a．曲げひび割れモーメント M_{cr} および曲げひび割れ時の曲率 ϕ_{cr} は，以下による．

$$M_{cr} = Z_e \left(f_t + \sigma_e + \frac{N}{A_e} \right) \tag{6.2.9}$$

$$\phi_{cr} = \frac{M_{cr}}{E_c \cdot I_e} \tag{6.2.10}$$

記号　M_{cr}：PHC 杭の曲げひび割れモーメント（N・mm）

　　　f_t：コンクリートの曲げ引張強度（N/mm²）で，次式による．

$$f_t = 0.56\sqrt{F_c}$$

　　　$Z_e,\ \sigma_e,\ N,\ A_e,\ I_e,\ F_c$：(5.5.1) 式の記号の説明による．

　　　ϕ_{cr}：PHC 杭の曲げひび割れ時の曲率（1/mm）

　　　E_c：(6.2.8) 式の記号の説明による．

b．曲げひび割れの発生以降は，断面の平面保持を仮定して，鉄筋とコンクリートの応力度〜ひずみ関係を次のcからfに基づいてモデル化し，断面の曲げ解析を行って曲げモーメントと曲率の関係を計算する．

c．PC 鋼材の応力度〜ひずみ関係は，規格降伏点と規格引張強度を用いたトリリニアとする．

d．コンクリートの応力度〜ひずみ関係には，バイリニア関係を用いる．コンクリートの圧縮

限界ひずみ ε_{cu} は，コンクリートの設計基準強度 F_c が 85 N/mm² 以下の場合には 0.0025，F_c が 105 N/mm² 以上の場合には 0.002625 とする．

e．PC 鋼材の応力度は，有効プレストレスによる初期ひずみを考慮して算定する．有効プレストレスによる初期ひずみは，以下による．

$$\varepsilon_{pi} = A_c \cdot \sigma_e \cdot \left(\frac{1}{E_c \cdot A_c} + \frac{1}{E_p \cdot A_p} \right) \tag{6.2.11}$$

記号　ε_{pi}：プレストレスによる PC 鋼材の初期ひずみ

σ_e：有効プレストレス（N/mm²）で，A 種は 4，B 種は 8，C 種は 10 とする．

E_p：PC 鋼材のヤング係数（N/mm²）で，2.0×10^5 とする．

A_c, E_c, A_p：(6.2.8) 式の記号の説明による．

f．PC 鋼材の引張応力度が規格降伏点に達した時（引張降伏）の曲げモーメントを M_y，コンクリートの圧縮縁が限界ひずみ ε_{cu} に達した時の曲げモーメントを M_u とし，M_y よりも M_u のほうが大きく，PC 鋼材の引張降伏が先行すれば，解説図 6.2.1(a) に示す OAD のバイリニア型の $M-\phi$ 関係とする．そうでない場合には，解説図 6.2.1(b) に示す OAD 型のバイリニア型の $M-\phi$ 関係とする．いずれの場合にも，D から先の曲率を考慮しない．

（4）PHC 杭は，杭頭の曲げ降伏前の杭頭接合部の回転変形と，曲げ降伏後の変形性能を考慮しない．ただし曲げ降伏とは，図 6.2.1 の D の時点とする．

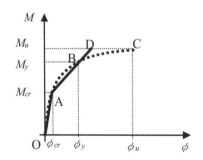
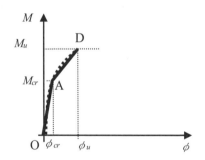

(a) PC鋼材の引張降伏が先行する場合　　　(b) コンクリートの圧壊が先行する場合

図 6.2.1　PHC 杭の $M-\phi$ 関係のモデル化

3．PRC 杭

（1）PRC 杭の軸剛性は (6.2.12) 式による．平均軸方向応力度 σ_0 は，0〜25 N/mm² 以下とする．

$$K_v = \frac{E_c \cdot A_e}{L_p} \tag{6.2.12}$$

記号　K_v：PRC 杭の軸剛性（N/mm）

E_c：PRC 杭のコンクリートのヤング係数（N/mm²）で，4×10^4 とする．

A_e：PRC 杭のコンクリート換算断面積（mm²）で，次式による．

$$A_e = A_c + (n-1) \cdot A_g$$

A_c：PRC 杭のコンクリートの断面積（mm²）で，次式による．

$$A_c = \pi(r_o^2 - r_i^2)$$

r_o：杭の外半径（mm）

r_i：杭の内半径（mm）

n：ヤング係数比（= 5）

A_g：PC 鋼材および軸方向鉄筋の全断面積（mm²）

L_p：PRC 杭の解析上の要素分割長さ（mm）

（2）PRC 杭の杭体のせん断変形は，杭長／杭直径の比が 5.0 以上の場合には無視することができる．

（3）PRC 杭の杭体の曲げ変形は，以下の仮定により，曲げひび割れ発生時の曲げモーメント M_{cr} と曲率 ϕ_{cr}，PC 鋼材が引張降伏するときの曲げモーメント M_{y1} と曲率 ϕ_{y1}，軸方向鉄筋が降伏するときの曲げモーメント M_{y2} と曲率 ϕ_{y2}，コンクリートの最外縁の圧縮ひずみが圧縮限界ひずみ ε_{cu} に達するときの曲げモーメント M_u と曲率 ϕ_u を算定し，図 6.2.2 の実線で示すバイリニア（OAD）の $M-\phi$ 関係を用いて算定する．

a．曲げひび割れモーメント M_{cr} および ϕ_{cr} は，以下による．

$$M_{cr} = Z_e \left(f_t + \sigma_e + \frac{N}{A_e} \right) \tag{6.2.13}$$

$$\phi_{cr} = \frac{M_{cr}}{E_c \cdot I_e} \tag{6.2.14}$$

記号　M_{cr}：PRC 杭の曲げひび割れモーメント（N・mm）

f_t：コンクリートの曲げ引張強度（N/mm²）で，次式による．

$$f_t = 0.56\sqrt{F_c}$$

Z_e, σ_e, N, A_e, I_e, F_c：(5.5.6) 式の記号の説明による．

ϕ_{cr}：PRC 杭の曲げひび割れ時の曲率（mm⁻¹）

E_c：(6.2.12) 式の記号の説明による．

b．曲げひび割れの発生以降は，断面の平面保持を仮定して，鉄筋とコンクリートの応力度～ひずみ関係を次のcからfに基づいてモデル化し，断面の曲げ解析を行って曲げモーメントと曲率の関係を計算する．

c．PC 鋼材の応力度～ひずみ関係は，規格降伏点と引張強度を用いたトリリニアとする．軸方向鉄筋の応力度～ひずみ関係は，規格降伏点を用いたバイリニアとする．

d．コンクリートの応力度～ひずみ関係には，バイリニア関係を用いる．コンクリートの圧縮限界ひずみ ε_{cu} は，コンクリートの設計基準強度 F_c が 85 N/mm² 以下の場合には 0.0025，F_c が 105 N/mm² 以上の場合には 0.002625 とする．

e．PC 鋼材の応力度は，有効プレストレスによる初期ひずみを考慮して算定する．有効プレ

ストレスによる初期ひずみは，以下による．

$$\varepsilon_{pi} = A_c \cdot \sigma_e \cdot \left(\frac{1}{E_c \cdot A_c} + \frac{1}{E_p \cdot A_p} + \frac{E_s \cdot A_s}{E_c \cdot A_c + E_p \cdot A_p} \right) \quad (6.2.15)$$

記号　ε_{pi}：プレストレスによる PC 鋼材の初期ひずみ

　　　σ_e：有効プレストレス量（N/mm²）

　　　E_p：PC 鋼材のヤング係数（N/mm²）で，2.0×10^5 とする．

　　　E_s：軸方向鉄筋のヤング係数（N/mm²）で，2.05×10^5 とする．

　　　A_s：軸方向鉄筋の全断面積

　　　A_c, E_c：(6.2.12) 式の記号の説明による．

　　　A_p：(6.2.8) 式の記号の説明による．

f．コンクリートの圧壊よりも，PC 鋼材または軸方向鉄筋の引張降伏（規格降伏点に達する時点）が先行する場合には，図 6.2.2(a) に示す OAD のバイリニア型の $M-\phi$ 関係とする．M_y は PC 鋼材が引張降伏するときの曲げモーメント M_{y1} と，軸方向鉄筋が引張降伏するときの曲げモーメント M_{y2} のうち小さい方とし，ϕ_y は PC 鋼材が引張降伏するときの曲率 ϕ_{y1} と軸方向鉄筋が引張降伏するときの曲率 ϕ_{y2} のうち小さい方とする．

コンクリートの圧壊が先行する場合には，解説図 6.2.2(b) に示す OAD 型のバイリニア型の $M-\phi$ 関係とする．いずれの場合にも，D から先の曲率を考慮しない．

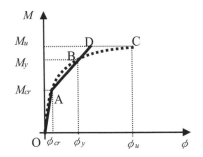
(a) PC 鋼材または軸方向鉄筋の引張降伏が先行する場合

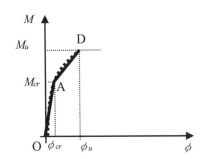
(b) コンクリートの圧壊が先行する場合

図 6.2.2　PRC 杭の $M-\phi$ 関係のモデル化

（4）　PRC 杭は，杭頭の曲げ降伏前の杭頭接合部の回転変形と，曲げ降伏後の変形性能を考慮しない．なお，杭頭の曲げ降伏とは，図 6.2.2 の D の時点とする．

6.3 杭周辺地盤のモデル化

1. 解析モデルは，杭の各節点の水平方向に水平地盤ばねを，鉛直方向は杭の各節点に周面摩擦ばねおよび杭先端に先端ばねを適切に配置する．

2. 地盤と杭の間に設定する地盤ばね定数は，基礎指針等を参考に適切な数値を設定する．各ばねは，原則として地盤の塑性化を考慮した弾塑性ばねを基本とする．

鉄筋コンクリート基礎構造部材の
耐震設計指針(案)・解説

鉄筋コンクリート基礎構造部材の耐震設計指針(案)・解説

1章 総　　　則

1.1 適用範囲

> 1. 鉄筋コンクリート基礎構造部材の耐震設計指針（案）・同解説（以下，本指針）は，鉄筋コンクリート造（以下，RC造）建物のRC造の基礎構造部材（基礎梁，パイルキャップならびに杭等をいい，以下同様とする）の耐震設計に適用する．
> 2. 建物の構造種別がRC造以外の場合でも，基礎構造部材がRC造であれば，本指針を適用することができる．
> 3. 特別な調査・研究に基づく場合，本指針に示す耐震性能と同等以上の性能を確保できる範囲内で，本指針の一部の適用を除外することができる．

1. 本指針の適用範囲

「鉄筋コンクリート基礎構造部材の耐震設計指針（案）・同解説」（以下，本指針）は，鉄筋コンクリート（以下，RCと略記）造の基礎構造部材の地震時に対する構造設計指針である．対象とする基礎構造部材は，RC造系の部材とし，杭に関しては，場所打ち鉄筋コンクリート杭，既製コンクリート杭，場所打ち鋼管コンクリート杭等のコンクリート系とする．鋼管杭・外殻鋼管付き既製コンクリート杭（SC杭）は，当面，適用対象外とする．ただし，本指針に示すRC造基礎構造部材の評価法と同等以上の性能情報をもって，本指針に適用することができる．

対象とする基礎構造は，主に杭基礎（パイルド・ラフト基礎や杭を用いる異種基礎を含む）とする．杭基礎は，大地震時において杭頭部等に塑性化を許容する設計があり，この部位の変形性能を確保することが本指針での対象となる．しかし，直接基礎では，基礎構造を通常弾性範囲内に留める設計を行い，耐震壁に取り付く基礎梁の塑性化を許容する場合を除けば，基礎構造部材の塑性化を考慮することはないので，大地震時の状態に対しても，本会「鉄筋コンクリート構造計算規準・同解説（2010）」（以下，RC規準）に示される許容応力度設計法等を適用できると考え，原則として本指針の対象としない．

本指針の基礎構造部材の耐震設計の流れを解説図1.1.1に示す．本指針は，上部構造の耐震設計と基礎構造部材の耐震設計を整合させるもので，中地震時および大地震時における基礎構造の設計を，原則として建物・基礎・地盤を一体として行うものである．大地震時に許容する構造部材の降伏部位を上部構造と同時に基礎構造において設定し，その状態を適正に評価できる解析モデルを設定することを目指している．

評価に用いる解析は，静的非線形解析で，地震力や地盤変位を外力として加える解析方法に限定する．計算法に関しては，保有水平耐力計算を主として記述するが，等価線形化法も適用可能とする．

本指針においては，杭とパイルキャップの接合条件を考慮する．接合条件は，大別して，剛接合，

半剛接合があるが，採用するディテールに応じて接合部の回転剛性を適切に評価し，変形量や耐力に関して限界状態を設定し，各限界状態を超えないことを確認する．

　長期設計（たとえば，杭の鉛直支持力の検討，土圧・水圧に対する基礎構造部材の検討）や損傷限界時，安全限界時の杭の鉛直支持力の検討は，本会「建築基礎構造設計指針（2001）」（以下，基礎指針という）に従うこととし，本指針では扱わないこととする．

2．上部構造が RC 造以外の建物への適用

　適用建物は，コンクリート系の構造（RC 造，SRC 造，PC 造，壁式 RC 造をいう）の建物とするが，鉄骨造，木造建物も基礎構造部材が RC 造である場合，適用可能である．

3．本指針の一部の適用除外

　構造実験・詳細な数値解析・特別な調査等に基づき，本指針に示す内容とは別途に設計を行う場合，本指針に示す RC 造基礎構造部材の耐震性能と同等以上の性能が確保できることを条件に，本指針の一部（例えば部材の変形特性等）を信頼ある資料に基づく基規準等に置き換えることができる．

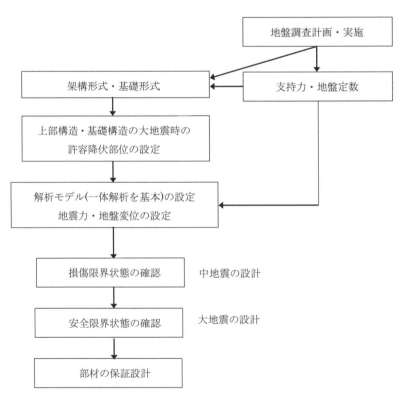

解説図 1.1.1　本指針での基礎構造部位材の耐震設計の流れ

1.2 用　　語

　本指針の本文で使用している用語を以下のとおり定義する．

損 傷 限 界 状 態：建物に補修や補強を必要とするほどの著しい損傷が生じない限界の状態で，部材または構造物に付与する構造性能レベルに対応するクライテリアに基づいて評価する．

安 全 限 界 状 態：上部構造の空間を保持できなくなるほどの損傷または破壊に至らない限界の状態で，部材または構造物の終局限界状態に基づいて評価する．

稀に発生する地震動：生起頻度によって定められた中程度の地震動．構造物の供用期間中に1回から数回遭遇する地震動

極めて稀に発生する地震動：生起頻度によって定められた最大級の地震動．数百年に一回程度発生する可能性のある地震動

設 計 用 地 震 力：地震動により生じる構造物の慣性力を静的な力に置換した設計用の地震荷重．基礎構造の設計用地震力は，上部構造から基礎構造に伝達される構造物の慣性力を対象とする．

設 計 用 地 盤 変 位：地震動により生じる地盤変形により杭に作用する設計用地盤変位．設計用地盤変位は，地盤の地震応答解析等から算定する．

損傷限界設計用地震力：稀に発生する地震動に相当する地震力で，保有水平耐力計算等の構造計算においては，地上部の地震力算定時の標準せん断力係数 C_0 を 0.2 以上とする．

安全限界設計用地震力：極めて稀に発生する地震動に相当する地震力で，保有水平耐力計算等の構造計算においては，地上部の地震力算定時の標準せん断力係数 C_0 を 1.0 以上とする．

応　　答　　値：静的非線形解析により得られる応力と変位

限　　界　　値：実験や解析等から得られる部材の耐力と変位の限界値

設 計 用 応 答 値：応答値に割増し係数を乗じた得られる設計用の応答値

設 計 用 限 界 値：限界値に低減係数を乗じて得られる設計用の限界値

設 計 カ テ ゴ リ ー：上部構造と基礎構造とを含めた構造物全体としての崩壊モードを明確にするため，上部構造と基礎構造それぞれにおいて塑性化を許容するか，弾性内で留めるかの組合せを表現した設計分類

解析モデルカテゴリー：解析モデルにおいて，上部構造と基礎構造を一体として扱うかまたは分離して扱うか，地盤モデルを多層として扱うか一様として扱うかを表した解析モデルの分類指標．設計条件および目標性能を考慮して，設計カテゴリーから適切に解析モデルを選択し，検証を行う．

解析モデルカテゴリー①：上部構造と基礎構造を一体にした多層地盤モデルで，一体型ともいう．

解析モデルカテゴリー②：上部構造と基礎構造を分離した複数杭・多層地盤モデルで，分離型1ともいう．

解析モデルカテゴリー③：上部構造と基礎構造を分離した単杭・多層地盤モデルで，分離型2ともいう．

解析モデルカテゴリー④：上部構造と基礎構造を分離した単杭・一様地盤モデルで，分離型3ともいう．

上　部　構　造：基礎構造に対し上部構造と称し，基礎梁，またはマットスラブの下端を境界として，それよりも上の構造とする．地下階がある場合は，地下階を含む．

基　礎　構　造：上部構造に対し基礎構造と称す．直接基礎の場合は，基礎梁，またはマットスラブと基礎スラブを基礎構造とする．杭基礎の場合は，基礎梁，またはマットスラブとパイルキャップ，および杭を含め基礎構造とする．

基 礎 構 造 部 材：基礎構造を構成する部材．基礎梁，マットスラブ，基礎スラブ，パイルキャップ，杭をいう．

地　　下　　部：土に接している建物の部位

地　　下　　階：土に接している建物の階

地　　上　　部：土に接していない地下部より上の建物の部位

地　　上　　階：地下階に対し，地下階を除く地上部の建物の階

限 界 回 転 角：基礎構造部材の限界状態に対応する回転角

基　　　　　　礎：直接基礎での基礎スラブ，および杭基礎でのパイルキャップと杭を総称したもの．

基 礎 ス ラ ブ：上部構造からの荷重を直接地盤に伝えるために設けられた直接基礎の構造部分．フーチング基礎ではフーチング部分，べた基礎ではスラブ部分
パイルキャップ：上部構造からの荷重を杭を介して地盤に伝えるために設けられた杭基礎の構造部分
杭：パイルキャップからの荷重を地盤に伝えるため，パイルキャップ下の地盤中に設けられる柱状の構造部材
杭 基 礎：直接基礎に対するもので，パイルキャップからの荷重を，杭を介して地盤に伝える形式の基礎
既 製 杭：工場などであらかじめ製作された杭
既製コンクリート杭：高強度プレストレストコンクリート杭（PHC杭），高強度プレストレスト鉄筋コンクリート杭（PRC杭），外殻鋼管付高強度コンクリート杭（SC杭）などの総称
場所打ち鉄筋コンクリート杭：あらかじめ地盤中に削孔された孔内に，鉄筋かごを挿入した後，コンクリートを打設することによって，現場において造成される杭
場所打ち鋼管コンクリート杭（鋼管巻き場所打ちコンクリート杭）：場所打ち鉄筋コンクリート杭に鋼管を巻いた杭で，鋼管内に鉄筋を配する場合と配さない場合の二通りがある．
杭 頭 半 剛 接 合：杭とパイルキャップの接合部分に回転剛性を制御する仕組みを取り入れた接合方法．変形や軸力等に応じて，回転剛性を制御し，従来の接合方法と比較し，杭頭部や基礎梁の曲げモーメントを低減させることを目的とする．
杭 頭 接 合 面：杭の最上部においてパイルキャップと接する水平面部分で，杭天端ともいう．
のみ込み部：杭がパイルキャップ内にのみ込んでいる接合部
杭 頭 部：杭全長のうち，パイルキャップ下面から$2D \sim 3D$（D：杭径）程度下方にいたる範囲の部分
杭 体：杭全長にわたる杭本体
杭 先 端：杭の最深底部の水平面
杭 先 端 部：杭全長のうち，杭先端から$2D$（D：杭径）程度上方にいたる範囲の部分
杭 中 間 部：杭全長のうち，杭頭部と杭先端部を除いた部分
杭 体 接 合 部：既製杭どうしの継手接合部分
基 礎 梁：柱脚の変位や回転を拘束する目的で設けられた最下階の梁
マットスラブ：複数の柱および杭をつなぐ板状の基礎
液 状 化：水で飽和した砂が，振動・衝撃などによる間隙水圧の上昇のためにせん断抵抗を失う現象
信 頼 強 度：材料強度，算定式のばらつき等を考慮して終局強度の下限値として計算される断面あるいは部材の強度
上 限 強 度：材料強度，算定式のばらつき，スラブ，直交壁，施工上の配筋等，強度上昇の要因を考慮して終局強度の上限値として計算される断面あるいは部材の強度

・用語の定義

　本指針の本文で使用している主要な用語について定義している．このうち，基礎に関する名称の部分を解説する．

　通常，基礎梁下端を境界として，それより上の部分を上部構造，それよりも下の部分を基礎，または基礎構造という．したがって，基礎梁は，一般的に上部構造に含まれ，基礎構造には含まれない．しかしながら，上部構造からの力の伝達を考えた場合，基礎梁は，上部構造に含めるとともに基礎構造にも含めて評価した方が妥当な場合がある．そのため本指針では，解説図1.2.1に示すように，基礎梁は上部構造に含むとともに，基礎構造にも含むものと定義した（マットスラブも基礎梁と同様に考える）．

杭の部分を表す用語を，解説図1.2.2に示すように定義した．杭体は，杭全体を表す用語とし，杭頭部・杭中間部・杭先端部から構成されている．また，杭頭部上部において，パイルキャップと杭頭部が接している面を杭頭接合面と定義した．

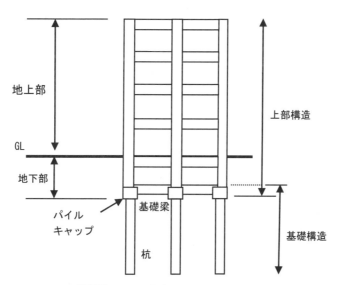

解説図1.2.1 基礎構造に関する用語

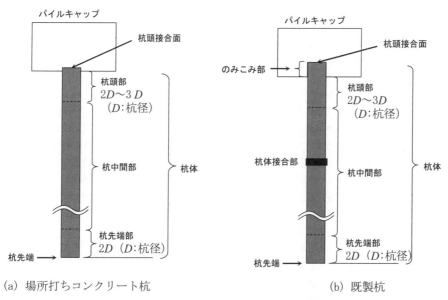

(a) 場所打ちコンクリート杭　　　　(b) 既製杭

解説図1.2.2 杭の部分に関する用語

1.3 記　　号

本指針の本文で使用している記号を，以下のとおり定義する．〔　〕内に記載の数字は，用語を使用している章，節，項を示す．

A_c：パンチング算定断面における鉛直断面積の和（mm²）〔5.3〕
　　　場所打ち鉄筋コンクリート杭の断面積（mm²）〔5.4.1〕
　　　PHC杭のコンクリートの断面積（mm²）〔5.5.1〕〔6.2.3〕
　　　PRC杭のコンクリートの断面積（mm²）〔5.5.2〕〔6.2.3〕
　　　柱の全主筋のうち第2危険断面（図5.6.4中の直線BCD）を横切ってから十分な定着長さを有する柱主筋の断面積の和（mm²）〔5.6.1〕
　　　場所打ち鉄筋コンクリート杭の断面積（mm²）〔6.2.1〕
A_e：PHC杭のコンクリート換算断面積（mm²）〔5.5.1〕〔6.2.3〕
　　　PRC杭のコンクリート換算断面積〔5.5.2〕〔5.6.2〕
A_g：主筋全断面積（mm²）〔5.4.1〕
　　　PC鋼材および軸方向鉄筋の全断面積（mm²）〔5.5.2〕〔6.2.3〕
　　　軸方向筋（鉄筋およびPC鋼材）の全断面積（mm²）〔5.5.2〕
A_h：検討対象のパイルキャップのはかまトップ筋のうち，定着部が危険断面を横切ってから十分な定着長さを有するはかまトップ筋の断面積の和（mm²）〔5.6.1〕
A_p：PC鋼材の全断面積（mm²）〔5.5.1〕〔6.2.3〕
A_s：水平力作用方向の杭前面のパイルキャップのせん断破壊面の水平投影面積（mm²）〔5.6.2〕
　　　軸方向鉄筋の全断面積（mm²）〔6.2.3〕
A_{ce}：検討対象のパイルキャップに接続する柱の引張側端部主筋のうち，定着部が危険断面を横切ってから十分な定着長さを有する主筋の断面積の和（mm²）〔5.6.1〕
A_{cm}：検討対象のパイルキャップに接続する柱の中間主筋のうち，定着部が危険断面を横切ってから十分な定着長さを有する中間主筋の断面積の和（mm²）〔5.6.1〕
A_{gb}：基礎梁下端筋のうち，第1危険断面（図5.6.4中の直線AC）を横切ってから十分な定着長さを有する基礎梁下端筋の断面積の和（mm²）〔5.6.1〕
A_{gu}：検討対象のパイルキャップに接続する基礎梁上端筋のうち，曲下げ定着部が危険断面を横切ってから十分な定着長さを有する上端筋の断面積の和（mm²）〔5.6.1〕
A_{gv}：基礎梁下端1段目主筋以外の曲上げ定着部分のうち，第2危険断面（図5.6.4中の直線BCD）を横切ってから十分な定着長さを有する基礎梁下端筋の断面積の和（mm²）〔5.6.1〕
A_{pc}：杭の軸方向鉄筋のうち，杭心よりも圧縮側にあり，定着部が第2危険断面（図5.6.4中の直線BCD）を横切ってから十分な定着長さを有する杭の軸方向鉄筋の断面積の和（mm²）〔5.6.1〕
A_{pt}：杭の軸方向鉄筋のうち，引張縁近傍にあり，定着部が第1危険断面（図5.6.4中の直線AC）を横切ってから十分な定着長さを有する杭の軸方向鉄筋の断面積の和（mm²）〔5.6.1〕
A_{qcl}：水平力作用方向の杭前面のパイルキャップのコーン状破壊面の有効投影面積（mm²）〔5.6.2〕
$_cA$：鋼管コンクリート部内コンクリートの断面積（mm²）〔5.4.2〕〔6.2.2〕
$_rA$：鋼管コンクリート部内の杭主筋の断面積（mm²）〔6.2.2〕
$_sA$：腐食しろを考慮した鋼管の有効断面積（mm²）〔5.4.2〕〔6.2.2〕
a：柱中心から杭心までの距離（mm）〔5.6.2〕
a_t：基礎梁の引張鉄筋断面積（mm²）〔5.2〕
　　　マットスラブ有効幅b_{sy}内に配置された引張鉄筋断面積（mm²）〔5.3〕
　　　パンチング算定断面幅（c_2+d）内に配筋された引張鉄筋全断面積（mm²）〔5.3〕
　　　パイルキャップの引張鉄筋断面積（mm²）〔5.6.2〕
a_w：1組のせん断補強筋の断面積（mm²）〔5.2〕〔5.4.1〕〔5.5.2〕
b：基礎梁の幅（mm）〔5.2〕
　　　等価長方形断面の幅（mm）で，$b=(\pi/4)D$としてよい．〔5.4.1〕

1章 総　則 － 79 －

　　　　　有効断面幅〔5.5.2〕
b_{co}：柱周囲のパンチングシヤー耐力に対する算定断面の延べ長さ（mm）〔5.6.2〕
b_{po}：群杭のパイルキャップにおける杭周囲のパンチングシヤー強度算定断面の延べ長さ（mm）
　　　〔5.6.2〕
b_{sy}：損傷限界時のマットスラブ有効幅（mm）〔5.3〕
b_{su}：安全限界時のマットスラブ有効幅（mm）〔5.3〕
C_{BU}：必要保有水平耐力時ベースシヤー係数〔3.3〕
C_0：上部構造の設計用標準せん断力係数〔4.4.3〕
c：杭表面とパイルキャップ側面までの距離（mm）〔5.6.2〕
c_1：マットスラブに接続する長方形柱のせい（mm）〔5.3〕
c_2：マットスラブに接続する長方形柱の幅（mm）〔5.3〕
D：円形柱および杭の直径（mm）〔5.3〕
　　　杭直径（mm）〔5.4.1〕
　　　鋼管の直径（mm）〔5.4.2〕
　　　杭外径（mm）〔5.5.1〕〔5.5.2〕〔5.6.2〕
D_c：柱のせい〔5.6.1〕
D_g：基礎梁のせい〔5.6.1〕
D_p：パイルキャップの長さ〔5.6.1〕
D_{cp}：パイルキャップせい（mm）〔5.6.2〕
d：基礎梁の有効せい（mm）〔5.2〕〔5.6.2〕
　　　マットスラブの有効せい（mm）〔5.3〕
　　　等価長方形断面の有効せい（mm）で，$d=0.9D$としてよい．〔5.4.1〕
　　　杭の有効せい（mm）〔5.5.1〕〔5.5.2〕
　　　パイルキャップの有効せい（mm）〔5.6.2〕
d'：パンチングシヤーの破壊面を定義する長さ（mm）〔5.6.2〕
d_b：異形鉄筋の呼び名に用いた数値〔5.4.1〕〔5.4.2〕
　　　定着鉄筋の呼び名に用いた数値（mm）〔5.4.2〕〔6.2.2〕
　　　杭の引張鉄筋の呼び名に用いた数値〔5.6.1〕
d_p：2本杭または4本杭のパイルキャップのパンチングシヤー耐力算定用のせい（mm）で，杭天端
　　　からパイルキャップ天端までの鉛直距離〔5.6.2〕
　　　2本杭または4本杭のパイルキャップのパンチングシヤー強度算定用のせい（mm）で，杭天端
　　　からパイルキャップ天端までの鉛直距離〔5.6.2〕
d_t：杭の引張縁からPC鋼材までの距離（mm）〔5.5.1〕
　　　杭体コンクリートの引張縁から軸方向鉄筋芯までの距離（mm）〔5.5.2〕
d_{ce}：検討対象のパイルキャップに接続する杭の引張端部主筋のうち，定着部の危険断面を横切って
　　　から十分な定着長さを有する主筋の重心位置からC点までの水平距離（mm）〔5.6.1〕
d_{cm}：検討対象のパイルキャップに接続する柱の中間主筋のうち，定着部の危険断面を横切ってから十
　　　分な定着長さを有する中間主筋の重心位置からC点までの水平距離（mm）〔5.6.1〕
d_{ex}：検討対象のパイルキャップに接続する杭心からC点までの水平距離（mm）〔5.6.1〕
d_{ey}：基礎梁材軸中心位置からC点までの鉛直距離（mm）〔5.6.1〕
d_{gx}：検討対象のパイルキャップに接続する基礎梁上端筋の曲下げ定着部の当該鉄筋重心位置からC
　　　点までの水平距離（mm）〔5.6.1〕
d_{gy}：基礎梁下端筋のうち，第1危険断面（図5.6.4中の直線AC）を横切ってから十分な定着長さを
　　　有する基礎梁下端筋の重心位置から図5.6.4中のC点までの鉛直距離（mm）〔5.6.1〕
d_{hy}：検討対象のパイルキャップのはかまトップ筋のうち，定着部が危険断面を横切ってから十分な定
　　　着長さを有するはかまトップ筋の重心位置からC点までの鉛直距離（mm）〔5.6.1〕
d_{px}：杭の軸方向鉄筋のうち，引張側近傍にあり定着部が第1危険断面（図5.6.4中の直線AC）を横

切ってから十分な定着長さを有する杭の軸方向鉄筋の重心位置から図5.6.4中のC点までの水平距離（mm）〔5.6.1〕

d_{x2}：第2危険断面（図5.6.4中の直線BCD）の水平投影長さ（mm）〔5.6.1〕

d_{y2}：第2危険断面（図5.6.4中の直線BCD）の鉛直投影長さ（mm）〔5.6.1〕

E：弾性〔4.2〕

E-E：基礎梁を除く上部構造および基礎梁，杭ならびにパイルキャップの各限界設計時の設計カテゴリーで，損傷限界設計時，安全限界設計時において上部構造および基礎構造とも弾性状態とする．〔4.2〕〔4.4.1〕〔4.4.4〕〔4.4.6〕

E-P：基礎梁を除く上部構造および基礎梁，杭ならびにパイルキャップ杭の安全限界設計時の設計カテゴリーで，基礎梁を除く上部構造および基礎梁は弾性状態，パイルキャップは未降伏かつせん断破壊を許容せず，杭は塑性（降伏）を許容〔4.2〕〔4.4.1〕〔4.4.4〕〔4.4.6〕

E_c：PRC杭のコンクリートのヤング係数（N/mm²）〔5.5.2〕〔6.2.3〕

場所打ち鉄筋コンクリート杭のコンクリートのヤング係数（N/mm²）〔5.4.1〕〔6.2.1〕，PHC杭のコンクリートのヤング係数（N/mm²）で，4×10^4する．〔6.2.3〕

PRC杭のコンクリートのヤング係数（N/mm²）で，4×10^4とする．〔6.2.3〕

E_p：PC鋼材のヤング係数（N/mm²）で，2.0×10^5とする．〔6.2.3〕

E_s：PC鋼材および軸方向鉄筋のヤング係数（N/mm²）〔5.5.2〕

軸方向鉄筋のヤング係数（N/mm²）で，2.05×10^5とする．〔6.2.3〕

$_cE$：鋼管コンクリート部内のコンクリートのヤング係数（N/mm²）〔6.2.2〕

$_rE$：鋼管コンクリート部内の杭主筋のヤング係数（N/mm²）〔6.2.2〕

$_sE$：鋼管のヤング係数（N/mm²）〔6.2.2〕

F：鋼管の基準強度（N/mm²）〔5.4.2〕

F_c：コンクリートの設計基準強度（N/mm²）〔2.3〕〔5.2〕〔6.2.2〕〔6.2.3〕

パイルキャップのコンクリートの設計基準強度（N/mm²）〔5.4.2〕〔5.5.1〕〔5.6.2〕〔6.2.2〕

杭のコンクリートの設計基準強度（N/mm²）〔5.4.1〕

PHC杭のコンクリートの設計基準強度（N/mm²）〔5.5.1〕

PRC杭のコンクリートの設計基準強度〔5.5.2〕

鋼管コンクリート部内のコンクリートの設計基準強度（N/mm²）〔6.2.2〕

f_c：PHC杭のコンクリートの損傷限界圧縮強度（N/mm²）〔5.5.1〕

PRC杭のコンクリートの損傷限界圧縮強度（N/mm²）〔5.5.2〕

f_b：付着割裂の基準となる強度（N/mm²）〔5.4.2〕〔6.2.2〕

f_s：コンクリートの短期許容せん断応力度（N/mm²）〔5.2〕〔5.3〕

場所打ち鉄筋コンクリート杭のコンクリートの短期許容せん断応力度（N/mm²）〔5.4.1〕

パイルキャップコンクリートの短期許容せん断応力度（N/mm²）〔5.6.2〕

f_t：引張鉄筋の短期許容引張応力度（N/mm²）〔5.2〕〔5.6.2〕

マットスラブ内に配筋された引張鉄筋の短期許容引張応力度（N/mm²）〔5.3〕

パンチング算定断面幅（c_2+d）内に配筋された引張鉄筋の短期許容引張応力度（N/mm²）〔5.3〕

PHC杭のコンクリートの損傷限界曲げ引張強度（N/mm²）〔5.5.1〕

PRC杭のコンクリートの損傷限界曲げ引張強度（N/mm²）〔5.5.2〕

コンクリートの曲げ引張強度（N/mm²）〔6.2.3〕

f_{cn}：支圧部のコンクリートの損傷限界圧縮応力度（N/mm²）〔5.5.1〕

f_{cu}：支圧部のコンクリートの安全限界支圧強度（N/mm²）〔5.5.1〕

f_{na}：パイルキャップのコンクリートの短期許容圧縮応力度（N/mm²）〔5.5.1〕

$_sf_c$：パイルキャップのコンクリートの短期許容圧縮応力度（N/mm²）〔5.6.2〕

$_sf_s$：鋼管の短期許容せん断応力度（N/mm²）〔5.4.2〕

$_wf_t$：せん断補強筋の短期許容引張応力度（N/mm²）〔5.2〕

1章 総 則

$_cG$：鋼管コンクリート部内のコンクリートのせん断弾性係数（N/mm²）〔6.2.2〕
$_sG$：鋼管のせん断弾性係数（N/mm²）〔6.2.2〕
H_1：地下階の地震力〔4.4.3〕
h：杭のパイルキャップへの埋込み長さ（mm）〔5.6.2〕
I：PHC 杭の杭断面の断面二次モーメント（mm⁴）〔5.5.1〕
　　PRC 杭の杭断面の断面二次モーメント（mm⁴）〔5.5.2〕
I_e：PC 鋼材の考慮した換算断面二次モーメント（mm⁴）〔5.5.1〕
　　PC 鋼材および軸方向鉄筋を考慮した換算断面二次モーメント（mm⁴）〔5.5.2〕
j：基礎梁の応力中心距離（mm）〔5.2〕
　　応力中心距離（mm）〔5.2〕〔5.4.1〕〔5.5.2〕
　　マットスラブの応力中心距離〔5.3〕
　　パイルキャップの応力中心距離（mm）で，$(7/8)d$ としてよい．〔5.6.2〕
K_s：鋼管コンクリート部のせん断剛性（N/mm）〔6.2.2〕
K_v：場所打ち鉄筋コンクリート杭の軸剛性（N/mm）〔6.2.1〕
　　PHC 杭の軸剛性（N/mm）〔6.2.3〕
　　PRC 杭の軸剛性（N/mm）〔6.2.3〕
K_{vc}：鋼管コンクリート部の圧縮時の軸剛性（N/mm）〔6.2.2〕
K_{vt}：鋼管コンクリート部の引張時の軸剛性（N/mm）〔6.2.2〕
K_θ：杭頭接合部の回転剛性（N・mm/rad）〔6.2.2〕
k_p：引張鉄筋比による補正係数〔5.5.2〕
k_u：断面寸法による補正係数〔5.5.2〕
L：杭頭の曲げモーメント M とせん断力 Q の比（$=M/Q$）〔5.6.2〕
L_2：鉄筋の定着長さ〔5.6.1〕
L_d：定着鉄筋の付着長さ（mm）〔5.4.2〕〔6.2.2〕
L_p：場所打ち鉄筋コンクリート杭の解析上の要素分割長さ（mm）〔6.2.1〕
　　鋼管コンクリート部の解析上の要素分割長さ（mm）〔6.2.2〕
　　PHC 杭の解析上の要素分割長さ（mm）〔6.2.3〕
　　PRC 杭の解析上の要素分割長さ（mm）〔6.2.3〕
l, l'：杭心を結ぶ直線と直交する方向のパイルキャップの幅（mm）〔5.6.2〕
l_e, l_e'：パイルキャップのせん断有効幅（mm）〔5.6.2〕
l_p：柱フェイスから杭心までの距離（mm）〔5.6.2〕
l_x：x 方向の柱の中心距離〔5.3〕
l_y：y 方向の柱の中心距離〔5.3〕
M：設計する基礎梁の最大曲げモーメント（N・mm）〔5.2〕
　　杭に生じる最大曲げモーメント〔5.4.1〕〔5.5.1〕〔5.5.2〕
　　曲げモーメント〔6.2.1〕
M_A：マットスラブの損傷限界曲げモーメント（N・mm）〔5.3〕
M_D：マットスラブの損傷限界設計用曲げモーメント（N・mm）〔5.3〕
M_0：マットスラブの安全限界曲げ強度（N・mm）〔5.3〕
M_f：マットスラブのパンチング算定断面内の主筋により伝達される損傷限界曲げモーメント（N・mm）〔5.3〕
M_p：杭頭曲げモーメント〔5.6.1〕
M_s：パンチング算定断面の前・後面のコンクリートの直接せん断力により伝達される曲げモーメント（N・mm）〔5.3〕
　　PHC 杭の損傷限界曲げモーメント（N・mm）〔5.5.1〕
　　PRC 杭の損傷限界曲げモーメント（N・mm）〔5.5.2〕
M_t：パンチング算定断面の両側面のねじりにより伝達される曲げモーメント（N・mm）〔5.3〕

M_U：マットスラブの安全限界設計用曲げモーメント（N・mm）〔5.3〕
M_u：マットスラブの曲げ強度（N・mm）〔5.3〕
　　　コンクリートの圧縮縁が限界ひずみ ε_{cu} に達するときの曲げモーメント〔6.2.3〕
M_y：PC 鋼材の引張応力度が規格降伏点に達したとき（引張降伏）の曲げモーメント〔6.2.3〕
M_{y1}：PC 鋼材が引張降伏するときの曲げモーメント〔6.2.3〕
M_{y2}：軸方向鉄筋が引張降伏するときの曲げモーメント〔6.2.3〕
M_{cr}：曲げひび割れ発生時の曲げモーメント〔6.2.3〕
　　　PHC 杭の曲げひび割れモーメント（N・mm）〔6.2.3〕
　　　PRC 杭の曲げひび割れモーメント（N・mm）〔6.2.3〕
${}_sM_f$：マットスラブ内のパンチング算定断面幅内の主筋により伝達される安全限界曲げ強度（N・mm）〔5.3〕
${}_sM_s$：パンチング算定断面の前・後面のコンクリートの直接せん断力により伝達される安全限界曲げ強度（N・mm）〔5.3〕
${}_sM_t$：パンチング算定断面の両側面のねじりにより伝達される安全限界曲げ強度（N・mm）〔5.3〕
M_{aF}：引張鉄筋比が釣合い鉄筋比以下の場合の基礎梁の損傷限界曲げモーメント（N・mm）〔5.2〕
M_{am}：マットスラブの損傷限界曲げモーメント（N・mm）〔5.3〕
M_{ju}：危険断面位置を横切る有効な鉄筋によるパイルキャップの曲げ強度（N・mm）〔5.6.1〕
M_{uF}：基礎梁の曲げ終局強度（N・mm）〔5.2〕
${}_aM_{cp}$：パイルキャップの損傷限界曲げモーメント（N・mm）〔5.6.2〕
${}_rM_{ty}$：杭頭接合部の定着鉄筋の最外縁引張鉄筋が材料強度に達したときの曲げモーメント（N・mm）〔6.2.2〕
${}_sM_{ph}$：接合法 B におけるパイルキャップへの杭埋込み部前・後面のコンクリートの支圧による損傷限界曲げモーメント（N・mm）〔5.6.2〕
${}_sM_u$：軸方向力を考慮した鋼管の全塑性モーメント（N・mm）〔5.4.2〕
${}_sM_{u0}$：軸方向力が作用しないときの鋼管の全塑性モーメント（N・mm）〔5.4.2〕
${}_uM_{cp}$：パイルキャップの安全限界曲げ強度（N・mm）〔5.6.2〕
${}_uM_{ph}$：接合法 B におけるパイルキャップへの杭埋込み部前・後面のコンクリートの支圧による安全限界曲げ強度（N・mm）〔5.6.2〕
${}_{sc}M_u$：鋼管コンクリート部の曲げ強度（N・mm）〔5.4.2〕
M/Q：M, Q は強度算定時における最大曲げモーメントおよびせん断力〔5.2〕
$M/(Q \cdot d)$：せん断スパン比〔5.4.1〕〔5.5.2〕
N：鋼管コンクリート部に作用する軸方向力（N）〔5.4.2〕
　　　設計用軸方向力（N）〔5.4.2〕
　　　軸方向力（N）（圧縮力を正, 引張力を負とする）〔5.5.1〕
　　　軸方向力（N）（圧縮力を正とする）〔5.5.2〕
　　　軸方向力〔6.6.2〕
N_0：鋼管コンクリート部の圧縮強度（N）〔5.4.2〕
N_p：検討対象のパイルキャップに接続する杭の杭頭に作用する軸方向力（N）で, 圧縮力の場合を正, 引張力の場合を負とする〔5.6.1〕
　　　杭頭に作用する安全限界状態における軸方向力（N）で, 圧縮力の場合を正, 引張力の場合を負とする.〔5.6.1〕
　　　杭頭軸方向力〔5.6.1〕
N_s：杭天端に作用する安全限界設計時の軸方向力（N）で, 引張りの場合ゼロとする.〔5.6.2〕
N_{cu}：鋼管コンクリート部の杭軸方向圧縮強度（N）〔6.2.2〕
N_{tu}：鋼管コンクリート部の杭軸方向引張強度（N）〔6.2.2〕
${}_sN_{cu}$：鋼管の圧縮強度（N）〔5.4.2〕
n：保証設計用の応力割増し係数〔4.4.4〕〔4.5〕

1章 総　　則 — 83 —

　　　　　　ヤング係数比（＝5）〔5.5.1〕〔5.5.2〕〔6.2.3〕
　　　P：塑性〔4.2〕
　　P-E：基礎梁を除く上部構造および基礎梁，杭ならびにパイルキャップの安全限界設計時の設計カテゴ
　　　　　　リーで，基礎梁を除く上部構造は塑性（降伏）を許容，基礎梁および杭は弾性（未降伏），パイ
　　　　　　ルキャップは未降伏かつせん断破壊させない．〔4.2〕〔4.4.1〕〔4.4.4〕〔4.4.6〕
　P-P①：基礎梁を除く上部構造および基礎梁，杭ならびにパイルキャップの安全限界設計時の設計カテゴ
　　　　　　リーで，基礎梁を除く上部構造と杭は塑性（降伏）を許容，基礎梁は弾性（未降伏），パイルキャ
　　　　　　ップは未降伏かつせん断破壊させない．〔4.2〕〔4.4.1〕〔4.4.4〕〔4.4.6〕
　P-P②：基礎梁を除く上部構造および基礎梁，杭ならびにパイルキャップの安全限界設計時の設計カテゴ
　　　　　　リーで，基礎梁は塑性（降伏を許容）とし基礎梁を除く上部構造および杭は塑性（降伏）・弾性
　　　　　　（未降伏）のいずれも許容，パイルキャップは未降伏かつせん断破壊させない．〔4.2〕〔4.4.1〕
　　　　　　〔4.4.4〕
P_x, P_y：x 方向と y 方向の杭間隔（mm）〔5.6.2〕
　　　p_g：主筋比（％）〔5.4.1〕，軸方向鉄筋比（＝$A_g/(b \cdot d)$）〔5.5.2〕
　　　p_t：引張鉄筋比（％）で，$p_t=p_g/4$ としてよい〔5.4.1〕．引張鉄筋比（％）〔5.2〕〔5.6.2〕
　　　　　　引張鉄筋比（＝$p_g/4$）〔5.5.2〕
　　　p_w：基礎梁のせん断補強筋比〔5.2〕，せん断補強筋比〔5.4.1〕，〔5.5.2〕
　　　Q：設計する基礎梁の最大せん断力（N）〔5.2〕
　　　　　　杭に生じる最大せん断力（N）〔5.4.1〕〔5.5.1〕〔5.5.2〕
　　　Q_1：1 階の地震層せん断力〔4.4.3〕
　　　Q_f：基礎の層せん断力〔4.4.3〕
　　　Q_p：検討対象のパイルキャップに接続する杭の杭頭に作用する安全限界設計時水平力（N）〔5.6.1〕
　　　　　　杭頭に作用する安全限界状態におけるせん断力（N）〔5.6.1〕
　　　　　　杭頭せん断力〔5.6.1〕
　　　Q_s：場所打ち鉄筋コンクリート杭の損傷限界せん断力（N）〔5.4.1〕
　　　　　　場所打ち鋼管コンクリート杭の損傷限界せん断力（N）〔5.4.2〕
　　　Q_u：場所打ち鉄筋コンクリートのせん断強度（N）〔5.4.1〕
　　　　　　鋼管コンクリート部のせん断強度（N）〔5.4.2〕
　　　　　　PRC 杭のせん断強度（N）〔5.5.2〕
　　　Q_{AS}：PHC 杭の損傷限界せん断力（N）〔5.5.1〕
　　　　　　PRC 杭の損傷限界せん断力（N）〔5.5.2〕
　　　Q_{aF}：基礎梁の損傷限界せん断力（N）〔5.2〕
　　　Q_{su}：基礎梁の安全限界せん断強度（N）〔5.2〕
　　　　　　PHC 杭のせん断強度（N）〔5.5.1〕
　　　$_sQ_0$：軸方向力が作用しないときの鋼管のせん断強度（N）〔5.4.2〕
　　　$_aQ_{cp}$：パイルキャップの損傷限界せん断力（N）〔5.6.2〕
　　　$_sQ_{h1}$：パイルキャップへの杭埋込み部前面のコンクリートの短期許容せん断力（N）〔5.6.2〕
　　　$_sQ_{ph}$：接合法 A におけるパイルキャップへの杭埋込み部の損傷限界せん断力（N）〔5.6.2〕
　　　　　　接合法 B におけるパイルキャップへの杭埋込み部の損傷限界せん断力（N）〔5.6.2〕
　　　$_uQ_{cp}$：パイルキャップの安全限界せん断強度（N）〔5.6.2〕
　　　$_uQ_{ph}$：接合法 A におけるパイルキャップへの杭埋込み部前面のコンクリートの安全限界せん断強度
　　　　　　（N）〔5.6.2〕
　　　　　　接合法 B におけるパイルキャップへの杭埋込み部の安全限界せん断強度（N）〔5.6.2〕
　　　R：鋼管の半径（mm）〔5.4.2〕
　　　R_d：構造部材の設計用限界値（強度，変形（角））〔4.5〕
　　　R_n：構造部材の限界値（強度，変形（角））〔4.5〕
　　　R_u：鋼管コンクリート部の安全限界変形角（％）〔5.4.2〕

r, r'：柱幅，柱せい（mm）〔5.6.2〕
r_o：杭の外半径（mm）〔5.5.1〕〔5.5.2〕〔6.2.3〕
r_i：杭の内半径（mm）〔5.5.1〕〔5.5.2〕〔6.2.3〕
r_p：杭中心からPC鋼材までの距離（mm）〔5.5.1〕
　　　杭中心から軸方向鉄筋までの距離（mm）〔5.5.2〕
S：必要長さの修正係数で，直線定着する杭頭定着鉄筋の場合1.0とする．〔5.4.2〕〔6.2.2〕
S_o：断面芯より片側にある杭断面の断面一次モーメント（mm³）〔5.5.1〕〔5.5.2〕
S_d：構造部材の設計用応答値（応力，変形（角））〔4.5〕
S_r：静的解析から得られた構造部材の応答値（応力，変形（角））〔4.5〕
S_m：材料強度に上限強度を用いた基礎梁両端ヒンジ発生時の応力〔4.5〕
T_c：柱の全主筋のうち，第2危険断面（図5.6.4中の直線BCD）を横切ってから十分な定着長さを有する柱主筋による引張力（N）〔5.6.1〕
T_g：地盤の弾性固有周期〔4.4.2〕
T_h：検討対象のパイルキャップのはかまトップ筋のうち，定着部が危険断面を横切ってから十分な定着長さを有するはかまトップ筋による引張力（N）〔5.6.1〕
T_{ce}：検討対象のパイルキャップに接続する柱の引張側端部主筋のうち，定着部が危険断面を横切ってから十分な定着長さを有する主筋による引張力（N）〔5.6.1〕
T_{cm}：検討対象のパイルキャップに接続する柱の中間主筋のうち，定着部が危険断面を横切ってから十分な定着長さを有する中間主筋による引張力（N）〔5.6.1〕
T_{gb}：検討対象のパイルキャップに接続する基礎梁下端筋のうち，第1危険断面（図5.6.4中の直線AC）を横切ってから十分な定着長さを有する下端筋による引張力（N）〔5.6.1〕
T_{gu}：検討対象のパイルキャップに接続する基礎梁上端筋のうち，曲下げ定着部が危険断面を横切ってから十分な定着長さを有する上端筋による引張力（N）〔5.6.1〕
T_{gv}：基礎梁下端1段目主筋以外の曲上げ定着部分のうち，第2危険断面（図5.4.6中の直線BCD）を横切ってから十分な定着長さを有する基礎梁下端筋による引張力（N）〔5.6.1〕
T_{pc}：杭の軸方向鉄筋のうち，杭心よりも圧縮側にあり，定着部が第2危険断面（図5.6.4中の直線BCD）を横切ってから十分な定着長さを有する杭の軸方向鉄筋による引張力（N）〔5.6.1〕
T_{pt}：杭の軸方向鉄筋のうち，引張側近傍にあり，定着部が第1危険断面（図5.6.4中の直線AC）を横切ってから十分な定着長さを有する杭の軸方向鉄筋による引張力（N）〔5.6.1〕
t：マットスラブの厚さ（mm）〔5.3〕，腐食しろを考慮した鋼管の板厚（mm）〔5.4.2〕，杭の肉厚（mm）〔5.5.1〕〔5.5.2〕
V_0：マットスラブの安全限界せん断力（N）〔5.3〕
V_A：マットスラブの損傷限界せん断力（N）〔5.3〕
V_D：マットスラブの損傷限界設計用せん断力（N）〔5.3〕
V_U：マットスラブの安全限界設計用せん断力（N）〔5.3〕
$_aV_{cp1}$：パイルキャップにおける柱周囲の損傷限界パンチングシヤー耐力（N）〔5.6.2〕
$_aV_{cp2}$：群杭のパイルキャップにおける杭周囲の損傷限界パンチングシヤー耐力（N）〔5.6.2〕
$_uV_{cp1}$：群杭のパイルキャップにおける柱周囲の安全限界パンチングシヤー強度（N）〔5.6.2〕
$_uV_{cp2}$：群杭のパイルキャップにおける杭周囲の安全限界パンチングシヤー強度（N）〔5.6.2〕
x：1組のせん断補強筋の間隔（mm）〔5.2〕〔5.4.1〕〔5.5.2〕
Z_e：換算断面係数（mm³）〔5.5.1〕
　　　PC鋼材および軸方向筋を考慮した換算断面係数（mm³）〔5.5.2〕
Z_p：鋼管の塑性断面係数（mm³）〔5.4.2〕
α：基礎梁のせん断スパン比$\dfrac{M}{Q \cdot d}$による割増し係数〔5.2〕
　　　割裂破壊に対する補正係数で，横補強筋で拘束されたコア内に定着する場合は1.0，それ以外の場合は1.25とする〔5.4.2〕〔6.2.2〕

　　　　　杭のせん断スパン比による係数〔5.5.1〕
　　　β：設計用限界値のための低減係数〔4.5〕
　　β_b：パイルキャップの形状による低減係数〔5.6.2〕
　　　γ：コンクリートの気乾単位体積重量（kN/m³）〔2.3〕〔6.2.2〕
　　　　　杭のコンクリートの単位体積重量（kN/m³）〔5.4.1〕
　　　ε：軸方向ひずみ〔6.2.2〕
　　ε_{cu}：コンクリートの圧縮限界ひずみ〔5.4.1〕〔5.4.2〕〔6.2.3〕
　　　　　限界ひずみ〔5.5.2〕
　　　　　コンクリートの最外縁の圧縮限界ひずみ〔6.2.3〕
　　ε_{pi}：プレストレスによるPC鋼材の初期ひずみ〔6.2.3〕
　　ε_{pu}：PC鋼材の引張限界ひずみ〔5.5.1〕〔5.5.2〕
　　　η：軸力比〔5.4.2〕
　　　　　寸法効果による低減係数〔5.5.1〕
　　θ_y：場所打ち鋼管コンクリート杭の杭頭接合部の降伏変形角（rad）〔5.4.2〕
　　θ_u：場所打ち鋼管コンクリート杭の杭頭接合部の限界変形角（rad）〔5.4.2〕
　$_r\theta_{ty}$：杭頭接合部の曲げモーメントが$_rM_{ty}$に達したときの回転角（rad）〔6.2.2〕
　　　κ：円形断面の形状係数で4/3とする.〔5.4.1〕
　　$_c\kappa$：鋼管コンクリート部内のコンクリートのせん断変形算定用形状係数〔6.2.2〕
　　$_s\kappa$：鋼管のせん断変形算定用形状係数〔5.4.2〕〔6.2.2〕
　　　λ：付着長さの補正係数で,$\lambda=0.86$とする.〔5.4.2〕〔6.2.2〕
　　　μ：杭天端の摩擦係数で,0.5とする.〔5.6.2〕
　　　ν：ポアソン比〔6.2.2〕
　　$_c\nu$：鋼管コンクリート部内のコンクリートのポアソン比〔6.2.2〕
　　$_s\nu$：鋼管のポアソン比〔6.2.2〕
　　　ξ：場所打ち鉄筋コンクリート杭の施工の品質管理に関わる係数で，通常の施工品質管理を行う場合には0.75以下，高品質な施工管理を行う場合には1.0以下とする.〔5.4.1〕
　　　　　場所打ち鋼管コンクリート杭の施工の品質管理に関わる係数で，通常の施工品質管理を行う場合には0.75以下，高品質な施工管理を行う場合には1.0以下とする.〔6.2.2〕
　$\xi \cdot F_c$：場所打ち鉄筋コンクリート杭のコンクリートの圧縮対する材料強度（N/mm²）〔5.4.1〕〔5.4.2〕
　　σ_0：平均軸方向応力度（N/mm²）〔5.4.1〕〔5.5.2〕
　　　　　軸方向力による平均軸方向応力度（N/mm²）〔5.5.1〕〔5.5.2〕
　　σ_B：コンクリートの圧縮強度（N/mm²）で,設計基準強度とする.〔5.3〕
　　σ_d：PHC杭のコンクリートの短期許容斜張応力度（N/mm²）〔5.5.1〕
　　　　　PRC杭のコンクリートの短期許容斜張応力度（N/mm²）〔5.5.2〕
　　σ_e：有効プレストレス量（N/mm²）で,A種は4,B種は8,C種は10とする.〔5.5.1〕〔6.2.3〕
　　　　　有効プレストレス量（N/mm²）〔5.5.2〕〔6.2.3〕
　　σ_g：有効プレストレスを考慮した軸方向応力度（N/mm²）〔5.5.1〕
　　　　　有効プレストレス量σ_eを考慮した平均軸方向応力度（N/mm²）〔5.5.2〕
　　σ_y：基礎梁主筋の規格降伏点（N/mm²）〔5.2〕
　　　　　マットスラブ有効幅b_{su}内に配置された引張鉄筋の材料強度（N/mm²）〔5.3〕
　　　　　パンチング算定断面幅（c_2+d）内に配筋された引張鉄筋の材料強度（N/mm²）〔5.3〕
　　　　　引張鉄筋の規格降伏点（N/mm²）〔5.6.2〕
　σ_{wy}：せん断補強筋の規格降伏点（N/mm²）〔5.2〕〔5.4.1〕〔5.5.2〕
　σ_{yg}：検討対象のパイルキャップに接続する基礎梁上端筋のうち，曲下げ定着部が危険断面を横切ってから十分な定着長さを有する上端筋の材料強度（N/mm²）〔5.6.1〕
　σ_{yc}：柱の全主筋のうち，第2危険断面（図5.6.4中の直線BCD）を横切ってから十分な定着長さを有する柱主筋の材料強度（N/mm²）〔5.6.1〕

σ_{yh}：検討対象のパイルキャップのはかまトップ筋のうち，定着部の危険断面を横切ってから十分な定着長さを有するはかまトップ筋の材料強度（N/mm²）〔5.6.1〕

σ_{yp}：杭の軸方向鉄筋の材料強度（N/mm²）〔5.6.1〕

σ_{yce}：検討対象のパイルキャップに接続する柱の引張側端部主筋のうち，定着部が危険断面を横切ってから十分な定着長さを有する主筋の材料強度（N/mm²）〔5.6.1〕

σ_{ycm}：検討対象のパイルキャップに接続する柱の中間主筋のうち，定着部が危険断面を横切ってから十分な定着長さを有する中間主筋の材料強度（N/mm²）〔5.6.1〕

σ_{ygb}：基礎梁下端筋のうち，第1危険断面（図5.6.4中の直線AC）を横切ってから十分な定着長さを有する基礎梁下端筋の材料強度（N/mm²）〔5.6.1〕

σ_{ygy}：基礎梁下端1段目主筋以外の曲上げ定着部分のうち，第2危険断面（図5.6.4中の直線BCD）を横切ってから十分な定着長さを有する基礎梁下端筋の材料強度（N/mm²）〔5.6.1〕

$_c\sigma_B$：鋼管コンクリート部内コンクリートの圧縮強度（N/mm²）で，設計基準強度とする．〔5.4.2〕

$_c\sigma_s$：パイルキャップのコンクリートの直接せん断強度（N/mm²）〔5.6.2〕

$_c\sigma_t$：パイルキャップのコンクリートの引張強度（N/mm²）〔5.6.2〕

$_r\sigma_y$：鋼管コンクリート部内の杭主筋の材料強度（N/mm²）〔6.2.2〕
定着鉄筋の材料強度（N/mm²）〔5.4.2〕〔6.2.2〕

$_s\sigma_y$：鋼管の材料強度（N/mm²）〔5.4.2〕〔6.2.2〕

τ_u：コンクリートの直接せん断強度（N/mm²）〔5.3〕
パイルキャップのコンクリートのせん断強度（N/mm²）〔5.6.2〕
パイルキャップのコンクリートの直接せん断強度（N/mm²）〔5.6.2〕

ϕ：不確定性を考慮した係数〔4.4.4〕
設計用応答値のための割増し係数〔4.5〕
曲率〔6.2.1〕

ϕ_{y1}：PC鋼材が引張降伏するときの曲率〔6.2.3〕

ϕ_{y2}：軸方向鉄筋が引張降伏するときの曲率〔6.2.3〕

ϕ_c：支圧による圧縮強度増大係数で，2.0以下とする．〔5.5.1〕

ϕ_u：コンクリートの最外縁の圧縮ひずみが限界圧縮ひずみε_{cu}に達するときの曲げモーメント時曲率〔6.2.3〕

ϕ_y：PC鋼材が降伏するときの曲率〔6.2.3〕

ϕ_{cr}：曲げひび割れ発生時の曲率〔6.2.3〕
PHC杭の曲げひび割れ時の曲率（1/mm）〔6.2.3〕
PRC杭の曲げひび割れ時の曲率（1/mm）〔6.2.3〕

$_r\phi_{ty}$：鋼管杭の直径+200 mmの仮想鉄筋コンクリート断面において，引張側の杭最外縁の定着鉄筋が材料強度に達したときの曲率（1/mm）〔5.4.2〕
杭頭接合部の曲げモーメントが$_rM_{ty}$に達したときの曲率（1/mm）〔6.2.2〕

・記号の定義

本指針の本文に用いている記号とその定義を記載している．

2章　材料および材料強度

2.1　使用材料

1. 基礎梁およびパイルキャップに使用するコンクリートの種類および品質等は，下記による．
   (1) コンクリートの種類は普通コンクリートとするとともに，本会「建築工事標準仕様書・同解説 JASS 5 鉄筋コンクリート工事 (2015)」(以下，JASS 5) に定めるところによる．
   (2) コンクリートの調合，製造，運搬，受入れ，打込み，締固め，養生，型枠工事，品質管理および検査の方法は，JASS 5 に定めるところによる．
   (3) コンクリートに使用する材料は，JASS 5 に規定する材料による．
2. 場所打ち鉄筋コンクリート杭および場所打ち鋼管コンクリート杭に使用するコンクリートの種類および品質等は，下記による．
   (1) コンクリートの種類は普通コンクリートとするとともに，本会「建築工事標準仕様書・同解説 JASS 4 杭・地業および基礎工事 (2009)」(以下，JASS 4) に定めるところによる．
   (2) コンクリートの調合，製造，運搬，受入れ，打込み，締固め，養生，品質管理および検査の方法は，JASS 4 に定めるところによる．
   (3) コンクリートに使用する材料は，JASS 4 に規定する材料による．
3. プレキャストコンクリートの種類および品質等は，本会「建築工事標準仕様書・同解説 JASS 10 プレキャスト鉄筋コンクリート工事 (2013)」(以下，JASS 10) に定めるところによる．
4. 鉄筋の種類および品質等は，JIS G 3112「鉄筋コンクリート用棒鋼」の規格に定めるところによるほか，国土交通大臣より材料の品質に関する認定を取得し，かつ強度の指定を受けたものとする．
5. 鋼材の種類および品質等は，JIS G 3136 (建築構造用圧延鋼材)，JIS G 3101 (一般構造用圧延鋼材)，JIS G 3106 (溶接構造用圧延鋼材) の規格に定めたところによるほか，日本工業規格に適合するものもしくは国土交通大臣より材料の品質に関する認定を取得し，かつ強度の指定を受けたものとする．
6. 既製杭に使用する緊張材の種類および品質等は，JIS G 3109 (PC 鋼棒)，JIS G 3536 (PC 鋼線および PC 鋼より線)，JIS G 3137 (細経異形 PC 鋼棒) の規格に定めたところによるほか，国土交通大臣より材料の品質に関する認定を取得し，かつ強度の指定を受けたものとする．

・コンクリート材料

　上部構造を構成する構造部材（気中打設の基礎梁、パイルキャップを含む）に使用するコンクリートは，本会「建築工事標準仕様書・同解説 JASS 5 鉄筋コンクリート工事 (2015)」(以下，JASS 5) に定めるところとする．また，場所打ちコンクリートで造成される杭（場所打ち鉄筋コンクリート杭，場所打ち鋼管コンクリート杭）に使用するコンクリートは，本会「建築工事標準仕様書・同解説 JASS 4 杭・地業および基礎工事 (2009)」(以下，JASS 4) に定めるところとする．既製コンクリート杭に使用するコンクリートは本会「建築工事標準仕様書・同解説 JASS 10 プレキャスト鉄筋コンクリート工事 (2013)」(以下，JASS 10) に定めるところによる．

・鉄筋，鋼材，緊張材

　鉄筋，鋼材，緊張材は本文に示す日本工業規格に適合するもののほか，国土交通大臣より材料の品質に関する認定を取得し，強度の指定を受けたものとする．

2.2 材料強度・許容応力度

1. コンクリートの圧縮に対する材料強度は，設計基準強度とする．なお，引張り，せん断，付着に関する材料強度を用いる場合は，建築基準法および関連規定が定める数値による．
2. 鉄筋の材料強度は，特別な場合を除き表2.2.1による．なお，同表の圧縮の数値とせん断補強以外に用いる場合の引張りの数値は，SD490を除き1.1倍以下の数値とすることができる．

表2.2.1 鉄筋の材料強度 (N/mm^2)

鉄筋の種類		材料強度 (N/mm^2)		
		圧縮	引張り	
			せん断補強以外に用いる場合	せん断補強に用いる場合
丸鋼	SR235	—	—	235
	SR295	—	—	295
異形鉄筋	SD295A，SD295B	295	295	295
	SD345	345	345	345
	SD390	390	390	390
	SD490	490	490	490

3. 鋼材の材料強度は，平12建告第2464号第1および第3による．なお，建築基準法施行令および告示に数値規定のない鋼材の材料強度は，国土交通大臣の認定を取得した指定強度による．
4. 緊張材の材料強度は，平13国交告第1024号による．なお，建築基準法施行令および告示に数値規定のない緊張材の材料強度は，国土交通大臣の認定を取得した指定強度による．
5. コンクリートおよび鉄筋の許容応力度は，本会「鉄筋コンクリート構造計算規準・同解説 (2010)」(以下，RC規準) による．鋼材および緊張材の許容応力度は，建築基準法施行令および関連告示による．

1. コンクリートの材料強度・許容応力度

部材強度評価に用いるコンクリートの材料強度（圧縮強度）には，設計基準強度F_cを用いてよい．また，コンクリートの許容応力度は，本会「鉄筋コンクリート構造計算規準・同解説 (2010)」(以下，RC規準) による．

2. 鉄筋の材料強度・許容応力度

部材強度評価に用いる鉄筋の材料強度は，本文表2.2.1に示す値とする．なお，国土交通大臣より材料の品質に関する認定を取得し，強度の指定を受けた鉄筋においては，指定を受けた強度を材料強度とする．鉄筋の許容応力度は，RC規準による．

3. 鋼材・緊張材の材料強度・許容応力度

部材強度評価に用いる鋼材・緊張材の材料強度は，それぞれ対応する告示による．なお，国土交通大臣より材料の品質に関する認定を取得し，強度の指定を受けた鋼材・緊張材においては，指定を受けた強度を材料強度とする．鋼材・緊張材の許容応力度は，本会「鋼構造設計基準 (2005)」(以下，S規準)，本会「プレストレストコンクリート設計施工規準・同解説 (1998)」(以下，PC規準)，建築基準法施行令および関連告示による．

2.3 材料定数

鉄筋とコンクリートの材料定数は，通常の場合，表 2.3.1 による．

表 2.3.1 鉄筋とコンクリートの材料定数

材料	ヤング係数（N/mm²）	ポアソン比	線膨張係数（1/℃）
鉄筋	2.05×10^5	—	1×10^{-5}
コンクリート	$3.35 \times 10^4 \times \left(\dfrac{\gamma}{24}\right)^2 \times \left(\dfrac{F_c}{60}\right)^{\frac{1}{3}}$	0.2	1×10^{-5}

[注] γ：コンクリートの気乾単位体積重量（kN/m³）で，特に調査しない場合は RC 規準による．
F_c：コンクリートの設計基準強度（N/mm²）

・材料定数

鉄筋およびコンクリートの材料定数は，原則として RC 規準および PC 規準による．また，鋼材および緊張材の材料定数は，原則として S 規準および PC 規準による．解析上，簡便な材料モデルを使用するため，本文表 2.3.1 以外の値を使用する場合は，別途その内容を本文または解説に示す．

3章　耐震目標性能と確認方法

3.1　建物全体の構造システムを考慮した基礎構造部材の限界状態の定義

> 1. 基礎構造部材の損傷限界状態とは，基礎構造部材に補修や補強を必要とするほどの著しい損傷が生じない限界の状態をいう．
> 2. 基礎構造部材の安全限界状態とは，基礎構造部材が上部構造内の空間を保持できなくなるほどの損傷または破壊に至らない限界の状態をいう．

1．基礎構造部材の損傷限界状態

基礎構造部材の損傷限界状態は，基礎構造部材に補修や補強を必要とするほどの著しい損傷が生じない限界の状態であると定義した．基礎構造部材の損傷限界状態も，一般には上部構造の部材と同様に，損傷状況や補修の容易さにより判定されてよい．しかし，多くの場合，基礎構造部材は地中にあるため，地震後にそれらの損傷具合を確認することは容易ではない．また，例え，基礎構造部材の損傷により上部構造に残留変形が生じる等の被害が判明しても，基礎構造部材の補修や補強は技術的に困難な場合が多く，同時に多額の費用が必要となる．そのため，基礎構造部材における損傷限界状態は，上部構造における損傷の許容限度よりも厳しく定めたものである〔解説図 3.1.1〕．

2．基礎構造部材の安全限界状態

基礎構造部材の安全限界状態は，基礎構造部材が上部構造内の空間を保持できなくなるほどの損傷または破壊に至らない限界であると定義した．基礎構造の安全限界状態は，上部構造と同様に人命が損なわれるような崩壊には至らない限界と解すべきとの考え方がある．この考え方では，基礎構造部材が破壊しても地盤が直接上部構造を支えることができればよく，安全限界状態は，地盤の崩壊や地盤支持力の不足による転倒や倒壊が起こらない限界の状態と定義できよう．しかしながら，

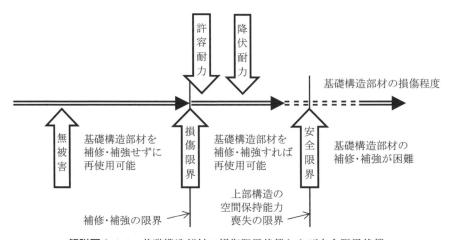

解説図 3.1.1　基礎構造部材の損傷限界状態および安全限界状態

基礎構造部材に大きな損傷が生じると，再使用するためには多大な費用を投じて修復するか，あるいは建物全体を取り壊すことも考えられる．そこで，本指針では地盤の安定性に依存することなく，あくまで対象を基礎構造部材に限定したうえで，基礎構造部材が損傷または破壊により鉛直支持能力を喪失することなく，上部構造と基礎構造を一体とした建物全体の構造システムとして上部構造の空間を保持できるかどうかにより限界状態を定義することにした〔解説図 3.1.1〕．なお，地盤の変状などによって上部構造の空間を保持できなくなることは，本指針の対象外であるため，別途検討が必要である．

3.2 耐震性能の確認

> 基礎構造部材の耐震性能の確認は，次の（1）および（2）による．
> （1）稀に発生する地震動に相当する地震力に対し，4章に記載のモデル化の方法を用いて応力および変形解析を行ない，基礎構造部材に生じる設計用応力や設計用変形（角）（変形および変形角の総称で，以下同様とする）が設計用損傷限界値を超えないことを確認する．
> （2）極めて稀に発生する地震動に相当する地震力に対し，4章に記載のモデル化の方法を用いて応力および変形解析を行ない，基礎構造部材において避けるべき破壊形式や過大な応力や変形が生じないことを確認する．

・基礎構造部材の耐震性能の確認

耐震性能の確認は，解析による応答値が損傷限界状態および安全限界状態を超えていないことであり，設計用の限界値から定まる強度や変形（角）が，設計用の応答値から定まる応力や変形（角）より大きいか，またはそれに等しいこと，すなわち，設計用限界値≧設計用応答値であることを確認する．

（1）損傷限界状態における基礎構造部材の耐震性能の確認

基礎構造部材に損傷が生じても補修や補強を必要としないことを確認するため，稀に発生する地震動に相当する地震力に対して4章に記載のモデル化の方法を用いて応力および変形解析を行ない，基礎構造部材に生じた設計用応答値である応力や変形（角）が，損傷限界状態における設計用限界値である強度や変形（角）を超えないことを確認する．ただし，損傷の度合いと修復性との関係が明らかになっていない現状では，$C_0=0.2$相当の地震力に対して，せん断ひび割れを許容せずに許容応力度設計を行うものとする．

（2）安全限界状態における基礎構造部材の耐震性能の確認

基礎構造部材が上部構造内の空間を保持できなくなるほどの損傷または破壊に至らないことを確認するため，極めて稀に発生する地震動に相当する地震力に対して4章に記載のモデル化の方法を用いて応力および変形解析を行ない，基礎構造部材において避けるべき破壊形式や過大な塑性変形が生じないことを確認する．この場合，上部構造の崩壊メカニズム時に生じるせん断力以上の荷重を基礎構造の目標水平耐力とすることを原則とする．これについては，次項3.3「基礎構造の安全限界状態の確認方法」に示す．

基礎構造部材において避けるべき破壊形式は，本指針では以下の項目としている．

① 基礎構造部材が損傷または破壊することにより，上部構造を支持する能力を喪失する．
② 基礎構造部材が損傷または破壊することにより，上部構造に過大な変形が残留する．

ここでいう上部構造の支持能力の喪失や過大な変形の残留は，4.2で許容する基礎構造の崩壊形の形成や，基礎構造部材の脆性的な破壊により生じるものである．したがって，これらの検討に際しては，基礎構造が不安定にならないことや，塑性変形を期待する部分に生じる変形（角）に割増し係数を乗じた設計用変形（角）が設計用限界変形（角）を超えないこと，また，塑性変形を期待しない部分は十分な強度を有し，かつ，杭や基礎梁のせん断破壊等の脆性的な破壊が生じないことを確認することとする．なお，壁式構造のような地上階数5以下の強度抵抗型の建物における過去の震害にみられた[3.2.1)~3.2.3)]ように，一部の杭がせん断破壊しても建物全体が倒壊に至っていないことから，隅杭等一部の杭のせん断破壊は例外的に許容されるものと考えられる．杭基礎の場合は上部構造と異なり，建物下には地盤が存在するので，基礎構造部材のせん断破壊が，必ずしも上部構造の鉛直支持能力の喪失に直接結び付くとは限らないが，たとえ一部の杭がせん断破壊した後も，他の杭等により鉛直支持能力を保持できることの確認は必要である．

基礎構造部材において避けるべき破壊形式には，この他にも以下の項目が考えられる．
③ 地盤が安定性を失い，崩壊する．
④ 基礎から地盤に加わる力が限界鉛直支持力を超える．あるいは，押込み側の沈込みにより上部構造が過大に傾斜したり過大な沈下が生じる．
⑤ 基礎の浮上りにより上部構造が転倒する．あるいは，基礎の浮上りに伴う地盤の変形により上部構造が崩壊または倒壊する．

しかし，③は地盤の安定性の問題であり，また④と⑤は鉛直下向き荷重に伴う地盤の支持力および変形に関する項目であるので，これらの項目については本指針の適用範囲外とするが，基礎指針等に基づき，別途検討することが望ましい．

参 考 文 献
3.2.1) 金子　治・森嶋礼子・中井正一・関口　徹・向井智久・平出　務・柏　尚稔：東北地方太平洋地震における千葉県内の杭被害の要因分析　その1　被害の特徴と要因分析の方針，日本建築学会大会学術講演梗概集，B-1，pp.639～694，2016.8
3.2.2) 森嶋礼子・金子　治・関口　徹・中井正一：東北地方太平洋地震における千葉県内の杭被害の要因分析　その2　杭基礎の被害シミュレーション，日本建築学会大会学術講演梗概集，B-1，pp.695～696，2016.8
3.2.3) 金子　治・中井正一：東日本大震災において被害を受けた杭基礎の耐震性の評価，日本建築学会構造系論文集，第79巻，第695号，pp.81～91，2014.1

3.3　基礎構造の安全限界状態の確認方法

　安全限界状態の検証において，基礎構造は，上部構造の崩壊メカニズムに対し，先行して破壊（曲げ破壊およびせん断破壊）させないこととする．ただし，耐力壁を用いた構造で上部構造の耐力が高い場合（必要保有水平耐力時ベースシヤー係数 $C_{BU} \geq 0.4$）は，上部構造の必要保有水平耐力時，もしくは基礎構造に必要な保有水平耐力時に対し，基礎構造が脆性破壊（せん断破壊，曲げ圧縮破壊，斜張力破壊，パンチングシ

ヤー破壊）しないことを確認する．この場合においても基礎構造が保有する水平耐力はベースシヤー係数にして 0.4 以上を確保する．

　基礎構造は，安全限界状態において，原則として上部構造に先行して破壊させないこととする．基礎構造の破壊とは，3.2 で示した「基礎構造部材において避けるべき破壊形式や過大な塑性変形が生じること」である．

　安全限界状態における基礎構造設計用地震力は，安全限界状態設計時における 1 階の地震層せん断力と，地下震度から算定した基礎部および地下部の地震力を原則とし，これに対し，基礎構造部材において避けるべき破壊形式や過大な塑性変形が生じないことを確認する．

　桁行および梁間方向とも耐力壁が多くのせん断力を負担する構造（例えば，壁式 RC 造や，β_u ≧0.7 となる RC 造建物，β_u：保有水平耐力に対する耐力壁の負担水平耐力の割合）においては，上部構造の必要保有水平耐力が大きくなるが，上部構造の保有水平耐力以上の水平耐力を基礎構造に保有させるのは，過大な基礎構造となることも想定される．

　基礎構造は上部構造に先行して破壊することは避けるのが望ましいが，壁式 RC 造のように両方向の剛性および水平耐力が高く空間保持能力の高い構造においては，一部の杭に脆性破壊が生じても倒壊するおそれが少ないと考えられ，基礎構造の先行破壊も許容されよう．

　なお，柱が軸方向力を負担するラーメン構造の場合において上部構造の保有水平耐力が大きい場合（必要保有水平耐力時ベースシヤー係数 C_{BU}≧0.4）は，上部構造の必要保有水平耐力，もしくは基礎構造の設計用地震力（4.4.3 の表 4.4.1 に示した要求性能レベルⅢに相当する）に対して基礎構造が脆性破壊（せん断破壊，曲げ圧縮破壊，斜張力破壊，パンチングシヤー破壊）しないことを確認することとする．ただし，基礎構造として杭の塑性変形能力により抵抗できると考えられる靱性を有する杭を用いる場合には，最低限の水平耐力を確保するという観点から，損傷限界設計用地震力の 2 倍に相当するベースシヤー係数が 0.4[3.3.1]以上の水平耐力が基礎構造に確保されていることを確認する．なお本指針において靱性を有する杭とは，場所打ち鉄筋コンクリート杭，場所打ち鋼管コンクリート杭のことをいう．

　4.3.3 に示す一体型解析モデルを用いた等価線形化法に基づく応答スペクトル法による耐震計算の場合，構造部材に生じる設計用応答値と設定した設計用限界値とを直接比較して上部構造および基礎構造において避けるべき破壊形式や過大な塑性変形（角）が生じないこと，つまり上部構造と基礎構造を一体として空間保持能力を確認する．具体的な手順は文献 3.3.2) を参考とされたい．なお，安全限界状態における設計用限界値は，基礎構造部材の設計用安全限界変形（角）を超えない範囲内で設定する必要がある．

参 考 文 献

3.3.1)　日本建築センター：壁式ラーメン鉄筋コンクリート造設計施工指針，pp.84〜85，2003

3.3.2)　飯塲正紀・秋田知芳・梅村美孝・井川　望ほか：一体モデルの静的増分解析結果を用いた応答スペクトル法による集合住宅建物の地震応答算定 その 1〜4，日本建築学会大会学術講演梗概集，B-2，pp.99〜106，2007

4章　耐震性能の判定

4.1　モデル化の一般原則

1. 基礎構造のモデル化においては，原則として地震時における構造物の非線形特性および地盤変形を考慮し，以下の条件を適切に評価する．
   a. 上部構造と杭を含む基礎構造間の力の伝達機構および変形の連続性
   b. 地盤の非線形特性を考慮した杭を含む基礎構造と地盤間の力の伝達機構および変形の連続性
2. 解析モデルは，原則として地盤の剛性を評価し，基礎構造と上部構造の相互作用を適切に評価するためにそれらを一体としたモデルとする．ただし，基礎構造が十分な剛性および強度を保有し，かつ適切な境界条件の設定により，上部構造と基礎構造間において力が伝達され，地震時の応力および変形を十分な精度で評価しうる場合には，上部構造と基礎構造をそれぞれ分離してモデル化してもよい．
3. 杭と地盤の間の力の伝達機構を表現する水平地盤ばねは適正な評価のもと用いる．
   鉛直方向の杭先端ばねおよび鉛直方向の杭周面摩擦ばねは適正な評価のもと用いるが，適正な評価が困難な場合は，安全側と判断される解析モデル等を適切に用いて設計する．

1.　基礎構造の水平荷重時応力解析に際してのモデル化における基本原則

RC造建物の基礎構造部材の耐震設計では，設計用地震力および設計用地盤変位に対して応力・変形解析を行い，基礎構造部材の応力と変形を求める．その際，対象とする構造物および地盤の非線形特性を考慮して，以下に示すような条件を適切に評価し得るように構造物や地盤のモデル化を行うことが必要である〔解説図4.1.1〕．

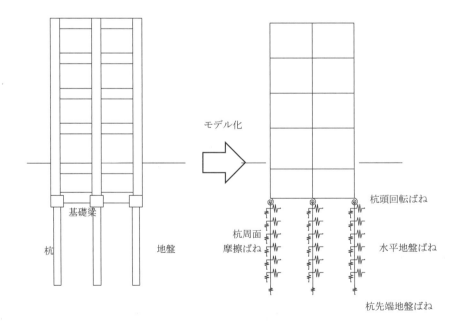

解説図 4.1.1　基礎構造のモデル化

a．上部構造と杭を含む基礎構造の間の力の伝達および変形の連続条件
b．地盤の非線形特性を考慮した杭を含む基礎構造と地盤の間の力の伝達機構および変形の連続条件

地盤の変形は，鉛直剛性および水平剛性を適切に評価して，算定する必要がある．また，常時の荷重および水平荷重を組み合わせて，地盤の非線形性を考慮する．なお，地盤の鉛直剛性については知見が少ないため，安全側の設定となるよう十分検討が必要である．

2．一体モデルと分離モデル

従来，上部構造と基礎構造は，別々に分離された解析モデル，いわゆる分離型モデルにより，地震力等の水平荷重作用時の応力や変形を求める設計が慣用的に行われてきた．しかし，最近では，上部構造の高層化や大規模化に伴う杭の地震時変形の増大により，基礎構造の応答が上部構造に与える影響が無視できない場合があるといわれている．また，軟弱な地盤における杭の耐震設計では，上部構造からの地震時慣性力とともに，地盤変位による杭応力を考慮することが求められている．杭の耐震設計に地盤変形を考慮する場合には，地盤の非線形特性に基づく鉛直剛性および水平剛性の評価が重要である．

上部構造と基礎構造間，あるいは基礎構造と地盤間における力の伝達機構を適切に評価して，構造物の応力や変形を精度良く算定するモデルには，上部構造と基礎構造を一体化した解析モデル，いわゆる一体型モデルが最も適している．したがって，本指針では，原則として地盤・基礎構造・上部構造の一体型モデルを用いることとしている．ただし，杭を含めた基礎構造が十分な剛性および強度を有しており，大地震時における基礎構造の塑性化が限定されかつ，適切な境界条件の設定により基礎構造と上部構造間における力の伝達を考慮して，地震時の応力および変形に十分な精度で評価しうる場合には，上部構造と基礎構造は，それぞれ分離したモデルを用いてよいこととしている．

なお，地盤と建物根入れ部（基礎梁側面や地下外壁部）との相互作用については，本指針では扱っていない．

3．解析モデルにおける地盤ばねの設定

解析モデルで考慮する地盤ばねとしては水平方向の水平地盤ばねに加え，杭が短く地盤による鉛直変位が上部構造や基礎に与える影響が大きい場合や，地盤による鉛直変位が連層耐震壁に取りつく基礎梁の塑性化に影響を及ぼすなど，杭先端地盤への軸力の伝達の影響を無視すると危険側になる場合には，解説図 4.1.2(b) に示すように杭の各節点に鉛直方向の周面摩擦ばねと杭先端に鉛直方向の先端ばねを考慮する．なお，鉛直方向のばねは杭が長く先端地盤まで杭頭に作用する変動荷重がほとんど伝達しないと考えられる場合には杭先端をピン支持とすることができる〔同図(a)〕．この場合，杭周面摩擦ばねにより杭の深さ方向の軸力分布が変わるが，全体の挙動に対する影響は小さいと考えられるので，その扱いは設計者の判断による．杭の鉛直剛性全体を1つにまとめて評価した先端ばね〔同図(c)[4.1.1)]〕を用いることも可能であるが，本指針では推奨しない．このばねは杭体の軸剛性を無限大として杭は軸変形しないようモデル化する必要がある．

ただし，鉛直地盤ばねについては，既往の提案は静的載荷試験の結果に基づく沈下の検討に用い

るための提案や，弾性解に基づく動的解析のための提案であり，本指針で対象とするような静的解析による地震時の検討への適用については十分検証されていない．また，試験結果のばらつきも大きく，変位にはクリープ成分も含まれており，ばね定数の数値は低い評価となる可能性がある．鉛直ばね値を低く評価すると，基礎全体の曲げ変形（ロッキング）を過大に見積もり杭頭部での曲げモーメントが小さくなり，杭中間部の曲げモーメントが大きくなる．一方，杭先端ピン支持とした場合には，鉛直ばねを考慮した場合より杭頭部の曲げモーメントは大きく，杭中間部の曲げモーメントは小さくなる．適用にあたっては，これらを理解したうえで，幅を持った設定をするなど安全性の確保に配慮することが必要である．

　また，初期荷重を算定するための常時荷重時の解析については，施工過程の影響などもあって，鉛直ばねを考慮することが必ずしも実際の現象に対して解析の精度を高めることにはならないと考えられることから，基礎梁下端でピン支持としたモデルまたは同図(a)でよい．

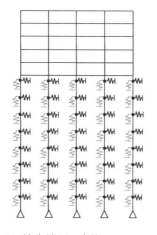
(a) 杭先端ピン支持

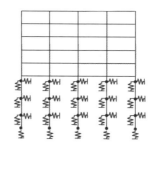
(b) 先端および周面摩擦ばね考慮

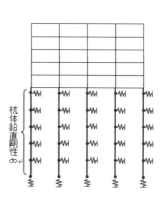
(c) 鉛直剛性を先端ばねに集約
　　（推奨しない）

解説図 4.1.2　杭周辺地盤のばねの設定方法

参考文献
4.1.1)　日本道路協会：道路橋示方書・同解説　Ⅳ　下部構造編，pp.406〜408，2012

4.2　設計カテゴリー

　上部構造および基礎構造の損傷限界状態および安全限界状態の確認において，降伏を許容するかどうかおよび想定崩壊モードならびに許容する塑性化部位を明確にするために，表4.2.1に示す設計カテゴリーを設定する．なお，安全限界状態の確認においては，基礎構造部材のせん断破壊は原則許容しないが，設計カテゴリー P-P ①，P-P ②，E-P における杭で，建物の崩壊や転倒が生じないことを確認した場合は，せん断破壊を許容する．なお，パイルキャップには，曲げ降伏およびせん断破壊を許容しないこととする．

表 4.2.1 各限界設計と設計カテゴリー

	設計カテゴリー[1]	部材・部位の降伏・未降伏			
		基礎梁,マットスラブを除く上部構造	基礎梁,マットスラブ	杭	パイルキャップ
損傷限界設計時	E-E	損傷限界耐力以下	損傷限界耐力以下	損傷限界耐力以下	損傷限界耐力以下
安全限界設計時	E-E	未降伏	未降伏	未降伏	曲げ降伏およびせん断破壊を許容しない
	P-E	降伏を許容	未降伏	未降伏	
	P-P①	降伏を許容	未降伏	降伏を許容	
	P-P②	—[2]	降伏を許容	—[2]	
	E-P	未降伏	未降伏	降伏を許容	

[注] 1) 設計カテゴリーを示す2字の英大文字の一番目は上部構造の弾性(E)か塑性(P)かを表し,二番目は基礎構造の弾性(E)か塑性(P)かを表す.なお,弾性はひび割れを許容するが,降伏していない状態のことである.
2) 降伏を許容,未降伏のいずれでもよい.

・各限界状態の確認における設計カテゴリーの設定

　設計カテゴリーは,各限界状態の確認における上部構造および基礎構造の降伏を許容するか否かの組合せを用いて想定崩壊モードを表している.崩壊モードおよび曲げ降伏を許容する部位を明確にするため,損傷限界状態と安全限界状態の確認に対して,設計カテゴリーを設定する.本分類は,建物の崩壊メカニズムを規定するものではなく,解析モデル上で,当該部での降伏を適正に表現できるか否かのための分類として扱う.なお,各部材の降伏の定義については,5章および6章を参照されたい.

（1）損傷限界状態の確認における設計カテゴリー

　損傷限界状態の確認にあたり,上部構造,基礎構造ともに部材に生じる応力に基づいて設定する設計用損傷限界応力が設計用損傷限界耐力（短期許容耐力に同じで,以下同様とする）以下である必要があるため,曲げ降伏およびせん断破壊は許容されない.なお,損傷限界耐力以下であれば,ひび割れ幅はさほど大きくならないと考え,ひび割れ幅を制御しない.また,杭頭半剛接合についても,杭頭接合部に生じる設計用応答値が工法ごとに設定される設計用限界値以下である必要がある.

　損傷限界状態の確認にあたり,設計カテゴリーは杭頭半剛接合を含め上部構造・基礎構造とも設計用損傷限界耐力以下（E-E）の1種類である.

（2）安全限界状態の確認における設計カテゴリー

　安全限界状態の確認にあたり,基礎構造は上部構造と同等またはそれ以上の性能が要求される.ただし,基礎構造部材の曲げ降伏は許容する.なお,壁式構造のように上部構造の保有水平耐力が非常に高い場合で杭のせん断破壊により建物が崩壊・転倒に至らないことを確認した場合は,杭のせん断破壊先行を許容することとした.なお,この場合においても,基礎構造はベースシヤー係数で0.4以上〔数値の根拠については3.3参照〕の水平耐力を確保することとする.

曲げ降伏を許容する部位を上部構造と基礎構造に分け，設計カテゴリーを分類すると，上部構造・基礎構造とも曲げ降伏を許容しない未降伏（E-E），基礎梁，マットスラブを除く上部構造は曲げ降伏許容，基礎構造は未降伏（P-E），上部構造・基礎構造とも曲げ降伏許容（P-P），基礎梁，マットスラブを含め上部構造は未降伏，杭は曲げ降伏許容（E-P）となる．なお，P-Pについては，基礎梁，マットスラブは未降伏で基礎梁，マットスラブ以外の上部構造および杭の曲げ降伏を許容するP-P①と，基礎梁，マットスラブに曲げ降伏を許容する（基礎梁，マットスラブ以外の部材・部位の降伏許容・未降伏によらない）P-P②となる．

なお，基礎構造で曲げ降伏を許容する場合（設計カテゴリーP-P①，P-P②およびE-P），一部の杭において，杭頭部と中間部など複数個所で曲げ降伏が発生することも許容する．また，一部の杭においてせん断破壊も許容する．ただし，複数個所で曲げ降伏する杭やせん断破壊する杭の鉛直支持力喪失分の力を他の杭まで移行できることを確認できる場合のみ許容する．この場合，逆方向加力時や，直交方向加力時の部材の状況も適切に評価することとする．

降伏ヒンジの発生を許容する位置を解説図4.2.1に示す．また，安全限界状態の確認において許容される状態，許容されない状態を解説図4.2.2および解説図4.2.3に示す．

決定された設計カテゴリーと4.4.2に示す適用条件に応じ，選択可能な解析モデルカテゴリーが決定される．

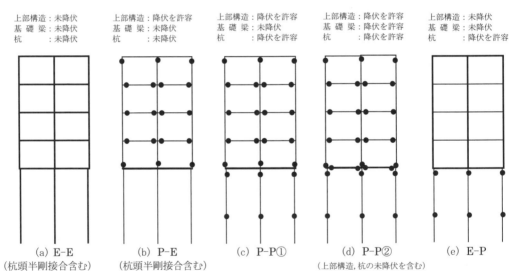

解説図4.2.1　各設計カテゴリーにおける降伏ヒンジ発生を許容する位置

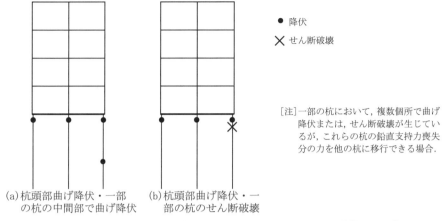

解説図 4.2.2 安全限界状態の確認において許容される基礎構造の状態

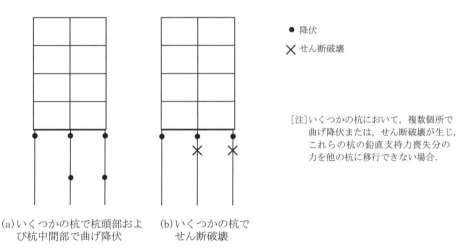

解説図 4.2.3 安全限界状態の確認において許容されない基礎構造の状態

　杭頭半剛接合については，杭頭接合部の非線形性（降伏）を許容するが，原則として杭頭接合部以外の基礎構造部材は降伏を許容しないこととする．上部構造が未降伏または降伏によりE-EまたはP-Eに含まれるものとする．ただし，実験等で安全限界状態において基礎構造の耐震目標性能を確保できることを確認した場合には杭頭接合部以外の杭や基礎梁の曲げ降伏も許容することができる．

　設計カテゴリーは，直交する2方向を考慮して建物ごとに定めることを基本とするが，直交する2方向において，解析上独立して扱うことができる場合は，方向ごとに異なるカテゴリーを定めることもできる．

4.3 解析モデルカテゴリー

> 基礎構造部材の設計用応答値を求める解析モデルは，設計カテゴリーおよび適用条件等を考慮し，以下の解析モデルカテゴリーから選択する．
> また，解析法については，各解析モデルカテゴリーに応じて線形解析または非線形解析のいずれかとする．
> ・解析モデルカテゴリー①：上部構造・基礎構造一体，多層地盤モデル（または一体型という）
> ・解析モデルカテゴリー②：上部構造・基礎構造分離，多層地盤モデル（または分離型1という）
> ・解析モデルカテゴリー③：上部構造・基礎構造分離，単杭・多層地盤モデル（または分離型2という）
> ・解析モデルカテゴリー④：上部構造・構造基礎分離，単杭・一様地盤モデル（または分離型3という）
> なお，上記解析モデルカテゴリー以外でも，応答値を適切に評価できるモデルは可とする．

・解析モデルの選定と条件

設計用荷重に対する基礎構造部材の設計用応答値を求めるための解析モデルについては，設計条件および目標性能を考慮して適切に評価できるものを選択する必要がある．

本指針では，解析モデルカテゴリーを解説表4.3.1に示す上部構造・基礎構造・地盤連成系の一体モデルから，単杭・一様地盤モデルまで4つのカテゴリーに分類し，上部構造の構造形式，構造種別，荷重条件および地盤条件などを総合的に判断して，解析結果が基礎構造設計上危険側にならないような解析モデルを選択する．また，解析法については，解析モデルコードに応じて線形解析または非線形解析モデルによる増分解析を行うものとした．

地震時における杭基礎の挙動は，水平荷重に対して水平方向に変形するだけでなく，変動軸力による杭体や地盤の変形により鉛直方向にも変形が生じ，さらに基礎梁や上部構造の剛性に応じた回転変形が生じて応力の再配分が生じる．また，安全限界状態設計時における杭の応力および変形状態を把握する場合は，部材の塑性ヒンジの発生により上部構造と基礎構造の相互作用はさらに複雑になる．したがって，実状に即した応答値を評価するための解析モデルは，解説表4.3.1の①に示す一体型モデルが望ましいが，4.4.2に示す適用条件を考慮し，さらに4.4.5の不確定性要因による応答値割増し係数を考慮することにより，解説表4.3.1の②～④に示す分離型モデルを選択することができるものとした．また，各解析モデルカテゴリーの適用条件の詳細については4.4.2に示す．

以下に，各モデルの特徴と留意点の概要を示す．

（1） 解析モデルカテゴリー①：上部構造・基礎構造一体，多層地盤モデル（一体型）

本解析モデルは，上部構造，基礎構造および地盤を全てモデル化するもので，荷重に対して上部構造と基礎構造の連続性を取り入れることができ，多くの要素を同時に考慮して応答値を求めることができる．

上部構造のモデル化は，上部構造の設計によって決定された部材断面をモデル化する．基礎梁と杭は杭頭鉛直ばねおよび回転ばねで接合し，杭周辺地盤については杭の水平変位に対する地盤の水平ばねをウインクラーばねとしてモデル化し[4.3.1)，杭の鉛直変位に対しては，地震時における鉛直ばねの設定法がまだ確立されていない現状から，杭先端をピン支持とするモデルを基本とするが，杭長が短く地盤による鉛直変位が上部構造に与える影響が大きいと予想される場合においては，信

頼できる調査結果などに基いて杭周摩擦ばねおよび杭先端ばねをモデル化することも可とする．ただし，構造体の応力評価において安全側となるよう配慮するものとする．

　各構造部材および地盤ばねに適切な非線形性を考慮することにより，上部構造，基礎構造，地盤のいずれかで終局限界状態に達する状況を直接把握できる．ただし，杭頭鉛直ばねの軸力～鉛直変形関係，杭頭回転ばねの曲げモーメント～回転角関係および杭体の軸力～曲げモーメント関係には静的非線形増分解析時に生じる変動軸力の影響を考慮する必要がある．また，各構造部材や地盤の非線形特性の設定には材料特性の有するばらつきなどを十分考慮したうえで危険側の評価にならないように留意する必要がある．

　応力・変形解析では，上部構造の地震荷重のみを考慮する場合には水平荷重に対する荷重増分解析を行う．また，地盤の応答変位も同時に考慮する場合は，上部構造の荷重増分と同時に地盤の水平変位を変位増分として増分解析を行う．

　また，上部構造の設計用地震荷重と地盤の設計用地盤変位の組合せ方法については，上部構造および基礎構造と地盤の振動性状を適切に考慮して決定する．

（2）　解析モデルカテゴリー②：上部構造・基礎構造分離，多層地盤モデル（分離型1）

　本解析モデルは，基礎梁および複数の杭を梁要素でモデル化し，基礎梁と杭は杭頭鉛直ばねおよび回転ばねで接合し，杭周辺地盤については杭の水平変位に対する地盤の水平ばねをウインクラーばねとしてモデル化し，杭の鉛直変位に対して地盤との間に生じる摩擦抵抗は鉛直ばねとしてウインクラーばねでモデル化する．杭頭鉛直ばねの軸力～鉛直変形関係，杭頭回転ばねの曲げモーメント～回転角関係および杭体の軸力～曲げモーメント関係には増分解析時に生じる変動軸力の影響を考慮する必要がある．

　本解析モデルの特徴は，基礎梁と杭の剛性を実状に応じてモデル化できるため，両者の応力再配分が自動的に考慮できること，杭を複数配置できることから，実状に応じて各杭に水平力を分担させることができること，また杭の鉛直ばねおよび杭頭の回転ばねにより，上部構造からの転倒モーメントに対して杭の沈下や浮上りによる鉛直方向変形を考慮できること，等が挙げられる．また，一体型同様，杭位置によって地盤条件が異なる場合にも対応できる．ただし，上部構造とは分離されているため，基礎構造の応答値による上部構造への影響については，別途検討する必要がある．また，杭頭回転ばねの曲げモーメント～回転角関係，および杭体の軸力～曲げモーメント関係には増分解析時に生じる変動軸力の影響を考慮する必要がある．

（3）　解析モデルカテゴリー③：上部構造・基礎構造分離，単杭，多層地盤モデル（分離型2）

　本解析モデルは，複数の杭を単杭とみなして連続梁でモデル化し，杭頭回転ばねおよび杭の水平変位に対する地盤の水平ばねをウインクラーばねとしてモデル化するものである．本解析モデルは杭を1本に集約しているため，基礎梁の回転によって生じる杭の鉛直方向変位を考慮できないため，地盤の杭に対する鉛直ばねはモデル化できない．

　本解析モデルの特徴は，地盤の深さ方向の水平剛性を実状に即して設定できるため，地盤条件が深さ方向に一様でない場合についても適用でき，また，地盤の水平変位が杭に与える影響を応答変位法により考慮することができることである．さらに，杭体および地盤の非線形性を考慮すること

ができ，杭頭に非線形回転ばねを設定することにより杭頭半剛接合法を適用することも可能である．

ただし，適用に際しては，各杭の杭頭水平変位が同一となるよう基礎構造に剛床仮定が成立し，杭長，杭径，群杭効果などを適切に評価し，実状に応じた杭の水平剛性を評価する必要がある．また，上部構造のねじれや杭配置によるねじれについては別途考慮する必要がある．

本解析モデルを用いて計算された杭頭曲げモーメントは，パイルキャップおよび基礎梁の設計用応力として考慮する必要がある．

（4）　解析モデルカテゴリー④：上部構造・基礎構造分離，単杭，一様地盤モデル（分離型3）

本解析モデルは，上部構造に設計用荷重を作用させて支点反力を求め，その反力を基礎への設計用荷重として杭単独の解析モデルに作用させChangの式[4.3.1)]を適用して杭の応答値を求めるものである．

本解析モデルでは，基礎梁を剛と仮定し杭頭固定としているため，十分に剛強な基礎梁を採用し剛床仮定が成立する必要がある．

Changの式の適用については，深さ方向の地盤剛性が概ね一様であることおよび地表面における地震時水平変位量が小さく，地盤の水平剛性が概ね弾性状態であることが必要である．また，各杭の負担せん断力の算定には，杭長，杭径，群杭効果ならびに，杭頭の曲げひび割れによる剛性低下を適切に評価し実状に応じた杭の水平剛性を評価する必要がある．

解析モデルカテゴリー③および④では，上部構造の支点が変位しないと仮定しているため，杭基礎の沈下，浮上り，水平変位等による応力の再配分などは考慮されず，実状に応じて杭応力の割増し等を考慮する必要がある．また，既往の研究[4.3.2)]によれば，上部構造・基礎構造・地盤一体型モデルと比較すると，一般的に単杭モデルの場合は，杭頭が固定であるため，杭頭の曲げモーメントを過大に評価し，杭中間部の最大曲げモーメントを過少評価する傾向があるため注意が必要である．また，上部構造のねじれや杭配置によるねじれについては別途考慮する必要がある．

本解析モデルを用いて計算された杭頭曲げモーメントは，パイルキャップおよび基礎梁の設計用応答値の算定に考慮する必要がある．

解説表 4.3.1　解析モデルカテゴリーと解析条件

		①一体型 上部構造・基礎構造 一体型モデル （複数杭，基礎梁剛性 考慮，多層地盤）	②分離型1 上部構造・基礎構造 分離モデル （複数杭，基礎梁剛性 考慮，多層地盤）	③分離型2 上部構造・基礎構造 分離モデル （単杭，剛基礎， 多層地盤）	④分離型3 上部構造・基礎構造 分離モデル （単杭，剛基礎， 一様地盤）
モデル名称					
モデル概念図					
上部構造モデル・ 基礎構造モデル との関係					
解析条件	仮定地盤	一様地盤または多層地盤			一様地盤
	杭	非線形（変動軸力考慮）		非線形	等価線形[*1)]
	杭頭 回転ばね	有（非線形，変動軸力考慮）		有（非線形）	無 （必要に応じて固定 度で対応）
	杭頭 鉛直ばね	有（非線形，変動軸力考慮）		無（必要に応じて固定度で対応）	
	水平 地盤ばね	非線形			線形 （代表的な等価地盤 反力係数を設定）
	地盤変位	考慮（必要に応じて）			考慮せず
	杭周摩擦 ばね[*2)]	必要に応じて考慮（非線形）		考慮せず	
	杭先端 ばね[*2)]	必要に応じて考慮（非線形）		考慮せず	
	上部構造 との 応力連続性	全体モデルに 水平荷重を入力	上部構造からの反力を 杭・基礎モデルに入力	・基礎剛 ・基礎モデルを別途用意し，上部構造から 　の反力および杭からの反力を基礎モデル 　に入力	

* 1)　曲げひび割れを考慮する．
* 2)　杭が短く地盤による鉛直変位が上部構造や基礎に与える影響が大きい場合や地盤による鉛直変位が連層耐震壁に取り つく基礎梁の塑性化に影響を及ぼすなど，鉛直ばねを考慮しないと危険側になる場合に鉛直ばねを設ける．

参考文献

4.3.1) Y. L. Chang：Discussion on "Lateral Pile Loading Tests" by L. B. Feagin, A. S. C. E Trans Paper No. 1959, pp.212〜278, 1937.2.
4.3.2) 井川 望・渡辺一弘・根本 恒・梅村美孝・金子 治・高野公寿・勅使川原正臣：一体解析による杭基礎構造の地震時応力・変形の検討, 構造工学論文集, Vol. 53B, 2007.3

4.4 設計の原則
4.4.1 基礎構造部材の耐震性能判定

> 基礎構造部材の耐震性能の判定は、目標とした耐震性能を満たすように次の手順で行う.
> a．上部構造の構造計画を行い、地盤調査結果に基づき、基礎構造を計画する.
> b．上部構造および基礎構造の許容できる降伏部位を定め、設計カテゴリー（E-E, P-E, P-P①, P-P②, E-P）を決定する.
> c．解析モデルカテゴリー（解析モデル①, ②, ③, ④）を選択し、適用条件を確認する.
> d．上部構造部材および基礎構造部材の断面および配筋等を設定する.
> e．設計用地震力および設計用地盤変位を設定する.
> f．上部構造、基礎構造ならびに地盤のモデル化を行う.
> g．静的非線形増分解析を行い、検定のための項目として、応力と変形（角）を算定する.
> h．不確定性を配慮して応答値を割増しし、設計用応答値を定める.
> i．5章に基づいて限界値を設定するとともに、適切な低減係数を乗じて設計用限界値を設定する.
> j．設計用応答値が、設計用限界値を超えていないことを確かめる.
> k．基礎構造部材の避けるべき破壊モードを部材レベルで防止する（部材の保証設計）.

・本指針における基礎構造部材の耐震性能判定の手順

本指針においては、基礎構造部材の耐震性能判定は、本文 a．〜k．の手順で耐震性能の判定を行う.

以下に手順の内容を概説する.

a．上部構造の構造計画を行う. また、基礎構造部材を設計するのに必要な地盤調査を計画、実施し、基礎構造の計画を行う. この場合、支持力算定に必要とされる調査項目とともに、鉛直および水平の地盤のばね定数やばねの適切な非線形性を得るための調査を必要に応じて行うことが望ましい. 得られた調査結果に基づき、基礎構造の計画を行う.

b．上部構造および基礎構造における許容する降伏部位を明確にして、4.2に示す設計カテゴリーを決定する.

c．決定した設計カテゴリーに応じ、4.3に示す解析モデルカテゴリーを選択し、4.4.2に示す適用条件を確認する. 適用条件が、設計する建物に不適合の場合、設計カテゴリーもしくは解析モデルカテゴリーの選択の見直しが必要となる.

決定した設計カテゴリーに対し、適用可能な解析モデルカテゴリーから、解析モデルを選択する. 基礎構造を弾性としている設計カテゴリー（E-E, P-E）では、解析モデルカテゴリー①, ②, ③, ④すべて適用可能とする. 基礎構造に降伏を許容する場合（E-P, P-P①）は、解析モデルカテゴリー①, ②, ③を適用可能とする. ただし、基礎梁に降伏を許容する場合

(P-P②) は,解析モデルカテゴリー①とする.

適用条件として,設計,上部構造,基礎構造,地盤に関する事項がある.この内容を「4.4.2 解析モデルの適用条件」で示す.

d. 耐震目標性能を満たすよう,上部構造部材および基礎構造部材の断面および配筋等を設定する.

e. 設計用地震力および設計用地盤変位を適切に設定し,組み合わせて解析モデルに外力として加える.設計用地震力および設計用変位の算定方法は,4.4.3 による.

f. 柱,梁,耐震壁,基礎梁,パイルキャップ,杭ならびに地盤を適切にモデル化する.

g. 解析モデルを用いて,静的非線形増分解析を行い,応答値を算定する.分離型の解析モデルの場合,分離した複数の解析モデルの境界条件を考慮したうえで,境界部分の部材の応答値は,組合せの値を用いる.算定する応答値は 4.4.4 による.なお,解析モデルカテゴリー④の場合,適正な剛性を採用することで弾性解析で応答値を求めることができる.

h. 静的非線形増分解析で求めた応答値に,不確定性を考慮した割増し係数を乗じて,耐震性能判定のための設計用応答値を求める.不確定性には,さまざまな要因が考えられるが,採用する解析モデルの変動に対する不確定性を主とし,4.4.5 に内容を示す.

分離型解析モデル(解析モデルカテゴリー②,③,④)を選択した場合は,応力・変形解析で求めた応答値に,解析モデルカテゴリーに応じた割増しを行い,設計用応答値とする.この解析モデルカテゴリーに応じた割増しは,設計カテゴリーと解析モデルカテゴリーを組み合わせることにより,検定項目ごとに定める.

i. 強度や変形(角)の設計用限界値は,基礎構造部材の終局強度や終局変形に,実験で得られた平均値と変動係数に基づいて適切に設定した低減係数を乗じることにより設定する.詳細は 5 章による.

j. 耐震性能判定のための,不確定性を考慮した設計用応答値が,構造部材の設計用限界値を超えていないことを確認する.

$$R_d \geq S_d \quad \text{(解 4.4.1)}$$
$$R_d = \beta \cdot R_n \quad \text{(解 4.4.2)}$$
$$S_d = \phi \cdot S_r \quad \text{(解 4.4.3)}$$

R_d:設計用限界値(強度,変形(角))

S_d:設計用応答値(応力,変形(角))

β:設計用限界値のための低減係数〔5 章〕

R_n:構造部材の限界値(強度,変形(角))

ϕ:設計用応答値のための割増し係数〔4.4.5〕

S_r:静的非線形解析から得られた応答値(応力,変形(角))(4.4.4)

k. 応力変形解析結果とは別途に,避けるべき破壊モードを防止するために,メカニズム時や終局状態の応力が,構造部材の設計用限界値を超えないことを確認する〔4.5 参照〕.

$$R_d \geq S_m \text{ または } n \cdot S_d \quad \text{(解 4.4.4)}$$

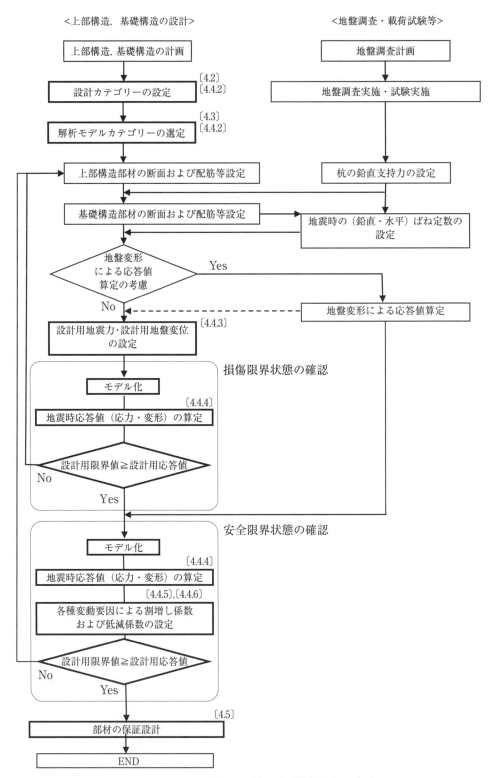

解説図 4.4.1 基礎構造部材の耐震性能判定の手順

R_d：設計用限界値（強度，変形（角））
S_m：メカニズム時応力または変形（角）
n：終局状態用の割増し係数〔4.5〕
S_d：設計用応答値（応力，変形（角））

基礎構造部材の耐震性能判定の流れを，解説図4.4.1に示す．

4.4.2 解析モデルカテゴリーの適用条件

解析モデルカテゴリーの適用条件を確認する．適用条件には，下記に示す，設計，上部構造，基礎構造，地盤に関する項目がある．
（1） 設　　　計
　　　杭　　：杭に降伏を許容する場合は，解析モデルカテゴリー①，②，③のいずれかとする．
　　基　礎　梁：基礎梁に降伏を許容する場合は，解析モデルカテゴリー①とする．
　　引抜き抵抗：杭に引抜き力を期待する場合は，解析モデルカテゴリー①，②のいずれかとする．
　　浮　上　り：浮上りをモデルに取り入れる必要がある場合は，解析モデルカテゴリー①とする．
（2） 上 部 構 造
　　耐　震　壁：耐震壁直下の杭に引抜き力が生じる場合や，耐震壁付帯柱（主として最下階）の変動軸力が，長期軸力に対して，50％以上の場合は，解析モデルカテゴリー①，②のいずれかとする．
（3） 基 礎 構 造
　　　杭　　：杭頭部もしくは杭体部に非線形特性を考慮する必要のある場合は，解析モデルカテゴリー①，②，③のいずれかとする．
　　基　礎　剛　性：基礎が剛と仮定できるほどの剛性がない場合（例えば，基礎梁せいやマットスラブの厚さが杭径の1.5倍未満の場合）は，解析モデルカテゴリー①，②のいずれかとする．
　　杭頭半剛接合：杭頭半剛接合の構法を利用した場合は，解析モデルカテゴリー①，②，③のいずれかとする．
（4） 地　　　盤
　　地　盤　構　成：一様の弾性地盤として扱えない場合は，解析モデルカテゴリー①，②，③のいずれかとする．また，解析モデルカテゴリー①，②，③は，地盤の水平ばねを弾塑性で扱うこととする．
　　液　状　化：液状化のおそれのある場合は，解析モデルカテゴリー①，②，③のいずれかとする．
　　地　盤　周　期：地盤の弾性固有周期T_gが，0.75秒を超える場合は，解析モデルカテゴリー①，②，③のいずれかとし，地盤変位を外力として考慮する．〔基礎指針を参照〕

・解析モデルカテゴリー決定の際の条件

　上部構造および基礎構造において降伏を許容する部位を明確にして，設計カテゴリーを決定する．降伏とは，構造部材において，曲げ降伏（材軸方向の鉄筋（主筋）の引張降伏）が生じた状態をいう．降伏に至ると曲げ抵抗の上昇は，設計上期待せず，限界の変形（角）まで曲げ強度が低下しないことを想定する．

　損傷限界状態を確認する設計フェーズでは，上部構造および基礎構造とも構造部材の降伏は許容しない（弾性）ので，E-Eとなる．安全限界状態を確認する設計フェーズでは，上部構造および基礎構造の降伏許容の有無に応じて，E-E，P-E，P-P（P-P①，P-P②），E-Pに分類する．

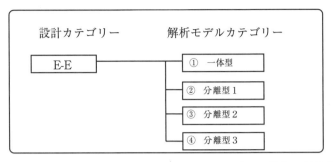

解説図 4.4.2　設計カテゴリーと解析モデルカテゴリーの組合せ（損傷限界状態の確認）

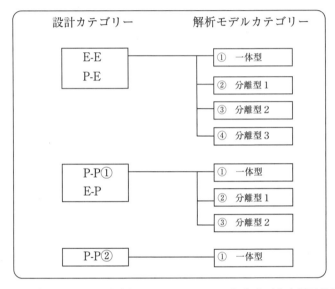

解説図 4.4.3　設計カテゴリーと解析モデルカテゴリーの組合せ（安全限界状態の確認）

　設計カテゴリーに適用可能な解析モデルカテゴリーを，解説図 4.4.2 および解説図 4.4.3 に示す．基礎構造を弾性範囲としている設計カテゴリー（E-E，P-E）では，解析モデル①，②，③，④すべて適用可能とする．基礎構造に降伏を想定している場合（P-P①，E-P）は，解析モデル①，②，③を適用可能とする．ただし，基礎梁に降伏を許容する場合（P-P②）は，解析モデル①のみの適用とする．

　安全限界状態設計時において，解析モデルカテゴリーの適用条件を確認する．適用条件に合致しない場合は，さらに上位の解析モデルカテゴリーを選択するか，許容する降伏部位や部材を限定して，設計カテゴリーを見直す必要がある．適用条件は，1. 設計（解析モデルカテゴリーとの組合せを含む）カテゴリー，2. 上部構造，3. 基礎構造，4. 地盤に分けることができる．解析モデルカテゴリーと適用条件は，解説表 4.4.1 による．

解説表 4.4.1 解析モデルカテゴリーと適用条件

			① 一体型	② 分離型1	③ 分離型2	④ 分離型3
	モデル名称		(複数杭，基礎梁剛性考慮，多層地盤)	(複数杭，基礎梁剛性考慮，多層地盤)	(単杭，基礎梁剛，多層地盤)	(単杭，基礎梁剛，一様地盤)
	モデル概念図					
適用条件	1. 設計カテゴリー	杭の状態	杭頭曲げ降伏許容（引張力を受ける杭は杭中間部の曲げ降伏も許容）			降伏ヒンジの発生を許容しない
		基礎梁の状態	曲げ降伏を許容		曲げ降伏を許容しない	
		杭の引抜き抵抗	杭の引抜き抵抗力考慮可		杭の引抜き抵抗力考慮不可	
		浮上り	浮上り可		浮上り不可	
	2. 上部構造	柱軸力変動率[1]	規定しない		柱軸力変動率<50%	
	3. 基礎構造	基礎梁剛性	基礎梁が剛と仮定できるほどの剛性がない場合でも可		基礎梁が剛と仮定できる剛性あり．（杭径の1.5倍以上の基礎梁せい）	
		杭頭半剛接合	適用可			適用不可
	4. 地盤	地盤構成	—			一様地盤と仮定できる場合
		地盤反力係数	各層の地盤反力係数を弾塑性で設定する			代表的な等価地盤反力係数を設定
		液状化	液状化のおそれがある場合でも適用可			液状化のおそれなし
		固有周期	規定しない			T_g（弾性周期）≤0.75秒および「基礎指針」にて軟弱地盤と判定される場合以外

1) 杭の上に位置する最下階柱の長期軸力に対する 地震荷重による変動軸力の割合

4.4.3 設計用地震力および設計用地盤変位

1. 基礎構造部材の耐震性評価のための設計用荷重は，上部構造から基礎構造部材に伝達される設計用地震力（杭頭水平力，鉛直荷重），および設計用地盤変位の2つで，杭の設計用水平力は地上部から伝達される1階の地震層せん断力に基礎部や地下部の地震力を加算して算定する．
2. 設計用地震力は，損傷限界状態を確認するための稀に発生する地震動に相当する地震力（以下，損傷限界設計用地震力という），および安全限界状態を確認するための極めて稀に発生する地震動に相当する地

震力(以下,安全限界設計用地震力という)とし,以下による.
(1) 損傷限界設計用地震力は,上部構造の設計用標準せん断力係数 $C_0=0.2$ 以上に対応する地震力を用いる.
(2) 安全限界設計用地震力は,基礎構造に要求する性能(要求性能レベル)に応じて表4.4.1に示すように設定し,各要求性能レベルに応じた設計用地震力および設計用地盤変位を表4.4.2に示す方法で算定する.

表 4.4.1 基礎構造の要求性能と基礎構造設計用地震力の設定方法

要求性能レベル	基礎構造の要求性能	設計用地震力の算定方法
I	基礎構造が先行して破壊しない	上部構造の保有水平耐力に基づく数値以上
II	地上部の必要保有水平耐力以上,あるいは地上部の必要保有水平耐力の担保	上部構造の必要保有水平耐力に基づく数値以上
III	設計者の設定した目標値以上の耐力確保	基礎構造の耐震目標性能に基づく数値以上

表 4.4.2 基礎構造部材の設計用地震荷重の設定方法

要求性能レベル	杭頭水平力(設計用地震力)= 基礎の層せん断力 Q_f =1階の地震層せん断力 Q_1 + 地下階の地震力 H_i		地盤応答変位(設計用地盤変位)
	1階の地震層せん断力 Q_1	地下階の地震力 H_i	
I	上部構造の保有水平耐力相当(崩壊メカニズム時もしくは限界層間変形時)の地震層せん断力以上	設定した1階の地震層せん断力に対応する設計用地下震度から設定した地震力以上	工学的基盤で定義された入力地震動による応答変位またはそれを増幅した変位
II	上部構造の必要保有水平力相当の地震層せん断力以上		工学的基盤で定義された入力地震動による応答変位
III	設計者が設定した基礎構造の耐震性能の目標値		

3. 地下階の設計用地震力は,振動特性を考慮して設定するか,要求性能を考慮して設定したベースシヤー係数に対応した適切な設計用地下震度を用いて設定する.
4. 設計用地盤変位は,工学的基盤面上の加速度応答スペクトルに基づく設計用入力地震動を用いた地震応答解析または地盤の増幅特性を適切に評価した手法により設定する.ただし,損傷限界状態設計時には考慮しなくてもよい.
5. 設計用地震力と設計用地盤変位は,建物および地盤の振動特性に基づく同時性や位相差を考慮して適切に組み合わせるものとし,原則として下記(1)および(2)による.なお,別途詳細な解析に基づく場合は,この限りでない.
   (1) 建物および地盤の振動特性の違いを定量的に評価できる場合には,最大値に重み付けて組み合わせる等の方法を用いてよい.
   (2) 上記以外は,設計用地震力と設計用地盤変位(あるいは等価な荷重分布)による応力の最大値が同時に生じるものとして,同時に作用させる.

1. 設計用荷重

基礎構造部材の耐震性評価のための設計用荷重は，地震荷重により上部構造から基礎構造部材に伝達される設計用地震力（杭頭水平力および杭頭軸方向力）および地震時の地盤変形による設計用地盤変位の2つとする．杭頭水平力は，地上部から伝達される1階の地震層せん断力に基礎部および地下部の層水平力を加算したものとする．杭頭軸方向力は，常時の軸方向力に地震荷重による変動軸力を加えて算定する〔解説図4.4.4〕．

なお，ここでいう「地盤変位」は地盤震動時の水平変位であり，液状化地盤の側方流動については本指針では対象外とする．また，偏土圧など常時の水平荷重が作用する建物についても，本指針の対象外とする．

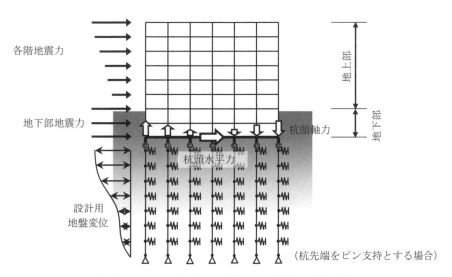

解説図 4.4.4 設計用地震力および設計用地盤変位

損傷限界状態〔3.1参照〕を確認するための地震荷重は，平成12年建設省告示第1461号に規定された稀に発生する地震動に相当する地震力（以下，損傷限界設計用地震力という），安全限界状態〔3.1参照〕を確認するための地震荷重は同じく極めて稀に発生する地震動に相当する地震力（以下，安全限界設計用地震力という）とする．

2. 荷重・外力の設定方法

（1） 設計用地震力

損傷限界設計用地震力は，地上部の設計用標準せん断力係数 $C_0=0.2$ に対応する地震力を用いる．

また，基礎構造部材の要求性能は上部構造を支持することであることを考慮して，安全限界設計用地震力については，地上部の必要保有水平耐力または保有水平耐力，あるいは基礎構造の目標とする水平耐力を上部構造から伝わる荷重に代わるものとして地上部の地震層せん断力を算定する．

層せん断力分布形については，地上部の設計用の分布形をそのまま用いるか，振動特性を考慮して適切に設定された分布形を用いる．

なお，本指針は静的解析に基づく設計方法を示すものであり，設計用地震力については地震応答解析を用いた評価方法は対象外であるが，設計用地盤変位については工学的基盤面で定義された入力地震動から表層地盤の増幅特性を考慮して算定するものとし，地盤の地震応答解析による評価方法も含むものとする．

(2) 要求性能を考慮した安全限界設計用地震力の設定

a．設定の考え方

基礎構造の要求性能から4.2節に示すような基礎の崩壊モードを設定してそれを保証するための荷重設定方法として，ベースシヤー係数の代わりに，地上部の保有水平耐力 Q_u または必要保有水平耐力 Q_{un} あるいは基礎構造の目標とする水平耐力（地上部の保有耐力計算における構造特性係数 D_s に相当する値）を用いて1階の地震層せん断力を算定する．基礎構造の要求性能レベルと設計用地震力の設定方法の関係は，表4.4.1および表4.4.2のとおりである．解説図4.4.5に設計用地震力設定と要求性能レベルの関係を，解説図4.4.6に設計用地震力の設定方法と想定する建物全体の崩壊モードの関係を示す．

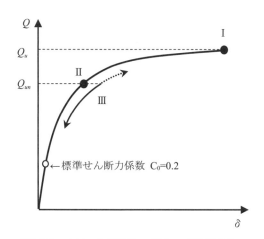

解説図4.4.5 上部構造の荷重−変位関係と設計用地震力の設定方法の関係

b．基礎構造が先行破壊しないことを計画する場合〔解説図4.4.6(a)〕

基礎構造は上部構造を支持するための要素であり，被災後の補修が困難であることや基礎構造部材の破壊やその影響予測は不確実性が高いことを考慮して，要求性能として基礎構造は上部構造が保有水平耐力に達する前に基礎が崩壊モードに達しない，とすることが原則である．この場合は，保有水平耐力より，1階以下の地震層せん断力を設定する．この設定方法は，建物全体の安全性や補修性を最も確実に確保できる方法であるが，想定した破壊（機構）が保証されるためには，鉄筋の上限強度（部材の上限強度算定用の鉄筋の材料強度をいい，以下同様とする）を用いた基礎固定モデルでの保有水平耐力に基づいて安全限界状態設計用の1階の地震層せん断力を設定する必要がある．

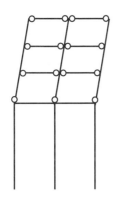 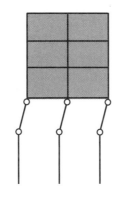 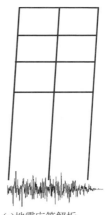

(a) 要求性能レベルⅠ
　　上部構造の破壊が常に先行

(b) 要求性能レベルⅡ，Ⅲ
　　基礎構造の破壊が先行する
　　ことがある

(c) 地震応答解析
　　耐震目標性能の確保
　　（本指針では扱わない）

解説図 4.4.6　設計用地震力の設定方法と崩壊モードの関係

　c．要求性能レベルⅡ，Ⅲの場合〔解説図 4.4.6(b)〕

　壁式鉄筋コンクリート造建物のように地上部の保有水平耐力が高い場合には，経済性の観点から上部構造と耐震性のバランスを確保することが難しく，建物全体として多数の杭が配置されていて，かつ基礎梁が剛強で，基礎構造の一部が損傷しても荷重を他の部分で負担可能であるような場合は，基礎構造が損傷しても上部構造の安定性への影響が限定的と考えられることから，基礎構造が先行して曲げ破壊もしくはせん断破壊することを許容するものとして，地上部の保有水平耐力以下の基礎構造の耐震性能の目標値を設定（要求性能レベルⅢ）するか，地上部の必要保有水平耐力から杭設計用のせん断力を設定（要求性能レベルⅡ）する．ただし，基礎構造の保有水平耐力はベースシヤー係数にして 0.4 以上を確保する．上記設定方法は，基礎構造の耐震性能が過剰となることを避けることができるが，基礎構造が先に破壊することで建物全体の崩壊につながらない壁式鉄筋コンクリート造建物，あるいは上部構造の空間が保持できなくなることがないような十分な強度を有する建物にのみ適用すべきである．この場合の基礎構造の耐震性能目標値（層せん断力係数）は，建築基準法施行令第 88 条に規定された地震層せん断力係数の 2 倍程度から地上部の必要保有水平耐力相当の間の数値が想定される．なお，上部構造については耐震性能が別途検討され，目標値が確保されていることが前提である．

　d．設計用地盤変位の扱い

　杭設計用層せん断力の設定方法によらず，設計用地盤変位は工学的基盤面で定義された入力地震動と工学的基盤から地表面までの地盤増幅を考慮した方法を用いて算定する．したがって，基礎構造の耐震要求性能を考慮して設計用地震力を設定した場合，荷重レベルは一致しない．そこで，たとえば解説図 4.4.7 に示すように入力地震動から導かれる設計用地盤変位は必要保有水平耐力 Q_{un} 相当時とみなし，保有水平耐力 Q_u との比を用いて設計用地盤変位を大きくすることで，荷重レベルの整合性を図ることができる．

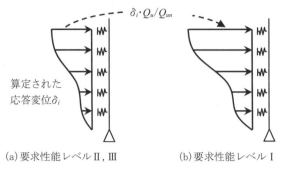

解説図 4.4.7 設計用地盤変位の割増しの考え方

e．荷重増分解析の加力方法

荷重増分解析に際して，要求性能レベルによらず上部構造あるいは基礎構造が崩壊メカニズムあるいは限界変形角に達するまで加力して基礎構造部材が限界状態以下であることを確認することが望ましいが，設定した耐震要求性能に対応する荷重レベルを上限値として基礎構造部材の応力および変形を算定し，設計用応答値が設計用限界値以下であることを照査して終了してもよい．

（3）　地下部の埋込みおよび根入れ効果の評価

静的解析を用いた応力解析において地下部の埋込み効果や根入れ効果等による動的相互作用効果を厳密に評価する場合，地上部の応答への影響については別途地震応答解析結果より地震力を評価することにより設計用地震力の設定に取り入れられる．さらに，それ以外にも解説図4.4.8に示すように地下根入れ部側面地盤の抵抗力や地盤震動により地盤から地下根入れ部に加わる地震時土圧を考慮し，それぞれの力の大きさを適切に評価するとともに，これらを適切に評価できるようなモデル化を行う必要がある．

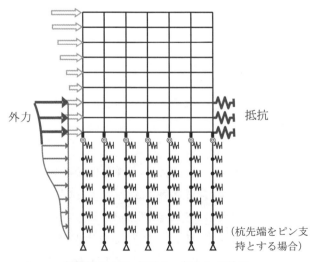

解説図 4.4.8 埋込み・根入れの効果

損傷限界状態の検討では，通常地盤変位による付加応力を杭の水平力検討に考慮せずに，埋込み効果や根入れ効果としては，基礎部や地下部の設計用震度の設定に際して側面の摩擦抵抗も含む地盤の抵抗を考慮して水平力を低減することが多い．しかしながら，荷重および外力として杭に加わる地盤変位を考慮して設計を行う場合には，地下外壁に外力として加わる力についても考慮すべきである．

既往の研究成果では，地下根入れ部の効果は，建物の固有周期と地盤の固有周期との関係により，建物の固有周期＞地盤の固有周期の場合は地盤が抵抗要素として働き，逆の場合は地下根入れ部に加わる土圧が外力として働く傾向があるという解析結果[4.4.1)]が得られている．また，埋込みの深い直接基礎の建物において，基礎部分が建物の周期で揺れる場合は土圧が抵抗側に，地盤の周期で揺れる場合は加力側に働くことが模型実験[4.4.2)]で確かめられている．

一方で，連続地中壁を有する建物の地震観測[4.4.3)]においては，地震時土圧は地盤の物性（剛性）により位相が異なる観測結果が得られており，地盤および建物の振動特性により地下根入れ部の効果は異なっている．

以上のように，地下根入れ部の効果について定性的な確認はなされてきているものの，設計式として表現できる定量的な評価が可能なほど十分な成果は得られていないと考えられる．また，実際の建物では，埋込み効果や根入れ効果に対し埋戻し地盤の締固め度や仮設用山留め壁の剛性，あるいは掘削工事に伴う地下根入れ部近傍のゆるみなど，施工にかかわる影響も考えられる．

また，仮に地下根入れ部の効果を考慮しないことが設計上危険側になる可能性があるとしても，過去の地震被害から判断すると，地下根入れ部が深く地下階のある建物の場合は基礎構造の損傷による上部構造への影響は限定的であると考えられる[4.4.4)]．なお，本項本文3.に示したように，地下根入れ部の入力低減効果は設計用地下震度において考慮されている．

以上から，本指針においては静的解析による応力解析モデルでは入力損失の効果以外の埋込み深さや根入れ深さを考慮した評価は行なわず，これらの効果については当面は抵抗側，入力側いずれも考慮しないものとした．

3. 基礎部および地下部の設計用地震力

基礎部および地下部の設計用地震力は，地上1階の階高の1/2以下の地震力算定用重量に地下階および基礎部分の重量を加算した重量と応答加速度に相当する水平震度 k_f から算定することが一般的に行われている．ただし，地盤〜基礎〜上部構造連成系地震応答解析により導いた地下各階および杭頭せん断力から逆算した地下部の水平震度の大きさは，地盤条件や基礎構造ならびに地下部の深度等により異なり，たとえば地盤が軟弱であるほど大きい，上部構造に比べ剛性が小さいほど大きいという指摘[4.4.5)]もあり，基礎部や地下部の設計用地震力をより適確に評価するためには地下部の水平震度を一律に設定するのではなく，地盤・建物の振動特性や相互作用を考慮して設計用地震力を設定することが望ましい．

特に，解析モデルカテゴリー①（一体モデル）を用いる場合には，このモデルを用いて解説図4.4.9に示すような応答スペクトル法を準用した手順[4.4.6)]により上部構造〜基礎構造〜地盤の動的相互作用を適切に考慮して基礎部分や地下部の設計用地震力あるいは設計用水平震度を算定するこ

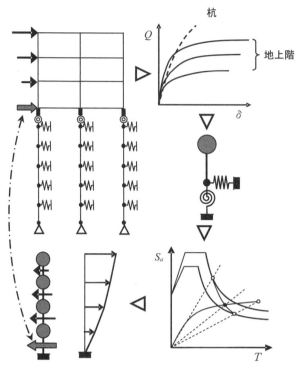

解説図 4.4.9 上部構造・基礎・地盤連成に基づく地下階および杭の（層せん断力）の設定方法の手順[4.4.7)に基づき作成]

とができる．手順としては，最初に既往の研究成果等を参考に基礎部や地下部の設計用地震力を仮定して一体モデルを用いた荷重増分解析を行い，各階の荷重～変形関係から上部構造を等価1自由度系に，杭頭位置での荷重～変位関係から地盤をスウェイおよびロッキングばねに置換しモデル化する．続いて，このモデルを用いて求めた地下部を含む各階の応答値から層せん断力を算定する．基礎部や地下部の設計用地震力から求まる地下震度を仮定値と比較し，これが一致するまで収束計算を行って，基礎部や地下部の設計用地震力を決定する．この方法はやや煩雑ではあるが，振動特性を考慮したより高精度な地下震度の評価が可能である．

　より簡易に基礎部や地下部の設計用震度を設定する方法としては，（解4.4.5）式[4.4.7)]を基本とすることが考えられる．この式を，損傷限界時（いわゆる，一次設計時）のベースシヤー係数（$C_0 \geq 0.2$）に対して，地表面最大応答加速度として100gal程度を想定し，地下部の深さに応じた増幅を考慮していると考え，損傷限界状態設計時のベースシヤー係数（$C_0 \geq 0.2$）と安全限界状態設計時に想定するベースシヤー係数との比をこの式に乗じることで，安全限界状態設計時の地下部の水平震度とすることができる．この場合，根入れ効果による入力低減に関しては，現時点では不明確な点も多く考慮しない．

$$k_f = k_{s0} \cdot \left(1 - \frac{H_f}{40}\right) \cdot Z \tag{解4.4.5}$$

記号　　k_f：損傷限界状態設計時における地下各部の水平震度

　　　　k_{s0}：損傷限界状態設計時における地下部の基準水平震度 ≥ 0.1

　　　　H_f：地表面からの深さ（m）で，20 m を超える場合は 20 m とする．

　　　　Z：地震地域係数

　一方，地震応答解析や地震観測結果に基づく地下震度の評価方法として，安全限界状態設計時の地表面最大加速度を 500 gal 程度で地下部分の応答加速度は地表面の 0.7 倍程度（$0.5 \times 0.7 = 0.35$）になるという（解 4.4.6）式の提案[4.4.8]や，地震応答解析に基づく（解 4.4.7）式[4.4.9]あるいは（解 4.4.8）式[4.4.10]の提案がある．なお，以下の式は原提案式に地震地域係数 Z を乗じている．

$$k_{fu} = 0.35 \cdot Z \tag{解 4.4.6}$$

$$k_{fu} = \left(0.35 - 0.25 \frac{D_e}{2B_e}\right) \cdot Z \tag{解 4.4.7}$$

$$k_{fu} = \left(0.34 - 0.43 \frac{D_e}{2B_e}\right) \cdot Z \tag{解 4.4.8}$$

記号　　k_{fu}：安全限界態設計時における地下各部の水平震度

　　　　Z：地震地域係数，D_e：埋込み深さ，B_e：埋め込まれた地下部分の加振方向の幅

　また，本会「建築物荷重指針・同解説（2015）」[4.4.11]では，観測結果および試算結果から，埋込み効果による建物と地盤の動的相互作用効果を評価するため振動数振ごとの相互作用補正関数 $H_{sst}(\omega)$ として $\omega > \omega_d$（基礎底面以深の卓越振動数）となる短周期領域で 0.6～0.9 程度の値が提案されており，上記の 0.7 とほぼ整合している．

　以上から，地震応答解析を行わない場合には安全限界設計時の地下部の基準水平震度としては 0.3～0.4[4.4.12]の範囲で適切と思われる手法を選定して設定する．さらに基礎構造の耐震要求性能を考慮して地上部の保有水平耐力や基礎構造の耐震目標性能値から安全限界状態設計用の地上部の層せん断力係数を設定した場合には前述（2）d．の地盤応答変位と同様の増幅係数を考慮する．この場合は，（解 4.4.6）式～（解 4.4.8）式の地下部の水平震度 k_{fu} は層せん断力係数 $C_0 = 1.0$ 時に相当するとして，設定方法ごとに，要求性能レベルⅡの必要保有水平耐力 Q_{un} に基づく場合はそのまま，要求性能レベルⅠの地上部の保有水平耐力 Q_u に基づく場合は Q_u/Q_{un} を，要求性能レベルⅢでは基礎構造の耐震性能目標値と Q_{un} の比を，（解 4.4.6）～（解 4.4.8）式に乗じることが考えられる．

　ただし，この方法は平均的な挙動に基づく簡易式であって，地盤や建物の振動特性や地下部の根入れ（埋込み）効果の影響を高精度に評価したい場合には，地震応答解析を行って個別に評価するのがよい．

4. 設計用地盤変位（地盤応答変位）の考え方

（1）　設計用地盤変位を考慮すべき地盤

　解析モデルカテゴリー①②③（解析モデルカテゴリー④のいわゆる Chang 式以外の静的非線形増分解析）では，安全限界状態の確認時には原則として設計用地盤変位を考慮する．ただし，以下に示す「地盤変位を考慮すべき地盤」に該当しない軟弱でない地盤で，杭の耐力（曲げ強度，せん

断強度）が設計用応答値に対して十分に大きい杭，あるいは靭性が高い杭を採用する場合には，設計者の判断により設計用地盤変位を考慮しないことも可能であろう．

損傷限界状態の確認時には設計用地盤変位は考慮しなくてよい．これは，損傷限界状態確認レベルでは地盤変形の影響は比較的小さいと考えたためであるが，損傷限界設計時でも液状化するような地盤や非常に軟弱な地盤では考慮することが望ましい．

一般に，地盤変位を考慮すべき地盤，すなわち地盤変位の影響が大きくなる地盤として，既往の指針類では以下のような条件が示されている．

（a）　基礎指針（2001）[4.4.13]
　（i）　軟弱地盤
　　・地盤の固有周期（弾性周期）$T_g>0.75$ 秒
　　・パイルキャップ底からN値 ≤ 2 の粘性土層あるいはN値 ≤ 5 の砂質土層が合わせて深さ5m以上存在する場合
　（ii）　液状化地盤
　（iii）　地盤剛性が急変する地盤
　　・地盤各層上下のせん断波速度（V_s値）の比が2を超える場合

（b）　鉄道構造物等設計標準・同解説　耐震設計（1999）[4.4.14]
　（i）　表層地盤の設計固有周期（レベル2地震時）T_g が0.5秒以上の場合
　（ii）　表層地盤のN値および層厚が解説表4.4.2に該当する場合．

解説表 4.4.2　地盤変位を考慮すべき地盤条件[4.4.14]

粘性土		砂質土	
N値	層厚	N値	層厚
$N=0$	2 m 以上	$N \leq 5$	5 m 以上
$N \leq 2$	5 m 以上	$N < 10$	10 m 以上
$N < 4$	10 m 以上		

（2）　設計用地盤変位の算定方法

設計用地盤変位は，工学的基盤表面で定義された入力地震動から表層地盤の増幅特性を考慮して算定するが，基礎指針（2001）[4.4.13]に記載の下記のいずれかの方法を用いることが考えられる．

　①地盤の応答解析による方法
　②固有値と応答スペクトルによる方法

①の方法では，一次元重複反射理論に基づく解析プログラムであるSHAKE[4.4.15]等が用いられることが多く，等価線形化法により地盤の非線形化も考慮可能である．実用上は設計用地盤変位として最大値の分布を用いてよいと考えられる．なお，解析にはせん断波速度（せん断剛性）および地盤の密度を用いるが，精度を確保するためにはN値からの換算ではなくPS検層などの動的特性を把握するための調査を行うべきである．

液状化地盤の場合は，液状化の影響を直接に考慮できる有効応力解析を用いることが考えられるが，有効応力解析は適用例も少なく，入力定数の評価や結果の判断などに関し，十分なデータが蓄積されているとはいえない．SHAKE等の等価線形化法をベースに，地盤定数から推定した液状化強度等に基づいて等価な有効応力を考慮して液状化地盤の応答およびばね定数を推定する手法も提案[4.4.16]されており，実用上はこのような方法を用いればよい．

②の手法も種々提案されているが，多層地盤の非線形増幅特性が考慮できる三浦・古山田・飯場の方法[4.4.17]に基づいて，限界状態に応じて地盤のひずみ分布（層厚を乗じることにより変位分布を算定）を算定可能な実用的な評価プログラム[4.4.18]も公開されている．

5. 設計用地震力と設計用地盤変位の組合せ

設計用地盤変位に対する応力解析方法については，地盤ばねを介して地盤変位を直接与える応答変位法と地盤変位により生じるばね反力を荷重として与える荷重分布法があり，解析プログラムの仕様により手法を選定する．ただし，荷重分布法では地盤ばね（水平地盤反力係数）の非線形性を適切に考慮する必要があるが，後述のとおり設計用地震力と設計用地盤変位を同時入力して応力解析を行うことを推奨としており，この場合は安全側に荷重算定時のみ非線形性を考慮しないか，同時入力による解析結果と整合するよう収束計算を行う必要がある．

設計用地震力と設計用地盤変位の組合せに関しては，特に建物と地盤の固有周期が異なる場合は最大値の発生時刻も異なると考えられ，さらに位相差が大きい場合には設計用地震力と設計用地盤変位が打ち消しあうような方向に作用することもある．これらを組み合わせる方法としては，別々に応力解析を行って応力を単純和もしくは2乗和平均する考え方や，いずれかに重み付けして同時入力する方法[4.4.8],[4.4.19]も提案されており，特に地盤の固有周期が建物の固有周期に比べて短い場合は単純に加算するのではなく，いずれかを低減することは可能である．しかしながら，これらの現象は解析的にはある程度確認されているものの，たとえば震動時の非線形化によりその関係は経時的に変化して行くと考えられ，厳密に定量的に評価することは困難である．

そこで，本指針では対象とする建物について地震応答解析等により建物と地盤の最大応答の時刻歴上の関係を確認した場合以外は，設計用地震力と設計用地盤変位の最大値が同時に生じるものとして同時に与えることとした．

このとき，与える方向を同一方向とすると，地盤ばねの非線形化を考えた場合には必ずしも安全側とならない（地盤ばねが小さくなると，設計用地盤変位により生じる応力は小さくなる）可能性が考えられ，同一方向および逆方向の両方向の計算を行う．ここで，最大値が同時に生じるとすることは，建物と地盤の固有周期の関係によっては過剰な設計となる可能性も考えられるが，建物，杭ならびに周辺地盤について多くの地震観測データが蓄積され，静的応力解析において建物と地盤の震動の位相差の影響を定量的に評価できる手法が確立されるまでは，当面は安全側の設計としてこの方法を用いるものとする．

なお，現状では一般的に設計に用いる解析プログラムでは設計用地震力と設計用地盤変位の同時入力に対応していない場合も多いと考えられ，それぞれの発生応力（曲げモーメント・せん断力）を重ね合わせて設計用応力を算定しても良い．ただし，杭体の降伏を許容する場合には用いないこ

ととし，かつ応力解析にあたっては杭体は弾性剛性で評価する．また，地盤ばね値は設計用地震力に対しては剛性低下を考慮するが，設計用地盤変位に対しては考慮しない，あるいは応力の重ね合せ方法は単純累加とするなど，安全側の設計となるような設定とする必要がある．

参 考 文 献

4.4.1) 徐　挺・杉村義広：単純化モデルによる地盤と構造物の地震時動的相互作用のメカニズムに関する基礎的研究，構造工学論文集，Vol. 43B，pp.433〜440，1997
4.4.2) 山内一秀ほか：構造物の地下部に作用する地震時外力に関する実験的研究（その1，2），日本建築学会大会学術講演梗概集 B，pp.515〜522，1987
4.4.3) 境　茂樹ほか：深層地下構造物に作用する地震時の動的土圧分布（その3），日本建築学会大会学術講演梗概集 B-2，pp.417〜418，1996
4.4.4) 日本建築学会近畿支部基礎構造部会兵庫県南部地震建築基礎被害調査委員会：兵庫県南部地震による建築基礎の被害調査事例報告書，pp.3〜36，1996.7
4.4.5) 細野久幸ほか：建物・杭−地盤連成系の相対剛性による地震時杭頭被害の考察，日本建築学会構造系論文集，第628号，pp.915〜921，2008
4.4.6) 中井正一：動的相互作用から見た杭基礎の耐震設計，2008年度日本建築学会大会パネルディスカッション「大地震時の杭基礎の耐震設計」資料，p.38，2008
4.4.7) 日本建築センター：地震力に対する建築物の基礎の設計指針，「付・設計例題」，1984
4.4.8) 建設省総合技術開発プロジェクト「新建築構造体系の開発」性能評価分科会基礎WG最終報告書，2000
4.4.9) 泉　洋輔・三浦賢治：基礎の耐震設計用地下震度に関する研究，日本建築学会論文報告集，第597号，pp.47〜53，2005
4.4.10) 宮本祐司：基礎の地震荷重と相互作用，2002年日本建築学会大会（振動）PD資料，pp.36〜46，2002
4.4.11) 日本建築学会：建築物荷重指針・同解説，第7章「地震荷重」，pp.438〜440，2015
4.4.12) 日本建築学会：鉄筋コンクリート造建物の靭性保証型耐震設計指針・同解説，p.282，1999.8
4.4.13) 日本建築学会：建築基礎構造設計指針，p.285，2001
4.4.14) 鉄道総合技術研究所：鉄道構造物等設計標準・同解説　耐震設計（1999年版），p.107，1999
4.4.15) Schnabel, P. B., Lysmer, J., and Seed, H. B.：SHAKE: A Computer Program for Earthquake Response Analysis of Horizontally Layered Sites, Report No. UCB/EERC-72/12, 1972
4.4.16) 新井　洋ほか：液状化を考慮した簡便な地震動増幅率評価法，日本建築学会近畿支部耐震構造研究部会シンポジウム，資料，pp.19〜26，2009
4.4.17) 三浦賢治・古山田耕司・飯場正紀：応答スペクトル法による表層地盤の非線形増幅特性の解析法，日本建築学会構造系論文集，第539号，pp.57〜62，2001
4.4.18) http://www.nilim.go.jp/japanese/technical/tairyoku/
4.4.19) 鉄道総合技術研究所：鉄道構造物等設計標準・同解説　耐震設計，pp.132〜134，2012

4.4.4　応答値の算定

　設計用地震力および設計用地盤変位に対し，4.3で選択した解析モデルカテゴリーを用いて次の（1）および（2）により応答値を算定し断面の設計・検討を行う．なお，解析モデルのモデル化は，6.2による．
（1）応答値の算定
　各解析モデルカテゴリーの応答値は，以下による．
1）解析モデルカテゴリー①：上部構造・基礎構造一体，多層地盤モデル（一体型）
　杭，基礎梁ならびに上部構造の応答値は，同時に算定する．

2) 解析モデルカテゴリー②：上部構造・基礎構造分離モデル，多層地盤モデル（分離型1）
   a) 基礎構造の剛性と引抜き抵抗力を考慮して上部構造の応答値を算定する．
   b) 上記a）により求まる上部構造を支持する柱下端における応力を基礎構造の各作用位置に与え，基礎構造の応答値を算定する．
   c) 基礎梁の応力は，a）とb）の応力の和とする．
3) 解析モデルカテゴリー③：上部構造・基礎構造分離，単杭，多層地盤モデル（分離型2）
   解析モデルカテゴリー④：上部構造・基礎構造分離，単杭，一様地盤モデル（分離型3）
   a) 基礎構造の剛性を考慮して上部構造の応答値を算定する．なお，安全側の判断として，基礎梁下をピン支持として算定してもよい．
   b) 上記a）の解析により求まる上部構造の柱脚位置の応力を基礎構造の荷重として杭頭に作用させ，基礎構造の応答値を算定する．
   c) 基礎梁の応力は，a）とb）の応力の和とする．

（2）耐震性能判定のための各部位の検討

設計カテゴリーに応じて，表 4.4.3 および表 4.4.4 により断面を検討する．

表 4.4.3　設計カテゴリー E-E の場合の損傷限界設計時検討条件

部材・部位	曲げと軸力に対する検討	せん断力に対する検討
・杭　　体 ・杭頭接合部 　（パイルキャップ） ・基　礎　梁	設計用損傷限界曲げモーメント ≧ϕ・応答曲げモーメント	設計用損傷限界せん断力 ≧ϕ・応答せん断力

［記号］ϕ：不確定性を考慮した係数で，損傷限界設計時の検討では 1.0 とする．

表 4.4.4　設計カテゴリー E-E，P-E，E-P，P-P ① および P-P ② の場合の安全限界設計時検討条件

部材・部位	曲げと軸力に対する検討	せん断力に対する検討
・杭　　体 ・杭頭接合部 　（パイルキャップ） ・基　礎　梁	設計用曲げ強度 ≧ϕ・ 応答曲げモーメント	設計用せん断強度 ≧$n\cdot\phi$・ （応答せん断力またはメカニズム時応力）

［記号］ϕ：不確定性を考慮した係数で，4.4.5 による．
　　　　n：保証設計用の応力割増し係数で，4.5 による．

・応答値の算定

応答値の算定は，設計用地震力および設計用地盤変位を 4.3 で選択した解析モデルカテゴリーによる解析モデルに作用させ算定する．以下に，解説する．

（1）応答値の算定

選択した解析モデルを用いて，設計用地震力および設計用地盤変位に対して，各部材の応答値を算定する．

解析モデルからの算定値を用いて，解析モデルカテゴリーに応じて，解説表 4.4.3 に示すように応答値を算定する．一体型（解析モデルカテゴリー①）では，杭，基礎梁ならびに上部構造の応答値は，同時に算定される．分離型モデル（解析モデルカテゴリー②，③，④）での基礎梁の応答値は，上部構造の解析モデルの応答値と基礎構造の解析モデルの応答値の和（組合せ）とする．

解説表 4.4.3 各解析モデルカテゴリーに応じた応答値の算定(杭先端をピン支持とする場合)

モデル名称	①一体型 上部構造・基礎構造 一体型モデル (複数杭，基礎梁剛性 考慮，多層地盤)	②分離型1 上部構造・基礎構造 分離モデル (複数杭，基礎梁剛性 考慮，多層地盤)	③分離型2 上部構造・基礎構造 分離モデル (単杭，剛基礎， 多層地盤)	④分離型3 上部構造・基礎構造 分離モデル (単杭，剛基礎， 一様地盤，Chan式)
モデル 概念図				
上部構造 モデル・ 基礎構造 モデルと の関係				

(2) 耐震性能判定のための各部位の検討

地震時の杭，基礎梁ならびにパイルキャップ部分の応力と変形の状況を，解説図 4.4.10 に示す．地震時の応答において，基礎構造部材で検討する限界状態を 3.1 節に定義する損傷限界状態および安全限界状態とすると，基礎構造部材の耐震性能を判定するための検討項目としては，基礎構造部材の各部位および基礎構造全体として解説表 4.4.4 および解説表 4.4.5 が挙げられる．なお，杭頭接合部分に半剛接合方法を用いる場合は，各半剛接合方法の設計条件に従うものとする．

4.4.2 節で選択された，設計カテゴリーと解析モデルカテゴリーの組合せにおいて，損傷限界状態および安全限界状態について基礎部材の耐震性能を判定する検討を行う．稀に発生する地震動に対する損傷限界状態の検討項目を解説表 4.4.4 に，および極めて稀に発生する地震動に対する安全限界状態の検討項目を解説表 4.4.5 に示す．

損傷限界状態の確認の方法として，基礎構造部材の各部位に生じる応答値が設計用損傷限界曲げモーメントおよびせん断力を超えないこととする(解説表 4.4.4 で，○で示す)．

また，安全限界状態の確認の方法として，基礎構造部材の各部位に生じる設計用応答値が安全限界曲げ強度および安全限界せん断強度(パイルキャップにあっては，さらに安全限界パンチングシヤー強度を超えないこととする．(解説表 4.4.5 で◎，●，■で示す)

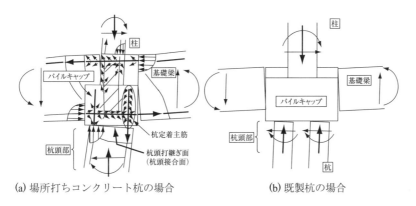

(a) 場所打ちコンクリート杭の場合　(b) 既製杭の場合

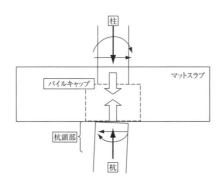

(c) マットスラブの場合

解説図 4.4.10 地震時の基礎構造部材の応力状態

解説表 4.4.4 損傷限界状態設計時の検討項目

設計カテゴリー	杭体 杭頭・杭中間部・杭先端部 応力 曲げと軸力	応力 せん断	杭体接合部 応力 曲げと軸力	応力 せん断	杭頭接合部 応力 曲げと軸力	応力 せん断	変形角	パイルキャップ 応力 曲げと軸力	応力 せん断	パンチングシャー	基礎梁 応力 曲げ	応力 せん断	マットスラブ 応力 曲げ	応力 せん断	パンチングシャー
E－E	○	○	○	○	○	○	○	○	○	○	○	○	○	○	○

［記号］○：応答値に対して，許容応力度設計

解説表 4.4.5 安全限界状態設計時の検討項目

非ヒンジ・ヒンジ	設計カテゴリー	杭体					杭頭接合部			パイルキャップ	基礎梁		マットスラブ		
		杭頭・杭中間部		杭体接合部		杭頭接合部									
		応力		応力		応力		変形	応力	応力		応力		
		曲げと軸力	せん断	曲げと軸力	せん断	曲げと軸力	せん断	変形角		曲げ	せん断	曲げ	せん断	パンチングシャー
非ヒンジ部	E-E, P-E P-P, E-P	◎	●	●	●	◎	●	■	●	◎	●	◎	●	●
ヒンジ部	E-P, P-P	ヒンジ回転角 ◎								ヒンジ回転角 ◎				
その他の確認事項		・基礎構造が崩壊メカニズムに達していない． ・杭頭部の変形（角）が設計用限界変形（角）以下である．													

［記号］◎：不確定要因による割増し係数を乗じた設計用応答値を用いた設計
　　　　●：メカニズムや終局状態を考慮した保証設計または母材強度以上の保証設計
　　　　■：杭頭半剛接合工法の場合，定められた設計用限界変形角を超えないことを確認

4.4.5　不確定性要因および応答値割増し係数

> 静的非線形解析で求めた応答値（応力，変形，変形角等）に対して不確定性を考慮した割増し係数を乗じることにより、耐震性判定のための設計用応答値を算定する．
> 　不確定性要因のうち，本指針においては，採用する解析モデル（設計カテゴリーと解析モデルカテゴリーの組合せ）に応じた割増し係数を考慮する．

・不確定要因と応答値割増し係数

　応答値に乗ずべき不確定性を考慮した係数は，建物・基礎・地盤のモデル化や上部構造や基礎構造に使用する材料（コンクリート，鉄筋等）の材料特性，および基礎工法（直接基礎，杭基礎，両者の複合基礎）ならびに，杭工法等の施工に伴う地盤特性の変動，さらには，地盤特性の把握方法（地盤調査の密度，精度，解析に用いる地盤特性の設定方法等）に応じて算定された応答値が，実挙動から変動することを考慮する係数である．

　不確定性を考慮した係数 ϕ として，以下に示す $\phi_1 \sim \phi_8$ を挙げることができる．各係数とその変動要因，ならびに現時点で考慮すべき割増し係数を，解説表 4.4.6 に示す．

解説表 4.4.6 割増し係数の設定 (1/2)

係数	係数の定義	変動要因	割増し係数の設定
ϕ_1	鉛直荷重および水平荷重の変動による係数	・骨組用断面の施工誤差による断面形状の変動	上部構造にも関係し，基礎構造特有の問題でない． 当面，$\phi_{1.1}=1.0$とする．
		・積載荷重の設計値との変動	同上　$\phi_{1.2}=1.0$とする．
		・動的な地震荷重と静的な地震荷重との変動	同上　$\phi_{1.3}=1.0$とする
		・地震力算定用積載荷重の設計値と実況との変動	同上　$\phi_{1.4}=1.0$とする．
		・地震力の大きさの変動(実地震動と採用地震荷重との変動)	地下震度の設定次第で，$\phi_{1.5}=1.0\sim1.5$が考えられるが，当面，$\phi_{1.5}=1.0$とする
		・その他の要因による変動	その他の要因を特定できない．$\phi_{1.6}=1.0$とする．
ϕ_2	地盤調査結果の変動に関わる係数	・地盤調査の密度による敷地地盤特性の変動(地盤パラメータの空間的変動)	地盤調査の変動が応答値に影響を及ぼすことに対し，定量的にとらえられる資料が少ない． 当面，$\phi_2=1.0$とする．
		・地盤調査技術者の技量による変動	
		・測定機械の精度による変動	
		・室内試験における試験機器の精度による変動	
		・試験者の技量による変動	
		・その他の要因による変動	
ϕ_3	静的地盤ばね（鉛直・水平）定数の変動による係数	・採用するばね定数算定式の精度による変動	地盤ばねの変動の程度およびその変動が応答値に影響を及ぼすことに対し，定量的な評価を与える資料が少ない。 当面，$\phi_3=1.0$とする．
		・地盤調査地点以外の地盤定数設定と実地盤との変動	
		・構造設計者の技量による変動	
		・その他の要因による変動	
ϕ_4	基礎（直接基礎，杭基礎）施工に伴う地盤定数の変化や杭断面・配筋の施工変動による係数	・基礎施工に伴う基礎先端・周辺地盤の変化によるばね定数の変動	施工により地盤強度が上がる場合と低下する場合があると想定されるが，データがない．場所打ち杭の実断面と設計断面の違い（データなし）その他の要因を特定できない． 当面，$\phi_4=1.0$とする．
		・施工後の杭断面や配筋の設定値の変動	
		・その他の要因による変動	

解説表 4.4.6 割増し係数の設定 (2/2)

係数	係数の定義	変動要因	割増し係数の設定
ϕ_5	鉛直荷重時応答値算定結果における変動による係数	・柱軸方向力の算定値と実際値との変動	上部構造にも関係し，基礎構造特有の問題でない． 当面，$\phi_{5.1}=1.0$ とする．
		・施工過程考慮の有無による応答値の変動	同上　$\phi_{5.2}=1.0$ とする．
		・解析モデルによる応答値の変動	同上　$\phi_{5.3}=1.0$ とする．
		・材料定数の設計値（コンクリートのヤング係数，せん断弾性係数）と実測値との変動	同上　$\phi_{5.4}=1.0$ とする．
		・その他の要因による変動	その他の要因を特定できない． $\phi_{5.5}=1.0$ とする．
ϕ_6	動的ばね（杭および地盤の鉛直・水平ばね）定数および減衰定数設定における変動による係数	・静的ばね定数から動的地盤ばね定数設定の変動	静的地盤ばねから求める動的地盤ばねの変動の程度およびその変動が応答値に影響を及ぼすことに対し，定量的な評価を与える資料が少ない（ひずみレベル，減衰も同様）．その他の要因を特定できない． 当面，$\phi_6=1.0$ とする．
		・地盤のひずみレベルとばね定数設定の変動	
		・減衰定数設定の変動	
		・その他の要因による変動	
ϕ_7	採用する解析モデルの違いによる応答値の変動による係数	・実挙動と簡易モデルによる応答値の変動	実挙動と解析値との比較を示すデータが少ない． 当面，1.0 とする．
		・各モデルに採用する地盤および杭モデルと設定定数による応答値の変動	ϕ_7 として，4.4.6 に示す．
		・その他の要因による変動	その他の要因を特定できない． 当面，1.0 とする．
ϕ_8	地盤変位応答値の変動による係数	・地震時の地盤水平変位算定精度による変動	地盤変位（解析モデルによるものを含む）応答値の変動の程度およびその変動が応答値に影響を及ぼすことに対し，定量的にとらえられる資料が少ない． その他の要因を特定できない． 当面，$\phi_8=1.0$ とする．
		・解析モデル（地震荷重および地盤変位による応答値を同時解析もしくは個々の解析による足し合わせ）による応答値の変動	
		・その他の要因による変動	

4.4.6　解析モデルカテゴリーの選択と応答値の割増し

> 解析モデルカテゴリーごとの応答値の割増しは，設計カテゴリーを考慮し，以下の条件を適切に評価する．
> （1）　一体型の解析モデル（解析モデルカテゴリー①）を採用した場合もしくは，設計カテゴリーが E-E もしくは P-E の場合で，分離型の解析モデル（解析モデルカテゴリー②，③，④）を採用した場合．
> （2）　設計カテゴリーが E-P もしくは P-P ①の場合で，分離型の解析モデル（解析モデルカテゴリー②，③）を採用した場合．

・解析モデルカテゴリーの選定と応答値割増し係数 ϕ_7

　分離型の解析モデル（解析モデルカテゴリー②，③，④）を採用した場合は，降伏を許容しない部位の降伏を防止したうえで，基礎構造の剛性を十分に確保する．また，水平方向の地盤ばねを簡略化，または鉛直方向の地盤ばねを省略もしくは簡略化する場合は，地盤構成が良好であることや地盤の変形が上部構造の応答に及ぼす影響が小さいことを確かめる．そのうえで，応力解析で求めた応答値に，不確定性を考慮した割増し係数を乗じて，耐震性能判定のための設計用応答値を求めるが，不確定性を考慮した割増し係数の一つとして，採用する解析モデルの違いによる係数 ϕ_7 がある．この場合，ϕ_7 は，分離型の解析モデルと一体型の解析モデルの違いによる割増しと考え，分離型の解析モデルによる応答値が危険側となる可能性がある場合，応答値に 1.0 を超える割増し係数 ϕ_7 を乗じるものとする．

（1）　一体型の解析モデル，つまり解析モデルカテゴリー①もしくは，設計カテゴリーが E-E もしくは P-E で，分離型の解析モデル，つまり解析モデルカテゴリー②，③，④を採用する場合

　基礎梁に十分な剛性を付与し，基礎梁・杭とも弾性に留める設計をする必要があることから，分離型の解析モデルから得られた応力は，剛性低下を考慮した場合と比較して大きめの値となるため，安全側の設計と判断する．したがってこの場合は，解析モデルによる応答値の変動による割増し係数 ϕ_7 は，基礎梁および杭の曲げおよびせん断とも 1.0 とすることができる．なお、基礎梁に塑性化を許容する設計カテゴリー P-P ②の場合は，解析モデルカテゴリー①（一体型）を選択することになるので，解析モデルによる応答値の変動による割増し係数 ϕ_7 は 1.0 とすることができる．

（2）　設計カテゴリーが E-P もしくは P-P ①，つまり基礎構造部材に塑性化を許容する設計で，分離型の解析モデルは，解析モデルカテゴリー②，③を採用する場合

　解析モデルによる応答値の変動による割増し係数 ϕ_7 は，解説表 4.4.7 によるものとする．

解説表 4.4.7 解析モデルによる応答値の変動による割増し係数 ϕ_7
（設計カテゴリーが E-P もしくは P-P ①の場合）

モデル	検討部位		曲げ	せん断
解析モデルカテゴリー② 分離型1： 上部構造・基礎構造分離 多層地盤モデル	基礎梁（非ヒンジ）		1.0	1.0 (1.5)*3
	杭	杭頭（ヒンジ部）	1.0	1.5 (1.0)*4
		杭中間部	2.0 (1.0)*1	
解析モデルカテゴリー③ 分離型2： 上部構造・基礎構造分離 単杭，多層地盤モデル	基礎梁（非ヒンジ）		1.0	1.5
	杭	杭頭（ヒンジ部）	2.0 (1.0)*2	1.5 (1.0)*5
		杭中間部	2.0 (1.0)*1	

［注］ ＊1：杭中間部の検定において，杭頭部と杭中間部の大きいほうの設計用曲げモーメントを採用する場合は，$\phi_7=1.0$ とすることができる．
＊2：軸力の変動の影響が，杭頭回転ばねの曲げモーメント-回転角関係に反映できている場合，もしくは設計用地震力により杭に作用する地震時変動軸力が長期軸力の20％以内である場合は，$\phi_7=1.0$ とすることができる．
＊3：杭長が短い場合等で杭先端地盤ばねを考慮するのが妥当と判断される場合に鉛直方向の地盤ばねを省略もしくは簡略化する場合は，$\phi_7=1.5$ とする．
＊4：設計用地震力により杭に作用する地震時変動軸力が長期軸力の50％以下である場合は，$\phi_7=1.0$ とすることができる．
＊5：設計用地震力により杭に作用する地震時変動軸力が長期軸力の20％以下である場合は，$\phi_7=1.0$ とすることができる．

1） 設計カテゴリー E-P もしくは P-P ①（杭の曲げ降伏を許容）で，4.3 に示す解析モデルカテゴリー②の場合

　基礎梁の設計用応力は，上部構造を分離した解析モデルに基づく応答値と，基礎構造を分離した解析モデルに基づく応答値の組合せとなる．この場合，基礎梁に十分な剛性が確保でき，弾性内に留まっていれば，この組合せ応力（曲げ，せん断）は，応力組合せ時の剛性低下を考慮している一体型の解析モデルと比較して大きい値となる傾向があり，安全側の設計と考えられるので，基礎梁の設計用応力について ϕ_7 は 1.0 とする．ただし，杭長が短い場合等で杭先端地盤ばねを考慮するのが妥当と判断される場合に鉛直方向の地盤ばねを省略もしくは簡略化する場合は，杭頭位置における鉛直方向変位によるばらつきを考慮して，基礎梁のせん断力の ϕ_7 は 1.5 とする．

　基礎梁が弾性内に留まっており，かつ上部構造の変動軸力に基づく杭頭部の回転変形が 6.2 に示す杭頭接合部の回転ばねに反映されている場合は，曲げ降伏が許容される杭頭部の曲げモーメントに関して割増し係数 ϕ_7 は 1.0 として問題ないと考えられる．しかし，上部構造からの変動軸力は基礎構造の設計用外力として反映されてはいるが，上部構造と基礎構造で一体として変動軸力を評価できていないので，本解析モデルによる圧縮側の杭の設計用せん断力は，軸力の変動に伴い，一体型の解析モデルの場合と大きく異なる可能性がある．圧縮側の杭の軸力変動が大きくなるほど，その傾向が強くなるので，変動軸力の程度に応じて，ϕ_7 は（解 4.4.9）式に示す柱軸力変動率が

50%以下の場合は1.0で，50%を超える場合は1.5とする．ここで規定した柱軸力変動率の閾値は，現段階では参考とすべき設計資料等が少ないことから，当面50%以下とした．

$$柱軸力変動率 = N_E/N_L \tag{解4.4.9}$$

ここで，　N_E：設計用地震力により杭に作用する地震時変動軸力

　　　　　N_L：杭に作用する長期軸力

また，基礎梁の剛性を大きく評価しすぎると，杭頭部の曲げモーメントが大きくなる分，杭中間部での曲げモーメントを小さく評価する傾向にある．杭中間部を杭頭部と杭中間部のいずれか大きい設計用曲げモーメントで検討する場合は，応力の割増しは必要ない（$\phi_7 = 1.0$）が，杭中間部の小さい曲げモーメントを設計用曲げモーメントに用いる場合は，$\phi_7 = 2.0$ を採用する必要がある．

2）設計カテゴリーE-PもしくはP-P①（杭の曲げ降伏を許容）で，4.3に示す解析モデルカテゴリー③の場合

基礎梁の設計用応力は，上部構造を分離した解析モデルに基づく応答値と，基礎構造を分離した解析モデルに基づく応答値の組合せとなる．この場合，基礎梁に十分な剛性が確保でき，弾性内に留まっていれば，この組合せ応力（曲げ，せん断）は，一体型の解析モデルと比較して安全側の値となるので，基礎梁の曲げモーメントについて ϕ_7 は1.0とする．ただし，本解析モデルは杭の鉛直方向変位を考慮できないため，杭頭位置における鉛直方向変位によるばらつきを考慮して，基礎梁のせん断力の ϕ_7 は1.5とする．

上部構造の変動軸力に基づく杭頭部の回転変形が杭頭接合部の回転ばねに反映されていない場合は，曲げ降伏を許容する杭頭部の曲げモーメントは，圧縮側で小さく算定される可能性があるため，柱軸力変動率が20%よりも大きい場合の ϕ_7 は2.0とする[4.4.20]．また，圧縮側の杭の設計用せん断力については，本解析モデルによる応答値は，一体型の解析モデルの場合より小さい数値となる可能性があるので，変動軸力の程度に応じて，ϕ_7 は（解4.4.9）式に示す柱軸力変動率が20%以下の場合は1.0で，20%を超える場合は1.5とする[4.4.21]．ここで規定した柱軸力変動率の閾値は，現段階では参考とすべき設計資料等が少ないことから，当面20%以下とした．

また，基礎梁の剛性を大きく評価しすぎると，杭頭部の曲げモーメントが大きくなる分，杭中間部での曲げモーメントを小さく評価する傾向にある．杭中間部を杭頭部と杭中間部のいずれか大きい設計用曲げモーメントで検討する場合は，応力の割増しは必要ない（$\phi_7 = 1.0$）が，杭中間部の小さい曲げモーメントを設計用曲げモーメントに用いる場合は，$\phi_7 = 2.0$ を採用する必要がある[4.4.21]．

参考文献

4.4.20) 伊藤　央：バラツキを考慮した基礎構造部材の応答評価，2010年度日本建築学会大会パネルデイカッション「鉄筋コンクリート基礎構造部材の耐震設計」資料，p.35，2010

4.4.21) 伊藤　央ほか：一体解析モデルによる基礎構造部材の地震時応答評価その3 解析モデルの違いによる応答値の変動，日本建築学会大会学術講演梗概集，pp.639〜640，2013

4.5 部材の保証設計

1. 基礎構造部材が避けるべき破壊モード（せん断破壊や曲げ圧縮破壊等）で破壊しないことを確認するために，(4.5.1)式による保証設計を行う．ただし，基礎梁にヒンジを計画する場合は(4.5.2)式によってもよい．部材の設計用限界値の算定方法は，5章による．

$$R_d \geq n \cdot S_d \qquad (4.5.1)$$
$$R_d \geq S_m \qquad (4.5.2)$$

記号　R_d：構造部材の設計用限界値（強度，変形（角））で，次式による．
$$R_d = \beta \cdot R_n$$
β：設計用限界値のための低減係数〔5章参照〕
R_n：構造部材の限界値（強度，変形（角））〔5章参照〕
n：保証設計用の応力割増し係数（1.1以上とする）
S_d：構造部材の設計用応答値（応力，変形（角））で，次式による．
$$S_d = \phi \cdot S_r$$
ϕ：設計用応答値のための割増し係数〔4.4.5参照〕
S_r：静的解析から得られた構造部材の応答値（応力，変形（角））〔4.4.4参照〕
S_m：材料強度に上限強度を用いた基礎梁両端ヒンジ発生時の応力

2. パイルキャップにおいては，パイルキャップに作用する安全限界状態設計用応力の組合せに対して，過大な損傷の集中が起こらないことを確認する．また，群杭のパイルキャップにおいては，群杭が地震力に抵抗する場合，一体として見なせるために必要な強度および剛性を有することを確認する．
3. 杭体接合部においては，杭体接合部の強度が接合する杭体の強度（上下で異なる場合は小さい方）を上回ることを確認する．
4. 上記の各種強度・変形性能が確保されるため，5章に示す構造規定を満足することを確認する．

1. 基礎構造部材の保証設計と設計用限界値

　安全限界設計時における保証設計として，基礎構造部材が避けるべき破壊モード（せん断破壊や曲げ圧縮破壊等）で破壊しないことを確認する必要がある．解説図4.5.1に，基礎構造部材の各部材と部位の名称と保証設計の概念を示す．本図においては，杭頭部や基礎梁端部において曲げ降伏を想定しているが，これを保証するために，降伏部分周辺のせん断力伝達機構と基礎梁，柱ならびに杭が交差するパイルキャップの曲げモーメントとせん断力の伝達機構を確認する必要がある．保証設計のための各基礎構造部材の設計用限界値は，強度もしくは変形（角）の算定式から得られた限界値R_nに，低減係数βを乗じた値とし，その内容は5章による．

　各基礎構造部材の設計用応答値は，応力変形解析において設計上で扱う材料強度をもとに算定されるが，降伏を想定する部位において，材料強度のばらつきにより，算定強度以上の曲げ強度となり，解析応答値以上のせん断力の発生の可能性がある．そこで，安全限界設計時の保証設計においては，設計用応答値$S_d(=\phi \cdot S_r)$に保証設計用の応力割増し係数nを乗じて，(4.5.1)式を満たすことを確認する．なお，基礎梁において応答値の算定に，材料の上限強度を用いた部材両端ヒンジ発生時の応力を用いている場合は，両端ヒンジ発生時の応力S_mを用いて(4.5.2)式を満たすことを確認することでもよい．

　保証設計用の応力割増し係数nは，鋼材の降伏点の上限から想定されるせん断応力の割増しを考慮して，1.1以上が考えられる．例えば，鉄筋の材料強度による曲げ強度の上昇に関して，規格

降伏点の1.1倍を曲げ強度算定用の材料強度とし，材料の上限強度を規格降伏点の1.25倍（SD295Aの場合は1.3倍）とする場合は，1.25/1.1≒1.14倍の割増しが想定される．

動的な影響による割増しに関しては，対象とする部材に取り付くほかの部材やばね定数および質量などの条件による振動モードに依存するが，本指針においては，4.4.5に示す応答値割増し係数 n に含むと考える．なお，当面は1.0である．ただし，液状化の影響や地盤構成等で，地盤剛性が深さ方向で急激に変化するおそれがある部分のせん断設計においては，さらに余裕を持った保証設計が必要と考える．

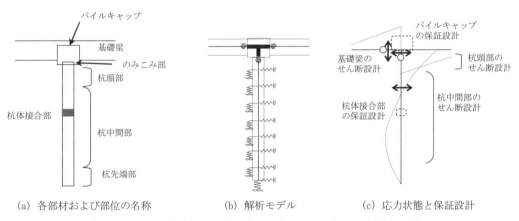

解説図 4.5.1 基礎構造部材の各部材と部位の名称と保証設計の概念

2. パイルキャップ

パイルキャップは，接続する柱および杭からの応力を基礎梁に伝達する重要な部材であるため，パイルキャップに作用する安全限界状態設計用応力の組合せに対して，パイルキャップに接続する柱や杭の応力が基礎梁に確実に伝達され，パイルキャップに過大な損傷の集中が起こらないことを確認する．なお，パイルキャップは，安全限界状態においても降伏させないものとする．

（4.5.1）式により検定を行う場合の応力割増し係数 n は，上記と同様な理由より，1.1以上とする．

群杭のパイルキャップにおいては，群杭が地震力に抵抗する場合，一体として見なせるために必要な強度を有することを確認する．

3. 杭体接合部

杭体接合部においては，その周辺の杭体に先んじて損傷が生じることがないよう，曲げ強度，せん断強度および引張強度について，杭体接合部の強度が接合する杭体の強度（上下で異なる場合は小さい方）を上回ることを確認する．

5章　基礎構造部材の保有性能と構造規定

5.1　設計用限界値の算定

> 1. 各限界状態における限界値算定式および低減係数は，本章による．なお，算定式に適用範囲および構造規定が示されている場合は，これらに従うものとする．
> 2. 各限界状態における限界値および設計用限界値の算定は，下記による．
>   （1）　損傷限界値は，使用する各材料の短期許容応力度に基づいて算定する．設計用損傷限界値は，損傷限界値に低減係数を乗じて算定する．
>   （2）　安全限界値は，使用する各材料の材料強度に基づいて算定する．安全限界変形（角）は，終局強度の80%低下時点の変形（角）より設定する．設計用安全限界値は，安全限界値に低減係数を乗じて算定する．

1. 各限界状態における限界値の算定および設計用限界値の設定の原則

　本章では，基礎構造部材として基礎梁，マットスラブ，場所打ちコンクリート杭（場所打ち鉄筋コンクリート杭，場所打ち鋼管コンクリート杭），既製コンクリート杭（PHC杭，PRC杭）およびパイルキャップ（場所打ちコンクリート杭のパイルキャップ，既製コンクリート杭のパイルキャップ）について保有性能を確保するための限界値の算定法と設計用限界値の設定方法を記載している．これ以外の特殊な杭や，直接基礎のフーチングは対象としていない．地中連壁や地盤改良についても対象外とした．

　本章の作成にあたり，部材ごとに標準的な使用状況を念頭に限界値および低減係数を定めることとした．そのため，それぞれに対して必要な適用範囲と構造規定を示している．

　基礎構造部材には特有の材料が使われる場合があり，使用材料の種類や範囲を統一的に表現することは困難である．したがって，本章に記載した適用範囲は，当該部材に対して第2章に記載するものより優先する．なお，適用範囲を超えた部材の場合は，別途実験や解析により妥当性を確認することが必要である．

　また，各基礎構造部材について，構造規定により部材形状や配筋等を制限している場合がある．これは，算定式だけではその限界値を保証することが十分といえない場合に，計算外の規定として定めているものである．基礎構造部材は大断面であったり，複雑な形状であったりする場合があり，実験的検証が十分とはいえない場合がある．それらを補足するために必要と考えられるので，構造規定を満たす必要がある．

　設計用限界値は限界値に低減係数を乗じて得られるが，低減係数は算定式全体に対して設定するべきものと，算定式の部分（項目）に対して設定するべきものとがある．算定式全体に対して設定する低減係数は，算定式と実験結果を比較した場合に一定の安全率が確保できていることを保証するために必要とされるものである．また，算定式の部分（項目）に対して設定する低減係数は，算

定式の中に複数の項目があり，それぞれの寄与が別途に計算される場合，その特定の項目に乗じることが望ましいものである．

2. 各限界状態における限界値の算定および設計用限界値の設定方針

（1） 損傷限界状態

基礎梁，マットスラブおよび場所打ちコンクリート杭に対しては，損傷限界状態において曲げひび割れの発生を許容するが，せん断ひび割れの発生は許容しない，とすることが一般的である．また，既製コンクリート杭に対しては，損傷限界状態において曲げひび割れの発生もせん断ひび割れの発生も許容しない，とすることが多い．これらに基づいて限界値を定めた場合，部材に生じるひび割れ等により弾性状態といえない部分もあるが，一般的な配筋状態ではひび割れの発生による変形の増大は限定的である．本章の各式で損傷限界状態における低減係数について数値が記載されていない場合は，低減係数を1.0以下としてよいものとする．低減係数の数値が記載されている場合，設計者の判断により低減係数を記載された数値より小さい数値とすることは問題ない．

（2） 安全限界状態

安全限界状態にあっては，各部材に降伏を許容するかは，本指針4.2による．

安全限界状態において降伏を許容しないとした部材に対しては，限界値は降伏しない範囲で定める必要がある．このとき，限界値は信頼強度に基づき定める．

安全限界状態において降伏を許容する部材に対しては，設計用応答値は通常，4.5に示すS_dに割増し係数を乗じたものとし，想定する破壊モードに関する設計用限界値は原則として部材の安全限界変形（角）に低減係数を乗じたものとする．

安全限界状態における低減係数は，限界値算定式全体としての精度や部材の寸法効果，基礎構造部材の施工精度に関する材料強度や部材形状の不確定性を総合的に反映して設定する．以下に検討すべき項目を記載する．

・限界値算定式全体としての精度

　　算定式による計算結果と実験結果とを比較した場合の変動[*1)]

　　軸力上昇などによる限界値の変化

・部材の寸法効果

　　実際の断面寸法と実験時の試験体寸法の違いに起因する変動[*2)]

・施工精度に関する材料強度の不確定性

　　実際の材料強度と設計時の材料強度の違いに起因する変動

［注］*1)：実験結果を安全側に包含する算定式にあっても，「安全側」の判断（必要と考える安全率）は算定式提案者と設計者（算定式使用者）によって異なる場合があり，このような場合には「算定式による計算結果と実験結果を比較した場合の変動」による低減係数を検討することが望ましい．

［注］*2)：実験結果をもとに算定式を構成している場合，多くの実験では実物大ではなく縮小模型によるので，実験結果には寸法効果が介在している．ただし，一般的な大きさの部材に対しては，特に寸法効果係数が乗じられていない算定式はそれらの寸法効果を見込んだものとして採用されているものと思われる．しかしながら，基礎構造部材では場合によっては特に大きな部材を用いる場合があり，必要に応じてさらに寸法の影響を考慮することが望ましい．

・施工精度に関する部材形状・寸法の不確定性

　　実際の部材形状と設計時の部材形状・寸法の違いに起因する変動

　これらの要素を特に考慮しなくてもよいと思われる場合に低減係数を 1.0 以下とし，これらの要素の影響の程度により推奨できる低減係数を設定した．各式で安全限界状態における低減係数について数値が記載されていない場合は，低減係数を 1.0 以下としてよいものとする．低減係数の数値が記載されている場合，設計者の判断により低減係数を記載された数値より小さい数値とすることは問題ない．

5.2 基礎梁

1. 本節は，パイルキャップおよび柱に接合する基礎梁の各限界状態設計時における限界値の算定および設計用限界値の設定に適用する．
2. 損傷限界値の算定および損傷限界設計用限界値設定のための低減係数は，次の(1)から(3)による．
   （1） 損傷限界曲げモーメント

   　　基礎梁の引張鉄筋比が釣合い鉄筋比以下のときは，損傷限界曲げモーメントは (5.2.1) 式によることができる．

   $$M_{aF} = a_t \cdot f_t \cdot j \tag{5.2.1}$$

   記号　M_{aF}：引張鉄筋比が釣合い鉄筋比以下の場合の基礎梁の損傷限界曲げモーメント（N・mm）
   　　　a_t：基礎梁の引張鉄筋断面積（mm²）
   　　　f_t：引張鉄筋の短期許容引張応力度（N/mm²）
   　　　j：基礎梁の応力中心距離で，$(7/8)d$ としてよい
   　　　d：基礎梁の有効せい（mm）

   （2） 損傷限界せん断力

   　　損傷限界せん断力は，原則として (5.2.2) 式による．

   $$Q_{aF} = bj\left\{\frac{2}{3}\alpha \cdot f_s + 0.5_w f_t(p_w - 0.002)\right\} \tag{5.2.2}$$

   ただし，

   $$\alpha = \frac{4}{\frac{M}{Q \cdot d} + 1} \text{ かつ } 1 \leq \alpha \leq 2$$

   記号　Q_{aF}：基礎梁の損傷限界せん断力（N）
   　　　b：基礎梁の幅（mm）．T 形梁の場合はウェブの幅（mm）
   　　　j：基礎梁の応力中心距離（mm）で，$(7/8)d$ とすることができる
   　　　d：基礎梁の有効せい（mm）
   　　　p_w：基礎梁のせん断補強筋比で，次式による．なお，p_w の値が 0.012 を超える場合は，0.012 として損傷限界せん断力を計算する．

   $$p_w = \frac{a_w}{b \cdot x}$$

   　　　a_w：1 組のせん断補強筋の断面積（mm²）
   　　　x：1 組のせん断補強筋の間隔（mm）
   　　　f_s：コンクリートの短期許容せん断応力度（N/mm²）
   　　　$_w f_t$：せん断補強筋の短期許容引張応力度（N/mm²）で，390 を超える場合は 390 として損傷限界せん断力を計算する．
   　　　α：基礎梁のせん断スパン比 $\frac{M}{Q \cdot d}$ による割増し係数

M：設計する基礎梁の最大曲げモーメント（N・mm）

Q：設計する基礎梁の最大せん断力（N）

（3） 低減係数

損傷限界状態における低減係数は，1.0以下とする．

3. 安全限界値の算定および安全限界設計用限界値設定のための低減係数は，次の（1）から（3）による．

（1） 安全限界曲げ強度

基礎梁の安全限界曲げ強度（以下，単に曲げ強度という）は，精算式によることを原則とするが，(5.2.3) 式によってもよい．なお，引張側にスラブが接続する場合は，曲げ強度に有効な範囲内のスラブ筋を考慮する．

$$M_{uF} = 0.9 \cdot a_t \cdot \sigma_y \cdot d \tag{5.2.3}$$

ここで，

M_{uF}：基礎梁の曲げ終局強度（N・mm）

a_t：基礎梁の引張鉄筋断面積（mm²）

σ_y：基礎梁主筋の規格降伏点（N/mm²）

d：基礎梁の有効せい（mm）

（2） 安全限界せん断強度

基礎梁の安全限界せん断強度（以下，単にせん断強度という）は，(5.2.4) 式による．

$$Q_{su} = \left\{ \frac{0.053 p_t^{0.23}(F_c+18)}{M/(Q \cdot d)+0.12} + 0.85\sqrt{p_w \cdot \sigma_{wy}} \right\} b \cdot j \tag{5.2.4}$$

記号 Q_{su}：基礎梁の安全限界せん断強度（N）

p_t：引張鉄筋比（％）

F_c：コンクリートの設計基準強度（N/mm²）

M/Q：M，Q は強度算定時における最大曲げモーメントおよびせん断力（ただし，$M/(Q \cdot d)$ は $M/(Q \cdot d)<1$ のとき1とし，$M/(Q \cdot d)>3$ のとき3とする） （mm）

d：基礎梁の有効せい （mm）

p_w：基礎梁のせん断補強筋比

σ_{wy}：せん断補強筋の規格降伏点（N/mm²）

b：基礎梁の幅（mm）

j：応力中心距離（mm）で，$(7/8)d$ としてよい

（3） 低減係数

安全限界状態における低減係数は1.0とする．

4. 安全限界設計時に曲げ降伏を許容する基礎梁の安全限界変形角は，せん断強度に対する安全限界設計時の設計用せん断力の比に応じて，適切に定める．

5. 構造規定

（1） 基礎梁主筋は，本会「鉄筋コンクリート構造計算規準・同解説（2010）」（以下，RC規準という）17条の規定に準じて必要な定着長さを確保することとする．

（2） 基礎梁主筋の配筋は2段筋までを原則とするが，止むを得ない場合は有効せい d および付着特性を考慮することを条件に3段筋とすることができる．

6. 留意事項

（1） 基礎梁に寸法が梁せいの1/3以下かつ250 mm以下の開孔を設ける場合は，RC規準22条の貫通孔周囲の補強を準用して補強する．

（2） 基礎梁に人通孔のような大きな孔を設ける場合は，開孔部分の破壊を含めた挙動を考慮して設計を行う．

（3） コンクリート打設を複数回に分けて行う場合の水平打継ぎは，JASS 5 に従って行い，一体性を損なわないようにする．

1. 適用範囲

本節は，杭基礎で支持される建物の基礎梁の設計用限界値の算定と設計用限界変形角の設定について記載している．コンクリートの設計基準強度の範囲や使用する鉄筋種別は，RC規準（2010）と同様としている．なお，大断面の基礎梁に高強度せん断補強筋を使用する場合は，せん断強度算定式の適用性を含め，十分に留意する必要がある．特に，長期のひび割れ幅制御の観点から，大断面部材では一般部材よりもひび割れ幅が大きくなることが報告されているので，長期応力に対しては十分な余裕を見込むべきと考える．

2. 損傷限界状態における限界値と低減係数

基礎梁の損傷限界状態は，残留ひび割れ幅として0.3mm程度を想定することから，短期許容応力度レベルと考える．そのため，RC規準を参考に，損傷限界曲げモーメントはRC規準13条に規定する短期許容曲げモーメントとする．同様に，損傷限界せん断力もRC規準15条に規定する損傷制御のための梁の短期許容せん断力とする．これらの損傷限界強度を規定する式は，実験における下限値を示すことから，損傷限界状態における低減係数は当面1.0以下とする．なお，損傷限界状態においてせん断ひび割れを許容しない場合には，損傷限界せん断力をせん断ひび割れ強度として（解5.2.1）式または（解5.2.2）式により算定しても良い．

$$Q_{aF} = \frac{0.047(F_c+50)}{M/(Q \cdot d)+1.7} b \cdot j \tag{解5.2.1}$$

記号　　Q_{aF}：基礎梁のせん断ひび割れ強度（N）

　　　　b：基礎梁の梁幅（mm）

　　　　F_c：コンクリートの設計基準強度（N/mm²）

　　　　M/Q：M, Qは強度算定時における最大曲げモーメントおよびせん断力（ただし，$M/(Q \cdot d)$は$M/(Q \cdot d)<1$のとき1とし，$M/(Q \cdot d)>3$のとき3とする）（mm）

　　　　d：基礎梁の有効せい（mm）

　　　　j：応力中心距離で，$(7/8)d$としてよい（mm）

$$Q_{aF} = \phi_{cr}\left(\sqrt{\sigma_T^2 + \sigma_T \cdot \sigma_0}\right) b \cdot D/\kappa \tag{解5.2.2}$$

記号　　Q_{aF}：基礎梁のせん断ひび割れ強度（N）

　　　　σ_T：コンクリートの引張強度で，$\sigma_T=0.31\sqrt{\sigma_B}$としてよい（N/mm²）

　　　　σ_B：コンクリートの圧縮強度（N/mm²）で，設計基準強度とする．

　　　　σ_0：平均軸方向応力度（N/mm²）で，圧縮応力を正とする．

　　　　b：基礎梁の幅（mm）

　　　　D：基礎梁のせい（mm）

　　　　κ：断面形状係数で，原則として$\kappa=1.5$とする．

　　　　ϕ_{cr}：耐力係数で，せん断ひび割れをどの程度の確率で防止するかの度合いに応じて適切な値を与える[5.2.1]．ここでは0.85とする．

3. 安全限界状態における限界値と低減係数

曲げ終局強度は適切な算定式によることを原則とするが，一般に使用され精度が良い下記の略算式によってもよいこととした．

$$M_{uF} = 0.9 \cdot a_t \cdot \sigma_y \cdot d \quad \quad \text{(解 5.2.3)}$$

RC 部材のせん断強度算定式は，一般的に使用している荒川 min 式により導いた（解 5.2.4）式とする．本会「鉄筋コンクリート造建物の靱性保証型耐震設計指針・同解説」（以下，靱性指針という）の 6.4 に規定するせん断信頼強度については，基礎梁のようにせいが大きい試験体に対する検定が十分に行われていないため準用しないこととした．ここで規定したせん断終局強度式は実験値の下限値を与える式であるが，低減係数は当面 1.0 以下とする．

4. 基礎梁の安全限界変形角

曲げ降伏を許容する基礎梁は，安全限界設計時まで所要の変形性能を有している必要がある．大断面基礎梁の変形性能に関しては軸方向力のない状態での耐震壁の実験データが活用できると考えられるものの，十分な実験データがないことから，安全限界確認用の曲げ強度時のせん断力（長期荷重時せん断力を含む）に対し十分なせん断終局強度を確保することで変形性能を保証する．

基礎梁はせいが大きくなることからシヤースパン比が小さくなる傾向があること，実験で用いる試験体との寸法の違いから寸法効果の影響で提案式の算定値が実験値を過小評価する傾向があることが指摘されている．後者については大野・荒川式では陽の形ではないが係数 k_u（断面寸法による補正係数）に対応している[5.2.2),5.2.3)]．解説図 5.2.1 は，シヤースパン比が 1.0 以下の短スパン梁の実験値と荒川 min 式により導いた（解 5.2.4）式，本会の靱性指針式の適応を示したものである．両者とも適用範囲外の試験体ではあるが，この範囲でも（解 5.2.4）式の適用性が良いことから，本指針では（解 5.2.4）式を安全限界せん断強度式に用いることとした．

$$Q_{su} = \left\{ \frac{0.053 p_t^{0.23}(F_c+18)}{M/(Q \cdot d)+0.12} + 0.85\sqrt{p_w \cdot \sigma_{wy}} \right\} b \cdot j \quad \quad \text{(解 5.2.4)}$$

記号　Q_{su}：基礎梁のせん断強度（N）

　　　p_t：引張鉄筋比（%）で，次式による．

　　　　　$p_t = 100 a_t/(b \cdot d)$

　　　a_t：基礎梁の引張鉄筋の断面積（mm²）

　　　d：基礎梁の有効せい（mm）

　　　b：基礎梁の梁幅（mm）

　　　F_c：コンクリートの設計基準強度（N/mm²）

　　　M/Q：M, Q は強度算定時における最大曲げモーメントおよびせん断力（ただし，$M/(Q \cdot d)$ は $M/(Q \cdot d)<1$ のとき 1 とし，$M/(Q \cdot d)>3$ のとき 3 とする）　（mm）

　　　p_w：せん断補強筋比

　　　σ_{wy}：せん断補強筋の規格降伏点（N/mm²）

　　　j：応力中心距離（mm）で，$(7/8)d$ としてよい．

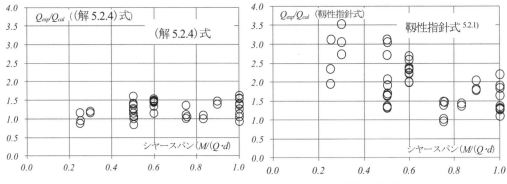

解説図 5.2.1 シヤースパンが小さいRC梁のせん断強度式の対応

5. 構 造 規 定

（1） 基礎梁主筋は，RC規準17条の規定に準じて必要な定着長さを確保することを原則とする．定着する相手部材が柱やパイルキャップとなる場合には，基礎梁主筋に対する拘束効果を考えて定着に有効な範囲（定着長さ）を考慮するとともに，定着長が不足する場合には定着スタブなどを設けて応力の伝達が十分に行われるディテールとする．一般に，基礎梁では降伏ヒンジの発生を許容しないことから，基礎梁主筋の柱またはパイルキャップへの定着起点は，RC規準17条に規定するとおり，いずれも柱面とする．また，杭主筋や杭頭接合筋のパイルキャップへの定着起点は，パイルキャップ底面とする．パイルキャップは大きなボリュームのコンクリートであることから，コア内と見なすことができるので，RC規準17条の規定を準用する際に必要定着長さに関する係数（α）を1.0としてよい．ただし，はかま筋などの補強筋が不十分でコンクリートの剥落などのおそれがある場合には必要定着長さに関する係数（α）を1.25とする必要がある．

（2） 梁幅が柱幅よりも大きい場合があるが，柱コアの外側に定着される梁主筋についてはあばら筋等を配筋して，十分な拘束を確保する．

（3） 基礎梁は主筋の降伏を基本的に許容しないことから多量の主筋が配筋されることが多く，梁幅の関係で実設計において3段配筋となる場合も多い．RC規準では3段筋以上の配筋は認めていないが，施工上やむを得ないことと考える．このような場合には，①曲げ強度を求める際の有効せいの算定に留意する，②内側筋の付着の効きが悪いこと，③外端柱への定着については3段目の主筋で検討する等，の注意が必要である．また，3段目筋以上とする場合は原則として曲げ降伏を許容しない．

（4） 基礎梁はせいが大きいため閉鎖形あばら筋を施工する際に1本の鉄筋で加工できない場合がある．これに対して本会「鉄筋コンクリート造配筋指針・同解説」（以下，RC配筋指針という）に複数の補強筋で構成する方法が示され，その留意点等が記述されているが，キャプタイなどを用いたせん断補強を行った梁の実験データはほとんどないことから，その使用の際には十分な注意が必要である．

6. 留意事項

(1) 基礎梁に開孔を設ける場合

基礎梁にも一般階の梁と同様に設備配管用等の開孔を設けることがある．開孔は梁の断面欠損となり，剛性および耐力に悪影響があることから，RC規準にならいその大きさを規定した．寸法（円形孔の直径または，長方形口では梁せい方向の寸法）がせいの1/3かつ250 mm以下までの開孔を設ける場合には，RC規準22条に従って開孔補強を行うこととする．250 mmは，直径200 mmの設備配管を設置できる最小寸法であり，住宅等に用いる一般的な建物の天井高さ（2.4 m）から階高を2.85～2.9 m程度（梁せいを750 mm程度）と想定した場合にその1/3となる径である．一般階に適用できる開口径については，一般階の梁を前提として解説しているRC規準を準用して補強できるとした．250 mmをわずかでも超える場合にRC規準を準用してはならないという意図ではないが，単にせいの1/3しか規定しない場合に基礎梁せいが3 mとか4 mとかの場合であっても無判断にその1/3でよいとしてしまう設計者が生じることを防ぐ意図がある．250 mmを超える開孔を設ける場合は，そのような場合の補強方法の妥当性を実験またはこれに代わる信頼できる資料により確認するべきであり，さらに(2)に留意する．RC規準22条の概要は次のとおりであるが，詳細は，RC規準を参照されたい．

1) 開孔は基礎梁のスパン中央付近に設け，せいの中央に設ける．基礎梁は原則として降伏を許容しないことから降伏ヒンジが形成されるおそれがないが，基礎梁端部（接続する柱面より基礎梁せいまたは基礎梁内法長さの1/4以下の範囲）は応力レベルが大きいので設置を避けるべきである．

2) 複数の円形開孔を設ける場合，孔の中心距離は孔径の3倍以上とし，それよりも近接する場合は，開孔に外接する長方形開口として扱う．

3) 開孔補強を行う領域は，円形開孔の場合は開孔中心を通る梁軸に対して±45度の線が梁の上下主筋と交差する範囲，長方形開口は開口上・下弦材（軸方向補強筋・弦材あばら筋を配筋）および開口両脇から両者の大きい弦材せいの範囲としている．また，長方形開口の場合は軸方向補強筋を配筋する．

(2) 基礎梁に人通孔を設ける場合

基礎梁に人通孔のような大きな開孔を設けることは望ましくなく，避けるべきである．基礎梁位置に人通孔や通路等大きな開孔が必要な場合は，地震時に作用する応力が極力小さい位置を選定することを原則とするが，やむを得ずそれ以外の場所に設置する場合は，当該位置の強度が無開孔梁の強度を上回ることを確認しなければならない．

(3) せいの大きな基礎梁の施工

基礎梁は部材せいが数mに達することもあるので，コンクリートの打込みを1回で行えない場合が出てくる．そのような場合には，打継ぎ面での一体性が失われないように，JASS 5[5.2.4)]を参考にコンクリート工事を行うこととする．

(4) その他の留意事項

上記のほか，基礎梁の設計に関して留意すべき事項を既往の研究から引用して下記に示す．

1) 大断面基礎梁の寸法効果について

上部構造では,部材寸法がせいぜい1m程度に納まるが,それが3m程度になると寸法効果が顕在化することが知られている.特に,部材が大断面となる土木構造部材ではその影響を考慮する方法が示されている.一般に,寸法効果はせん断耐力に顕著な影響を与えると考えられているが,曲げに対してもその影響評価法を提案している.

土木学会コンクリート標準示方書[5.2.5)]「3.2 コンクリート」の材料設計値でコンクリート曲げひび割れ強度に寸法効果を考慮した次式を提案している.

$$f_{bck} = k_{0b} \cdot k_{1b} \cdot f_{tk} \tag{解 5.2.5}$$

記号　f_{bck}：コンクリートの曲げひび割れ強度 (N/mm²)

k_{0b}：コンクリートの引張軟化特性に起因する引張強度と曲げ強度の関係を表す係数で,次式による.

$$k_{0b} = 1 + \frac{1}{0.85 + 4.5(h/l_{ch})}$$

k_{1b}：乾燥,水和熱など,その他の原因によるひび割れ強度の低下を表す係数で,次式による.

$$k_{1b} = \frac{0.55}{\sqrt[4]{h}} \geq 0.4$$

h：部材の高さ (m)　　(>0.2)

l_{ch}：特性長さ (m)　($= G_F E_c / f_{tk}^2$)

G_F：破壊エネルギーで,次式による.
$$G_F = 10(d_{max})^{1/3} \cdot f_{ck}^{'1/3} \text{ (N/m)}$$

f_{tk}：引張強度の特性値 (N/mm²) で,次式による.
$$f_{tk} = 0.28 f_{ck}^{'2/3}$$

d_{max}：粗骨材の最大寸法 (mm)

f_{ck}'：圧縮強度の特性値(設計基準強度) (N/mm²)

E_c：コンクリートのヤング係数 (N/mm²)

文献5.2.11)では,せん断強度に関する寸法効果の考慮について内外の設計指針式等の比較を行っている.本指針で用いているせん断強度式の原式である大野・荒川式では部材寸法の影響をコンクリートの負担項である第1項に係数k_uで考慮し,k_uは部材有効せいが160 mmの時に1.0,400 mmの時に0.72となり,それ以上は一定の値となる.土木学会のコンクリート標準示方書では係数$B_d = \sqrt[4]{1000/d} \leq 1.5$で寸法効果を考慮し,$d=1000$ mmの時に1.0,$d=3000$ mmで0.7となる.また,実験結果では$d=200$ mmの試験体強度を1.0とした時に,$d=1600$ mmの試験体では強度が0.5に低下することを示す資料を紹介している.本会「鉄筋コンクリート造建物の終局強度型耐震設計指針・同解説」では寸法効果による影響を考慮していないため,既往の文献を示してコンクリート有効強度に寸法効果を考慮する方法を紹介している.

2) シヤースパンの小さいこと

シヤースパンの小さい基礎梁は，曲げ降伏を許容する場合はRC規準に準拠してX形配筋などを取り入れることで変形能確保に留意する必要がある．基礎梁の曲げ降伏を許容しない場合でもせん断破壊が先行することは論外であることから，配筋上の曲げ強度時せん断力以上のせん断強度および付着割裂強度を確保することが必要である．

3) 基礎梁の有効スパン

基礎梁せいよりもパイルキャップのせいが小さい場合，基礎梁の設計用応力を算定する際に用いる有効スパンとしては，解説図5.2.2(a)に示すように下端の内法スパンL_dとするか，上端の内法スパンL_uとするかは，設計者に委ねられているのが現状である．基礎梁の有効スパンについては，既往の研究[5.2.6)]において，実験から得られた基礎梁の変形特性および基礎梁主筋のひずみ分布を基に検討されている．当該研究によれば，基礎梁と杭が閉じる方向に変形する場合（軸力増大時）には，解説図5.2.2(b)に示すようにパイルキャップ面位置を基礎梁端部として設定し，開く方向（軸力減少時）には杭引張中心位置を基礎梁端部として，基礎梁の有効スパンを設定すると実験結果を上手く説明できるとしている．これらの知見を基に，基礎梁の有効スパンを設定する必要がある．

4) 鉄筋比，カットオフ，定着起点など

基礎梁は大断面であることから，一般の梁の最小鉄筋比を適用すると過大な量となるので実際の配筋の際に留意が必要である．基礎梁主筋のカットオフについては一般の梁と同様に考える．

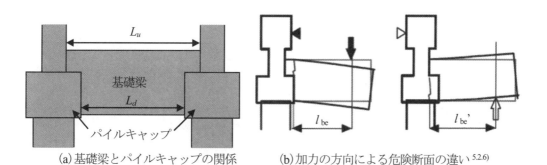

(a)基礎梁とパイルキャップの関係　　(b)加力の方向による危険断面の違い[5.2.6)]

解説図 5.2.2 基礎梁の有効スパン

5) 上部に連層耐震壁がある基礎梁

既往の研究[5.2.7)～5.2.10)]によれば，耐震壁脚部の曲げひび割れの拡幅により，耐震壁からの力の伝達機構が変化することに伴い，基礎梁内の応力分布が変わることが指摘されている．現時点ではこのような応力変化に対応できる設計法が確立されていないが，応力分布を解析などで求めることで合理的な設計が出来ると考えられる．基礎梁の上に地下階の耐震壁が取り付く場合には，基礎梁を耐震壁の一部と見なして構造計算を行うことも考えられる．

6) 柱幅より広い幅を有する基礎梁の場合

柱幅の外側に梁主筋が配筋される場合には，梁主筋の一部が柱梁接合部のコア内に配筋されないことから当該鉄筋が所定の応力度に達しないおそれがある．直交梁が存在する場合には当該梁主筋近傍にある直交梁のあばら筋を密に配置するとともに，直交梁が存在しない部分ではコ字状の補助鉄筋などを用い柱梁接合部コア内に補助鉄筋を定着することにより当該梁主筋を拘束し，定着性能を確保することが必要である．

7) 3段筋の降伏の考え方

カットオフ筋がある場合の基礎梁を対象として行った実験で，曲げモーメントが最大となる端部よりもカットオフ位置で通し筋のひずみ度が大きくなることから，基礎梁が曲げ強度計算値に達しないことが指摘されている[5.2.11]．これに対して全ての段（2段）で通し配筋する場合は曲げ強度が得られている．また，基礎梁のようにせいが大きい部材では，上端筋の付着性能が悪くなることから，付着割裂ひび割れの発生が認められたことが報告されている．

8) 多段配筋の折曲げ後の余長部の重なり等について

多段筋の折曲げ定着では，内側の主筋の水平投影定着長さが短くなることから，設計では内側筋について定着長を算定することになる．折曲げ筋の定着抵抗は，折曲げ内側の支圧力によるものが大きいが，多段筋の場合に，この支圧力が重なることが予測され，鉄筋の群効果によって早期に掻出し定着破壊が生じることが予測される．既往の実験で，鉄筋折曲げ位置でコンクリートが局部破壊する事例も紹介されている[5.2.12]．また，外側筋と内側筋で鉄筋位置の差が大きいことから，内側筋が所定の鉄筋応力に達しないことが予測されるため，特に基礎梁の降伏を想定する場合はこれを考慮した設計が必要である．

参 考 文 献

5.2.1) 日本建築学会：鉄筋コンクリート造建物の靱性保証型耐震設計指針（案）・同解説，p.140，1999.8
5.2.2) 寺井雅和・南　宏一：鉄筋コンクリート部材のせん断強度と寸法効果に関する一研究，日本コンクリート工学年次論文集，25巻2号，pp.1021〜1026，2003
5.2.3) 日本建築学会構造委員会RC構造運営委員会：大断面RC基礎部材の強度・変形性能，2006年度日本建築学会大会（関東）構造部門（RC構造）PD資料，p.52，2006.9
5.2.4) 日本建築学会：建築工事標準仕様書・同解説　JASS 5　鉄筋コンクリート工事，7.8 打継ぎ，pp.279〜281，2015.7
5.2.5) 土木学会：コンクリート標準示方書（設計編），2007
5.2.6) 小林勝巳・丸　隆宏・大西靖和・寺岡　勝・和田　章：側柱下の場所打ち杭―基礎梁部分架構の耐震性能に関する研究，日本建築学会構造系論文集，第520号，pp.61〜68，1999.6
5.2.7) 坂下雅信・河野　進・田中仁史・渡辺史夫：RC造連層耐震壁，基礎梁，杭の地震時相互作用を考慮した水平力抵抗機構の解明，日本コンクリート工学年次論文集，26巻2号，pp.529〜534，2004
5.2.8) 卜部　藍・坂下雅信・河野　進・田中仁史：RC造連層耐震壁，基礎梁，杭の地震時相互作用を考慮した水平力抵抗機構の解明，日本コンクリート工学年次論文集，27巻2号，pp.493〜498，2005
5.2.9) 坂下雅信・卜部　藍・河野　進・田中仁史：25%試験体を用いたRC造連層耐震壁，基礎梁，杭の地震時相互作用を考慮した水平力抵抗機構の解明，日本コンクリート工学年次論文集，28巻2号，pp.439〜444，2006
5.2.10) 河野　進・坂下雅信・卜部　藍・田中仁史：PCa耐震壁，基礎梁，杭の地震時相互作用を考慮した水平力抵抗機構，日本コンクリート工学年次論文集，29巻3号，pp.355〜360，2007

5.2.11) 濱田　真・石橋久義・太田俊也・木崎　朗：カットオフ筋を有する基礎梁に関する実験的研究，日本コンクリート工学年次論文集，23巻3号，pp.337～342，2001
5.2.12) 川角佳嗣ほか：折曲げ定着された鉄筋の定着耐力に与える多段配筋の影響，日本コンクリート工学年次論文集，34巻2号，pp.547～552，2012

5.3 マットスラブ

1. 本節は，次の（1）～（5）を満たすマットスラブの各限界状態設計時における限界値の算定および設計用限界値の設定に適用する．
   （1）杭に直接支持され，かつ，梁形のない基礎スラブとする．
   （2）地震時に応力抵抗機構を形成する基礎スラブとする．
   （3）柱直下に杭（単杭または複数杭）が設けられた基礎スラブとする．
   （4）柱のせいまたは杭の直径は，各方向の柱中心距離の1/20以上とする．
   （5）スパンはほぼ均等とし，地震力の作用方向の柱前後の隣接スパンにおいても，直交する両方向についても，原則として，小さい方のスパンは大きい方のスパンの80％以上とする．
2. 損傷限界値および設計用損傷限界値設定のための低減係数は，次の（1）～（3）による．
   （1）損傷限界曲げモーメント
   $$M_{am} = a_t \cdot f_t \cdot j \tag{5.3.1}$$
   記号　M_{am}：マットスラブの損傷限界曲げモーメント（N・mm）
   　　　a_t：マットスラブ有効幅b_{sy}内に配置された引張鉄筋断面積（mm²）
   　　　　　ただし，図5.3.1に示すX方向の場合，柱間帯$l_y/2$に配筋された引張鉄筋断面積は，柱列帯$l_y/2$に配筋された引張鉄筋断面積の3/7を上限として，柱列帯$l_y/2$に配筋された引張鉄筋断面積に加算する．Y方向も同様とする．
   　　　f_t：マットスラブ内に配筋された引張鉄筋の短期許容引張応力度（N/mm²）
   　　　j：マットスラブの応力中心距離（mm）で，$(7/8)d$としてよい．
   　　　d：マットスラブの有効せい（mm）
   　　　b_{sy}：損傷限界時のマットスラブ有効幅は隣接する架構間の全幅とする（図5.3.1において，X方向の場合は，柱列帯$l_y/2$に柱間帯$l_y/2$を，Y方向の場合は，柱列帯$l_x/2$に柱間帯$l_x/2$を加えたもの）．
   （2）損傷限界設計時のパンチングシヤー検討用の損傷限界せん断力および損傷限界曲げモーメント
   $$V_D/V_A + M_D/M_A \leq 1 \tag{5.3.2}$$
   記号　V_D：マットスラブの損傷限界設計用せん断力（N）
   　　　V_A：マットスラブの損傷限界せん断力（N）
   　　　M_D：マットスラブの損傷限界設計用曲げモーメント（N・mm）
   　　　M_A：マットスラブの損傷限界曲げモーメント（N・mm）
   1) 損傷限界せん断力
   $$V_A = A_c \cdot f_s \tag{5.3.3}$$
   記号　V_A：マットスラブの損傷限界せん断力（N）
   　　　A_c：パンチング算定断面における鉛直断面積の和（mm²）で，(5.3.4)式による．なお，円形の柱および杭の場合は，(5.3.5)式による．また，マットスラブ上下に接続する鉛直部材の断面が異なる場合には，上下の柱と杭におけるA_cの平均値を用いる．
   　　　　　$A_c = 2d \cdot (c_1 + c_2 + 2d)$ 　　　　　(5.3.4)
   　　　　　$A_c = \pi d \cdot (D + d)$ 　　　　　(5.3.5)

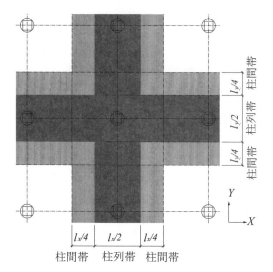

[記号] l_x：x方向柱の中心距離，l_y：y方向柱の中心距離

図5.3.1　マットスラブの有効幅

　　　t：マットスラブの厚さ（mm）
　　　c_1：マットスラブに接続する長方形柱のせい（mm）〔図5.3.2参照〕
　　　c_2：マットスラブに接続する長方形柱の幅（mm）〔図5.3.2参照〕
　　　d：マットスラブの有効せい（mm）
　　　D：円形柱および杭の直径（mm）
　　　f_s：コンクリートの短期許容せん断応力度（N/mm^2）

2) 損傷限界曲げモーメント

$$M_A = M_f + M_s + M_t \tag{5.3.6}$$

　　　M_A：マットスラブの損傷限界曲げモーメント（N・mm）
　　　M_f：マットスラブのパンチング算定断面内の主筋により伝達される損傷限界曲げモーメント（N・mm）で，残留ひび割れ幅0.3mm程度以下となる曲げモーメントとして $M_f = \Sigma(a_t \cdot f_t \cdot j)$ とする．Σは，柱の左右において引張りとなるスラブ上端筋とスラブ下端筋による曲げモーメントの合計を表す．
　　　a_t：パンチング算定断面幅（c_2+d）内に配筋された引張鉄筋断面積（mm^2）
　　　f_t：上記鉄筋の短期許容引張応力度（N/mm^2）
　　　j：マットスラブの応力中心距離（mm）で，$(7/8)d$としてよい．
　　　M_s：パンチング算定断面の前・後面のコンクリートの直接せん断力により伝達される曲げモーメント（N・mm）で，次式による．

　　　　　$M_s = d \cdot (c_1+d) \cdot (c_2+d) \cdot f_s$　　　　　　中柱
　　　　　$M_s = d \cdot (c_1+d) \cdot (c_2+d/2) \cdot f_s$　　　　図5.3.2の側柱A
　　　　　$M_s = d \cdot (c_1+d) \cdot (c_2+d) \cdot f_s/2$　　　　図5.3.2の側柱B
　　　　　$M_s = d \cdot (c_1+d) \cdot (c_2+d/2) \cdot f_s/2$　　　図5.3.2の隅柱

　　　M_t：パンチング算定断面の両側面のねじりにより伝達される曲げモーメント（N・mm）で，次式による．ただし，図5.3.2の側柱Aおよび隅柱については，十分な張出しスラブが無い場合は次式で求まる数値の1/2とする．

　　　　　$M_t = 6 \cdot d^2 \cdot [c_1 + (2/3) \cdot d] \cdot f_s$

ここで，円形断面の場合におけるc_1およびc_2については，(5.3.4)式および(5.3.5)式の関係から$[\pi(D+d)/4-d]$に置換して算定する．また，マットスラブの上下において異なる形状の鉛

直断面部材が配置される場合には，各 c_1 および c_2 を算定し，その平均値を用いる．
(3) 損傷限界状態における低減係数
　損傷限界状態における設計用限界値設定のための低減係数は，1.0 以下とする．

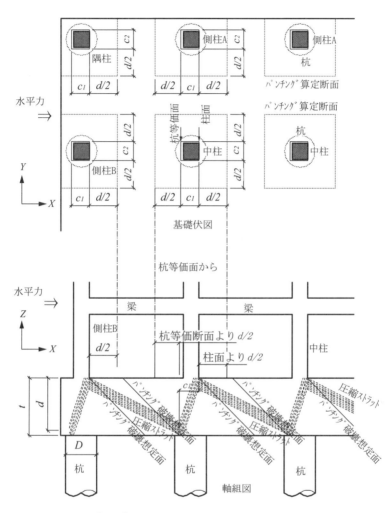

[記号]　t：マットスラブの厚さ
　　　　c_1：マットスラブに接続する長方形柱のせい
　　　　c_2：マットスラブに接続する長方形柱の幅
　　　　d：マットスラブの有効せい
　　　　D：杭の直径

図 5.3.2　水平力とパンチング算定断面およびパンチング破壊想定面

3．安全限界値および設計用安全限界値設定のための低減係数は，次の（1）～（3）による．
(1) 曲げ強度
　マットスラブの安全限界曲げ強度は，適切な式によるか，次式による．
$$M_u = 0.9 \cdot a_t \cdot \sigma_y \cdot d \tag{5.3.7}$$
記号　　M_u：マットスラブの曲げ強度（N・mm）

a_t：マットスラブ有効幅 b_{su} 内に配置された引張鉄筋断面積（mm^2）

σ_y：同上鉄筋の材料強度（N/mm^2）とし，JIS鉄筋では規格降伏点の1.1倍を用いることができる．

d：マットスラブの有効せい（mm）

b_{su}：安全限界時のマットスラブ有効幅は隣接する架構間の全幅とする．（図5.3.1において，X方向の場合は，柱列帯 $l_y/2$ に柱間帯 $l_y/2$ を，Y方向の場合は，柱列帯 $l_x/2$ に柱間帯 $l_x/2$ を加えたもの）

(2) パンチングシヤー検討用の安全限界せん断強度および安全限界曲げ強度

$$V_U/V_0 + M_U/M_0 \leq 1 \tag{5.3.8}$$

記号　V_U：マットスラブの安全限界設計用せん断力（N）

　　　M_U：マットスラブの安全限界設計用曲げモーメント（N・mm）

　　　V_0：マットスラブの安全限界せん断強度（N）

　　　M_0：マットスラブの安全限界曲げ強度（N）

1) 安全限界せん断強度

$$V_0 = A_c \cdot \tau_u \tag{5.3.9}$$

記号　V_0：マットスラブの安全限界せん断強度（N）

　　　A_c：パンチング算定断面における鉛直断面積の和（mm^2）で，(5.3.4) 式による．なお，円形の柱および杭の場合は，(5.3.5) 式による．また，マットスラブ上下に接続する鉛直部材の断面が異なる場合には，上下の柱と杭における A_c の平均値を用いる．

　　　τ_u：コンクリートの直接せん断強度（N/mm^2）で，次式による．

$$\tau_u = 0.335 \cdot \sqrt{\sigma_B} \quad (N/mm^2)$$

　　　σ_B：コンクリートの圧縮強度（N/mm^2）で，設計基準強度とする．

2) 安全限界曲げ強度

$$M_0 = {}_sM_f + {}_sM_s + {}_sM_t \tag{5.3.10}$$

記号　M_0：マットスラブの安全限界曲げ強度（N）

　　　${}_sM_f$：マットスラブ内のパンチング算定断面幅内の主筋により伝達される安全限界曲げ強度（N・mm）で，次式による．

$${}_sM_f = 0.9\Sigma(a_t \cdot \sigma_y \cdot d)$$

とし，Σ は，柱の左右において引張りとなるスラブ上端筋とスラブ下端筋による曲げ強度の合計とする．

　　　a_t：パンチング算定断面幅（c_2+d）内に配筋された引張鉄筋断面積（mm^2）

　　　σ_y：同上引張鉄筋の材料強度（N/mm^2）

　　　d：マットスラブの有効せい（mm）

　　　${}_sM_s$：パンチング算定断面の前・後面のコンクリートの直接せん断力により伝達される安全限界曲げ強度（N・mm）で，次式による．

$${}_sM_s = d \cdot (c_1+d) \cdot (c_2+d) \cdot \tau_u \qquad \text{中柱}$$

$${}_sM_s = d \cdot (c_1+d) \cdot (c_2+d/2) \cdot \tau_u \qquad \text{図5.3.2の側柱A}$$

$${}_sM_s = d \cdot (c_1+d) \cdot (c_2+d) \cdot \tau_u/2 \qquad \text{図5.3.2の側柱B}$$

$${}_sM_s = d \cdot (c_1+d) \cdot (c_2+d/2) \cdot \tau_u/2 \qquad \text{図5.3.2の隅柱}$$

　　　${}_sM_t$：パンチング算定断面の両側面のねじりにより伝達される安全限界曲げ強度（N・mm）で次式による．ただし，図5.3.2の側柱Aおよび隅柱については，十分な張出しスラブが無い場合は次式で求まる数値の1/2とする．

$${}_sM_t = 6 \cdot d^2 \cdot [c_1+(2/3) \cdot d] \cdot \tau_u$$

　　　τ_u：コンクリートの直接せん断強度（N/mm^2）で，式 (5.3.9) による．

ここで，円形断面の場合における c_1 および c_2 については，(5.3.4) 式および (5.3.5) 式から $[\pi(D+d)/4-d]$ に置き換えて算定する．また，マットスラブの上下において異なる形状の鉛直断面部材が配置される場合には，各 c_1 および c_2 を算定し，その平均値を用いる．

(3) 安全限界状態における低減係数

設計用限界値設定のための低減係数は，1.0以下とする．
4．構造規定
（1）マットスラブ各方向の全幅について，引張鉄筋のコンクリート断面積に対する割合は0.2%以上とする．
（2）柱間帯および柱列帯に配筋される引張鉄筋断面積は，それぞれについて $0.004\,b_{sy}\cdot d$ 以上，$0.004\,b_{su}\cdot d$ 以上とする．
（3）マットスラブのせん断補強筋比は，柱列帯においては0.2%以上とし，その他の部分においては0.1%以上とし，かつD13以上の鉄筋を350 mm以下，またはマットスラブ厚の1/2以下の間隔で配筋する．
（4）腹筋は，マットスラブ厚さに応じてD13以上の鉄筋を500 mm以下の間隔でX，Y両方向に配筋する．
（5）外周部や隅角部では，マットスラブの主筋を柱や杭との連続性を考慮した定着方法とする．
（6）外周部は250 mm以上の厚さの壁を設けるか，あるいははね出しスラブとする．

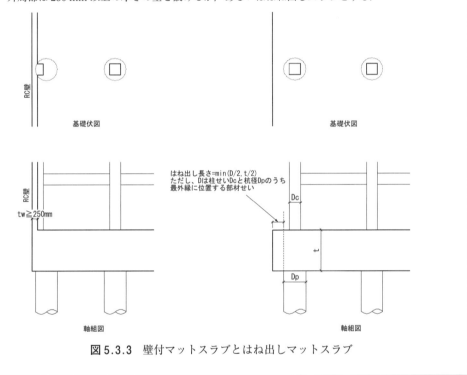

図5.3.3　壁付マットスラブとはね出しマットスラブ

1．適用範囲

コンクリートの適用範囲は設計基準強度 $F_c=21\,\mathrm{N/mm^2}$ 以上，$F_c=60\,\mathrm{N/mm^2}$ 以下とするが，RC規準[5.3.1)]によれば，$F_c=40\,\mathrm{N/mm^2}$ 程度を超えるフラットプレート構造では，ねじりにより伝達されるモーメントの評価やスラブ開口の影響，側柱や隅柱とスラブ接合部詳細などについて，慎重に検討するべきであることが指摘されている．

マットスラブの使用性に関しては基礎指針[5.3.2)]に準じることとして，本指針では損傷制御性と安全性についてのみ扱う．

フラットプレート構造とする場合は，水平力による剛性低下が著しいことや，鉄筋が降伏点に達するまでに非常に大きな部材角を生じる傾向があることから，通常上部構造では地震力の全部をこ

の構造形式で負担させるべきではないことがRC規準（2010）に示されている．マットスラブに用いる場合も例外ではないが，建物の安全限界状態でもマットスラブを損傷限界に留めることで，地震時の応力度レベルを低く抑えることや外壁による応力分担等について，留意する必要がある．

柱間（あるいは杭間）のマットスラブを線材置換して解析することを前提としているため，原則として，柱直下には杭（単杭または群杭）が設けられ，明確なラーメン架構としてモデル化できる構造を対象とする．

各検討方向のスパンがほぼ均等ではないために，マットスラブの規定を満足しない場合は，柱幅または杭径の大きい方の2倍以下，柱幅または杭径の大きい方にマットスラブの有効せいdを加えたもののうち，最小の寸法以下の梁幅として梁配筋し，基礎梁の設計に準じて設計することが望ましい．

フラットプレート構造に準ずる場合でも，基礎梁を内蔵する場合でも，いずれも4章の応力解析に用いるモデルと整合していなければならない．

2. 損傷限界状態における限界値と低減係数

（1）損傷限界曲げモーメント

X方向とY方向の各方向において，スパンが同程度かつほぼ均等であり，フラットプレートとみなせる場合には，RC規準（2010）11条に記載のフラットプレート構造の規定に準じることとした．損傷限界曲げモーメントの検討では，X方向，Y方向の柱列帯の幅を$(1/2)\cdot l_y$，$(1/2)\cdot l_x$とし，柱間帯を$(1/2)\cdot l_y$，$(1/2)\cdot l_x$とし，曲げモーメントの配分が，柱列帯0.7，柱間帯0.3となるよう，柱間帯の引張鉄筋断面積は，柱列帯の引張鉄筋断面積の3/7を上限とした．外側架構についても同様とする．

スパンが均等でない場合やX方向，Y方向のスパンがほぼ同程度とみなせない場合で，フラットプレートとしての規定を適用できないマットスラブの損傷限界曲げモーメントの算定に用いるマットスラブの有効幅は，柱幅または杭径の大きい方の2倍以下，かつ柱幅または杭径の大きい方にマットスラブの有効厚さdを加えたもののうちの最小の幅として梁配筋し，基礎梁の設計に準じて損傷限界曲げモーメントを算定する．この場合，柱や杭よりも幅広の部分の主筋では，強度の発現が遅れることや，鉄筋が降伏点に達するまでに非常に大きな部材角が生じるので，特別な補強の検討や実験による構造性能の確認等を行わない場合は注意を要する．

（2）パンチングシヤー検討用の損傷限界せん断力

パンチング破壊面については，杭の場合は円形となること，さらに円形の幅の外側のスラブ鉄筋の降伏が中央に定着されるスラブ鉄筋の降伏よりも遅れることも考えられることから，解説図5.3.1の図（b）に示すように，円形柱を正方形の等価断面として直径Dに対して等価柱幅$D+d$をパンチング検討用の直径として扱うこととした．杭頭まわりパンチング破壊強度は，RC規準（2010）11条「フラットプレート構造」および20条「基礎」の規定に準じた．

群杭の場合には，前面のパンチング破壊の有効断面について，鉛直投影面を適切に評価して安全側に検討する．

マットスラブの上下において，角柱と円形杭というように断面形状も断面積も異なる部材が接合

される場合には，各断面のパンチングシヤー有効断面積から A_c, c_1, c_2 を算定し，上下部材の平均値を用いることとした．これは，水平力がかかった場合の圧縮ストラットが，柱脚と杭頭の圧縮領域を結ぶ面に形成され，左加力と右加力でストラットが入れ替わるため，平均値として与えることとした．

なお，マットスラブについては一般の基礎梁のようなせん断破壊は生じないため，せん断力に対してはパンチングシヤーのみ検討すればよい．

側柱や隅柱については，外周壁や十分な張出しスラブを設けることが望ましい．

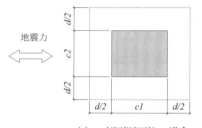
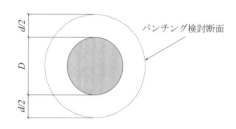

(a)　矩形断面柱の場合　　　(b)　円形断面柱および杭の場合

解説図 5.3.1　柱と杭のパンチング検討断面の設定

（3）低減係数

損傷限界状態における低減係数は，既往の実験等[5.3.3)~5.3.6)]で想定したフラットプレート構造よりもスラブ厚が大きいことや施工性，強度のばらつき等を考慮して決定するが，当面は 1.0 以下とする．

3. 安全限界状態における限界値と低減係数

（1）曲げ強度

安全限界検討用の曲げ強度は，せん断破壊を起こさなければ，柱頭前面に平行な降伏線に沿って全鉄筋が降伏するまで，それほど大きな塑性変形をせずに強度が増大することから，直交スパンの全幅有効とした．ただし，柱スパンが均等でない場合や X 方向，Y 方向のスパンがほぼ同等とみなせない場合は，損傷限界と同様に梁有効幅を規定して基礎梁として扱うこととした．

（2）パンチングシヤー検討用の安全限界せん断力

柱の前面・後面でスラブ筋が降伏した後に，柱の側面のスラブがねじれてパンチング破壊が生じる場合には，終局伝達モーメントが式（5.3.10）の計算値に到達しない実験結果が RC 規準[5.3.1)]において記載されている．基礎スラブにフラットプレート構造を用いる場合，通常は柱脚または杭頭降伏が前提となるためパンチング破壊の強度について，前述のスラブ筋が先行して降伏することは考えていないが，このような設計を行う場合には，曲げモーメントが $_sM_f$ に達した時のスラブのせん断力を用いて $_sM_s$ を計算する必要がある．また，式（5.3.10）は，柱に対して厚くないフラットスラブの実験から検討された式であるため，パンチングシヤーで決まるようなことが無いように，十分な安全率を確保することが望ましい

（3） 低 減 係 数

安全限界状態における低減係数は，マットスラブ厚が大きいことや施工性，安全限界強度のばらつき等を考慮して決定するが，当面は1.0以下とする．

4. 構 造 規 定

マットスラブのパンチングシヤーは，コンクリート圧縮強度の平方根に比例するが，せん断補強筋比の効果やせん断スパンの影響，無筋部分が生じないようにすること等を考慮して，最小鉄筋量を規定した．また，マットスラブはスラブではあるものの，基礎梁としての構造性能を期待しており，基礎梁せいと同等の厚さとして評価していることから腹筋の最小量も規定した．現状では最小鉄筋量がどの程度必要か決め難いので，RC配筋指針[5.3.7)]の腹筋の規定などを参照し，最小鉄筋量として断面の0.1％以上，かつD13以上の鉄筋を350 mm以下，またはマットスラブ厚の1/2以下の間隔で配筋することとした．マットスラブの配筋方法の一例を解説図5.3.2に示す．

フラットプレート構造では，極めて脆性的なパンチング破壊に対して十分な検討が必要でありマットスラブでも同様である．特に外周についてはパンチング破壊が起こりやすく，フラットスラブの弱点となる可能性があることから，端部には外壁を設けるか，あるいははね出しスラブとすることとした．また，内柱であっても，柱の有無や杭の有無，柱・杭の偏心配置によってパンチングの応力状態が異なることから，破壊面の設定では十分に注意を要する．

本文に記載していないが，マットスラブの応力・変形算定に際してのモデル化について以下を記載する．

（1） マットスラブの置換柱梁骨組モデルは，全鉛直荷重をそれぞれの方向において別々に負担するものとして算定し，鉛直荷重に対する計算に用いる置換柱梁骨組モデルの梁は，スパン長さ l_x, l_y, 断面幅 l_y, l_x およびスラブ厚 t をせいとする．

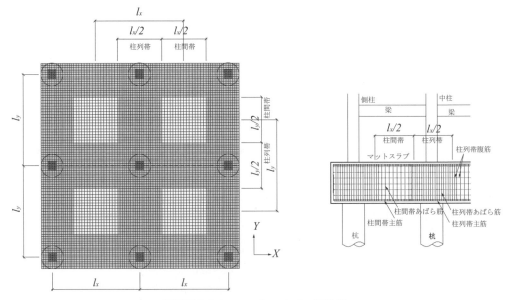

解説図5.3.2　マットスラブの配筋例

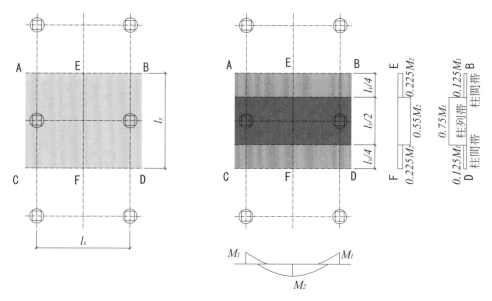

解説図 5.3.3 鉛直荷重に対する計算における置換梁幅と曲げモーメントの配分

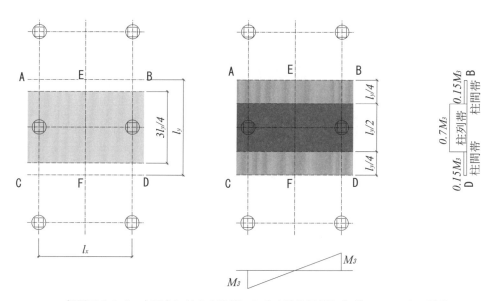

解説図 5.3.4 水平力に対する計算における置換梁幅と曲げモーメントの配分

（2） 鉛直荷重に対する曲げモーメントの配分は，端部では柱列帯 0.75，柱間帯 0.25 の割合とし，中央では柱列帯 0.55，柱間帯 0.45 の割合とする．

（3） マットスラブの置換柱梁骨組モデルは，水平力をそれぞれの方向において別々に負担するものとして算定し，水平力に対する計算に用いる置換柱梁骨組モデルの梁は，RC 規準に従いスパン長さ l_x, l_y，断面幅 $(3/4)\,l_y$，$(3/4)\,l_x$ およびスラブ厚 t をせいとする．RC 規準では，柱幅 c と柱心間隔 l に対して $c/l \geq 2/10$ を適用範囲として弾性剛性で換算した有効幅としている．また，通常の梁よりも剛性低下が大きいので，変形の計算や他の構造形式との

地震力の分担を決める場合には，有効幅は相当小さめにする必要があることが指摘されている．剛性低下を考慮するためには，FEM 解析や RC 規準に示された剛性低下の例〔RC 規準，解説図 11.4〕を参照すると良い．

（4） 水平力に対する曲げモーメントの配分は，柱列帯 0.7，柱間帯 0.3 の割合とする．

（5） 柱のせいまたは杭の直径は，各方向の柱中心間距離の 1/20 以上，かつ階高 h の 1/15 以上とする．ここで，杭の直径の制限に用いる階高 h は，杭の反曲点長さの 2 倍とする．

（6） スパンはほぼ均等とし，小さい方のスパンは大きい方のスパンの 80％ 以上とすることを原則とする．

（7） 上記 1～6 以外の場合は，スラブ有効幅 b_{su} を適切に評価し，構造安全性を適切に確認しなければならない．

参考文献

5.3.1) 日本建築学会：鉄筋コンクリート構造計算規準・同解説，2010
5.3.2) 日本建築学会：建築基礎構造設計指針，2001
5.3.3) 狩野芳一・吉崎征二：フラットプレート構造の柱−スラブ接合部に関する研究　その 1 水平荷重を受ける接合部の実験，日本建築学会論文報告集，第 288 号，pp.39～47，1980.2
5.3.4) 狩野芳一・吉崎征二：フラットプレート構造の柱−スラブ接合部に関する研究　その 2 鉛直荷重と水平荷重を受ける接合部の実験，日本建築学会論文報告集，第 292 号，pp.31～39，1980.6
5.3.5) 吉崎征二・狩野芳一：フラットプレート構造の柱−スラブ接合部に関する研究　その 3 接合部のねじり実験，日本建築学会論文報告集，第 300 号，pp.41～48，1981.2
5.3.6) 吉崎征二・狩野芳一：フラットプレート構造の柱−スラブ接合部に関する研究　その 4 終局剪断強度算定法とその確証実験，日本建築学会論文報告集，第 309 号，pp.29～40，1981.11
5.3.7) 日本建築学会：鉄筋コンクリート造配筋指針・同解説，2010

5.4　場所打ちコンクリート杭

5.4.1　場所打ち鉄筋コンクリート杭

1. 本項は，下記（1）から（3）を満たす場所打ち鉄筋コンクリート杭の限界値の算定および設計用限界値の設定に適用する．
   （1） 杭の工法および仕様は，JASS 4 による．
   （2） コンクリートは普通コンクリートとするとともに，コンクリートの設計基準強度は，21 N/mm² 以上 40 N/mm² 以下とする．鉄筋の種別は，SD295A，SD295B，SD345，SD390，SD490 および高強度せん断補強筋とする．
   （3） 杭頭接合部は，主筋をパイルキャップへ定着する方法による．
2. 限界値および設計用限界値設定のための低減係数は，下記による．
   （1） 損傷限界設計時
   　1） 損傷限界曲げモーメント
   　　　損傷限界曲げモーメントは，コンクリートおよび鉄筋の応力度とひずみの関係として線形弾性，断面のひずみ分布を直線に仮定し，圧縮縁がコンクリートの短期許容圧縮応力度（$2/3\xi \cdot F_c$，ξ，F_c は（5.4.1）式参照）に達したとき，または圧縮側鉄筋が短期許容圧縮応力度に達したとき，引張側鉄筋が短期許容引張応力度に達したときに対して求めたそれぞれの曲げモーメントのうち，最小値とする．コンクリートのヤング係数は，次式による．

$$E_c = 3.35 \times 10^4 \times \left(\frac{\gamma}{24}\right)^2 \times \left(\frac{\xi \cdot F_c}{60}\right)^{\frac{1}{3}} \tag{5.4.1}$$

記号　　E_c：場所打ち鉄筋コンクリート杭のコンクリートのヤング係数（N/mm²）
　　　　F_c：杭のコンクリートの設計基準強度（N/mm²）
　　　　ξ：場所打ち鉄筋コンクリート杭の施工の品質管理に関わる係数で，通常の施工品質管理を行う場合には 0.75 以下，高品質な施工管理を行う場合には 1.0 以下とする．
　　　　γ：杭のコンクリートの単位体積重量（kN/m³）

2) 損傷限界せん断力

損傷限界せん断力は（5.4.2）式による．

$$Q_s = \frac{1}{\kappa} \cdot f_s \cdot A_c \tag{5.4.2}$$

記号　　Q_s：場所打ち鉄筋コンクリート杭の損傷限界せん断力（N）
　　　　κ：円形断面の形状係数で 4/3 とする
　　　　f_s：場所打ち鉄筋コンクリート杭のコンクリートの短期許容せん断応力度（N/mm²）で，次式による．

$$f_s = \min\left\{1.5\,\xi\left(\frac{F_c}{30}\right),\ 1.5\,\xi\left(0.49 + \frac{F_c}{100}\right)\right\}$$

　　　　A_c：場所打ち鉄筋コンクリート杭の断面積（mm²）

3) 低減係数

設計用損傷限界値算定用の低減係数は，曲げモーメントおよびせん断力とも 1.0 以下とする．

(2) 安全限界設計時

1) 曲げ強度

場所打ち鉄筋コンクリートの曲げ強度は，応力度とひずみの関係をコンクリートについては e 関数法などの適切な方法で，鉄筋については材料強度を折れ点とするバイリニアで設定し，断面の平面保持を仮定した曲げ解析によって算定する．コンクリートの圧縮縁のひずみが圧縮限界ひずみ ε_{cu} に達したときの曲げモーメントを，曲げ強度とする．なお，コンクリートの圧縮に対する材料強度は $\xi \cdot F_c$〔ξ，F_c は（5.4.1）式参照〕とし，圧縮限界ひずみ ε_{cu} は 0.003 とする．軸方向力を杭の断面積で除した平均軸方向応力度 σ_0（N/mm²）の範囲は，$-0.05\,\xi \cdot F_c$ 以上かつ $(1/3)\,\xi \cdot F_c$ 以下とする（ただし圧縮を正とする）．

2) せん断強度

場所打ち鉄筋コンクリート杭のせん断強度は，円形断面を等価長方形断面に置換した（5.4.3）式で算定する．

$$Q_u = \left[\frac{0.053\, p_t^{0.23}(18+\xi \cdot F_c)}{M/(Q \cdot d)+0.12} + 0.85\sqrt{p_w \cdot \sigma_{wy}} + 0.1\,\sigma_0\right]b \cdot j \tag{5.4.3}$$

記号　　Q_u：場所打ち鉄筋コンクリートのせん断強度（N）
　　$M/(Q \cdot d)$：せん断スパン比で，1.0 以下の場合には 1.0，3.0 以上の場合には 3.0 とする．
　　　　M：杭に生じる最大曲げモーメント（N・mm）
　　　　Q：杭に生じる最大せん断力（N）
　　　　d：等価長方形断面の有効せい（mm）で，$d = 0.9D$ としてよい．
　　　　D：杭直径（mm）
　　　　p_t：引張鉄筋比（%）で，$p_t = p_g/4$ としてよい．
　　　　p_g：主筋比（%）（$p_g = \dfrac{100\,A_g}{b \cdot d}$）
　　　　A_g：主筋全断面積（mm²）
　　　　b：等価長方形断面の幅（mm）で，$b = (\pi/4)D$ としてよい．

ξ, F_c：(5.4.1)式の記号の説明による．

p_w：せん断補強筋比 $\left(p_w = \dfrac{a_w}{b \cdot x}\right)$

a_w：1組のせん断補強筋の断面積（mm²）

x：せん断補強筋のピッチ（mm）

σ_{wy}：せん断補強筋の規格降伏点（N/mm²）

σ_0：平均軸方向応力度（N/mm²）で，圧縮を正とし，0以上かつ（1/3）$\xi \cdot F_c$ 以下とする．

j：応力中心距離（mm）で，$j = (7/8)d$ としてよい．

   3）　低 減 係 数

      設計用曲げ強度算定用の低減係数は 0.95 以下とする．設計用せん断強度算定用の低減係数は 0.8 以下とする．

3．杭頭部における安全限界状態設計用の曲げ降伏後の限界塑性変形角は，原則として 1/100 以下とする．ただし，平均軸方向応力度 σ_0（N/mm²）の範囲は 0 以上かつ（1/3）$\xi \cdot F_c$ 以下，主筋比は 1.8% 以下とする．なお，実験等により限界塑性変形角を求める場合には，当該数値によることができる．

4．構 造 規 定

（1）　主筋を重ね継手とする場合は，$40\,d_b$ 以上（d_b：異形鉄筋の呼び名に用いた数値）とする．

（2）　曲げ降伏を許容する部分では，主筋にせん断補強筋等を溶接してはならない．

（3）　主筋を束ねる場合，2本以下とする．

（4）　主筋は，一段配筋とする．

（5）　主筋比 p_g は，0.6% 以上とする．ただし，杭頭から杭直径の5倍より深い範囲では，0.4% 以上としてよい．

（6）　せん断補強筋は D10 以上の異形鉄筋を用いる．原則として杭頭から杭直径の5倍の深さまでの範囲においては，せん断補強筋の間隔を 150 mm 以下とし，かつせん断補強筋比 p_w を 0.1% 以上とする．杭頭から杭直径の5倍より深い範囲では，せん断補強筋の間隔を 300 mm 以下としてよい．

1．適 用 範 囲

（1）　場所打ち鉄筋コンクリート杭の工法には，アースドリル工法，オールケーシング工法，リバースサーキュレーション工法，深礎工法があり，それらの工法と仕様は JASS 4 による．

（2）　本文で記述したコンクリートの設計基準強度の範囲は，後述する設計式が実験によって検証された範囲と概ね一致するように定めている．鉄筋の種別に関しても同様である．なお，高強度せん断補強筋は大臣認定を受けたものとする．

（3）　本項で対象とする杭頭接合部は，主筋をパイルキャップ内に十分定着させる方法を用い，杭頭半剛接については対象としない．

場所打ち鉄筋コンクリート杭のコンクリート強度は，施工の良否によって大きく影響されることが知られている[5.4.1)〜5.4.5)]．施工の特徴は泥水中にトレミー管を用いて打設することであり，その良否は施工者の品質管理や専門業者の技量によって左右される．後述するように構造実験に用いる試験体作製のために現場施工を模擬して泥水中に打設しても，曲げ強度や変形性能には顕著な差が出ない〔解説図 5.4.10，解説図 5.4.16 参照〕が，これは試験体では品質管理に十分な注意が払われているからと考えられる．解説表 5.4.1 に杭頭部のコンクリート不良の原因と対策の例を示す[5.4.5)]．コンクリート不良の原因は施工ミスに起因するものが多いが，特に，建築分野で使用されることが多いアースドリル杭やリバース杭では，泥水中にトレミー管を使用してコンクリートを打設すると

解説表 5.4.1　杭頭部コンクリートの不良の主な原因と対策の例[5.4.5]

現　象	原　因	対　策
1. コンクリートに土砂が混入している.	1) 打設完了後の表層ケーシング引抜き時に土砂が落下する.	表層ケーシングの下端を杭頭よりも浅くする. 表層ケーシング下端が杭頭よりも深い場合には, コンクリートの硬化を待って, 慎重に引き抜く.
	2) 埋戻し時期が早すぎる.	埋戻し時期は, コンクリート打設完了後4～6時間後とする.
2. コンクリート中に安定液を巻き込んでいる, あるいはコンクリートが安定液と混ざっている.	1) 砂分が多く比重が高い, 置換性の悪い安定液を使用している.	ポリマー系安定液を用いて良液置換を行うことにより, 砂分が少なく置換性の良い安定液となる.
	2) トレミー管の急激な上下動によって, 安定液を巻き込む.	打設するコンクリートのスランプを適切に管理して, トレミー管の上下動を慎重に行う.
	3) アジテータから直接コンクリートが, 孔内に落下する.	アジテータ車側をシート養生するなど, コンクリートが孔内に落下しない処置をとる.
3. かぶり部分にコンクリートが回っていない, あるいは被りコンクリートが不良となっている.	1) 杭頭部の配筋が多く, 鉄筋間隔が狭すぎる.	鉄筋の空きは 100 mm 以上を確保する. 束ね筋とする, 太径鉄筋を採用するなど, 設計時からの配慮が必要である.
	2) コンクリートのワーカビリティが悪い.	スランプは 18 cm ないし 21 cm とする. 特に杭頭部では 21 cm 程度のワーカビリティの良いコンクリートを使用する.
	3) 余盛コンクリートが不足している.	コンクリート打設後のコンクリート天端高さの計測を確実に行う. 表層ケーシング内にコンクリート天端がくる場合には, ケーシング引抜きの影響を考慮して, 打設高さを設定する.
	4) バイブレータを使用していない.	特に杭頭部 1.5 m までは, 余盛による圧力が小さいため, バイブレータを使用することも検討する.

いう特有な問題があり, それが強度に与える大きな影響は以下のとおりである.

　（ⅰ）コンクリートが安定液と接するか, 安定液を巻き込むことによって品質が劣化する.

　（ⅱ）バイブレータを使用しないため, 杭頭部のコンクリートが密実になりにくい.

　解説図 5.4.1 に, トレミー管で打設したコンクリートの打ち上がり状況を, 着色したコンクリートを用いて観察した壁杭の例を示す. 観察結果から, トレミー管先端から出たコンクリートは, 既打設のコンクリートを押し上げていくわけではなく, トレミー管の周囲を伝わって上昇し, その時点のコンクリート天端に達して横方向に広がっていく様子が分かる. コンクリート天端に達した後は, 安定液と必ず接することになるので, 置換性の悪い安定液, たとえば, 砂分が多く比重が大きい安定液を用いていると, その際に安定液を巻き込む可能性が高くなる.

　さらに, 解説図 5.4.1 からもう一点指摘できることは, コンクリートへのトレミー管の根入れ深

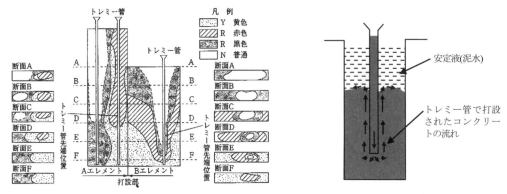

解説図 5.4.1 トレミー管で打設したコンクリートの打ち上がり状況[5.4.5]

さは，あまり大きくしないほうが良いということである．通常，1.5〜2m 以上根入れすることとしているが，あまり大きな根入れをすると，コンクリートがトレミー管の周囲を上昇している間に，粗骨材が上がってこないことが懸念される．特に杭頭部においては，強度低下の原因ともなるので留意する必要がある．杭頭部において 2m 程度の根入れを維持するように，トレミー管の組合せを計画することが望ましい．

次に，杭頭部はコンクリートの自重による圧力が少ないことやブリーディングの影響などで，バイブレータを使用しないとコンクリート強度が出にくい．文献 5.4.5) では設計基準強度が大きい場合には杭頭でバイブレータを使用することが推奨されている．また，バイブレータを稼動すると沸騰したようにエアが放出されることが報告されており，この杭頭付近に溜まるエアも強度低下の原因になると考えられる．

以上が，コンクリートの強度低下の原因であると考えられる．文献 5.4.3) では，特に泥水濃度の管理のレベルに応じて，圧縮強度の低減係数を提案しているので参考になる．それによると，コンクリート強度に対する低減係数は，泥水比重を 1.05 以下で管理する場合には 0.8，1.10 以下で管理する場合には 0.7，十分な品質管理をしない場合（泥水比重が 1.10〜1.20）には 0.6 が提案されている．したがって，従来から用いている低減係数 0.75 は泥水比重を 1.05〜1.10 以下に管理する場合と対応していると考えてよいであろう．現状では，その他の要因を含めた品質管理のレベルに応じて低減係数を提案できるデータが十分にない．そこで，低減係数 ξ には，通常の品質管理を行う場合[5.4.6]には，従来から慣用的に用いられている値 0.75 以下を用いることを推奨する．

一方，前記の要因を回避する方法は既に開発されており，たとえば以下の手法によれば，高品質な杭体を築造できることが報告されている．

（i）解説表 5.4.1 に示す施工ミスを防止する．

（ii）安定液をポリマー系安定液として良液置換[5.4.5]〔解説図 5.4.2 参照〕を行うことによって，鉄筋かご挿入前にスライムを完全に除去し，孔内を砂分量の少ない低比重な安定液（砂分量 0.5%以下）に置換しておく．これによって，スライムや安定液の巻込みを防止するとともに，安定液と接することによる強度低下を防止する．

（iii） トレミー管の根入れ深さをあまり大きくしない．特に，杭頭部においては2m程度を維持するように計画する．

（iv） 杭頭部ではバイブレータを使用して密実に締め固める．なお，バイブレータはあらかじめ杭頭部鉄筋かごの内側に円周状に設置しておくか，安定液を吸出して安定液がない状態でバイブレータを挿入する等，安定液を巻き込まない配慮が必要である．

以上が高品質な施工管理の例である．解説図5.4.3に良液置換を行った杭でバイブレータの効果を調査した事例を示す．同じ現場でバイブレータを使用した杭と使用しない杭の2本から，断面中央部のコアを採取して圧縮試験を行った．その結果，杭天端から約2mの範囲でバイブレータによって強度が増大していることが分かる．さらに解説図5.4.4に前記ⅰ）～ⅳ）の手法で品質管理された杭において，杭頭部からコア抜きしたコンクリートの圧縮試験を行った例を示す．コンクリート天端から0.2mの範囲では呼び強度を下回るものもあるが，それより下では十分な強度が出ていることが分かる．すなわち，このような品質管理を行えばコンクリート天端にごく近い部分を除いて十分な強度が得られることがわかる．したがってこのような場合には，施工の品質管理に関わる低減係数 ξ を1.0としてよいであろう．なお，最近では高流動コンクリートを用いた高強度コ

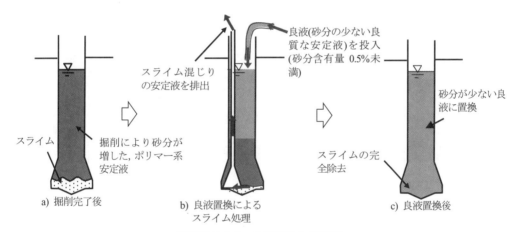

解説図5.4.2 良液置換の方法[5,4,5)]

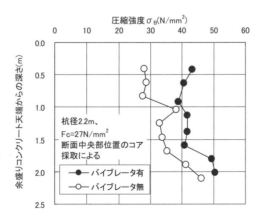

解説図5.4.3 バイブレータの有無による杭頭部の圧縮強度の比較[5,4,5)]のデータ

ンクリートも使われており,十分な品質管理手法の確立と強度の検証を期待したい.

解説図5.4.5(a)に良液置換を行ったアースドリル杭のコア抜き試料の圧縮試験によるヤング係数 E と圧縮強度 σ_B との関係を示す.解説図5.4.4のデータに呼び強度30 N/mm² のデータを追加したものであり,コンクリート天端から3m以内の深さのコアである.これによると,バイブレータの有無に関わらず,コンクリートのヤング係数はRC規準(2010)による(解5.4.1)式と対応していることが分かる.また,解説図5.4.5(b)にオールケーシング杭のコア抜き試料の圧縮試験によるヤング係数 E と圧縮強度 σ_B との関係を示す.これは既存杭のデータ[5.4.7],[5.4.8]ではあるが,前記アースドリル杭と同様に(解5.4.1)式と対応することが分かる.

一方,場所打ちコンクリート杭のコンクリートのヤング係数は,標準養生に比較して低下するという指摘もある[5.4.3].この理由は,泥水中にコンクリートを打設することと,バイブレータを使用しないことと考えられ,その低下度合いは圧縮強度の低下度合いと比較して,概ね同程度かやや緩和されることが報告されている.

以上のことから,場所打ち鉄筋コンクリート杭のコンクリートのヤング係数の関係には,RC規

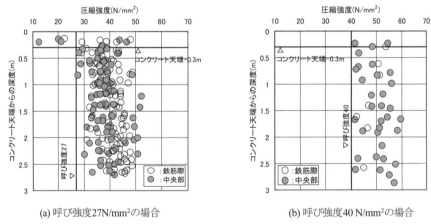

(a) 呼び強度27N/mm²の場合　　(b) 呼び強度40 N/mm²の場合

解説図5.4.4　高品質な品質管理を行った杭頭部のコア抜きコンクリートの圧縮試験結果[5.4.5]

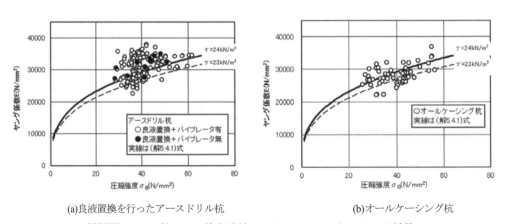

(a)良液置換を行ったアースドリル杭　　(b)オールケーシング杭

解説図5.4.5　杭のコア抜き試料によるコンクリートのヤング係数

準（2010）を基にして，コンクリートの品質管理の影響を係数 ξ によって考慮した（5.4.1）式を採用することとした．

$$E = 3.35 \times 10^4 \times \left(\frac{\gamma}{24}\right)^2 \times \left(\frac{\sigma_B}{60}\right)^{\frac{1}{3}} \quad (\text{N/mm}^2) \tag{解 5.4.1}$$

2. 限界値および設計用限界値設定のための低減係数

（1） 損傷限界設計時

1） 損傷限界曲げモーメント

解説図 5.4.6 に杭断面の曲げ解析を行った例を示す．杭の主筋は円形配置されているので，最初の鉄筋が引張降伏してもただちに最大強度に達するわけではない．しかし，地震後余震が続くことや地震の方向が一定していないことなどを考慮して，損傷限界状態では主筋1本でも降伏させないこととした．この事例のように，断面の平面保持を仮定した曲げ解析によって，本文に示す損傷限界曲げモーメントを算定することができる．

また，RC規準（2010）によると，偏心荷重を受ける柱の短期許容軸方向力 N は，（解 5.4.2）式のうちいずれか小さい方としている．この方法を円形断面に適用し，得られた N に偏心距離 e を乗じた曲げモーメントを，場所打ち鉄筋コンクリート杭の損傷限界曲げモーメントとすることもできる．

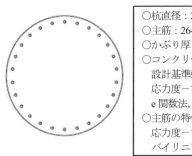
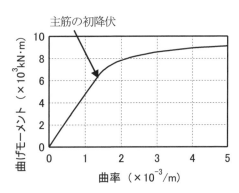

解説図 5.4.6 曲げモーメントと曲率の関係の計算例

$$\left.\begin{array}{ll}
\text{・コンクリートで決まる場合} \quad & N_1 = \dfrac{S_n}{x_n} \cdot f_c \quad (\text{N}) \\[2mm]
\text{・圧縮鉄筋で決まる場合} \quad & N_2 = \dfrac{S_n}{n(x_n - d_c)} \cdot {}_r f_c \quad (\text{N}) \\[2mm]
\text{・引張鉄筋で決まる場合} \quad & N_3 = \dfrac{S_n}{n(D - d_t - x_n)} \cdot f_t \quad (\text{N})
\end{array}\right\} \tag{解 5.4.2}$$

記号　S_n：中立軸に関する有効断面の一次モーメント（mm³）

　　　x_n：圧縮縁から中立軸位置までの距離（mm）で，（解 5.4.3）式の根

$$x_n - \frac{D}{2} + e = \frac{I_n}{S_n} \tag{解 5.4.3}$$

e：軸方向力の偏心距離（mm）

I_n：中立軸に関する有効等価断面の二次モーメント（mm⁴）

f_c：コンクリートの短期許容圧縮応力度（$=(2/3)\xi \cdot F_c$（N/mm²））

F_c：コンクリートの設計基準強度（N/mm²）

ξ：場所打ち鉄筋コンクリートの施工の品質管理に関わる係数で，通常の施工品質管理を行う場合には 0.75 以下，高品質な施工管理を行う場合には 1.0 以下とする．

n：ヤング係数比

d_c：断面の圧縮縁から圧縮鉄筋までの距離（mm）

$_rf_c$：主筋の短期許容圧縮応力度（N/mm²）

D：断面のせい（＝杭直径（mm））

d_t：断面の引張縁から引張鉄筋までの距離（mm）

f_t：主筋の短期許容引張応力度（N/mm²）

円形断面で主筋が 8 本以上等間隔で配筋される場合には，S_n と I_n は次式による[5.4.9]〔解説図 5.4.7 参照〕．

$$S_n = r^3\left\{\frac{\sin\theta}{3}(2+\cos^2\theta) - \theta\cos\theta\right\} - np_g\pi \cdot r^3\cos\theta$$

$$I_n = r^4\left\{\theta\left(\frac{1}{4}+\cos^2\theta\right) - \sin\theta\cos\theta\left(\frac{13}{12}+\frac{1}{6}\cos^2\theta\right)\right\} + n\pi \cdot r^4 p_g\left\{\frac{1}{2}\left(\frac{r'}{r}\right)^2 + \cos^2\theta\right\}$$

記号　　r：コンクリート断面の半径（mm）

r'：主筋群の半径（mm）

p_g：主筋比（＝主筋の全断面積/コンクリートの全断面積）

θ：$x_n = r(1-\cos\theta)$ より定まる角度

x_n：圧縮縁から中立軸までの距離（mm）

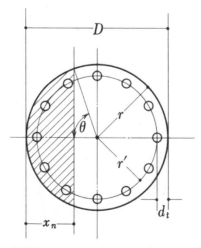

解説図 5.4.7　円形断面 RC 杭と記号

具体的な計算では，中立軸位置 x_n を仮定して S_n と I_n を計算し，（解 5.4.3）式を満足する x_n を収斂計算によって求める．さらに，（解 5.4.3）式の偏心距離 e と短期許容軸方向力 N を掛け合わせて，損傷限界曲げモーメントとすればよい．

杭の実験では，コンクリートで決まる場合と圧縮鉄筋で決まる場合の検証はデータがないので，以下に引張鉄筋で決まる場合のみ検証した．解説図 5.4.8 に主筋降伏曲げモーメントの実験値[5.4.10)〜5.4.13)]と，引張鉄筋で決まる場合の上記計算値（$N_3 \cdot e$）との比較を示す．横軸の軸方向応力度比（σ_0/σ_B）は，平均軸方向応力 σ_0 （$=N/A_p$；N は軸方向力，A_p は杭の断面積）をコンクリート強度 σ_B で除した値である．計算にあたってヤング係数比は 10 とした．実験値/計算値の平均値 $\overline{X}$ は 1.22 で，標準偏差 σ は 0.12，変動係数は 0.09 となっている．実験値/計算値の頻度分布を正規分布と仮定し，不良率 5% 以下とするために必要な係数（$\overline{X}-1.64\sigma$）は，1.02 となる．

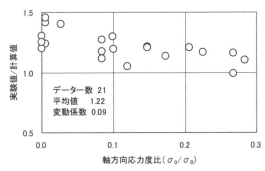

解説図 5.4.8 主筋降伏曲げモーメントの実験値と引張鉄筋で決まる場合の計算値（$N_3 \cdot e$）との比較

なお，寸法効果については以下のように考える．一般に曲げ破壊する部材では，曲げ強度の寸法効果は小さく，設計上は無視しうるものと考えられている[5.4.14)]．曲げ強度に寸法効果が生じにくいのは，通常の場合には，釣合い鉄筋比以下で設計されており，寸法効果が生じにくいひずみ硬化材料である引張鉄筋の降伏によって，部材の曲げ強度が決定されるからである．場所打ち鉄筋コンクリート杭の場合にも，同様のことが考えられるので，損傷限界曲げモーメントおよび曲げ強度の寸法効果を無視することとした．

以上より，上記不良率 5% 以下とするために必要な係数を考慮し，設計用損傷限界曲げモーメントの低減係数を 1.0 以下とすることとした．

2) 損傷限界せん断力および低減係数

RC 規準（2010）の柱および梁部材の損傷限界状態の検討では，残留せん断ひび割れ幅を制御するという立場から，コンクリートの負担せん断力を低減して，せん断補強筋を考慮する方法が採用されている．しかし，場所打ち鉄筋コンクリート杭の場合には，地中部であることからできるだけ損傷を小さくすべきという観点から，せん断ひび割れの発生を許容しない設計が行われることが多い．また通常，場所打ち鉄筋コンクリート杭はせん断補強筋量が少なく，残留ひび割れを制御するに十分な量を配筋することが難しいことや，残留ひび割れ幅には寸法効果が大きく影響すると考えられるが，設計に反映するには十分なデータが整っていないのが現状である．そこで本指針では，

従来の設計方法に基づき，せん断ひび割れの発生を許容しないという立場から，損傷限界せん断力はせん断ひび割れ強度をもとに設定することとした．解説図5.4.9にせん断ひび割れ強度の実験値[5.4.15]〜[5.4.21]と計算値との比較を，解説表5.4.2に（実験値/計算値）の統計量を示す．実験値は杭直径が300〜700 mm，σ_Bが24〜33 N/mm²の63体であり，計算式は（解5.4.4）式〜（解5.4.6）式である．（解5.4.4）式は，RC規準（2010）に記載の（解15.8）式をSI単位系に置き換えた式である．また，（解5.4.6）式は，本指針（解5.2.2）式において係数ϕ_{cr}を1.0とした式である．

$$Q_{c,\min} = \frac{0.065 \cdot k_c(49.0+\sigma_B)}{M/(Q \cdot d)+1.7}\left(1+\frac{\sigma_0}{14.7}\right)b \cdot j \tag{解5.4.4}$$

記号　　$Q_{c,\min}$：場所打ち鉄筋コンクリート杭の損傷限界せん断強度（N）

　　　　k_c：断面寸法による補正係数で，RC規準（2010）による．

　　　　σ_B：杭のコンクリートの圧縮強度（N/mm²）

　　　　σ_0：平均軸方向応力度（N/mm²）

$M/(Q \cdot d)$：せん断スパン比で，1.0以下のときは1.0，3.0以上のときは3.0とする．

　　　　b：面積等価でせいが杭直径Dの長方形断面に置換した場合の幅（mm）
　　　　　　（$=\pi D/4$）

　　　　j：面積等価でせいが杭直径の長方形断面に置換した場合の応力中心距離（mm）で，$(7/8)d$とする．

　　　　d：有効せい（mm）で，$0.9D$（Dは杭直径）としてよい．

$$Q_{AS} = \frac{1}{\kappa} \cdot f_s \cdot A_c \tag{解5.4.5}$$

記号　　Q_{AS}：場所打ち鉄筋コンクリート杭の損傷限界せん断強度（N）

　　　　κ：円形断面の形状係数で4/3とする

　　　　f_s：場所打ち鉄筋コンクリート杭のコンクリートの短期許容せん断応力度（N/mm²）で，次式による．

$$f_s = \min\left\{1.5\left(\frac{\sigma_B}{30}\right),\ 1.5\left(0.49+\frac{\sigma_B}{100}\right)\right\}$$

　　　　A_c：杭の断面積（mm²）

$$V_c = \frac{1}{\kappa} \cdot A_c\sqrt{\sigma_t^2 + \sigma_t \sigma_0} \tag{解5.4.6}$$

記号　　V_c：場所打ち鉄筋コンクリート杭の損傷限界せん断強度（N）

　　　　κ：（解5.4.5）式の記号の説明による．

　　　　σ_B，σ_0：（解5.4.4）式の記号の説明による．

　　　　σ_t：杭のコンクリートの引張強度（N/mm²）で，$\sigma_t=0.31\sqrt{\sigma_B}$とする．

解説図5.4.9より，$Q_{c,\min}$式は実験式ではあるが，$M/(Q \cdot d)$と平均軸方向応力度σ_0を考慮しているため最も精度が高く，実験値/計算値の平均値が1.65，変動係数が0.20となっている．それに対して，断面の最大せん断応力度のみに基づくQ_{AS}とV_cは，設計式としては単純であるが，

変動係数がそれぞれ0.28，0.25となっており，$Q_{c,min}$ よりも変動係数が大きい．$Q_{c,min}$ と Q_{AS} を比較すると，場所打ち鉄筋コンクリート杭でよく使われる $M/(Q \cdot d)$ の範囲（$M/(Q \cdot d) > 2$）や圧縮応力度が低い範囲（$\sigma_0 < 4 \mathrm{N/mm^2}$）では，概ね同程度の精度となっており，圧縮応力度が高い範囲では Q_{AS} の方が安全側となっている．以上のことを考慮して，本指針では従来から短期許容せん断力として慣習的に用いている（5.4.2）式を採用することとした．

せん断ひび割れ強度の寸法効果は，文献5.4.22)にも確認されており，杭直径に対する低下度合いはせん断終局強度と同程度であること，$d^{-1/4}$（d：有効せい，m）より低下度合いが緩いことな

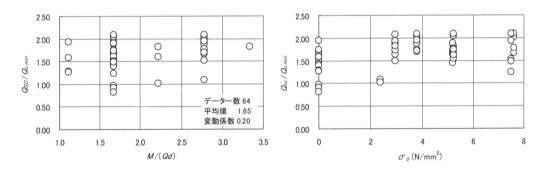

(a) 実験値 Q_{sc} と(解5.4.4)式 $Q_{c,min}$ との比較

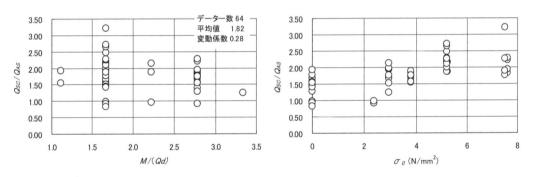

(b) 実験値 Q_{sc} と(解5.4.5)式 Q_{AS} との比較

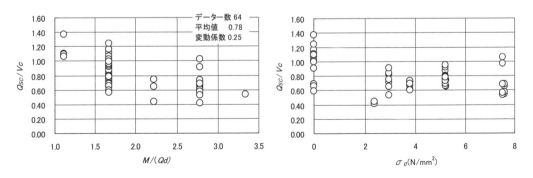

(c) 実験値 Q_{sc} と(解5.4.6)式 V_c との比較

解説図5.4.9 せん断ひび割れ強度の実験値 Q_{sc} と計算値との比較

どが指摘されている．せん断ひび割れ強度に寸法効果が発生する要因は，破壊の局所化，すなわちひび割れ強度が断面内で変動することによって，断面が大きくなると局所的にひび割れが発生しやすくなるためと考えられるが，今のところ大断面のデータがなく，定量的に設定することが難しい．後述するせん断強度で検討した低減率を想定することも考えられるが，(5.4.2) 式は従来から短期許容せん断力として慣用的に用いており，その際には寸法効果による低減を考慮していないことから，今回も考慮しないこととした．

以上より，寸法効果による低減を無視すれば，解説表 5.4.2 より不良率 5％の係数は概ね 1.0 であることから，設計用損傷限界せん断力算定用の低減係数を 1.0 以下とすることとした．

解説表 5.4.2 せん断ひび割れ強度の(実験値／計算値)の統計量

計算式	(実験値／計算値)の統計量				$(\overline{X} - 1.64\sigma)$[*1)]
	データ数	平均値 $\overline{X}$	変動係数	標準偏差 σ	
(解 5.4.4) 式 $Q_{c,\min}$	64	1.65	0.20	0.33	1.11
(解 5.4.5) 式 Q_{AS}	64	1.82	0.28	0.51	0.98
(解 5.4.6) 式 V_c	64	0.78	0.25	0.20	0.45

［注］＊1)：(実験値／計算値) の分布が正規分布とした場合の不良率 5％とする係数

(2) 安全限界設計時

1) 曲げ強度および低減係数

曲げ強度の算定方法として，断面内の平面保持を仮定して断面解析を行う方法を本文に示した．計算に用いるコンクリートの応力度とひずみの関係にはいろいろな提案があるが，e 関数法[5.4.23]やバイリニア型が用いられることが多い．その際，コンクリートの圧縮に対する材料強度は $\xi \cdot F_c$〔ξ，F_c は (5.4.1) 式参照〕とし，圧縮限界ひずみは 0.003 とする．

また，鉄筋コンクリート円形柱の曲げ強度算定式として，円形断面であることを考慮してストレスブロックを仮定した方法（以下，略算法という）[5.4.24]が提案されている．以下に示すように，略算法を場所打ち鉄筋コンクリート杭のデータに用いても，e 関数法による断面解析と概ね同じ精度が得られることがわかる．略算式[5.4.24]を (解 5.4.7) 式に示す．

$$M_u = \max(M_{up}, M_{uc}) \qquad (解 5.4.7)$$

記号　　M_u：曲げ強度（N・mm）

　　　　　M_{up}：全断面がプレーンコンクリートからなる断面の曲げ強度で (解 5.4.8a) 式〜 (解 5.4.8c) 式より算定する M_u 値

　　　　　M_{uc}：かぶり部分を除いたコンファインドコンクリートからなるコア部分の曲げ強度で (解 5.4.8a) 式〜 (解 5.4.8c) 式より算定する M_u 値

$$M_u = 0.5 \cdot a_g \cdot \sigma_y \cdot D \cdot g_m + 0.5 \cdot N \cdot D(1 - 2 \cdot k_2 \cdot x_n) \quad (N_c \leq N \leq N_a) \qquad (解 5.4.8a)$$

$$M_u = M_{una} \frac{N_{\max} - N}{N_{\max} - N_a} \qquad (N > N_a) \qquad (解 5.4.8b)$$

$$M_u = M_{unc}\frac{N-N_{\min}}{N_c-N_{\min}} \qquad (N<N_c) \qquad \text{(解5.4.8c)}$$

a_g：主筋の全断面積（mm²）

σ_y：主筋の材料強度（N/mm²）

D：杭直径（mm）

g_m：係数で，次式による．

$$g_m = -\frac{4}{\pi}\cdot\frac{1-k_2}{1-2d_{t1}}\cdot(x_{n1}-0.5)+\frac{2}{\pi}\cdot(1-2d_{t1})$$

k_2：曲げ圧縮部コンクリートのストレスブロック係数 $k_2=k_1/2$

k_1：曲げ圧縮部コンクリートのストレスブロック係数で，次式による．

$\quad k_1=0.85 \qquad (\sigma_B \leqq 28\ \text{N/mm}^2)$

$\quad k_1=0.85-0.05(\sigma_B-28)/7 \quad (\sigma_B>28\ \text{N/mm}^2)$

σ_B：杭コンクリートの圧縮強度（N/mm²）で，$\xi\cdot F_c$ とする．

$\xi\cdot F_c$：(5.4.1) 式の記号の説明による．

d_t：杭外周面から主筋の中心までの半径方向距離（mm）

d_{t1}：d_t を杭直径 D で除した値

N：軸方向力（N）

x_n：コンクリート圧縮縁から中立軸までの距離（mm）

x_{n1}：コンクリート圧縮縁から中立軸までの距離を杭直径で除した数値で，次式による．

$$x_{n1}=\frac{N+n_s}{n_c+2n_s}$$

n_s：係数で，次式による．

$\quad n_s=a_g\cdot\sigma_y/(1-2d_{t1})$

n_c：係数で，次式による．

$$n_c=k_1\cdot k_3\cdot\sigma_B\frac{\pi}{4}D^2$$

k_3：曲げ圧縮部コンクリートのストレスブロック係数（$=0.85$）

M_{una}：(解5.4.8a) 式で与えられる $N=N_a$ のときの M_u 値

M_{unc}：(解5.4.8a) 式で与えられる $N=N_c$ のときの M_u 値

N_a：$x_n=0.8D$ となるときの軸方向力（N）で，次式による．

$\quad N_a=0.8\cdot n_c+0.6\cdot n_s$

N_c：$x_n=d_t$ となるときの軸方向力（N）で，次式による．

$\quad N_c=n_c\cdot d_{t1}-(1-2d_{t1})\cdot n_s$

$N_{\max}$：場所打ち鉄筋コンクリート杭の最大軸方向強度（N）で，次式による．

$\quad N_{\max}=a_g\cdot\sigma_y+A_c\cdot\sigma_B \qquad (\varepsilon_{0c}\geqq\varepsilon_y)$

$$N_{\max} = \max(N_{\max c}, N_{\max s}) \quad (\varepsilon_{0c} < \varepsilon_y)$$

$$N_{\max c} = a_g \cdot \varepsilon_{0c} \cdot E_s + A_c \cdot \sigma_B$$

$$N_{\max s} = a_g \cdot \sigma_y + A_c \cdot \{\sigma_B - E_{0c} \cdot (\varepsilon_y - \varepsilon_{0c})\}$$

A_c：杭の断面積（mm²）

ε_{0c}：コンクリートの最大応力時のひずみで，次式による．

$$\varepsilon_{0c} = (1.6 \times 10^{-3} \cdot \sigma_B + 1.28) \times 10^{-3}$$

E_s：鉄筋のヤング係数（N/mm²）

E_{0c}：コンクリートの応力下降域の負剛性（N/mm²）で，次式による．

$$\varepsilon_{0c} = (1.4 \times 10^{-3} \cdot \sigma_B - 0.066) \cdot \sigma_B / \varepsilon_{0c}$$

ε_y：主筋の降伏ひずみ

$N_{\min}$：場所打ち鉄筋コンクリート杭の引張強度（N）で，次式による．

$$N_{\min} = -a_g \cdot \sigma_y$$

杭が曲げ破壊した実験データを収集し[5.4.10)〜5.4.17),5.4.25),5.4.26)]，上記の計算値と比較した結果を解説図5.4.10に示す．また，実験データの諸元を解説表5.4.3に，（実験値/計算値）の統計量を解説表5.4.4に示す．以下では，圧縮力を正，引張力を負とした．試験体数は，圧縮力を作用させた試験体が57体で，引張力を作用させた試験体が6体の合計63体である．コンクリートを水中あるいは泥水中に打設した試験体も含まれているが，施工品質による係数ξを1.0として，供試体のコンクリート強度σ_Bを用いて計算を行っている．e関数法と略算法のいずれも，（実験値/計算値）の平均値が1.09〜1.11，変動係数が0.08〜0.10であり，柱の曲げ強度略算式に関する統計量[5.4.27)]とほぼ同じ値となっている．

解説表5.4.4より，e関数法による計算値の不良率5%以下とする係数（$\overline{X} - 1.64\sigma$）は0.95となる．これより，設計用曲げ強度算定用の低減係数を0.95以下とした．また，解説図5.4.10から分るように，平均軸方向応力度σ_0をコンクリート強度σ_Bで除した比（σ_0/σ_B）が，概ね

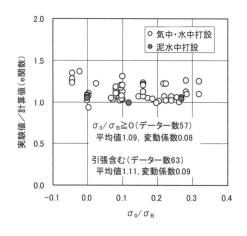

(a)e関数法による計算値との比較

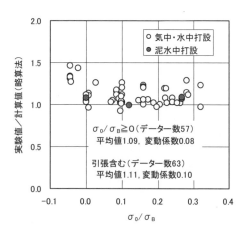

(b)略算法による計算値との比較

解説図 5.4.10 曲げ強度の実験値と計算値との比較

解説表 5.4.3 曲げ強度検討用の実験値の諸元

パラメータ	範囲	パラメータ	範囲
杭直径 D(mm)	300〜1 000	主筋降伏強度 σ_y(N/mm^2)	371〜844
コンクリート強度 σ_B(N/mm^2)	22〜41	平均軸方向応力度 σ_0(N/mm^2)	−1.64〜9.8
主筋比 p_g(%)	0.64〜3.31	軸方向応力度比 σ_0/σ_B	−0.045〜0.320

解説表 5.4.4 曲げ強度の(実験値／計算値)の統計量

計算法	軸方向応力度 σ_0 の範囲	データ数	実験値／計算値の統計量			$(\overline{X}-1.64\sigma)$[*1]
			平均値 X	変動係数	標準偏差 σ	
e 関数法	$\sigma_0>0$	57	1.09	0.08	0.084	0.95
	引張り含む	63	1.11	0.09	0.10	0.95
略算法	$\sigma_0>0$	57	1.09	0.08	0.087	0.95
	引張り含む	63	1.11	0.10	0.12	0.91

［注］＊1)：(実験値／計算値)の分布が正規分布とした場合の不良率5％とする係数

−0.05〜1/3 の範囲のデータを使用して，計算値の精度検証と低減係数の設定を行っているため，本項の曲げ強度は，本文に示すとおり，平均軸方向応力度 σ_0 (N/mm^2) が $-0.05\xi \cdot F_c$ 以上かつ $(1/3)\xi \cdot F_c$ 以下を適用範囲とした．

2) せん断強度および低減係数

林ら[5.4.28]は，場所打ちコンクリート杭のせん断強度の算定には，円形断面を面積とせいが同じとした長方形断面に置換した，修正荒川 min 式である (解 5.4.9) 式を用いることを推奨している．修正荒川 min 式と実験値[5.4.13],[5.4.15]〜[5.4.18],[5.4.20],[5.4.21],[5.4.29]〜[5.4.31] との比較を解説図 5.4.11 に，使用した実験データの諸元を解説表 5.4.5 に，(実験値/計算値) の統計量を解説表 5.4.6 に示す．ただし，S モードはせん断破壊が先行した試験体で，FS モードは曲げ降伏後にせん断破壊したと考えられる試験体であり，図中 Q_{mu} は e 関数法による曲げ強度の計算値である．

$$Q_{u,\min} = \left[\frac{0.092\, k_u\, k_p(18+\sigma_B)}{M/(Q\cdot d)+0.12} + 0.85\sqrt{p_w \cdot \sigma_{wy}} + 0.1\,\sigma_0 \right] b \cdot j \qquad (\text{解 }5.4.9)$$

上式において，$\sigma_B=\xi \cdot F_c$, $k_u=0.72$, $k_p=0.82\, p_t^{0.23}$ として安全側に丸めると，(5.4.3) 式となる．なお，通常せん断力は杭頭で最大となるので，式中 $M/(Q\cdot d)$ の M と Q には，杭頭の曲げモーメントとせん断力を用いた検討を行う．地盤変形の影響によって地中部でせん断力が大きくなる場合には，その位置の曲げモーメントとせん断力を用いた検討も行うこととする．また，解説表 5.4.5 に示すように，軸方向応力度比 σ_0/σ_B が概ね 0〜1/3 の範囲のデータを用いて，計算式の精度検証および低減係数の検討をしていることから，(5.4.3) 式の適用範囲は，平均軸方向応力度 σ_0 が 0 以上かつ $(1/3)\xi \cdot F_c$ 以下とした．

解説図 5.4.11 から分かるように，実験では杭直径が 1.0 m を超えるデータがないのが現状であ

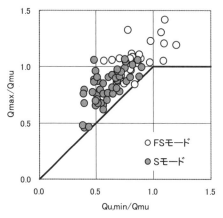 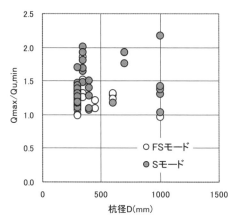

解説図 5.4.11 せん断強度の実験値 Q_{max} と修正荒川式 $Q_{u,min}$ との比較

解説表 5.4.5 せん断強度検討用の実験値の諸元

パラメータ	範囲	パラメータ	範囲
杭直径(mm)	300～1 000	せん断補強筋比 p_w(%)	0～0.63
コンクリート強度 σ_B(N/mm²)	24～54	せん断補強筋の引張強度 $_w\sigma_y$(N/mm²)	333～1417
主筋比 p_g(%)	0.6～4.6	シヤースパン比 $M/(Qd)$	1.1～3.3
平均軸方向応力度 σ_0(N/mm²)	0～7.6	軸方向応力度比 σ_0/σ_B	0～0.32

解説表 5.4.6 せん断強度の(実験値／計算値)の統計量

破壊モード	データ数	平均値 $\overline{X}$	標準偏差 σ	変動係数	$(\overline{X}-1.64\sigma)$*¹⁾
S モード	50	1.38	0.26	0.19	0.92
S モードと FS モード	80	1.35	0.25	0.18	0.94

［注］ ＊1)：(実験値／計算値) の分布が正規分布とした場合の不良率5%とする係数

り，それを超える場合の寸法効果については明確にはなっていない．寸法効果にはさまざまな因子が関係しているが，いずれもコンクリートに起因しており，材料欠陥の確率分布，破壊領域の局所化，コンクリート特有の不均質性などが考えられる[5.4.32),5.4.33)]．大断面の鉄筋コンクリート梁のせん断実験から，せいが600 mmを超えると寸法効果が消失するという報告がある[5.4.32)]のに対して，斜め引張せん断破壊する梁のFEM解析結果[5.4.34)]や，等分布荷重を受ける梁の実験結果[5.4.35)]から，梁の有効せいが1.0 mを超える範囲においても寸法効果があるという報告もある．それらの事例を解説図5.4.12に示す．図にはCEBモデルコード[5.4.36)]や土木学会のせん断強度式（土木学会コード)[5.4.37)]の寸法効果を $d=1$ m（d は梁の有効せい，単位 m）から換算した式との比較を示している．

CEB-モデルコードの寸法効果　　　$\eta=0.69(1+\sqrt{0.2/d})$

土木学会コードの寸法効果　　　　$\eta=d^{-1/4}$

本指針では，せいの大きな基礎梁のせん断強度については寸法効果を考慮していないが，採用し

ている設計式が上部構造の耐震壁のせん断強度と同様の式であり，耐震壁の場合には寸法効果を考慮していないことや，ある程度以上のせん断補強がなされていることが前提となっている．しかし杭の場合には，円形断面であるため耐震壁のせん断強度と同様に扱うことが妥当と考えにくいことや，十分なせん断補強がなされないことが多いことを考慮して，せん断強度に関して寸法効果を考慮することとした．しかし，前述したように十分なデータがないため，設計式として与えた場合には精度の検証が困難である．そこで寸法効果による低減については，一律0.9として式全体に乗じて考慮することとした．解説図5.4.12より低減係数0.9は，dが1.0～3.0mの間の各コードおよび試験値や解析値の平均的な値といえる．

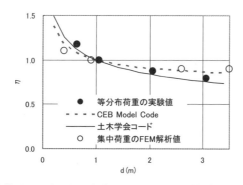

解説図5.4.12 寸法効果に関する梁の解析結果と実験結果等（ηはd=1mに対する比率）

解説表5.4.6のSモードにおける5%不良率の係数0.92と，前記の寸法効果による低減0.9を考慮すれば，設計用せん断強度算定用の低減係数は，以下となる．

$$0.92 \times 0.9 = 0.83$$

これより本文では，設計用せん断強度算定用の低減係数を0.8以下としている．

3. 限界変形角

場所打ち鉄筋コンクリート杭の杭頭部の安全限界変形角θ_uは，次式より評価する．

$$\theta_u = \theta_y + \theta_p \tag{解5.4.10}$$

$$\theta_p = R_u - R_y \tag{解5.4.11}$$

記号　θ_u：場所打ち鉄筋コンクリート杭の杭頭部の安全限界変形角〔解説図5.4.13〕

　　　θ_y：場所打ち鉄筋コンクリート杭の杭頭部の主筋降伏時変形角〔解説図5.4.13〕

　　　θ_p：場所打ち鉄筋コンクリート杭の杭頭部の主筋降伏後の変形角

　　　R_u：場所打ち鉄筋コンクリート杭の杭頭部の軸方向力とせん断力を安定して維持できる限界の部材角

　　　R_y：場所打ち鉄筋コンクリート杭の杭頭部の主筋降伏時の部材角

θ_yは，主筋降伏発生時におけるパイルキャップからの杭主筋の抜出しと，圧縮側コンクリートのめり込みによって生じる杭頭の回転角であり，θ_uは，杭頭部の塑性ヒンジの変形能力を表現する限界回転角である．θ_pは，主筋降伏から限界回転角までの回転角で，R_uは，杭頭部の実験にお

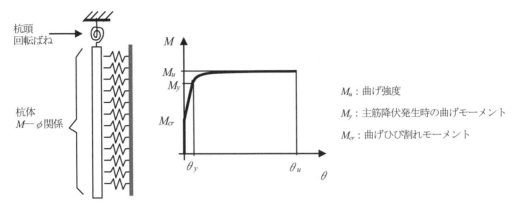

解説図 5.4.13 杭頭回転ばねの$M-\theta$関係

いて軸力およびせん断力を安定して維持できる限界の部材角であり，ここでは最大荷重の 80%以上を安定して維持する限界の部材角として，実験データから分析した．R_y は，同じ実験から得られる主筋降伏発生時の部材角である．R_y を差し引くのは，杭体の $M-\phi$ 関係に非線形性があることを考慮すると，R_y には杭主筋降伏までの杭頭付近の非線形性に伴う変形が含まれているためである．

以下に θ_y の評価方法を示す．杭頭実験において杭の最外縁の引張鉄筋が降伏する時の，パイルキャップからの抜出し量 S_{by} を回転中心までの距離 d_n で割れば θ_y が得られる．

$$\theta_y = S_{by}/d_n$$

しかし，杭頭位置において S_{by} と d_n を精度よく直接測定することが難しい．そこで，文献 5.4.10)～5.4.12) ではパイルキャップ内の主筋端部が抜け出していないと仮定して，パイルキャップ内の杭主筋のひずみを積分することによって，パイルキャップ底面からの抜出し量 S_{by} の実験値を推定し，さらに杭頭の回転中心を中立軸と同じとして断面の曲げ解析から d_n を求めることによって，θ_y の実験値を評価している．このように評価された θ_y と杭体の曲げ変形とせん断変形の計算値を考慮すれば，主筋降伏までの杭頭の変形が評価できることから，上記の方法で評価された θ_y は実験値として概ね妥当であることが報告されている[5.4.11]．他の実験も含めて評価された θ_y の実験値[5.4.10)～5.4.15)] を解説図 5.4.14 に示す．θ_y は軸方向力，杭主筋比，コンクリート強度等による影響を受けるが，0.8/1 000～2.6/1 000（rad）の範囲にある．

次に，解説図 5.4.15 (b) に実験から得られた S_{by} を，主筋降伏ひずみ ε_y の (1/2) で除して l_{bo} とし，さらに杭主筋径 d_{bp} で除して α に無次元化して示した．l_{bo} は一様な付着応力度分布を仮定した場合の付着長さであり，α はその付着長さが主筋径の何倍かを示す値である．このような指標を用いると，パイルキャップからの抜出し量 S_{by} は，下式で表される．

$$S_{by} = \frac{1}{2}\varepsilon_y \cdot l_{bo} = \frac{1}{2}\varepsilon_y \cdot \alpha \cdot d_{bp}$$

上式を d_n で除すことにより，杭頭の回転角 θ_y は下式で表される．

データ数 21, 杭直径 500〜1 000 mm, 杭主筋径 d_{bp}=10〜29 mm, p_g=0.7〜1.8 %, σ_y=380〜400 N/mm², σ_0/σ_B=0〜0.28

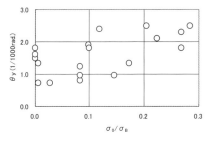
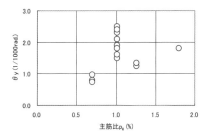

解説図 5.4.14 実験から評価された θ_y

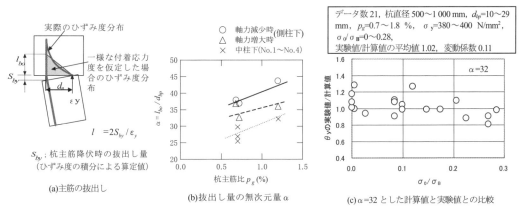

解説図 5.4.15 杭主筋降伏時の最外縁の引張鉄筋の抜出し量[5.4.11)]と θ_y の（実験値／計算値）

$$\theta_y = \frac{1}{2}\varepsilon_y \cdot \alpha \cdot d_{bp} \cdot \frac{1}{d_n}$$

ここで，回転中心と中立軸位置を同じと仮定すると，主筋降伏発生時の曲率 ϕ_y は，

$$\phi_y = \frac{\varepsilon_y}{d_n}$$

であるので（解 5.4.12）式が得られ，θ_y は α と杭主筋径 d_{bp}，ϕ_y から算定することができる．

$$\theta_y = \frac{1}{2}\alpha \cdot d_{bp} \cdot \phi_y \qquad (\text{解 5.4.12})$$

解説図 5.4.15(b) に示すように，抜出し量の無次元量 α は，杭主筋比に応じて変動軸力の有無と変動軸力の大小に応じて，25〜45 の間で変化する値となっている．実験数が少ないため各要因の影響を定量的に扱うことは困難であるが，平均的に α は 32 程度である．そこで，α=32 として（解 5.4.12）式を用いて計算した θ_y と，実験から評価された θ_y との比較を解説図 5.4.15(c) に示す．軸方向応力度比（σ_0/σ_B）がゼロで計算値は若干過小評価，軸方向応力度比が 0.2 以上で若干過大評価となっているが，実験値と計算値とは概ね対応している．（解 5.4.12）式でかつ α=32 とする場合の適用範囲は，杭主筋の引張降伏が先行することと，パイルキャップ内の定着が十分に取

れており，主筋降伏時にパイルキャップ内の主筋端部が抜け出していないことなどである．

次に，θ_pの評価方法を示す．前記のように，θ_pは軸力およびせん断力が安定して維持できる限界として，杭頭部の実験から最大荷重の80%を安定して維持できる部材角R_uから，主筋降伏発生時の部材角R_yを引いて評価する．解説図5.4.16に(R_u-R_y)の実験データ[5.4.10)~5.4.15]を示す．実験の諸元は，杭直径400~1000 mm，主筋比p_g=0.7~1.8%，せん断補強筋比p_w=0.1~0.4%，コンクリート強度σ_B=24~42 N/mm²，シヤースパン比$M/(Q\cdot d)$=2.2~2.7で，合計21体である．図中の矢印は，せん断力の低下が少なく，(R_u-R_y)がそれ以上であることが推測されるデータである〔解説図5.4.17も同様〕．

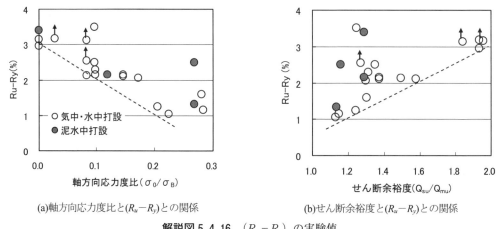

(a)軸方向応力度比と(R_u-R_y)との関係　　　(b)せん断余裕度と(R_u-R_y)との関係

解説図 5.4.16 (R_u-R_y)の実験値

これより(R_u-R_y)は軸方向応力度比σ_0/σ_Bが大きくなると低下し，せん断余裕度Q_{su}/Q_{mu}が大きくなると増大する傾向があることがわかる．図中の破線は下限値を表す．

すなわち，

$$\theta_{p\text{下限値}}(\text{rad})=(R_u-R_y)_{\text{下限値}}=0.03-0.1(\sigma_0/\sigma_B)：\sigma_0/\sigma_B=0\sim0.25 \qquad (解5.4.13)$$

あるいは，

$$\theta_{p\text{下限値}}(\text{rad})=(R_u-R_y)_{\text{下限値}}=0.025(Q_{su}/Q_{mu})-0.02：$$
$$Q_{su}/Q_{mu}=1.1\sim2.0,\ \sigma_0/\sigma_B=0\sim0.3 \qquad (解5.4.14)$$

ただし，Q_{su}は(5.4.3)式によるせん断強度，Q_{mu}はe関数法の断面解析による曲げ強度時のせん断力である．現段階においては，実験データが少ないため，上の2つの式を合わせて活用することを推奨する．なお，解説図5.4.16には施工を模擬して泥水中にコンクリートを打設した試験体も含まれているが，この範囲では泥水中打設の影響は見られない．

なお現状では，下限値は示すことができるが，統計量を示すほどのデータが無いことから，本文では，検討に用いたデータから平均軸方向応力度と主筋比の範囲を定めて，杭頭部における安全限界状態設計用の限界塑性変形角は一律1/100以下とした．

参考に，同じ実験結果において，杭頭に発生するヒンジゾーンの大きさを考察した．ヒンジゾー

ン内で曲率が ϕ_u で一定と仮定したときの，ヒンジゾーンの長さ L_{hz} を下式で推定した．ただし，(R_u-R_y) は解説図 5.4.16 の実験値，ϕ_u と ϕ_y は平面保持を仮定して，コンクリートの応力度～ひずみ関係を e 関数法によってモデル化した計算値で，それぞれコンクリートの圧縮縁が限界圧縮ひずみ 0.003 となるときの曲率と，主筋が降伏するときの曲率とした．

$$L_{hz}=\frac{R_u-R_y}{\phi_u-\phi_y} \tag{解 5.4.15}$$

（解 5.4.15）式と軸方向応力度比，せん断余裕度との関係を解説図 5.4.17 に示す．少ないデータではあるが，この範囲では推定したヒンジゾーンの長さ L_{hz} は軸方向応力度比，せん断余裕度による顕著な傾向は見られない．L_{hz} は概ね $0.5D$～$0.7D$（D は杭直径）の間にあり，最小値は $0.4D$ となっていることがわかる．

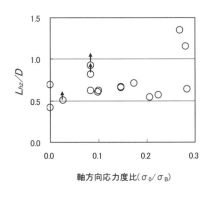
(a) 軸方向応力度比と L_{hz}/D との関係

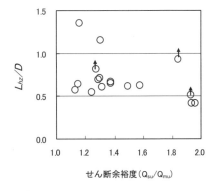
(b) せん断余裕度と L_{hz}/D との関係

解説図 5.4.17 杭頭部のヒンジゾーンの大きさ L_{hz}/D

4. 構造規定

場所打ち鉄筋コンクリート杭の主筋の継手には，重ね継手が一般的に用いられているが，機械式継手による方法や圧接による方法が採用される場合もある．重ね継手とする場合，線径 3.2 mm 程度の鉄線で主筋1本あたり3箇所以上結束するのが一般的であるが，鉄筋籠が重い場合は結合部分がずり落ちないように溶接を併用する[5.4.6)]か，機械式継手を用いる．

溶接は主筋の靱性を著しく失うので注意する．特に，杭頭接合部は応力が高く，降伏する可能性も高いので，杭頭から杭直径の2倍以内の範囲で溶接しないことにした．

主筋を束ねて使用する場合，3本以上重ねると鉄筋の付着特性が低下することや継手部の配筋が困難になることが考えられるので，2本重ねまでを認めることにした．

杭の曲げ強度およびせん断強度，限界変形の基になっているデータにおいて，二段配筋のデータが十分ではないことから，主筋の配置は一段配筋とした．同様に，主筋比 p_g が 0.6% 以上，かつせん断補強筋比 p_w が概ね 0.1% 以上の実験データに基づいて設計式の検証をしていることから，主筋比およびせん断補強筋比の規定を記述している．ただし，杭深部での主筋比の緩和やせん断補強筋の間隔については，従来の慣例に基づいて規定した．

なお,靱性確保という観点からは,杭主筋比の上限設定も重要であるが,本節では3.杭頭部における安全限界状態設計用の曲げ降伏後の限界塑性変形角を利用する場合に,p_gの範囲を設定しているため,構造規定には記述していない.

参考文献

5.4.1) 竹下貞雄・梅原俊夫・奥村文直:場所打ち杭の杭体コンクリートの強度について,基礎工,pp.47〜51,1985.6

5.4.2) 渡辺忠朋・村田 修・谷口善則:場所打ちRC杭の圧縮強度,土木学会第50回年次学術講演会,pp.26〜27,1995

5.4.3) 西村昌宏・神川政幸・西岡英俊・舘山 勝・千葉佳敬:掘削泥水中に打設される場所打ちコンクリート杭の品質に関する研究,土木学会第63回年次学術講演会,pp.925〜926,2008.9

5.4.4) 宮本和徹・嶋谷欣巳:場所打ちコンクリート杭のコンクリートコアの強度について,基礎工,pp.43〜46,1998.9

5.4.5) 小林勝已・森 鉱一:場所打ちコンクリート拡底杭の品質管理,基礎工,Vol.37,No.8,pp.19〜24,2009.8

5.4.6) 日本基礎建設協会:場所打ちコンクリート杭施工指針・同解説(改訂版),2000

5.4.7) 渡邊 徹・長尾俊昌・真島正人・小林英雄:既存コンクリート杭の耐久性調査,第38回地盤工学研究発表会,pp.1535〜1536,2003

5.4.8) 渡邊 徹・富田菜都美・石崎定幸・長尾俊昌・河本慎一郎・辰濃 達・原 順:超高層建物における既存場所打ち杭の再使用に関する調査(その2)健全性・耐久性に関する調査結果,日本建築学会学術講演梗概集,pp.465〜466,2013

5.4.9) 日本建築学会:鉄筋コンクリート構造設計規準・解説,pp.148〜149,1991

5.4.10) 小林勝已・丸 隆宏・大西靖和・寺岡 勝・和田 章:水平力を受ける場所打ち杭—基礎梁部分架構の力学的特性に関する研究,日本建築学会構造系論文集,第509号,pp.83〜90,1998.7

5.4.11) 小林勝已・丸 隆宏・大西靖和・寺岡 勝・和田 章:側柱下の場所打ち杭—基礎梁部分架構の耐震性能に関する研究,日本建築学会構造系論文集,第520号,pp.61〜68,1999.6

5.4.12) 瀧口将志・渡辺忠朋:場所打ちRC杭の変形性能に関する実験的研究,コンクリート工学年次論文報告集,Vol.19,No.2,pp.801〜806,1997

5.4.13) 白都 滋・稲村利男・田村昌仁・勅使川原正臣:実大場所打ちRC杭の実験的研究,コンクリート工学年次論文報告集,Vol.20,No.3,pp.895〜900,1998

5.4.14) 畑中重光:コンクリート部材の破壊と寸法効果−曲げ破壊と寸法効果−,コンクリート工学,Vo.37,No.9,pp.49〜53,1999

5.4.15) 長江拓也・王 敬東・香取慶一・林 静雄:軸部を細くした場所打ちコンクリート杭のせん断ひび割れと破壊過程,コンクリート工学年次論文集,Vol.22,No.3,pp.619〜624,2000

5.4.16) 長江拓也・香取慶一・林 静雄:場所打ちコンクリート杭への高強度せん断補強筋の適用に関する考察,コンクリート工学年次論文報告集,Vol.21,No.3,pp.403〜408,1999

5.4.17) 是永健好・小林 淳・小室 務・川端一三:異形PC鋼棒で補強された場所打ちRC杭のせん断性状,コンクリート工学年次論文報告集,Vol.20,No.3,pp.427〜432,1998

5.4.18) 本庄正樹・長江拓也・柳瀬高仁・林 静雄:場所打ちコンクリート杭のせん断挙動に及ぼす寸法効果に関する実験的研究,コンクリート工学年次論文報告集,Vol.23,No.3,pp.979〜984,2001

5.4.19) 吉田 誠・山本俊彦・山田和夫:鉄筋コンクリート杭の曲げせん断挙動に関する実験的研究,コンクリート工学年次論文報告集,Vol.21,No.3,pp.487〜492,1999

5.4.20) 酒向靖二・山田和夫・山本俊彦:場所打ち鉄筋コンクリート杭のせん断挙動に関する基礎的研究,コンクリート工学年次論文報告集,Vol.21,No.3,pp.493〜498,1999

5.4.21) 酒向靖二・山田和夫・山本俊彦・矢野伸司:場所打ち鉄筋コンクリート杭のせん断挙動に及ぼすせ

ん断スパン比の影響，コンクリート工学年次論文報告集，Vol. 22, No. 3, pp.673～678, 2000

5.4.22) 本庄正樹・長江拓也・柳瀬高仁・林　靜雄：場所打ちコンクリート杭のせん断挙動に及ぼす寸法効果に関する実験的研究，コンクリート工学年次論文報告集，Vol. 23, No. 3, pp.979～984, 1999

5.4.23) 梅村　魁：鋼筋コンクリート梁の塑性變形及び終局強度，日本建築学会論文集，第 42 号，pp. 59～70, 1951.1

5.4.24) 鈴木計夫・中塚　佶・中田浩之：鉄筋コンクリート円形柱の曲げ終局強度算定式，日本建築学会構造系論文報告集，第 424 号，pp.23～34, 1991.6

5.4.25) 長尾俊昌・妹尾博明・若命善雄：場所打ちコンクリート杭の杭頭接合部の挙動，大成建設技術研究所報，第 22 号，pp.115～122, 1989.11

5.4.26) 木村嘉富・大越盛幸・阪野　彰・福井次郎：場所打ち杭のせん断耐力評価法に関する載荷試験，土木学会第 52 回年次学術講演会，pp.84～85, 1998

5.4.27) 日本建築学会：鉄筋コンクリート造建物の靱性保証型耐震設計指針・同解説, 1999

5.4.28) 林　静雄・大宮　幸・香取慶一：鉄筋コンクリート造円形断面部材のせん断終局強度式の適用性，コンクリート工学，Vol. 42, No. 2, pp.27～32, 2004.2

5.4.29) 吉田　誠・山本俊彦・山田和夫：鉄筋コンクリート杭の曲げせん断挙動に関する実験的研究，コンクリート工学年次論文報告集，Vol. 21, No. 3, pp.487～492, 1999

5.4.30) 新井元植・吉田　誠・山本俊彦・山田和夫：場所打ち鉄筋コンクリート杭の曲げせん断挙動に関する実験的研究，コンクリート工学年次論文集，Vol. 22, No. 3, pp.667～672, 2000

5.4.31) 稲村利男・宮本和徹・藤木秀則・田村昌仁・白都　滋・青木洋一：泥水中で打設下場所打ち模型杭の水平加力実験（その1～2），日本建築学会大会学術講演梗概集，構造Ⅱ，pp.507～510, 1999

5.4.32) 寺井雅和：大断面 RC 基礎部材と寸法効果，日本建築学会大会構造部門パネルディスカッション資料，pp.45～52, 2006.9

5.4.33) 二羽淳一郎：コンクリート部材の破壊と寸法効果－せん断破壊と寸法効果－，コンクリート工学，Vo. 37, No. 9, pp.46～48, 1999

5.4.34) 田村真利・白井伸明・森泉和人・田島徹也：大型鉄筋コンクリート梁のせん断強度の寸法効果，コンクリート工学年次論文報告集，Vol. 19, No. 2, pp.153～158, 1997

5.4.35) 井畔・塩谷・野尻・秋山：等分布荷重下における大型鉄筋コンクリートはりのせん断強度に関する実験的研究，土木学会論文集，No. 348/V-1, pp.175～184, 1984

5.4.36) CEB：CEB-FIP Model Code 1990, Final Draft, Comite Euro-International du Beton, Bulletin D'Information, No. 203～205, Lausanne, 1991

5.4.37) 土木学会・コンクリート標準示方書，設計編，pp.180～181, 2012

5.4.2　場所打ち鋼管コンクリート杭

1. 本項は，下記の（1）から（5）を満たす場所打ち鋼管コンクリート杭および杭頭接合部の限界値の算定，安全限界変形角の設定，設計用限界値および設計用安全限界変形角を設定するための低減係数の設定に適用する．
   (1) 鋼管と鋼管内コンクリートの合成断面が，外力に対して一体挙動することが確認された工法で，施工管理方法が確立し，かつ，適切な管理の下で施工される工法とする．
   (2) 原位置地盤の掘削方法は，アースドリル工法，リバースサーキュレーション工法，オールケーシング工法とする．
   (3) コンクリートは普通コンクリートとするとともに，コンクリートの設計基準強度は，21 N/mm^2 以上 40 N/mm^2 以下とする．鉄筋の種別は，SD295A，SD295B，SD390，SD490 および国土交通大臣の認定を取得した高強度せん断補強筋とし，鋼管は SKK400，SKK490 とする．
   (4) 鋼管の現場継手は，適切な管理の下で施工される溶接継手とする．
   (5) 杭頭接合部は，定着鉄筋にてパイルキャップに定着する接合方法とする．これ以外の接合方法を用

2. 杭体の限界値および設計用限界値設定のための低減係数は，下記（1）および（2）による．

（1）損傷限界状態

損傷限界状態における鋼管コンクリート部の限界値（損傷限界曲げモーメント，損傷限界せん断力）は，下記（ⅰ）および（ⅱ）による．なお，鋼管の腐食しろは，施工法に応じて適宜考慮する．また，鉄筋コンクリート部の限界値は，5.4.1による．

（ⅰ）損傷限界曲げモーメント

損傷限界曲げモーメントは，鋼管および鋼管コンクリート部内のコンクリートならびに鋼管内に主筋が配置されている場合は主筋の応力度とひずみの関係として線形弾性，断面のひずみ分布を直線に仮定し，下記①から⑤に対して求めた曲げモーメントのうちの最小値とする．

①鋼管の圧縮縁が短期許容圧縮応力度に達したとき

②コンクリートの圧縮縁が短期許容圧縮応力度に達したとき

ただし，コンクリートの短期許容圧縮応力度は，$2/3 \cdot \xi \cdot F_c$〔$\xi \cdot F_c$は（5.4.1）式参照〕とする．

③圧縮側鉄筋が短期許容圧縮応力度に達したとき

④鋼管の引張縁が短期許容引張応力度に達したとき

⑤引張側鉄筋が短期許容引張応力度に達したとき

なお，鋼管の短期許容応力度は基準強度Fとし，鋼管コンクリート部内のコンクリートの短期許容圧縮応力度は5.4.1項に，主筋の短期許容応力度は2.2節による．

（ⅱ）損傷限界せん断力

損傷限界せん断力は，（5.4.4）式による．

$$Q_s = \frac{1}{{}_s\kappa} \cdot {}_sf_s \cdot {}_sA \tag{5.4.4}$$

記号　Q_s：場所打ち鋼管コンクリート部の損傷限界せん断力（N）

${}_s\kappa$：鋼管のせん断変形算定用形状係数で，次式による．

$${}_s\kappa = 2.0$$

${}_sf_s$：鋼管の短期許容せん断応力度（N/mm²）で，次式による．

$${}_sf_s = \frac{F}{\sqrt{3}}$$

F：鋼管の基準強度（N/mm²）

${}_sA$：腐食しろを考慮した鋼管の有効断面積（mm²）

（ⅲ）設計用限界値算定のための低減係数

設計用限界値算定のための低減係数は，損傷限界曲げモーメントおよび損傷限界せん断力とも1.0以下とする．

（2）安全限界状態

安全限界状態における鋼管コンクリート部の圧縮ひずみの限界値（曲げ強度，せん断強度）は，下記（ⅰ）および（ⅱ）による．なお，鋼管の腐食しろは，施工法に応じて適宜考慮する．また，鉄筋コンクリート部の限界値は，5.4.1による．

（ⅰ）曲げ強度

曲げ強度は，応力度とひずみの関係を鋼管については材料強度を折れ点として引張強さの85%強度を限界値とするバイリニア，鋼管コンクリート部内のコンクリートについてはe関数法等，鋼管内に主筋が配置されている場合の杭主筋については材料強度を折れ点とするバイリニアの骨格曲線で設定し，断面の平面保持を仮定した方法により算定する．このとき，曲げ強度は，鋼管の圧縮縁の応力度が引張強さの85%強度に達したとき，または圧縮側コンクリートが圧縮限界ひずみε_{cu}に達したときの曲げモーメントのうち，小さい方の数値とする．ただし，コンクリートの圧縮に対する材料強度は$\xi \cdot F_c$〔$\xi \cdot F_c$は（5.4.1）式参照〕とし，圧縮限界ひずみε_{cu}は0.003とする．軸方向力を杭の換算断面積（コンクリート断面に鋼管の有効断面積にヤング係数比を乗じた数値を加算した数値．なお，

鉄筋を配した場合は，鉄筋の断面積にヤング係数比を乗じた数値をさらに加算する）で除した平均軸方向応力度 σ_0 の範囲は，$-0.07\xi \cdot F_c$ 以上かつ $0.15\xi \cdot F_c$ 以下とする（ただし圧縮を正とする）．

(ⅱ) せん断強度

せん断強度は，(5.4.5) 式による．

$$Q_u = {}_sQ_0\sqrt{1-\eta^2} \cdot \frac{{}_{sc}M_u}{{}_sM_u} \tag{5.4.5}$$

記号　Q_u：鋼管コンクリート部のせん断強度 (N)

　　　${}_sQ_0$：軸方向力が作用しないときの鋼管のせん断強度 (N) で，次式による．

$$ {}_sQ_0 = \frac{2t(D-t){}_s\sigma_y}{\sqrt{3}}$$

　　　D：鋼管の直径 (mm)

　　　t：腐食しろを考慮した鋼管の板厚 (mm)

　　　${}_s\sigma_y$：鋼管の材料強度 (N/mm²)

　　　η：軸力比で，次式による．

$$\eta = \frac{N}{{}_sN_{cu}}$$

　　　N：設計用軸方向力 (N)

　　　${}_sN_{cu}$：鋼管の圧縮強度 (N) で，次式による．

$$ {}_sN_{cu} = {}_s\sigma_y \cdot {}_sA$$

　　　${}_sA$：腐食しろを考慮した鋼管の有効断面積 (mm²)

　　　${}_{sc}M_u$：鋼管コンクリート部の曲げ強度 (N・mm)

　　　${}_sM_u$：軸方向力を考慮した鋼管の全塑性モーメント (N・mm) で，次式による．

$$ {}_sM_u = {}_sM_{u0}\cos\frac{\pi \cdot \eta}{2}$$

　　　${}_sM_{u0}$：軸方向力が作用しないときの鋼管の全塑性モーメント (N・mm) で，次式による．

$$ {}_sM_{u0} = Z_p \cdot {}_s\sigma_y$$

　　　Z_p：鋼管の塑性断面係数 (mm³) で，次式による．

$$Z_p = \frac{4}{3}R^3\left\{1-\left(1-\frac{t}{R}\right)^3\right\}$$

　　　R：鋼管の半径 (mm)

(ⅲ) 設計用限界値算定のための低減係数

設計用曲げ強度算定のための低減係数は 0.95 以下とし，設計用せん断強度算定のための低減係数は 0.8 以下とする．

3. 杭体の安全限界変形角および設計用安全限界変形角設定用の低減係数は，原則として下記 (1) および (2) による．ただし，実験等により安全限界変形角および設計用安全限界変形角を求める場合は，当該数値によることができる．また，鉄筋コンクリート部の安全限界変形角および設計用安全限界変形角設定用の低減係数は，5.4.1項による．

(1) 安全限界変形角

鋼管コンクリート部の安全限界変形角は，(5.4.6) 式による．

$$R_u = 7.5 - \frac{{}_c\sigma_B - 39}{55} - 0.05\frac{D}{t}\sqrt{\frac{{}_s\sigma_y}{324}} - 5.0\frac{N}{N_0} \tag{5.4.6}$$

記号　R_u：鋼管コンクリート部の安全限界変形角 (%)

　　　t：腐食しろを考慮した鋼管の板厚 (mm)

　　　D：鋼管の直径 (mm)

　　　N：鋼管コンクリート部に作用する軸方向力 (N)

N_0：鋼管コンクリート部の圧縮強度（N）で，次式による．
$$N_0 = {}_sA \cdot {}_s\sigma_y + {}_cA \cdot {}_c\sigma_B$$
${}_sA$：腐食しろを考慮した鋼管の有効断面積（mm²）
${}_s\sigma_y$：鋼管の材料強度（N/mm²）
${}_cA$：鋼管コンクリート部内のコンクリートの断面積（mm²）
${}_c\sigma_B$：鋼管コンクリート部内のコンクリートの圧縮強度（N/mm²）で，設計基準強度とする．

（2） 設計用安全限界変形角設定用の低減係数

鋼管コンクリート部の設計用安全限界変形角を設定するための低減係数は，0.95 以下とする．

4. 杭頭接合部の限界値および設計用限界値設定のための低減係数は，下記（1）から（3）による．ただし，パイルキャップコンクリートの材料強度は F_c とし，圧縮限界ひずみ ε_{cu} は 0.003 とする．

（1） 損傷限界曲げモーメント

杭頭接合部の損傷限界曲げモーメントは，圧縮側における杭頂部の局所抵抗を考慮し，引張側の応力度分布を中立軸からの距離により補正した接合面での応力度分布（以下，接合面での補正応力度分布という）を用いて，平面保持を仮定した場所打ちコンクリート杭の損傷限界曲げモーメントの算定方法に準じて算定する．ただし，接合面での補正応力度分布を適切に設定できない場合は，接合部を鋼管の直径 +200 mm の仮想鉄筋コンクリート断面として損傷限界曲げモーメントを算定してもよい．

（2） 曲げ強度

杭頭接合部の曲げ強度は，接合面での補正応力度分布を用いて，平面保持を仮定した場所打ちコンクリート杭の曲げ強度の算定方法に準じて算定する．ただし，接合面での補正応力度分布を適切に設定できない場合は，杭頭接合部を鋼管の直径 +200 mm の仮想鉄筋コンクリート断面として曲げ強度を算定してもよい．

（3） 設計用限界値設定のための低減係数

設計用限界値算定のための低減係数は，損傷限界曲げモーメントについては 1.0 以下，曲げ強度については 0.95 以下とする．

5. 杭頭接合部の安全限界変形角および設計用安全限界変形角設定用の低減係数は，下記（1）および（2）または実験により定める．ただし，パイルキャップコンクリートの材料強度は F_c とし，圧縮限界ひずみ ε_{cu} は 0.003 とする．

（1） 安全限界変形角

杭頭接合部の安全限界変形角は，接合面での補正応力度分布を用いて，平面保持を仮定した場所打ちコンクリート杭の曲げ強度の算定方法を用いて算定する．ただし，接合面での補正応力度分布を適切に設定できない場合は，接合部を鋼管の直径 +200 mm の仮想鉄筋コンクリート断面として安全限界変形角を算定してもよい．

$$\theta_u = 15 \times \theta_y \tag{5.4.7}$$

記号　θ_u：場所打ち鋼管コンクリート杭の杭頭接合部の限界変形角（rad）
　　　θ_y：場所打ち鋼管コンクリート杭の杭頭接合部の降伏変形角（rad）で，次式による．
$$\theta_y = {}_r\phi_{ty} \cdot L_d$$
${}_r\phi_{ty}$：鋼管の直径 +200 mm の仮想鉄筋コンクリート断面において，引張側最外縁の定着鉄筋が材料強度に達したときの曲率（mm⁻¹）
L_d：定着鉄筋の付着長さ（mm）で，次式による．
$$L_d = \lambda \cdot \alpha \cdot \frac{S \cdot {}_r\sigma_y \cdot d_b}{10 \cdot f_b}$$
λ：付着長さの補正係数で，$\lambda = 0.86$ とする．
α：割裂破壊に対する補正係数で，横補強筋で拘束されたコア内に定着する場合は 1.0，それ以外の場合は 1.25 とする．
S：必要長さの修正係数で，直線定着する定着鉄筋の場合 1.0 とする．

$_r\sigma_y$：定着鉄筋の材料強度（N/mm²）
d_b：定着鉄筋の呼び名に用いた数値（mm）
f_b：付着割裂の基準となる強度（N/mm²）で，次式による．

$$f_b = \frac{F_c}{40} + 0.9$$

F_c：パイルキャップコンクリートの設計基準強度（N/mm²）

（2） 安全限界変形角設定用の低減係数

設計用安全限界変形角を設定するための低減係数は，0.95以下とする．

6．構造規定は，下記（1）から（5）による．
（1） 鋼管の直径は600 mm以上2500 mm以下とする．
（2） 鋼管の板厚は6 mm以上かつ鋼管の直径の1/100以上とする．
（3） 鋼管の長さは，原則として鋼管の直径の5倍以上とする．なお，鋼管と鋼管内コンクリートの合成断面が外力に対して一体挙動することが確認できる場合は，この限りではない．
（4） 鉄筋コンクリート部の主筋と鋼管の重ね継手は，原則として$45 d_b$以上（d_b：異形鉄筋の呼び名に用いた数値）とする．なお，外力により杭体に生じる応力が継手部を通して鋼管コンクリート部および鉄筋コンクリート部に伝達することが確認できる場合は，この限りではない．
（5） 鉄筋コンクリート部の構造規定は，5.4.1項の構造規定に準じる．

1．適用範囲

場所打ち鋼管コンクリート杭とは，杭上部の鋼管コンクリート部と杭下部の鉄筋コンクリート部から構成される場所打ちコンクリート杭の総称である〔解説図5.4.18参照〕．

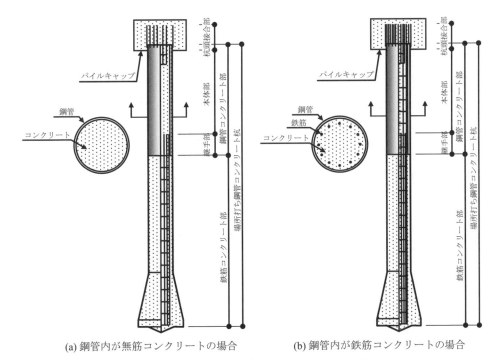

(a) 鋼管内が無筋コンクリートの場合　　(b) 鋼管内が鉄筋コンクリートの場合

解説図5.4.18 場所打ち鋼管コンクリート杭の構造

鋼管と鋼管内コンクリートを一体化させるため，内面に突起のついた鋼管を用いる工法，内面の円周方向に突起を溶接成型した鋼管を用いる工法，同様に，内面の円周方向に鋼帯を溶接により取り付けた鋼管を用いる工法，内面の管軸方向に鉄筋を溶接により取り付けた鋼管を用いる工法，などがある〔解説図 5.4.19 参照〕．また，原位置地盤の掘削方法は，全ての工法においてアースドリル工法，リバースサーキュレーション工法，オールケーシング工法の 3 工法に限定されている．

本指針においては，鋼管とコンクリートの一体性を実験等により確認し，かつ杭上部の鋼管コンクリート部と杭下部の鉄筋コンクリート部の一体性が確保された工法を対象とする．なお，鋼管の建込みを除く施工工程は，既存の場所打ちコンクリート杭工法の施工方法に基づいていることから，鉄筋コンクリート部については 5.4.1 項に準じるものとする．

鋼管の材料および品質は，JIS A 5525（2014）鋼管ぐい[5.4.41]による．また，コンクリートおよび鉄筋の品質ならびに施工は，JASS 4 [5.4.42]，JASS 5 [5.4.43]，JASS 6 [5.4.44]によるほか，関連指針類による．

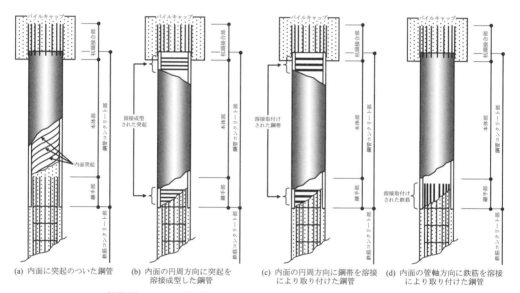

(a) 内面に突起のついた鋼管　(b) 内面の円周方向に突起を溶接成型した鋼管　(c) 内面の円周方向に鋼帯を溶接により取り付けた鋼管　(d) 内面の管軸方向に鉄筋を溶接により取り付けた鋼管

解説図 5.4.19 場所打ち鋼管コンクリート杭に使用する鋼管

コンクリートの設計基準強度については，18 N/mm² 以上 45 N/nmm² 以下としている工法が多い．曲げ強度を検討した際に用いた実験値においては，コンクリート強度に σ_B は 19.8〜53.7 N/mm² の範囲にあるが，ここでは場所打ち鉄筋コンクリート杭に準じて下限値を 21 N/mm²，上限値を 40 N/mm² とした．ただし，実験等により鋼管コンクリート部の強度および変形性能が確認されている場合には，この限りではない．

場所打ち鋼管コンクリート杭の杭頭接合部は，定着鉄筋にてパイルキャップに定着する方法が一般的である〔解説図 5.4.20 参照〕．これらは，従来から存在する鋼管杭の杭頭接合形式を基にしているため，鋼管杭の杭頭接合部とほぼ同様の構造形式となっている．また，従来は鋼管の直径分をパイルキャップに埋め込む方法も採用されていたが，埋込み部の補強が煩雑であり，現在ではほと

んど採用されていないのが実状である．

これら以外の杭頭接合方法を用いる場合は，接合方法ごとに実験等により強度および剛性が明らかな信頼できる資料等によるものとする．また，場所打ち鋼管コンクリート杭の杭体および杭頭接合部の解析モデルは，解説図5.4.21を基本とする．

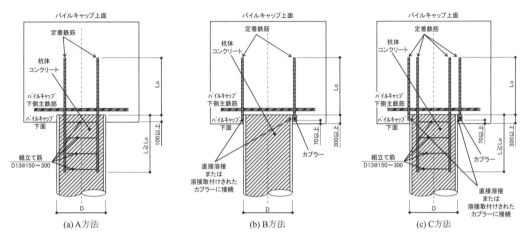

解説図 5.4.20 場所打ち鋼管コンクリート杭の杭頭接合部の構造例

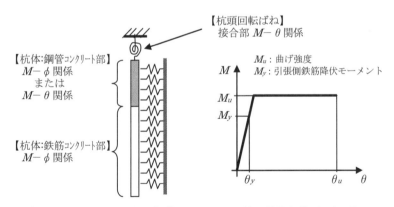

解説図 5.4.21 場所打ち鋼管コンクリート杭の杭体と杭頭回転ばね

2. 杭体の限界値および設計用限界値設定のための低減係数

場所打ち鋼管コンクリート杭は，杭上部の鋼管コンクリート部と杭下部の鉄筋コンクリート部より構成される．杭上部の鋼管コンクリート部については，本会「鉄骨鉄筋コンクリート構造計算規準・同解説（2001）」[5.4.39]（以下，SRC規準という）の柱の規定に準じて限界値を評価する．ただし，柱と異なる杭特有の条件があるので，基礎指針[5.4.40]も参照して設計を行う．杭下部の鉄筋コンクリ

ート部については，場所打ち鉄筋コンクリート杭と同等と評価できるため，この部位の限界値と低減係数は5.4.1項によるものとする．

なお，本指針においては，鋼管とコンクリートの一体性を実験等により確認し，かつ杭上部の鋼管コンクリート部と杭下部の鉄筋コンクリート部の一体性が確保された工法を対象としていることから，鉄筋コンクリート部と鋼管コンクリート部の重ね継手部については，主筋とコンクリートまたは鋼管とコンクリートとの間で付着破壊することはなく，主筋の抜出し等もないものとして取り扱う．

鋼管コンクリート部の鋼管の腐食しろについては，外面に防食処理を施していない鋼管を用いて通常の土壌に施工する場合には，鋼管の外面から1mmを見込むものとする．ただし，掘削〜鉄筋かご挿入〜コンクリート打設の一連の作業を行った後，まだ固まらないコンクリート中に掘削径より小さい鋼管を圧入する工法（以下，打設後圧入工法という）を採用する場合には，腐食しろを見込まなくともよい．また，外面に防食処理を施していない鋼管を用いて亜硫酸ガスや硫化水素等を多く含有する酸性土壌等の特殊な地盤に施工する場合には，その影響を十分に検討し，必要な腐食しろを見込むものとする．

(1) 損傷限界状態
(ⅰ) 損傷限界曲げモーメント

鋼管コンクリート部の損傷限界曲げモーメントは，基本的にSRC規準における短期許容状態の検討と同じ方法によるものとした．

鋼管コンクリート部では，コンクリート部または鉄筋コンクリート部の外面に円形鋼管が配置される．当該合成断面に軸方向力と曲げモーメントが同時に作用するような応力状態では，ほとんどの場合において最外縁に配置された鋼管が最初に圧縮降伏または引張降伏する．しかしながら，特定の応力状態では，コンクリートの最外縁や圧縮側最外縁に配置された鉄筋が最初に圧縮降伏したり，引張側最外縁に配置された鉄筋が最初に引張降伏することも起こり得る．鋼管コンクリート部は円形断面であるため，いずれかの構成要素の縁端部が降伏状態に至ってもただちに曲げモーメントと曲率の関係に変化が現れることはないが，地震時には荷重を繰り返し受けることや加力方向が一定でないことなどを考慮して，損傷限界状態では断面内の構成要素が降伏状態に至らないこととした．

材料の短期許容応力度は，5.4.1項に準じる．鋼管コンクリート部のコンクリートについては，コアボーリング試料の圧縮試験によって圧縮強度が設計基準強度を上回ることが確認されているものの，場所打ち鉄筋コンクリート杭と同様にコンクリートはトレミー管を使用して泥水中で打設される．したがって，鋼管コンクリート部のコンクリートについても，場所打ちコンクリート杭に準じて施工の品質管理に関わる係数を，通常の施工品質管理を行う場合には0.75以下，高品質な施工管理を行う場合には1.0以下とした．

(ⅱ) 損傷限界せん断力

鋼管コンクリート部の損傷限界せん断力は，せん断力を鋼管部分のみで負担すると仮定して算定する．せん断力に対する軸方向力の影響は若干あるものの，コンクリート部分が負担できるせん断力を考慮していないことから，十分に安全な数値を与えるものと判断される．

(ⅲ) 設計用限界値算定のための低減係数

場所打ち鋼管コンクリート杭は，場所打ち鉄筋コンクリート杭の杭上部を鋼管により補強するものである．施工方法は，鋼管の設置を除き，場所打ち鉄筋コンクリート杭と大きな違いがないこと，使用する鋼管が工場にて製造されることなどから，設計用損傷限界曲げモーメントの低減係数は，場所打ち鉄筋コンクリート杭に準じて1.0以下とすることとした．

また，設計用損傷限界せん断力の低減係数は，コンクリート部分が負担するせん断力を考慮しないことから，設計では十分な余裕があるものとみなし，1.0以下とすることとした．

(2) 安全限界状態

(ⅰ) 曲げ強度

鋼管コンクリート部の曲げ強度は，断面の平面保持を仮定した方法により算出する．コンクリートの応力度とひずみの関係は，場所打ちコンクリート杭と同様にe関数法等を用いる．この際，コンクリートの圧縮に対する材料強度は$\xi \cdot F_c$〔$\xi \cdot F_c$は(5.4.1)式参照〕とする．圧縮限界ひずみε_{cu}は，0.007とした場合が実験結果と比較的一致する[5.4.48]とされる文献もあるが，ここでは場所打ち鉄筋コンクリート杭と同様に0.003とした．また，鉄筋および鋼管の応力度とひずみの関係は，解説図5.4.22，解説表5.4.7によるものとする[5.4.45]．いずれかの構成要素のひずみまたは応力度が，限界値に達したときの曲げモーメントを曲げ強度とする．

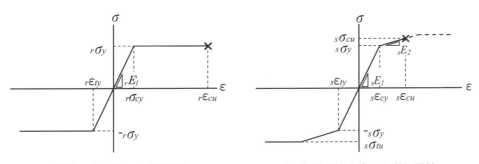

(a) 鉄筋の応力度〜ひずみ関係　　(b) 鋼管の応力度〜ひずみ関係

[注] 図中の記号の定義と数値は解説表5.4.7による

解説図5.4.22 鉄筋および鋼管の応力度とひずみの関係

解説図5.4.23は，場所打ち鋼管コンクリート杭の鋼管コンクリート部の曲げ強度について，実験値と計算値の比較である．横軸の軸方向応力度比杭σ_0/σ_Bは，平均軸方向応力度はσ_0をコンクリート強度をσ_Bで除した値であり，実験値は$-0.06 \sim 0.127$の範囲にある．平均軸方向応力度のσ_0については，ヤング係数の実測値がある場合には実測値を用い，実測値がない場合にはヤング係数比を10として算定した．実験値/計算値の平均値$\overline{X}$は1.27で，標準偏差σは0.12，変動係数は0.10となっている．実験値/計算値の頻度分布を正規分布と仮定し，不良率5%以下とするために必要な係数$(\overline{X}-1.64\sigma)$は，1.07となる．

(ⅱ) せん断強度

鋼管コンクリート部のせん断強度は，軸方向力の影響を考慮し，かつ，鋼管部とコンクリート部

解説表 5.4.7 鋼管コンクリート部および杭頭接合部に使用する鋼材の材料特性値[5.4.45]

材料特性値			鉄 筋				鋼 管		
		材質	SD295A SD295B	SD345	SD390	SD490	材質	SKK400	SKK490
引張強さ(N/mm²)		$_r\sigma_{tb}$	440	490	560	620	$_s\sigma_{tb}$	400	490
基準強度(N/mm²)		$_rF$	295	345	390	490	$_sF$	235	315
材料強度(N/mm²)		$_r\sigma_y$	$_rF \times 1.1$			$_rF$	$_s\sigma_y$	$_sF \times 1.1$	
最大応力度 (N/mm²)	圧縮		—				$_s\sigma_{cu}$	$0.85\,_s\sigma_{tb}$	
	引張り						$_s\sigma_{tu}$	$_s\sigma_{tb}$	
ヤング係数(N/mm²)		$_rE_1$	2.05×10^5				$_sE_1$	2.05×10^5	
							$_sE_2$	$_sE_1/30 (\fallingdotseq 6833)$	
ひずみ	降伏 圧縮	$_r\varepsilon_{cy}$	$_r\varepsilon_{cy}/_rE_1$				$_s\varepsilon_{cy}$	$_s\sigma_y/_sE_1$	
	降伏 引張り	$_r\varepsilon_{ty}$	$_r\varepsilon_{ty}/_rE_1$				$_s\varepsilon_{ty}$	$_s\sigma_y/_sE_1$	
	限界 圧縮	$_r\varepsilon_{cu}$	0.16(D25以下) 0.18(D29以上)				$_s\varepsilon_{cu}$	$\dfrac{_s\sigma_{cu}-_s\sigma_y}{_sE_2}+_s\varepsilon_{cy}$	
								0.0132	0.0119

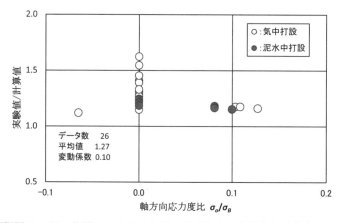

解説図 5.4.23 鋼管コンクリート部の曲げ強度の実験値と計算値の比較

または鉄筋コンクリート部でせん断力を負担すると仮定して算定する．なお，鋼管コンクリート部においてコンクリート部または鉄筋コンクリート部が負担できるせん断力の比率は，安全限界状態において鋼管コンクリート部のコンクリート部または鉄筋コンクリート部が負担できる曲げモーメントの比率に等しいものする[5.4.49]．

(ⅲ) 設計用限界値算定のための低減係数

場所打ち鋼管コンクリート杭の鋼管コンクリート部の曲げ強度については，実験データから設計用曲げ強度算定のための低減係数を 0.95 以下とした．せん断強度については，実験データを統計的に整理した事例がないのが実状である．したがって，設計用限界値算定のための低減係数は，場所打ち鉄筋コンクリート杭に準じて，設計用せん断強度算定のための低減係数を 0.8 以下とした．

解説表 5.4.8　曲げ強度検討用の実験値の諸元

鋼管の直径 D (mm)	300～1 000
鋼管の板厚 t (mm)	6～16
板厚径比 t/D	0.10～0.23
鋼管降伏点 ${}_s\sigma_y$ (N/mm^2)	280～520
鋼管引張強さ ${}_s\sigma_{tb}$ (N/mm^2)	445～589
コンクリート強度 σ_B (N/mm^2)	19.8～53.7
主筋比 P_g (%)	0.00～1.09
主筋降伏点 ${}_r\sigma_y$ (N/mm^2)	317～365
平均軸方向応力度 σ_0 (N/mm^2)	-1.29～5.35
軸方向応力度比 σ_0/σ_B	-0.065～0.127

3. 杭体の安全限界変形角および設計用安全限界変形角設定のための低減係数

（1）安全限界変形角

鋼管コンクリート部の変形性能は，曲げモーメントと曲率の関係（$M-\phi$ 関係）として設定するのが一般的であるが，曲げモーメントと回転角の関係（$M-\theta$ 関係）としてもよい．杭体の $M-\phi$ 関係の算定には，曲げ強度の算定方法（断面の平面保持を仮定した方法）と同様の方法を用いるが，$M-\theta$ 関係は，この $M-\phi$ 関係を基に曲率と回転角の関係から算定すればよい．

鋼管コンクリート部は鋼管内にコンクリートが充填されているため，杭体に局部座屈が発生しても曲げモーメントは保持されることが実験により確認されている[5.4.46),5.4.47)]．解説図 5.4.24 は文献 5.4.46) の実験概要と実験結果との比較，解説図 5.4.25 は圧縮強度 $F_c=45$ N/mm^2 のコンクリートを用いたときの性能確認のために実施した実験概要と実験結果との比較，解説図 5.4.26 は文献 5.4.47) の実験概要と実験結果との比較である．これらの実験により確認された最大曲げモーメントは，鋼管の圧縮縁応力度を引張強度の 0.85 倍，コンクリートの圧縮限界ひずみを 0.007 として求めた曲げモーメントにほぼ等しい[5.4.48)]ことがわかる．このとき，曲率も実験値とよく一致しているように思われるが，鋼管内コンクリートのひずみが計測されていないため，圧縮限界ひずみを 0.007 に設定することの妥当性は検証されていないのが実状である．

文献 5.4.47) の実験では，固定端部におけるヒンジ領域が計測されているが，概ね $0.5D$（D：鋼管の直径）であることが確認されている．一般に，コンクリート充填鋼管柱（以下，CFT 柱）では，円形断面，角形断面にかかわらず部材が最大曲げモーメントに至った後，曲げモーメントが 95％に低下する付近から軸変形が急増するとされている[5.4.50)]．このときの変形角を限界変形角，曲率を限界曲率とすると，本実験における限界変形角および限界曲率は解説表 5.4.9 のとおりとなる．

なお，本実験では，試験体降伏後の曲げ変形を試験体降伏時の弾性変形とヒンジ領域の塑性変形の和とし，ヒンジ領域の塑性変形を固定端部の回転角とヒンジ領域重心までの距離の積と考え，降伏後の曲率を算定している．

円形 CFT 柱の限界変形角の評価式としては，文献 5.4.50) に（解 5.4.15）式，文献 5.4.51)，

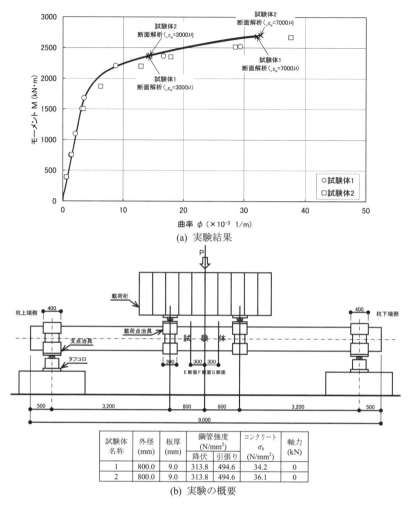

解説図 5.4.24 文献 5.4.46) の実験概要と実験値との比較例

5.4.52) に (解 5.4.16) 式, 文献 5.4.53) に (解 5.4.17) 式, 文献 5.4.54) に (解 5.4.18) 式が示されている.

$$R_u = 0.5 + 2 \cdot \frac{t \cdot D \cdot {}_s\sigma_y}{(N/N_0) \cdot (D-2t)^2 \cdot {}_c\sigma_B \cdot (1.3 \cdot {}_c\sigma_B + 1\,300)} \tag{解 5.4.15}$$

$$R_u = 6.0\,a - 0.035 \cdot \frac{D}{t} \cdot \frac{{}_s\sigma_y}{3\,300} - 3.0 \cdot \frac{N}{N_0'} \tag{解 5.4.16}$$

$$a = 1.0 - \frac{{}_c\sigma_B - 390}{2\,060} \leq 1.0$$

記号　　R_u：円形CFT柱の限界変形角（％）
　　　　t：鋼管の板厚（cm）
　　　　D：鋼管の直径（cm）
　　　　N：円形CFT柱に作用する鉛直力（kgf）

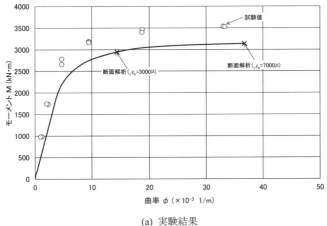

(a) 実験結果

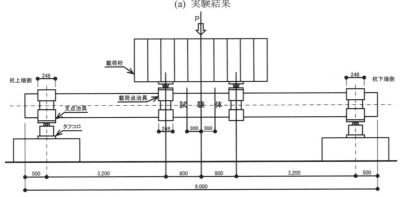

(b) 実験の概要

解説図 5.4.25 $F_c = 45 N/mm^2$ での実験概要と実験値との比較例

N_0：円形 CFT 柱の圧縮強度（kgf）で，次式による．

$$N_0 = {}_sA \cdot {}_s\sigma_y + {}_cA \cdot {}_c\sigma_B$$

N_0'：円形 CFT 柱の圧縮強度（kgf）で，次式による．

$$N_0' = 0.82 \cdot {}_sA \cdot {}_s\sigma_y + {}_cA\left({}_c\sigma_B + 2.4\frac{t}{D-t}{}_s\sigma_y\right)$$

${}_sA$：鋼管の断面積（cm²）

${}_s\sigma_y$：鋼管の材料強度（kgf/cm²）

${}_cA$：鋼管内コンクリートの断面積（cm²）

${}_c\sigma_B$：鋼管内コンクリートの圧縮強度（kgf/cm²）で，設計基準強度とする．

$$R_u = 5.0\left(1.1 - 20 \cdot \frac{t}{D} \cdot \frac{N}{N_0} - 0.01 \cdot \frac{D}{t}\right) \qquad (\text{解 } 5.4.17)$$

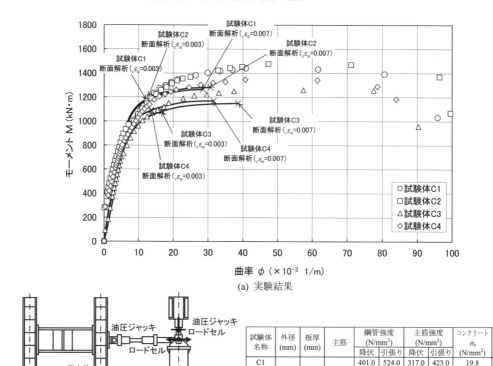

(a) 実験結果

(b) 実験の概要

解説図 5.4.26 文献 5.4.47) の実験概要と実験値との比較例

解説表 5.4.9 文献 5.4.47) の実験における限界変形角と限界曲率

試験体	曲げモーメント (kN·m)		限界変形角 (rad)	限界曲率 (1/m)
	M_{max}	$0.95 M_{max}$		
C1	1 441.3	1 369.2	0.0266	0.083
C2	1 477.5	1 403.6	0.0276	0.088
C3	1 260.3	1 197.3	0.0246	0.078
C4	1 348.4	1 281.0	0.0262	0.083

$$R_u = 7.5 - \frac{{}_c\sigma_B - 39}{55} - 0.05 \frac{D}{t}\sqrt{\frac{{}_s\sigma_y}{324}} - 5.0 \frac{N}{N_0} \quad \text{(解 5.4.18)}$$

記号　　R_u：円形 CFT 柱の限界変形角（%）

　　　　t：鋼管の板厚（mm）

　　　　D：鋼管の直径（mm）

　　　　N：円形 CFT 柱に作用する鉛直力（N）

　　　　N_0：円形 CFT 柱の圧縮強度（N）で，次式による．

$$N_0 = {}_sA \cdot {}_s\sigma_y + {}_cA \cdot {}_c\sigma_B$$

${}_sA$：鋼管の断面積（mm²）

${}_s\sigma_y$：鋼管の材料強度（N/mm²）

${}_cA$：鋼管内コンクリートの断面積（mm²）

${}_c\sigma_B$：鋼管内コンクリートの圧縮強度（N/mm²）で，設計基準強度とする．

ただし，（解5.4.15）式では軸力比 N/N_0 の適用範囲が $0.1 \leq N/N_0 \leq 0.9$ であり，本実験での軸力比が0.1未満であることから，適用範囲外となる．文献5.4.47）の実験における限界変形角〔解説表5.4.9参照〕と（解5.4.16）式，（解5.4.17）式および（解5.4.18）式による算定値との比較と参考のためヒンジ領域を固定端部から $0.5D$（D：鋼管の直径）の範囲として限界変形角をヒンジ領域の（材軸方向）長さと限界曲率の積として求めた数値を解説図5.4.27に示す．

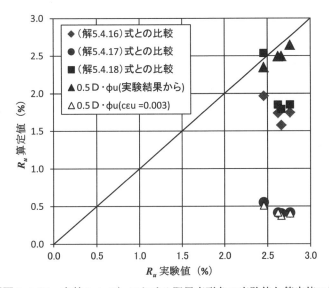

解説図5.4.27 文献5.4.47）における限界変形角の実験値と算定値の比較

（解5.4.16）式の算定値は実験値の約65％，（解5.4.17）式の算定値は実験値の約20％，（解5.4.18）式の算定値は実験値の約70％である．

ヒンジ領域の（材軸方向）長さを $0.5D$ と仮定して限界変形角をヒンジ領域と限界曲率の積として求める方法では，実験結果から求めた限界曲率を用いた場合（図中の▲）は概ね実験値と一致するものの，鋼管内コンクリートの圧縮限界ひずみを0.003として算定した限界曲率（図中の△）を用いた場合は（解5.4.17）式の計算値とほぼ同じ数値となる．

これらの結果から，ここでは比較的簡易に限界変形角を算定でき，実験値より安全な数値を与えるものとして，（解5.4.18）式を用いることとした．また，実験結果より，限界変形角を曲率に変換する場合は，塑性ヒンジ領域の（材軸方向）長さを $0.5D$ としてよい．

（2） 設計用安全限界変形角設定用の低減係数

設計用安全限界変形角設定用の低減係数は，場所打ち鉄筋コンクリート杭に準じて，0.95以下

とした.また,鉄筋コンクリート部の杭体の安全限界変形角および設計用安全限界変形角設定のための低減係数については,5.4.1によるものとする.

4. 杭頭接合部の限界値および設計用限界値設定のための低減係数

場所打ち鋼管コンクリート杭の杭頭接合部は,基本的に鋼管杭の杭頭接合部と同様の構造形式であることから,杭頭接合部の限界値と低減係数については鋼管杭の実験結果を基に設定する[5.4.55),5.4.56)].

鋼管杭とパイルキャップの接合部耐力実験では,解説図5.4.28に示すように実際の構造物とは天地を逆に設置して,パイルキャップ表面から$2.5D〜4.0D$(D:鋼管杭の直径)程度の高さ位置で鋼管に水平加力される場合が多い.この形式での実験結果は文献5.4.58),5.4.59)に報告されているが,これらの実験で使用された鋼管杭の直径は400〜609.6mmであり,また,荷重状態,パイルキャップの大きさ,コンクリート強度,接合部鉄筋量や鉄筋かごの径などの諸条件も限られた範囲のものでしかない.これらの実験結果は,直径を(鉄筋かご径$+\alpha$)と仮定した鉄筋コンクリート円柱の曲げ強度との比較として,文献5.4.57)で報告されている.

通常,鋼管杭の杭頭接合部の降伏曲げモーメントは,鋼管杭の直径+200mmの直径を有する鉄筋コンクリート円柱の降伏曲げモーメントと同等と評価されることが多い[5.4.60)].

しかし,近年実施された$\phi 800$および$\phi 1000$の鋼管杭でのパイルキャップ接合部の曲げ耐力実験[5.4.62)]では,杭頭接合部の降伏曲げモーメントおよび最大曲げモーメントの実験値は,鋼管杭の直径$+\alpha$の直径を有する鉄筋コンクリート円柱の降伏曲げモーメントおよび最大曲げモーメントと比較すると,杭径が大きくなるにつれてαの値が大きくなることが示されている.

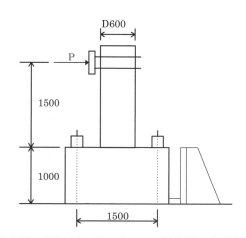

解説図5.4.28 鋼管杭とパイルキャップ接合部の曲げ耐力実験の例

解説図5.4.29に杭頭接合部実験の変形状況の模式図を示すが,杭頭接合部の曲げ強度は次のように仮定して算定することができる.

杭頭接合部では,鋼管杭は中立軸を中心に回転すると考えられる.いま,その回転角をθとすると,回転角θは鉄筋の抜出し量により規定されることになる.回転中心(中立軸)からd_{ni}の位置

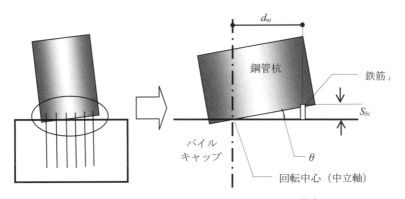

解説図 5.4.29 杭頭接合部実験の変形状況模式図

にある鉄筋 i を考えると，鉄筋 i の鋼管杭およびパイルキャップからの抜出し量 S_{bi} と回転角 θ および d_{ni} の関係は，(解 5.4.19) 式のように与えられる．

$$\theta = \frac{S_{bi}}{d_{ni}} \tag{解 5.4.19}$$

この関係は，回転中心（中立軸）から d_{nj} の位置にある鉄筋も同様であり，回転角 θ および d_{nj} の関係は (解 5.4.20) 式のとおりとなる．

$$\theta = \frac{S_{bi}}{d_{ni}} = \frac{S_{bj}}{d_{nj}} \tag{解 5.4.20}$$

次に，解説図 5.4.30 より，コンクリート中に埋め込まれた鉄筋の抜出し量 S_b について考える．

解説図 5.4.30 の (a) のように，コンクリート中に埋め込まれた鉄筋に引張力 F が作用すると，鉄筋には (b) のように抜出しが生じる．この抜出し量 S_b は，鉄筋の定着部下端が抜け出していないと仮定すると，鉄筋の引張ひずみの積分値と考えることができる．ここで，コンクリートと鉄筋の付着応力度分布が一様であると仮定すると，鉄筋のひずみ分布は (c) のようになり，抜出し量 S_b は (解 5.4.21) 式で算定されることになる．

$$S_b = \frac{1}{2} l_b \cdot \varepsilon \tag{解 5.4.21}$$

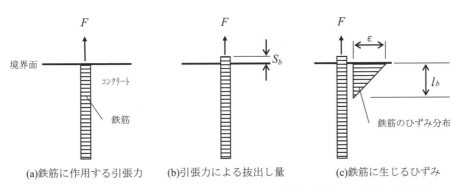

解説図 5.4.30 コンクリート中に埋め込まれた鉄筋の抜出しに関する模式図

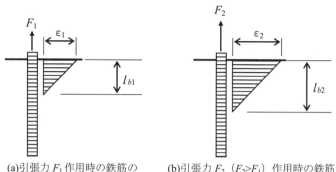

(a) 引張力 F_1 作用時の鉄筋の
ひずみ分布と付着長さ

(b) 引張力 F_2 ($F_2>F_1$) 作用時の鉄筋の
ひずみ分布と付着長さ

解説図 5.4.31　鉄筋の付着長さに関する模式図

ここで，l_b は鉄筋の付着長さである．

解説図 5.4.31 は鉄筋の付着長さに関する模式図であるが，解説図 5.4.31 の（a）は引張荷重 F_1 が作用したとき，同図（b）は F_1 より大きい引張荷重 F_2 が作用したときを示している（$\varepsilon_2>\varepsilon_1$，$l_{b2}>l_{b1}$）．このとき，（a）と（b）でコンクリートと鉄筋の付着強度が同じ，鉄筋の定着部下端が抜け出さずに付着応力度が弾性範囲内であるとすると，（解 5.4.22）式が成立する．

$$l_{b2}=\frac{\varepsilon_2}{\varepsilon_1}l_{b1} \tag{解 5.4.22}$$

（解 5.4.22）式を変形して（解 5.4.23）式とする．

$$\frac{l_{b2}}{\varepsilon_2}=\frac{l_{b1}}{\varepsilon_1}=\frac{l_b}{\varepsilon}=l \tag{解 5.4.23}$$

これを（解 5.4.21）式に代入すると，（解 5.4.24）式となる．

$$S_b=\frac{1}{2}l_b\cdot\varepsilon=\frac{1}{2}l\cdot\varepsilon\cdot\varepsilon=\frac{1}{2}l\cdot\varepsilon^2 \tag{解 5.4.24}$$

すなわち，抜出し量 S_b は，ε はの二乗に比例することになる．

ここで，回転角 θ の場合の杭頭接合面上での鉄筋の応力分布を考える．回転中心（中立軸）からの距離を x として（解 5.4.20）式を書き換えると，（解 5.4.25）式となる．

$$\theta=\frac{S_{bi}}{d_{ni}}=\frac{S_{bj}}{d_{nj}}=\frac{S_b(x)}{x} \tag{解 5.4.25}$$

上式に（解 5.4.24）式を代入すると，（解 5.4.26）式となる．

$$\theta=\frac{1}{2}\frac{l\cdot\varepsilon(x)^2}{x} \tag{解 5.4.26}$$

また，上式を変形すると，（解 5.4.27）式となる．

$$\varepsilon(x)=\sqrt{\frac{2\theta}{l}}\cdot\sqrt{x} \tag{解 5.4.27}$$

したがって，応力分布は（解 5.4.28）式となる．

$$\sigma(x) = E \cdot \varepsilon(x) = E \cdot \sqrt{\frac{2\theta}{l}} \cdot \sqrt{x} \tag{解 5.4.28}$$

以上より，鋼管杭の杭頭接合部における引張側鉄筋の応力分布は，回転中心（中立軸）からの距離の平方根に比例することがわかる．

これに対して，圧縮側は鋼管の端部および鋼管内面に取り付けられたずれ止め直下のコンクリートの支圧で支持される．鋼管杭の杭頭部支圧強度 R_{bt} に関しては，文献 5.4.63) にまとめられており，下式のように提案されている．

$$R_{bt} = F_c \cdot \sqrt{A_0/A_s} \cdot A_s \tag{解 5.4.29}$$

記号　R_{bt}：鋼管杭の杭頭部の支圧耐力（N）
　　　F_c：パイルキャップコンクリートの圧縮強度（N/mm²）で，設計基準強度とする．
　　　A_0：受圧面積（mm²）
　　　A_s：支圧面積（mm²）

（解 5.4.29）式において，局部圧縮を受けるコンクリートの単位面積あたりの支圧強度を σ_b とおくと，（解 5.4.30）式のとおりとなる[5.4.63)]．

$$\sigma_b = \beta \cdot F_c \tag{解 5.4.30}$$

ここで $\beta = \sqrt{A_0/A_s}$

ただし，受圧面積 A_0 は鋼管端部より傾き 45 度で広がる円錐台の底面積とし，パイルキャップ面積を上限とした．また，支圧面積 A_s は解説図 5.4.20 に記載される A 方法では鋼管端部と鋼管内面に取り付けられたずれ止めの杭軸方向への投影面積，B 方法では鋼管端部と鋼管内面に取り付けられたずれ止めの杭軸方向への投影面積および鉄筋の断面積とした．

以上より，杭頭接合面での応力度分布は，解説図 5.4.32 のようになる．

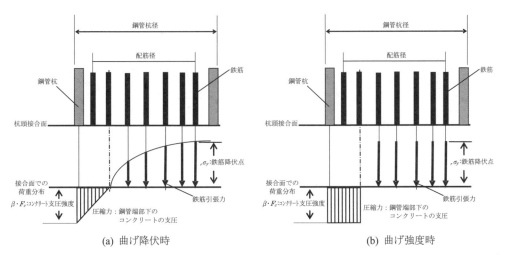

解説図 5.4.32　鋼管杭の杭頭接合面での応力度分布（鋼管内に杭頭接合筋とコンクリートを有する場合）

解説表 5.4.10　鋼管杭の杭頭接合部実験結果のまとめ

文献番号	鋼管杭				杭頭接合部								実験値		接合面での補正応力度分布を用いる方法		仮想RC円柱による方法(杭径+200mm)	
	径(mm)	板厚(mm)	降伏点(N/mm²)	軸方向力(kN)	接合方法	配筋径(mm)	主筋径(mm)	主筋本数	材質	主筋降伏点(N/mm²)	主筋強度(N/mm²)	コンクリート強度(N/mm²)	降伏モーメント(kN·m)	最大モーメント(kN·m)	降伏モーメント(kN·m)	最大モーメント(kN·m)	降伏モーメント(kN·m)	最大モーメント(kN·m)
5.4.58)	609.6	9	284	0	B方法	634.6	25	20	SR24	308	470	24	764	1029	698	1137	619	949
	609.6	9	284	1764	B方法	634.6	25	20	SR24	308	470	23	863	926	875	1223	969	1053
	609.6	9	331	1764	B方法	634.6	25	12	SR24	326	471	21	789	897	685	917	790	1053
	609.6	9	331	0	A方法	516.6	25	16	SD30	327	499	26	528	970	586	977	507	774
	609.6	9	331	1764	A方法	516.6	25	16	SD30	327	499	26	926	1161	886	1212	872	1161
	609.6	9	331	1176	A方法	516.6	25	16	SD30	327	499	24	811	1117	790	1117	747	1033
	406.4	6.4	456	0	A方法	336.6	19	16	SD30	365	536	25	176	363	193	317	182	278
	406.4	6.4	456	784	A方法	336.6	19	16	SD30	365	536	29	285	451	315	430	319	417
5.4.59)	406.4	7.9	377	282	B方法	425.4	19	8	SD30	353	587	23	202	276	162	248	182	256
	406.4	7.9	377	282	B方法	425.4	19	8	SD30	353	587	22	221	303	160	244	180	255
	406.4	7.9	377	282	A方法	333.6	19	12	SD30	353	587	24	221	413	205	318	225	320
5.4.60)	406.4	6.4	235	0	A方法	300	16	12	SD30	358	523	27	—	223	134	216	132	210
	406.4	6.4	235	0	A方法	300	16	12	SD30	358	523	27	—	233	136	228	132	210
	406.4	6.4	235	0	A方法	300	16	12	SD30	358	523	27	117	252	136	228	132	210
	406.4	6.4	235	0	B方法	422	16	12	SD30	358	523	27	167	297	143	237	137	208
5.4.61)	600	12	343	0	A方法	400	22	12	SD30	369	589	39	492	617	399	741	362	569
	600	12	343	0	A方法	400	22	12	SD40	420	597	36	463	728	450	738	407	624
	600	12	343	0	B方法	620	22	12	SD30	369	589	40	507	794	418	760	380	569
	600	12	343	0	A方法	470	22	12	SD30	369	589	39	485	662	401	741	353	566
	600	12	343	0	A方法	550	22	12	SD30	369	589	39	529	691	403	742	370	562

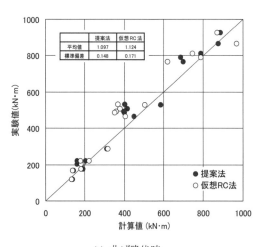

(a) 曲げ降伏時

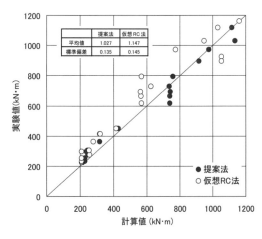

(b) 曲げ強度時

解説図 5.4.33　鋼管杭の杭頭接合部曲げモーメントの実験値と計算値の比較

解説図 5.4.32 の応力度分布を基に，断面解析により算定した杭頭接合部の曲げモーメントと実験結果の比較を解説表 5.4.10 および解説図 5.4.33 に示す．また，同表，同図には鋼管杭の直径 +200 mm の仮想鉄筋コンクリート円柱の終局曲げモーメントも併せて合わせ示している．接合面での補正応力度分布を用いる方法は，概ね実験値と一致していることがわかる．

設計用限界値算定のための低減係数については，場所打ち鉄筋コンクリート杭に準じて，損傷限界曲げモーメントについては 1.0 以下，曲げ強度については 0.95 以下とした．

5. 杭頭接合部の安全限界変形角および設計用安全限界変形角設定のための低減係数

場所打ち鋼管コンクリート杭とパイルキャップ接合部および鋼管杭とパイルキャップ接合部の降伏変形角の算定値 θ_y と実験結果から求めた限界変形角 θ_u の関係について，文献 5.4.64)，文献 5.4.56) では解説図 5.4.34〜5.4.36 が示されている．ここで，限界変形角 θ_u は実験において曲げ

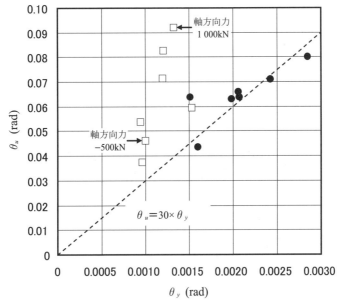

[注] □：場所打ち鋼管コンクリート杭の実験値（軸方向力=-500〜1 000kN）
● ：鋼管杭の実験値（軸方向力=0kN）

解説図 5.4.34 場所打ち鋼管コンクリート杭および鋼管杭の杭頭接合部の限界変形角 θ_u と降伏変形角 θ_y の関係

解説表 5.4.11 場所打ち鋼管コンクリート杭の杭頭接合部試験体

試験体	接合方法	内側配筋		外側配筋		コンクリート圧縮強度 (N/mm²)	鉄筋			軸方向力 (kN)
		本数-鉄筋径	配筋径 (mm)	本数-鉄筋径	配筋径 (mm)		降伏点 (N/mm²)	引張強さ (N/mm²)	伸び (%)	
TB-1	C方法	8-D16 (SD345)	340	12-D16 (SD345)	616	28.4				0
TB-2	C方法	8-D16 (SD345)	340	12-D16 (SD345)	616	29.7	347.4	507.0	18.6	1 000
TB-8	C方法	8-D16 (SD345)	340	12-D16 (SD345)	616	29.8				-500

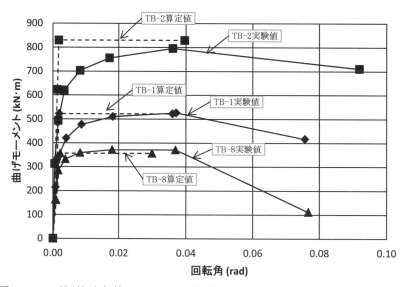

解説図 5.4.35　場所打ち鋼管コンクリート杭の杭頭接合部曲げモーメントと回転角の関係

解説表 5.4.12　鋼管杭の杭頭接合部試験体

試験体	接合方法	鉄筋					コンクリート圧縮強度 (N/mm²)	鋼管 (STK400)		
		本数-鉄筋径	降伏点 (N/mm²)	引張強さ (N/mm²)	伸び (%)	配筋径 (mm)		降伏点 (N/mm²)	引張強さ (N/mm²)	伸び (%)
B-1	A方法	12-D22 (SD295)	369.7	589.4	18.2	400	39.2	343.2	500.1	40.0
B-2	A方法	12-D22 (SD390)	420.7	597.2	25.0	400	36.5			
B-3	B方法	12-D22 (SD295)	369.7	589.4	18.2	620	39.8			

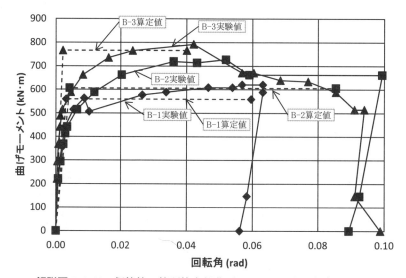

解説図 5.4.36　鋼管杭の杭頭接合部曲げモーメントと回転角の関係

モーメントが急激に低下をはじめる変形角もしくは載荷最大変形角であり，降伏変形角 θ_y は鋼管の直径 +200 mm の仮想鉄筋コンクリート円柱の断面解析より以下のように算定される変形角である．

$$\theta_y = \phi_y \cdot L_b \tag{解 5.4.31}$$

記号　θ_y：場所打ち鋼管コンクリート杭および鋼管杭の杭頭接合部の降伏変形角（rad）

ϕ_y：鋼管の直径 +200 mm の仮想鉄筋コンクリート円柱の断面解析で，引張側の最外縁鉄筋が材料強度に達したときの曲率（mm^{-1}）

L_b：定着鉄筋の付着長さ（mm）で，次式による．

$$L_b = \frac{{}_r\sigma_y \cdot {}_rA}{\tau_b \cdot \pi \cdot d}$$

${}_r\sigma_y$：定着鉄筋の材料強度（N/mm^2）

${}_rA$：定着鉄筋の断面積（mm^2）

τ_b：定着鉄筋とパイルキャップコンクリートとの付着強度（N/mm^2）
　その他の異形鉄筋と普通コンクリートに対する短期許容付着応力度で，次式による．

$$\tau_b = \min\left\{\frac{F_c}{10} \times 1.5, \ \left(1.35 + \frac{F_c}{25}\right) \times 1.5\right\}$$

d：定着鉄筋の呼び名に用いた数値（mm）

F_c：パイルキャップコンクリートの設計基準強度（N/mm^2）

杭頭接合部に作用する軸方向力は，場所打ち鋼管コンクリート杭の実験値では −500～1 000 kN（解説図 5.4.34 中で軸方向力の記述がないものは軸方向力 =0 kN），鋼管杭の実験値では 0 kN である．解説図 5.4.35 および解説図 5.4.36 中の各実験結果に対する破線は，杭頭接合部の最外縁にある定着鉄筋が引張降伏したときの曲げモーメントと変形角から初期の回転剛性を求め，曲げ強度を上限値としたモデル化による算定値である．解説図 5.4.34～5.4.36 に基づいて，限界変形角 θ_u は以下のように提案されている．

$$\theta_u = 30 \times \theta_y \tag{解 5.4.32}$$

記号　θ_u：場所打ち鋼管コンクリート杭の杭頭接合部の限界変形角（rad）

θ_y：場所打ち鋼管コンクリート杭の杭頭接合部の降伏変形角（rad）

しかしながら文献 5.4.65）～5.4.68）では，（解 5.4.32）式による限界変形角 θ_u が実験結果に対して過大評価となっていることが指摘されている．この実験では，直径 600 mm，板厚 19 mm の鋼管杭を用いて，鋼管杭の直径 +200 mm の仮想鉄筋コンクリート円柱の断面積に対する配筋量を 0.46～0.91%，軸方向力を −300 kN～2 000 kN とし，杭頭接合部の曲げ強度と限界回転角の評価が行われている．試験体のリストを解説表 5.4.13 に，試験体の概要を解説図 5.4.37 に，杭頭接合部の曲げ強度および限界回転角の算定値と実験結果との比較を解説図 5.4.38 に示す．この実験結果から判断すると，限界変形角 θ_u を降伏変形角 θ_y の 30 倍するとかなり危険側の評価となって

解説表 5.4.13 文献 5.4.65)～5.4.68)の試験体リスト

試験体	接合部鉄筋					コンクリート圧縮強度 (N/mm²)	軸方向力 (kN)	鋼管杭(SKK490)			
	本数-鉄筋径	降伏点 (N/mm²)	引張強さ (N/mm²)	伸び (%)	配筋径 (mm)			径 (mm)	降伏点 (N/mm²)	引張強さ (N/mm²)	伸び (%)
No.1	8-D19(SD390)	464.1	658.3	19.0	493	23.82	−300	600	358.2	529.4	26.8
No.2						24.81	2 000				
No.3						28.54	4 000				
No.4	16-D19(SD390)					28.29	2 000				

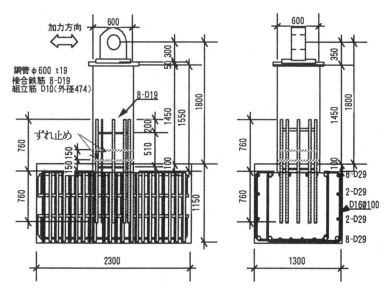

解説図 5.4.37 文献 5.4.65)～5.4.68) の試験体概要

おり，降伏変形角 θ_y の 15 倍程度が概ね妥当な値と判断される．この結果を考慮して，限界変形角 θ_u は降伏変形角 θ_y の 15 倍と設定する．

なお，本指針では，RC 規準（2010）との整合を図るため，杭頭接合部の定着鉄筋の付着長さ L_b を RC 規準（2010）の必要定着長さ L_d から求めることとした．このため，付着長さの補正係数として $\lambda=0.86$ を設定した〔解説図 5.4.39 参照〕．また，設計用安全限界変形角を設定するための低減係数については，場所打ち鉄筋コンクリート杭に準じて，0.95 以下とした．

ただし，上記提案は限られた杭径の場所打ち鋼管コンクリート杭または鋼管杭での実験結果に基づいたものであり，また，ばらつきも大きいため，場所打ち鋼管コンクリート杭の杭頭接合部における限界変形角の算定式として十分とは言えない．さらなる研究が待たれるところである．

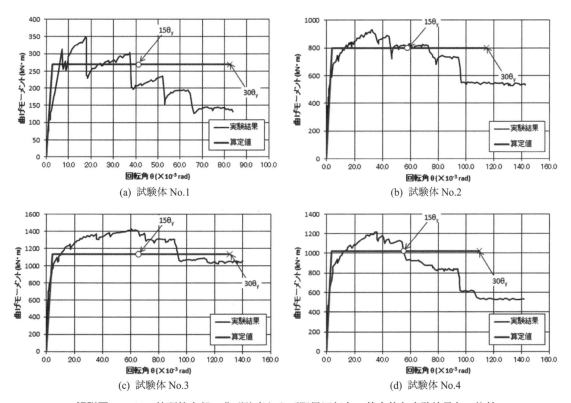

解説図 5.4.38 杭頭接合部の曲げ強度および限界回転角の算定値と実験結果との比較

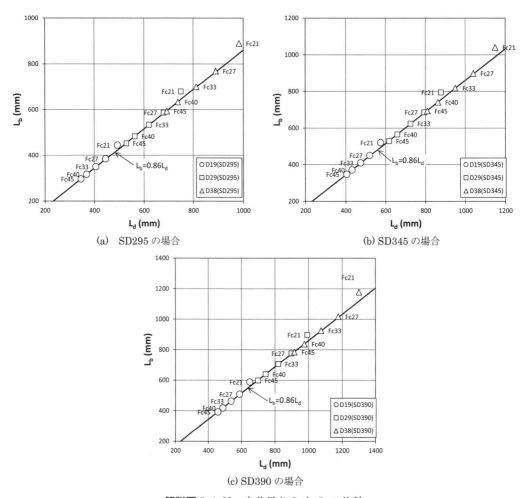

解説図 5.4.39 定着長さ L_b と L_d の比較

6. 構造規定

　JIS A 5525 では鋼管の直径は 318.5 mm 以上 2 000 mm 以下，鋼管の板厚は鋼管の径の 1/100 以上であることを前提に形状・寸法の許容差が定められているが，場所打ち鋼管コンクリート杭では鋼管の板厚は，6 mm 以上かつ鋼管直径の 1/200 以上が使用される場合が多い．しかしながら，解説表 5.4.7 に示すように，曲げ強度を検討した際に用いた実験値において，鋼管の板厚が 6 mm 以上かつ鋼管直径の 1/100 以上での範囲であることから，鋼管の直径は 600 mm 以上 2 500 mm 以下，鋼管の板厚は 6 mm 以上かつ鋼管直径の 1/100 以上を原則とした．ただし，実験等により鋼管コンクリート部の強度および変形性能が確認されている場合はこの限りではないが，あまりに板厚が薄い鋼管や極端に板厚径比（鋼管の板厚と直径の比）が小さい鋼管はメーカーにて製造できない場合もあるため注意を要する．

　鋼管の長さについては，慣例的に鋼管の直径の 5 倍以上とすることが多いため，これを原則とすることとした．ただし，鋼管長さは各限界状態における杭体の応力と限界値などから決められるべきものであることから，鋼管と鋼管内コンクリートの合成断面が各限界状態における外力に対して

一体挙動することが確認できれば，鋼管長さが規定値未満であってもよいものとした．また，鋼管長さを鋼管の直径の5倍以上とした場合でも，鋼管コンクリート部直下の鉄筋コンクリート部において過大な杭体応力が発生する場合もあることから，鋼管長さを設定する際には十分な注意が必要である．

鉄筋コンクリート部の主筋と鋼管の重ね継手については，継手長さを鉄筋コンクリート部の主筋径の45倍以上とすることが多いため，これを原則とすることとした．ただし，実験等により鋼管コンクリート部と鉄筋コンクリート部間の応力伝達が確実になされることが確認されている場合には，この限りではない．

また，鋼管コンクリート部下方の鉄筋コンクリート部の構造規定については，場所打ち鉄筋コンクリート杭と同等であるため，5.4.1項の構造規定に準じることとした．

参考文献

5.4.39) 日本建築学会：鉄骨鉄筋コンクリート構造計算規準・同解説―許容応力度設計と保有水平耐力―，pp.102〜116，2001.1
5.4.40) 日本建築学会：建築基礎構造設計指針，2001改定，pp.297〜313，2001.10
5.4.41) 日本規格協会：鋼管ぐい JIS A 5525：2014，2014
5.4.42) 日本建築学会：建築工事標準仕様書・同解説 JASS 4 杭・地業および基礎工事，2009
5.4.43) 日本建築学会：建築工事標準仕様書・同解説 JASS 5 鉄筋コンクリート工事，2009
5.4.44) 日本建築学会：建築工事標準仕様書・同解説 JASS 6 鉄骨工事，2007
5.4.45) ベターリビング：基礎構造の耐震診断指針（案）付録2 杭体の耐震性能に関する資料，pp.273〜280，2013.6
5.4.46) 建設省建築研究所編：建設省総合技術開発プロジェクト「新建築構造体系の開発」性能評価分科会基礎WG最終報告書 資料4-7 場所打ち鋼管コンクリート杭の限界ひずみと$M-\phi$関係，pp.資-70〜73，2000.3
5.4.47) 土木研究センター：土木系材料技術・技術審査証明 報告書「NKTB杭」，pp.18〜28，2000.12
5.4.48) 井川 望・倉本 洋・渡辺一弘ほか：一体解析による耐震性能評価手法の検討（その2 杭体の$M-\phi$モデルについて），日本建築学会大会学術講演梗概集，pp.511〜512，2004.8
5.4.49) 建設省建築研究所編：建設省総合技術開発プロジェクト「新建築構造体系の開発」性能評価分科会基礎WG最終報告書 資料4-20 場所打ち鋼管コンクリート杭の鋼管コンクリート部材の終局せん断耐力式，pp.資-115〜116，2000.3
5.4.50) 佐藤孝典：物理現象に基づいた充填鋼管コンクリート構造柱の変形性能の定式化，1996年度日本建築学会関東支部研究報告集，pp.101〜104，1997.3
5.4.51) 日本建築センター：新都市型躯体構造システム（その2），コンクリート充填鋼管柱構造性能評価委員会報告書，1989.3
5.4.52) 新都市ハウジング協会：CFT構造技術指針・同解説，1997.1
5.4.53) 松井千秋・津田惠吾・河野昭彦ほか：コンクリート充填鋼管柱の構造性能と軸力制限値，日本建築学会構造系論文集，第512号，pp.181〜188，1998.10
5.4.54) 吉田 茂・渡辺朋之・今野輝武ほか：充填形鋼管コンクリート柱の変形性能の評価式，鋼構造論文集，第1巻，第2号，pp.67〜80，1994.6
5.4.55) 建設省建築研究所編：建設省総合技術開発プロジェクト「新建築構造体系の開発」性能評価分科会基礎WG最終報告書 資料4-21 場所打ち鋼管コンクリート杭杭頭接合部の曲げ耐力の算定に関して，p.資-117，2000.3
5.4.56) 建設省建築研究所編：建設省総合技術開発プロジェクト「新建築構造体系の開発」性能評価分科会

基礎 WG 最終報告書 資料 4-22 場所打ち鋼管コンクリート杭杭頭接合部の変形性能算定法に関して, pp.資-118〜120, 2000.3

5.4.57) 建設省建築研究所編：建設省総合技術開発プロジェクト「新建築構造体系の開発」性能評価分科会基礎 WG 最終報告書 資料 4-15 鋼管杭杭頭接合部 B〜D 方法における曲げ耐力の算定に関して, p.資-101, 2000.3

5.4.58) 泉　浩蔵・石川文洋・妹尾博明・長尾俊昌・若命善雄：杭頭接合部の力学的挙動に関する研究　第 3 章 鋼管杭杭頭接合部の水平加力実験, 建築研究報告 129 号, 1990

5.4.59) 田沢光弥・若命善雄・小林英雄：鋼管杭頭とフーチング接合部の耐力実験, 大成建設技術研究所報 第 12 号, pp.149〜158, 1997.11

5.4.60) 土木研究所資料：杭頭部とフーチングの結合部の設計法に関する検討, 建設省土木研究所 構造橋梁部基礎研究室, 1992.3

5.4.61) 小林洋一・森本精洋・加藤　敏：杭頭接合部の耐荷特性に及ぼす埋め込み型補強筋のかご径の影響, 土木学会第 42 回年次学術講演会, pp.738〜739, 1987

5.4.62) 恩田邦彦・大久保浩弥・中谷昌一・白戸真史：高強度鉄筋を用いた杭頭結合構造の正負交番水平載荷実験, 土木学会第 64 回年次学術講演会, pp.225〜226, 2009

5.4.63) 鋼管杭協会：鋼管杭の杭頭接合部押し込み耐力に関する技術資料, 2008.3

5.4.64) 建設省建築研究所編：建設省総合技術開発プロジェクト「新建築構造体系の開発」性能評価分科会基礎 WG 最終報告書 資料 4-16 鋼管杭杭頭接合部 B〜D 方法の変形性能算定法に関して, pp.資-102〜104, 2000.3

5.4.65) 青木　功・日比野信一・三輪紅介・佐伯英一郎：鋼管杭とパイルキャップ接合部の耐震性能に関する研究　その 1 実験目的及び実験概要, 日本建築学会大会学術講演梗概集, pp.763〜764, 2000.9

5.4.66) 矢島淳二・吉田　茂・稲村敏男・蓮田常雄：鋼管杭とパイルキャップ接合部の耐震性能に関する研究　その 2 水平荷重－変位関係および曲げモーメント—回転角関係, 日本建築学会大会学術講演梗概集, pp.765〜766, 2000.9

5.4.67) 日比野信一・稲村敏男・棚村史郎・神田政幸：鋼管杭とパイルキャップ接合部の耐震性能に関する研究　その 3 杭頭接合部の変形性能と接合部の性状, 日本建築学会大会学術講演梗概集, pp.767〜768, 2000.9

5.4.68) 蓮田常雄・武居　泰・青木　功・中村秀司・史　桃開：鋼管杭とパイルキャップ接合部の耐震性能に関する研究　その 4 杭頭回転剛性の評価, 日本建築学会大会学術講演梗概集, pp.769〜770, 2000.9

5.5　既製コンクリート杭

5.5.1　PHC 杭

1. 本項は, 下記の (1) から (3) を満たす高強度プレストレストコンクリート杭 (以下, PHC 杭という) の限界値の算定および設計用限界値の設定に適用する.
   (1) PHC 杭の材料および品質は, JIS A 5373 (プレキャストプレストレストコンクリート製品) または指定性能評価機関等の評定基準等を満たすものとする. 杭体のコンクリートの設計基準強度は, 80 N/mm^2 以上 105 N/mm^2 以下とする.
   (2) PHC 杭に作用する軸方向力は, ゼロまたは圧縮力とする.
   (3) 杭どうしの接合部は, 安全限界設計時の軸方向力, 曲げモーメントならびにせん断力を確実に伝達できるものとする.
   (4) 杭頭接合部は, 杭頭部に接合した定着筋をパイルキャップに定着する接合方法 (以下, 接合法 A という), または杭頭部をパイルキャップに埋め込む接合方法 (以下, 接合法 B という) とする.
2. PHC 杭の限界値および設計用限界値設定のための低減係数は, 下記 (1) および (2) による.
   (1) 損傷限界設計時

(ⅰ) 損傷限界曲げモーメントは，(5.5.1) 式による．

$$M_s = \min\left\{Z_e\left(f_t + \sigma_e + \frac{N}{A_e}\right),\ Z_e\left(f_c - \sigma_e - \frac{N}{A_e}\right)\right\} \tag{5.5.1}$$

記号　M_s：PHC 杭の損傷限界曲げモーメント (N・mm)
　　　Z_e：換算断面係数 (mm³) で，次式による．
$$Z_e = I_e / r_o$$
　　　I_e：PC 鋼材を考慮した換算断面二次モーメント (mm⁴) で，次式による．
$$I_e = I + \frac{1}{2} \cdot n \cdot A_p \cdot r_p^2$$
　　　I：PHC 杭の断面二次モーメント (mm⁴) で，次式による．
$$I = \pi(r_o^4 - r_i^4)/4$$
　　　r_o：杭の外半径 (mm)
　　　r_i：杭の内半径 (mm)
　　　n：ヤング係数比 (=5)
　　　A_p：PC 鋼材の全断面積 (mm²)
　　　r_p：杭中心から PC 鋼材までの距離 (mm)
　　　f_t：PHC 杭のコンクリートの損傷限界曲げ引張強度 (N/mm²) で，次式による．
$$f_t = \min(\sigma_e/2, 5)$$
　　　σ_e：有効プレストレス量 (N/mm²) で，A 種は 4，B 種は 8，C 種は 10 とする．
　　　f_c：PHC 杭のコンクリートの損傷限界圧縮強度 (N/mm²) で，次式による．
$$f_c = F_c \times 2/3.5$$
　　　F_c：PHC 杭のコンクリートの設計基準強度 (N/mm²)
　　　N：軸方向力 (N)（圧縮力を正，引張力を負とする）
　　　A_e：PHC 杭のコンクリート換算断面積 (mm²) で，次式による
$$A_e = A_c + (n-1) \cdot A_p$$
　　　A_c：PHC 杭のコンクリートの断面積 (mm²) で，次式による
$$A_c = \pi(r_o^2 - r_i^2)$$

(ⅱ) 損傷限界せん断力は，(5.5.2) 式による．

$$Q_{AS} = \frac{t \cdot I}{S_o} \cdot \sqrt{(\sigma_g + 2\sigma_d)^2 - \sigma_g^2} \tag{5.5.2}$$

記号　Q_{AS}：PHC 杭の損傷限界せん断力 (N)
　　　t：杭の肉厚 (mm)
　　　S_o：断面芯より片側にある杭断面の断面一次モーメント (mm³) で，次式による．
$$S_o = 2(r_o^3 - r_i^3)/3$$
　　　σ_g：有効プレストレスを考慮した軸方向応力度 (N/mm²) で，次式による．
$$\sigma_g = \sigma_e + \sigma_0$$
　　　σ_0：軸方向力による平均軸方向応力度 (N/mm²) で，次式による．
$$\sigma_0 = N/A_e$$
　　　σ_d：PHC 杭のコンクリートの短期許容斜張応力度 (N/mm²) で，次式による．
$$\sigma_d = 1.8$$
　　　I：(5.5.1) 式の記号の説明による．

(ⅲ) 設計用損傷限界算定用の低減係数は，曲げモーメントに対しては 1.0 以下，せん断力に対しては 0.6 以下とする．

(2) 安全限界設計時

(ⅰ) 曲げ強度は，応力度とひずみの関係をコンクリートについてはバイリニアなどの方法で，PC 鋼材については規格降伏点と規格引張強度を折れ点とするトリリニアで設定し，断面の平面保持を仮定し

た曲げ解析によって算定する．圧縮側最外縁のコンクリートのひずみが限界ひずみ ε_{cu} に達したときの曲げモーメントと，PC 鋼材の引張ひずみが限界ひずみ ε_{pu}（=0.05）に達したときの曲げモーメントのうち小さい方を，曲げ強度とする．なお，コンクリートの限界ひずみ ε_{cu} は，コンクリートの設計基準強度 F_c が 85 N/mm² 以下の場合には 0.0025，F_c が 105 N/mm² の場合には 0.002625 とする．平均軸方向応力度 σ_0 の範囲は 0～30 N/mm² とする．

(ⅱ) せん断強度は，(5.5.3) 式による．

$$Q_{su} = \alpha \cdot \eta \cdot \frac{t \cdot I}{S_0} \cdot \sqrt{(\sigma_g + 2\sigma_d)^2 - \sigma_g^2} \tag{5.5.3}$$

記号　Q_{su}：PHC 杭のせん断強度（N）

α：杭のせん断スパン比による係数で，次式による．

$$\alpha = \frac{4}{M/(Q \cdot d) + 1}$$

かつ，$1 \leq \alpha \leq 2$

M：杭に生じる最大曲げモーメント（N・mm）

Q：杭に生じる最大せん断力（N）

d：杭の有効せい（mm）で，次式による．

$$d = D - d_t$$

D：杭外径（mm）

d_t：杭の引張縁から PC 鋼材までの距離（mm）

η：寸法効果による低減係数で，次式による．

$$\eta = \frac{1800 - d}{1600} \quad (270\,\text{mm} \leq d < 600\,\text{mm})$$

$$\eta = 0.75 \quad (600\,\text{mm} \leq d)$$

σ_g：有効プレストレスを考慮した軸方向応力度（N/mm²）で，次式による．

$$\sigma_g = \sigma_e + \sigma_0$$

σ_0：軸方向力による平均軸方向応力度（N/mm²）で，次式による．ただし，σ_0 の範囲は 0～30（N/mm²）とする．

$$\sigma_0 = N/A_e$$

σ_d：PHC 杭のコンクリートの短期許容斜張応力度（N/mm²）で，次式による．

$$\sigma_d = 1.8$$

I：(5.5.1) 式の記号の説明による．

t, S_0：(5.5.2) 式の記号の説明による．

(ⅲ) 設計用曲げ強度算定用の低減係数は，1.0 以下とする．設計用せん断強度算定用の低減係数は，1.0 以下とする．

3. PHC 杭の杭頭接合部の限界値と設計用限界値設定のための低減係数は，下記による．

(1) 損傷限界設計時

(ⅰ) 接合法 A の杭頭接合部の損傷限界曲げモーメントは，パイルキャップが杭頭と接する中空円形断面において，断面の平面保持を仮定した曲げ解析を行い，圧縮縁がコンクリートの損傷限界圧縮応力度 f_{cn} に達したとき，圧縮側鉄筋が短期許容圧縮応力度に達したとき，引張鉄筋が短期許容引張応力度に達したときに対して求めた曲げモーメントのうち，最小値とする．コンクリートの支圧部の損傷限界圧縮応力度 f_{cn} は，下式による．

$$f_{cn} = \phi_c \cdot f_{na} \tag{5.5.4}$$

記号　f_{cn}：支圧部のコンクリートの損傷限界圧縮応力度（N/mm²）

ϕ_c：支圧による圧縮強度増大係数で，2.0 以下とする．

f_{na}：パイルキャップのコンクリートの短期許容圧縮応力度で，$(2/3)F_c$ とする．

F_c：パイルキャップのコンクリートの設計基準強度（N/mm²）

（ⅱ）接合法 B の杭頭接合部の損傷限界曲げモーメントは，PHC 杭の杭体の損傷限界曲げモーメントと同じとする．
（ⅲ）設計用限界値設定のための低減係数は，接合法 A および接合法 B ともに，1.0 以下とする．
（2）安全限界設計時
（ⅰ）接合法 A の杭頭接合部の曲げ強度は，パイルキャップが杭頭と接する中空円形断面において，コンクリートと鉄筋の応力度分布を仮定して，力の釣合い条件によって算定する．コンクリートの安全限界支圧強度は，次式による．

$$f_{cu} = \phi_c \cdot F_c \tag{5.5.5}$$

記号　f_{cu}：支圧部のコンクリートの安全限界支圧強度（N/mm²）
　　　ϕ_c：支圧による圧縮強度増大係数で，2.0 以下とする．
　　　F_c：パイルキャップのコンクリートの設計基準強度（N/mm²）

（ⅱ）接合法 B の杭頭接合部の曲げ強度は，PHC 杭の杭体の曲げ強度と同じとする．
（ⅲ）設計用限界値設定のための低減係数は，接合法 A および接合法 B ともに 1.0 以下とする．
4．杭頭部における安全限界状態設計用の曲げ降伏後の限界塑性変形角はゼロとする．

1. 適 用 範 囲

本項は，高強度プレストレストコンクリート杭（PHC 杭：pre-stressed high strength concrete pile）の限界値の算定および設計用限界値の低減係数に適用する．PHC 杭は，杭体の引張強度を増すために主筋に超高力鋼（PC 鋼材）を用いてプレストレスを導入した PC 杭（pre-stressed concrete pile）のうち，コンクリートの設計基準強度が 80 N/mm² 以上の高強度コンクリートを用いた杭をいう．有効プレストレス量 σ_e に応じて A 種（$\sigma_e=4.0$ N/mm²），B 種（同 8.0 N/mm²），C 種（同 10.0 N/mm²）に分けられる．大半は遠心成形されるため，断面形状は中空円形となる．杭外径は 300～1 200 mm，杭長は 4～15 m のものが製造されている．軸方向の形状はストレートのものが標準であるが，杭の頭部の径を 100～200 mm 拡大した拡頭杭，杭の先端部の径を 100～200 mm 拡大した ST 杭（Step Tapered Piles：拡径断面を有する PHC 杭），および杭周に一定間隔（1 m 間隔）の節部（突起高さ 50～100 mm）を持つ節杭もある．

（1）PHC 杭の材料・品質は，JIS A 5373（プレキャストプレストレストコンクリート製品）または指定性能評価機関等の評定基準等を満たすものとする．

PHC 杭の製造においてコンクリートの設計基準強度 F_c は，圧縮試験によって得られた数値（μ：圧縮強度の平均値，σ：標準偏差）より $F_c \leq (\mu - 3\sigma)$ を満足するように設定されている．

また，PHC 杭の PC 鋼材の配筋については，JIS A 5373 の推奨仕様 E-1 プレストレストコンクリート杭に，以下の記述がある．

「（ⅰ）軸方向の PC 鋼材については，PC 鋼材の断面積による鉄筋比が 0.4% 以上，かつ 6 本以上とする．

（ⅱ）らせん筋は，杭の外径 500 mm 以下では線径 3 mm 以上，外径 600～1 000 mm では線径 4 mm 以上，外径 1 100 および 1 200 mm では線径 5 mm 以上で，ピッチは 110 mm 以下とする．せん断耐力及び変形性能を向上させるために，必要ならせん筋量は受渡当事者間で決定するものとする．」

なお，上記ⅱ）の最小配筋によった場合，下式によるらせん筋比 p_w は，0.06～0.1% となって

いる.

$$p_w = \frac{a_w}{b \cdot x}$$

記号　p_w：らせん筋比

　　　a_w：一組のらせん筋の断面積（mm²）

　　　　b：杭の中空円形断面を，せいを D（杭外径）として，面積等価な長方形に置き換えたときの幅（mm）で，次式による．

$$b = A_c/D$$

　　　A_c：(5.5.1) 式の記号の説明による．

　　　　x：らせん筋のピッチ（mm）

　本項では実験結果に基づき設計式を検証しているが，限定された範囲の実験データしかない場合もあるので，適用範囲に注意する．

（2）　引張力を作用させた実験は皆無であるため，引張力が作用する場合は本項の適用範囲外とする．

（3）　杭どうしの継手には，現場溶接継手のほかに，主として2種類の機械的な嵌合により接続する方法が用いられている[5.5.1)]．一つは，杭側の端部金具（杭の端板と補強バンド），テーパーがついた内リングおよび外リングから構成されて，油圧ジャッキを用いて締め付ける方法である．もう一つは，杭側の端部金具，接続プレートおよび接続ボルトから構成され，端板に形成されたテーパー上の突起に接続プレートの溝を嵌合させ，接続ボルトを締め付けることによって，杭体を接続させるものである．いずれも現場継手工法として，指定性能評価機関の評定等を取得している．

（4）　PHC杭の杭頭接合法は，解説図 5.5.1 に示すような2種類とする．接合法Aは杭頭の端板に溶接あるいはねじなどで接合された定着筋をパイルキャップに定着する方法である．溶接には，端版に垂直に溶接するスタッド溶接が用いられるが，溶接の強度と定着筋の付着強度が，安全限界設計時の曲げモーメントを確実に伝達できるものとする．ねじ接合には，PHC杭のプレストレスを導入するときに使用するねじ孔を使う場合と，新たに端版に定着筋のためのねじ孔を設ける場合がある．ねじ接合についても，ねじ部の強度と定着筋の付着強度が，安全限界設計時の曲げモーメ

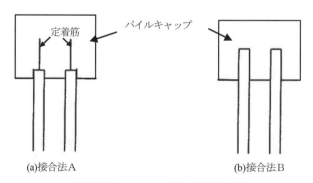

解説図 5.5.1　PHC杭の杭頭接合部

ントを確実に伝達できるものとする．特に，プレストレスを導入するためのねじ孔は，ひょうたん形状をしている場合に断面欠損しているので注意を要する．

接合法Bは，杭頭部をパイルキャップに1D程度（Dは杭外径）埋め込む方式であり，埋込み部の杭中空部にはパイルキャップと同等のコンクリートが打設され，かつ膨張コンクリートとする等，杭内面との所要の付着強度が確保されることを前提とする．

2. 杭体の限界値と設計用限界値設定のための低減係数

（1） 損傷限界設計時

（i） (5.5.1) 式は，従来から短期許容曲げモーメントとして用いられている式[5.5.2]である．括弧内の第一項は断面の引張縁の応力度がひび割れ応力度に達するときの曲げモーメント，第二項は断面の圧縮縁の応力度がコンクリートの短期許容圧縮応力度に達するときの曲げモーメントであり，それらのうちの小さい方を損傷限界曲げモーメントとする．(5.5.1) 式中の f_t は，平13国告第1113号第8第5項によるPHC杭のコンクリートの短期許容曲げ引張応力度で，f_c は，平13国告第1113号第8第5項によるPHC杭のコンクリートの短期許容圧縮応力度である．

なお，PHC杭の曲げひび割れモーメントとしては，(解5.5.1) 式も考えられる．(解5.5.1) 式の $f_t = 5.0\,\mathrm{N/mm^2}$ は，RC部材のコンクリートの曲げひび割れ強度の平均値として使われる $0.56\sqrt{F_c}$（F_c：コンクリートの設計基準強度（N/mm²））を用い，$F_c = 80\,\mathrm{N/mm^2}$ として計算したものである．

$$M_{cr} = Z_e\left(f_t + \sigma_e + \frac{N}{A_e}\right) \qquad (解5.5.1)$$

記号　　M_{cr}：PHC杭の曲げひび割れモーメント（N・mm）

　　　　f_t：コンクリートの曲げ引張強度（N/mm²）で，次式による．

　　　　　　$f_t = 5.0$

　　　　$Z_e,\ \sigma_e,\ N,\ A_e$：(5.5.1) 式の記号の説明による．

解説図5.5.2に，曲げひび割れモーメントの実験値[5.5.3〜5.5.5]と (5.5.1) 第一項および (解5.5.1) 式との比較を示す．実験値は杭頭部を模擬した実験での値である．実験の範囲は，杭外径300 mm（38体）と450 mm（5体），杭種はA，B，C種，せん断スパン比 $M/(Q \cdot d)$ は1.1〜3.6の合計71体である．なお杭外径300 mmではあるが，杭外径 D と肉厚 t の比を大きくし（$D/t = 5$〜8），大口径（$D = 1\,200\,\mathrm{mm}$）の杭と同じ比（$D/t = 8$）とした試験体も含まれている．(5.5.1) 式第一項は軸方向応力度（$\sigma_e + \sigma_0$）が小さいときに安全性が高くなっていること，(解5.5.1) 式は軸方向応力度（$\sigma_e + \sigma_0$）に関わらず，実験値/計算値の比が大きくなっていることが分かる．

解説表5.5.1に（実験値/計算値）の統計量を示す．これより，両式とも不良率5%以下とするための係数は概ね1.0であることから，設計用限界値設定のための低減係数を1.0とすることとした．なお，両式とも（実験値/計算値）の変動係数は0.2程度で余り大きな差はなく，(5.5.1) 式が従来から用いられている式であることを考慮して，(5.5.1) 式を本文に採用した．

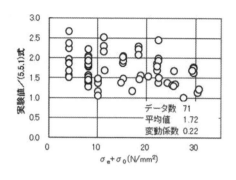 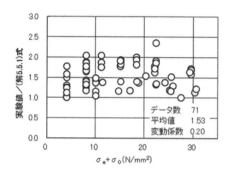

(a) (5.5.1)式第一項による曲げひび割れモーメントとの比較　(b) (解5.5.1) 式による曲げひび割れモーメントとの比

解説図 5.5.2　PHC杭の曲げひび割れモーメントの実験値と計算値との比較

解説表 5.5.1　PHC杭の曲げひび割れモーメントの（実験値／計算値）の統計量

計算法	（実験値／計算値）の統計量				$(\overline{X}-1.64\sigma)^{*1}$
	データ数	平均値 $\overline{X}$	標準偏差 σ	変動係数	
(5.5.1)式第一項	71	1.72	0.37	0.22	1.11
(解5.5.1) 式	71	1.53	0.31	0.20	1.02

［注］＊1）：（実験値／計算値）を正規分布とした場合の不良率5％以下とするための係数

（ⅱ）　(5.5.2) 式は，従来から短期許容せん断力として用いられている式[5.5.2)]である．(5.5.2)式中の σ_d は，平13国告第1113号第8第5項によるPHC杭のコンクリートの短期許容斜張応力度である．文献5.5.2）では，特に許容斜張応力度に関し，プレストレストコンクリート造柱梁のコンクリートの許容斜張応力度を準用して設定したことが説明されている．以下に，その概要を引用する．

プレストレスト造柱梁の場合には，短期許容せん断応力度の代わりに，次式による破壊時のせん断応力度を超えないかを検討することとされている．

$$\tau_{max} = \frac{1}{2} \cdot \sqrt{(\sigma_g + 2\sigma_d)^2 - \sigma_g^2} \qquad (\text{解} 5.5.2)$$

記号　　τ_{max}：コンクリートのせん断強度（N/mm²）

　　　　σ_g：(5.5.2) 式の記号の説明による

　　　　σ_d：コンクリートの短期許容斜張応力度（N/mm²）（$=\phi\cdot\sigma_t$）

　　　　σ_t：コンクリートの引張強度（N/mm²）（$=0.07 F_c$）

　　　　F_c：PHC杭のコンクリートの設計基準強度（N/mm²）

　　　　ϕ：係数

（解5.5.2）式は，コンクリート全断面積が有効であるとし，短期許容斜張応力度 σ_d がコンクリートの引張強度 σ_t の ϕ 倍に達したときに，破壊が生じると考えたときのせん断応力度を表す式である．$\sigma_g = 0$ とした時の，鉄筋コンクリート造におけるコンクリートの短期許容せん断応力度と

の対比から，$\phi=0.5$ として算定することが望ましいとされている．これを PHC 杭に適用するために，短期許容斜張応力度 σ_d を以下のように考える．

$$\sigma_d = 0.5 \cdot \sigma_t = 0.5 \times 0.07 F_c$$

上式に安全率として 0.75 を乗じることにより，PHC 杭の短期許容斜張応力度として次式を設定した．

$$\sigma_d = \frac{3}{4} \times (0.5 \cdot \sigma_t) = \frac{1.5}{4} \times 0.07 F_c$$

さらに，遠心力鉄筋コンクリート杭には許容せん断応力度の上限値（短期で $1.5 \times 0.7\,\mathrm{N/mm^2}$）が設定されているが，それとの差があまり大きくならないように，PHC 杭にも上限値（$=1.8\,\mathrm{N/mm^2}$）が設けられている．したがって，文献 5.5.2) では下式が採用されている．

$$\sigma_d = \min\left(\frac{1.5}{4} \times 0.07 F_c,\ 1.8\right)\ \text{以下}$$

平 13 国告第 1113 号第 8 第 5 項では，PHC 杭の設計基準強度 F_c は $80\,\mathrm{N/mm^2}$ 以上とすることが定められており，上式の右辺第二項の数値（1.8）が必ず小さくなることから，短期許容斜張応力度を $1.8\,\mathrm{N/mm^2}$ としている．

解説図 5.5.3 に，せん断ひび割れ強度の実験値[5.5.3]〜[5.5.5] と (5.5.2) 式による計算値との比較を示す．試験体の範囲は，杭外径 300 mm（74 体），400 mm（2 体），450 mm（4 体），A，B，C 種，せん断スパン比 $M/(Q \cdot d)$（d は有効せいで $d=D-d_t$，D：杭外径，d_t：杭の引張縁から PC 鋼材までの距離）が 1.1〜3.3 の合計 80 体である．なお杭外径 300 mm ではあるが，杭外径と肉厚 t の比（D/t）を大きくて（$D/t=5$〜8），大口径（1 200 mm）の杭と同じ比（$D/t=8$）とした試験体も含まれている．これより PHC 杭のせん断ひび割れ強度の（実験値/計算値）は（$\sigma_e+\sigma_0$）には余り依存しないが，$M/(Q \cdot d)$ に強く依存し，$M/(Q \cdot d)$ が大きくなると（実験値/計算値）は低下することがわかる．解説図 5.5.3(b) 中には，梁の許容せん断強度式に使われている（解 5.5.3）式の α を示しているが，実験値は α と調和的である．

$$\alpha = \frac{4}{M/(Q \cdot d)+1} \qquad \text{かつ} \quad 1.0 \leq \alpha \leq 2.0 \qquad (\text{解 } 5.5.3)$$

次に，寸法効果を検討するために，杭外径 500 mm 以上のデータ[5.5.6]を含めて検討した．ただし，杭外径 500 mm 以上のデータは，すべて $M/(Q \cdot d)$ が 1.1 以下の A 種および B 種で，かつ軸方向力を作用させない試験体であった．解説図 5.5.4 に $M/(Q \cdot d)=1.0$〜1.1 の試験体[5.5.5],[5.5.6] のせん断ひび割れ強度の実験値/計算値と有効せい d との関係を示す．同図より，d が 270 mm の実験値/計算値の平均は約 2.0 であるのに対して，d が 500 mm 以上の実験値/計算値の平均は約 1.5 となっていることがわかる．解説図 5.5.4 中の実線（実験値/計算値の平均的な値）は（解 5.5.4）式のとおりである．

$$\eta_0 = \frac{1\,800-d}{800} \qquad (270\,\mathrm{mm} \leq d < 600\,\mathrm{mm}) \qquad (\text{解 } 5.5.4)$$

$$\eta_0 = 1.5 \qquad (600\,\mathrm{mm} \leq d)$$

一方，これらのデータはせん断スパン比 $M/(Q \cdot d)$ が 1.0〜1.1 の試験体である．解説図 5.5.3 (b) に示すように，杭外径が小さく（300〜450 mm）かつ $M/(Q \cdot d)$ が 1.0〜1.1 の実験値/平均値は概ね 2.0 となっている．そこで，(解 5.5.4) 式の右辺を 2.0 で除して，杭外径の影響を表す寸法効果の係数 η とする．すなわち η は（解 5.5.5）式で表される．

$$\eta = \frac{1800 - d}{1600} \qquad (270 \text{ mm} \leq d < 600 \text{ mm}) \qquad (解\,5.5.5)$$

$$\eta = 0.75 \qquad (600 \text{ mm} \leq d)$$

(5.5.2) 式にせん断スパン比の効果 α と寸法効果 η を乗じた計算値（解 5.5.6）式と，せん断ひび割れ強度の実験値とを比較した結果（実験値/計算値の統計量）を，解説表 5.5.2 に示す．

$$Q_{AS2} = \alpha \cdot \eta \cdot \frac{t \cdot I}{S_0} \cdot \sqrt{(\sigma_g + 2\sigma_d)^2 - \sigma_g^2} \qquad (解\,5.5.6)$$

損傷限界設計時ではせん断スパン比が 3.0 程度あるいはそれ以上となることが多いことや，せん断スパン比が変動しても危険側とならないように，せん断スパン比の効果を無視して $\alpha = 1.0$ とする．また，寸法効果についても有効せいが 600 mm 以上の場合の値を採用して，$\eta = 0.75$ とする．前記のように (5.5.2) 式は，従来から短期許容せん断力として用いられている式なので，設計式は修正せず，せん断スパン比の効果 α と寸法効果の係数 η を低減係数に考慮することとした．解説表 5.5.2 から，（解 5.5.6）式の（実験値/計算値）を正規分布とした場合の不良率 5% 以下とするための係数は 0.79 となっている．これらを乗じると次のようになる．

$$\alpha \times \eta \times (\overline{X} - 1.64\sigma) = 1.0 \times 0.75 \times 0.79 = 0.59$$

以上を考慮して，設計用損傷限界算定用の低減係数は 0.6 以下とする．

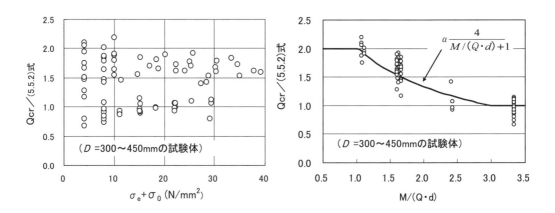

(a) 実験値／計算値と $\sigma_e + \sigma_0$ との関係　　(b) 実験値／計算値と $M/(Q \cdot d)$ との関係

解説図 5.5.3 PHC 杭のせん断ひび割れ強度の実験値 Q_{cr} と (5.5.2) 式による計算値との比較（杭外径 300〜450 mm の試験体[5.5.3]〜[5.5.5]）

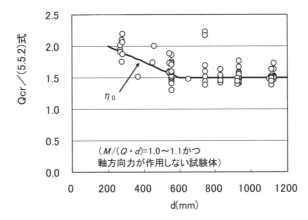

解説図 5.5.4 PHC 杭のせん断ひび割れ強度の実験値 Q_{cr} と (5.5.2) 式による計算値との比較 ($M/(Q \cdot d)$=1.0〜1.1 かつ軸方向力を作用させない試験体[5.5.5),5.5.6)])

解説表 5.5.2 PHC 杭のせん断ひび割れ強度の（実験値／計算値）の統計量

計算法	計算式の精度				$(\overline{X}-1.64\sigma)$[*1)]
	データ数	平均値 $\overline{X}$	標準偏差 σ	変動係数	
(解5.5.6)式 Q_{AS2}	181	1.07	0.17	0.16	0.79

［注］＊1)：（実験値／計算値）を正規分布とした場合の不良率5％以下とするための係数

　解説図 5.5.5 に，杭のせん断実験[5.5.3)〜5.5.6)]におけるせん断強度 Q_{max} とせん断ひび割れ強度 Q_{cr} との比 Q_{max}/Q_{cr} を示す．試験体はすべて，JIS A 5373 の推奨仕様の最小らせん筋比（p_w=0.06〜0.1％）で，中詰めコンクリートを用いない場合である．図より軸方向力を作用させた試験体では，Q_{max}/Q_{cr} は 1.0〜1.1 の範囲にあり，せん断ひび割れの発生後すぐにせん断強度に達することがわかる．これは，通常の仕様の PHC 杭においては，中空円形断面であることやらせん筋量が少ないために，せん断ひび割れの発生以後の軸方向力とせん断力の増大分を負担できないためと考えられ

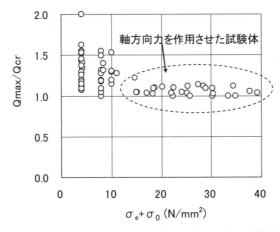

解説図 5.5.5 PHC 杭の実験によるせん断ひび割れ強度 Q_{cr} とせん断強度 Q_{max} との比

る．なお，本指針では，安全限界状態時の検討でせん断破壊に対する安全性の確認を必ず行うので，損傷限界設計時ではせん断ひび割れの検討のみをすることとしている．

（2） 安全限界設計時

（i） 曲げ強度

曲げ強度は，コンクリートおよびPC鋼線の応力度〜ひずみ関係を，解説図5.5.6のようにモデル化し，断面の平面保持を仮定した曲げ解析を行い，圧縮側最外縁のコンクリートのひずみ ε_c が圧縮限界ひずみ ε_{cu} に達したとき，あるいは，PC鋼材の引張ひずみ ε_{pc} が引張限界ひずみ ε_{pu} に達したときの曲げモーメントのうち，小さいほうとする．

ただし，コンクリートの圧縮限界ひずみ ε_{cu} は，コンクリートの設計基準強度 F_c が 85 N/mm² 以下の場合には 0.0025，F_c が 105 N/mm² の場合には 0.002625 とする．また，PC鋼材の引張限界ひずみ ε_{pu} は 0.05 とする．その他の PC 鋼材の材料定数を解説表 5.5.3 に示す．

なお，PC鋼材には断面の曲げによるひずみのほかに，次式に示す有効プレストレス力 P_e による初期ひずみ ε_{pi} が生じているので，その影響を考慮して応力度を算定する．

$$P_e = \sigma_e \cdot (A_c + n \cdot A_p)$$

$$\varepsilon_{pi} = \frac{P_e}{E_p A_p}$$

以上の式から，有効プレストレスによる初期ひずみ ε_{pi} は次式で算定できる[5.5.7]．

$$\varepsilon_{pi} = A_c \cdot \sigma_e \cdot \left(\frac{1}{E_c \cdot A_c} + \frac{1}{E_p \cdot A_p} \right)$$

記号　　ε_{pi}：プレストレスによるPC鋼材の初期ひずみ

A_c：コンクリートの断面積（mm²）

A_p：PC鋼材の断面積（mm²）

n：ヤング係数比

σ_e：有効プレストレス（N/mm²）で，A種は4，B種は8，C種は10とする．

E_c：コンクリートのヤング係数（N/mm²）で，4.0×10^4 とする．

E_p：PC鋼材のヤング係数（N/mm²）で，2.0×10^5 とする．

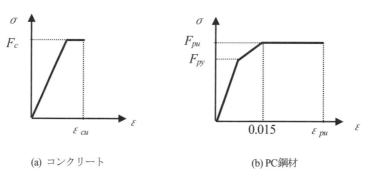

(a) コンクリート　　　　　　　　　(b) PC鋼材

解説図 5.5.6　PHC杭のコンクリートおよびPC鋼材の応力度 σ〜ひずみ ε 関係のモデル化

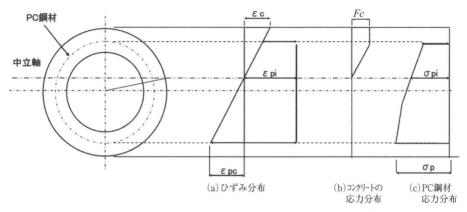

解説図 5.5.7 PHC 杭の曲げ強度計算用のひずみ分布[5.5.17]

解説表 5.5.3 PHC 杭および PRC 杭の PC 鋼材の特性値

材料特性値			細径異形 PC 鋼棒 (D 種) (JIS G 3137)	PC 鋼線 (JIS G 3536)	
			$\phi 7.1 \sim \phi 12.6$	$\phi 7.0$	$\phi 9.0$
規格降伏点[*1)]	F_{py}	(N/mm²)	1 275	1 325	1 226
規格引張強度[*2)]	F_{pu}	(N/mm²)	1 420	1 515	1 418

［注］＊1)：JIS G 3137 の耐力および JIS G 3536 の 0.2％永久伸びに対する荷重を公称断面積で除した値の下限値

［注］＊2)：JIS G 3137 の引張強さおよび JIS G 3536 の引張荷重を公称断面積で除した値の下限値

　以上の仮定で計算した曲げ強度と，実験値[5.5.3),5.5.6),5.5.8)〜5.5.11)]との関係を解説図 5.5.8 に示す．実験データの諸元は杭外径 400〜1 200 mm，A 種・B 種・C 種，平均軸方向応力度 σ_0＝0〜30 N/mm² である．また，（実験値/計算値）の統計量から，不良率が 5％以下となるための係数は 1.0 以上となるため，曲げ強度の低減係数を 1.0 以下とした．曲げ強度の精度検証と低減係数の設定に用いたデータの範囲から，本項における曲げ強度の適用範囲は，平均軸方向応力度 σ_0 が 0〜30 N/mm² の範囲とした．

（ⅱ）　せん断強度

　解説図 5.5.5 に示したように，通常仕様の PHC 杭で軸方向力がある場合には，せん断強度はせん断ひび割れ強度の 1.0〜1.1 倍の範囲にあり，かつせん断ひび割れ強度はシヤースパン比と杭の断面寸法に大きく依存する．損傷限界設計時には，従来の許容せん断力の算定式を用い，かつ安全側となるようにシヤースパン比の効果を無視して，さらに寸法効果の影響を限界値設定用の低減係数に考慮したが，せん断強度式の設定には，より合理的になるように，これらの影響を設計式に反映した．

　解説図 5.5.9 に（5.5.2）式とせん断強度の実験値 Q_{max}[5.5.3)〜5.5.6)]との比較を示す．解説図 5.5.9

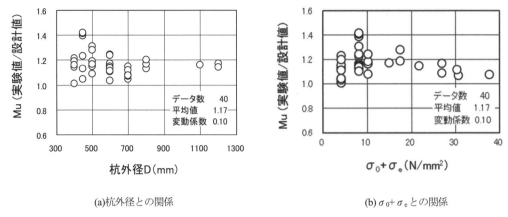

(a) 杭外径との関係　　　　　　　　(b) $\sigma_0+\sigma_e$との関係

解説図 5.5.8　PHC杭の曲げ強度の実験値と計算値との比較

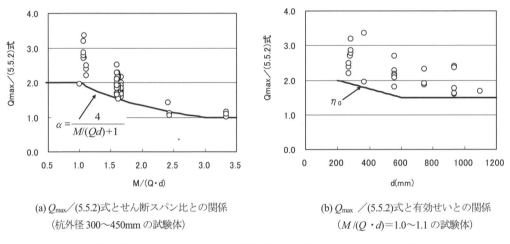

(a) $Q_{max}/(5.5.2)$式とせん断スパン比との関係　　　(b) $Q_{max}/(5.5.2)$式と有効せいとの関係
　　（杭外径300〜450mmの試験体）　　　　　　　　　（$M/(Q\cdot d)$=1.0〜1.1の試験体）

解説図 5.5.9　PHC杭のせん断強度の実験値と (5.5.2) 式との比較

　(a) の試験体は，杭外径300 mm（45体），400 mm（2体），450 mm（4体），平均軸方向応力度σ_0が0〜30 N/mm²，A，B，C種の合計51体である．せん断強度はせん断スパン比に大きく依存し，せん断スパン比が1.0程度では（実験値/計算値）が2〜3となるが，せん断スパン比が2以上では概ね1に近い数値となることがわかる．解説図5.5.9(b)は，杭外径が300 mmから1 200 mm，せん断スパン比が1.0から1.1で，軸方向力を作用させていない試験体であり，実験値/計算値と有効せいdとの関係は，図中に示した（解5.5.4）式の係数η_0と調和的である．

　以上のことから，せん断強度式には，(5.5.2) 式にせん断スパン比の効果αと寸法効果ηを乗じ，(5.5.3) 式を採用した．(5.5.3) 式とせん断強度の実験値Q_{max}[5.5.3〜5.5.6]との比較を解説図5.5.10に，（実験値/計算値）の統計量を解説表5.5.4に示す．（実験値/計算値）を正規分布とした場合の不良率5%以下となる係数（$\overline{X}-1.64\sigma$）は約1.0であることから，設計用限界値算定用の低減係数を1.0以下とした．また，せん断強度の精度検証と低減係数の設定に用いたデータの範

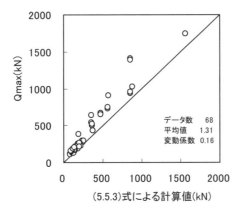

解説図 5.5.10 PHC杭のせん断強度の実験値 Q_{max} と（5.5.3）式による計算値との比較

解説表 5.5.4 PHC杭のせん断強度の（実験値／計算値）の統計量

	計算式の精度				$(\overline{X}-1.64\sigma)^{*1)}$
	データ数	平均値 $\overline{X}$	標準偏差 σ	変動係数	
(5.5.3)式	68	1.31	0.20	0.16	0.97

［注］＊1）：（実験値／計算値）を正規分布とした場合の不良率5％以下とするための係数

囲から，本項におけるせん断強度の適用範囲は，平均軸方向応力度 σ_0 が0～30 N/mm² の範囲とした．

　なお，損傷限界設計時においてはせん断スパン比の効果を無視しているのに対して，安全限界設計時においてはせん断スパン比の効果を考慮した式としている．これは安全限界設計時には，杭体の非線形化や外力条件の変化により，杭頭部のせん断スパン比の変動が大きくなると考えられ，たとえば軸方向力が増大する杭と減少する杭の違いを考慮する等，適切なせん断スパン比を設定できる方が合理的と判断したためである．したがって，設計上さまざまな状況を考慮して適切なせん断スパン比を設定することが重要である．

3．杭頭接合部の限界値と設計用限界値設定のための低減係数

（1）損傷限界設計時

　接合法Aの場合には，定着筋に生じる引張力や圧縮力と杭頭端面から作用する圧縮力によって，杭頭の曲げモーメントをパイルキャップに伝達する．したがって，定着筋が少ない，あるいはパイルキャップのコンクリート強度が十分ではないと，杭頭よりも先に杭頭接合部が最大強度に達することになる．この状態を杭頭接合部が曲げ強度に達したとする．

　接合法Aの杭頭接合部の損傷限界曲げモーメントおよび曲げ強度は，解説図5.5.11(a)に示すように，杭頭部がパイルキャップに接する杭頭端面位置で，杭と同じ中空円形断面で算定する．このとき，杭の肉厚に対して十分な縁空きを有する場合には，パイルキャップ側コンクリートに作用する圧縮力の作用面積が局部的になり，支圧効果によって大きな圧縮力に耐えることができるため，この支圧効果を考慮して，コンクリートの応力度～ひずみ関係を補正し断面の曲げ解析を行う（以

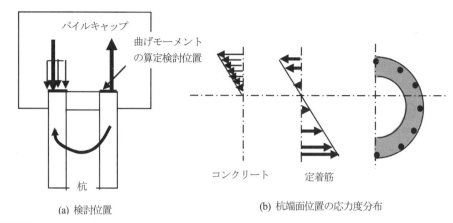

(a) 検討位置　　　　(b) 杭端面位置の応力度分布

解説図 5.5.11 接合法Aの杭頭接合部の損傷限界曲げモーメントの算定位置および応力度分布

下, 支圧効果を考慮する方法という) と, 実験との対応がよいという報告がある[5.5.12].

また, 支圧効果を考慮する代わりに, 杭断面よりも大きな仮想断面を仮定して曲げ解析による方法 (以下, 仮想中空円形断面の方法という) もある.

解説図 5.5.12 に, 降伏曲げモーメント (定着筋が降伏するときの曲げモーメント) の実験値[5.5.12],[5.5.13]と, 計算値との比較を, 解説図 5.5.13 に曲げ強度の実験値[5.5.9),5.5.11)〜5.5.15]と計算値との比較を, それら (実験値/計算値) の統計量を解説表 5.5.5 および解説表 5.5.6 に示す. 支圧効果を考慮する計算法の場合には, コンクリートの最大圧縮応力度を $\phi_c \cdot \sigma_B$ (σ_B はコンクリートの圧縮強度, ϕ_c は支圧による圧縮強度増大係数で 2.0) とした. 仮想中空円形断面の方法では, 検討断面を杭外径 $+100$ mm, 杭内径 -100 mm の中空円形断面として計算した. また, 杭頭接合部が曲げ強度に達したデータを用いて検討するため, 実験値には PHC 杭の他に PRC 杭および SC 杭のデータ, あるいは定着筋をアンボンドとして, 定着筋の伸びによる靱性の向上や固定度の低下を狙ったデータも含まれている. 降伏曲げモーメントについては, 支圧効果を考慮する方法では実験値は概ね計算値を上回るが, 仮想中空円形断面の方法では, (実験値/計算値) が 1.0 を下回っており, 不良率 5%以下とするための係数 ($\overline{X}-1.64\sigma$) は 0.72 となっている. 曲げ強度については, どちらの計算法も実験値が計算値を下回ることはなく, 変動係数も同程度である.

以上の結果から, 支圧効果を考慮する方法の方が実験値との対応が良いと判断でき, また, 物理的根拠も明快であることから, この方法を本文に採用した. その際, 損傷限界曲げモーメントを計算する場合には, コンクリートの支圧部の損傷限界圧縮応力度 f_{cn} には (5.5.4) 式を, また, 安全限界設計時の杭頭接合部の曲げ強度の計算をする場合には, 支圧部の安全損傷限界支圧応力度 f_{cu} には (5.5.5) 式を用いる. また, 解説表 5.5.5 および解説表 5.5.6 より, (実験値/計算値) を正規分布とした場合の不良率 5%以下とするための係数 ($\overline{X}-1.64\sigma$) は, 概ね 1.0 あるいは 1.0 以上となっていることから, 設計用限界値算定用の低減係数は, 1.0 以下とする.

接合法 B の杭頭接合部においては, パイルキャップに十分杭体を埋め込むことによって, パイルキャップの破壊を防止する. したがって, 接合法 B の杭頭接合部の損傷限界曲げモーメントおよび曲げ強度は, 杭体の損傷限界曲げモーメントおよび曲げ強度と同じとする.

5章 基礎構造部材の保有性能と構造規定 —217—

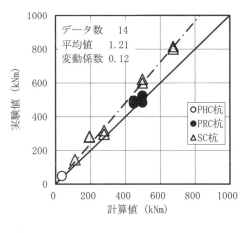
(a)支圧効果を考慮する方法

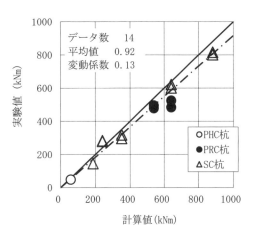
(b)仮想中空円形断面の方法

解説図 5.5.12 接合法Aの杭頭接合部の降伏曲げモーメントの実験値と計算値との関係

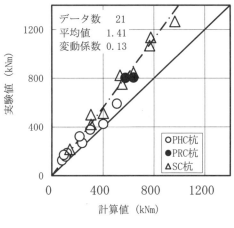
(a)支圧効果を考慮する方法

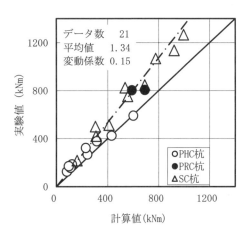
(b)仮想中空円形断面の方法

解説図 5.5.13 接合法Aの杭頭接合部の曲げ強度の実験値と計算値との関係

解説表 5.5.5 接合法Aの降伏曲げモーメントの（実験値／計算値）の統計量

計算法	（実験値／計算値）の統計量				$(\overline{X}-1.64\sigma)$ [1]
	データ数	平均値 $\overline{X}$	標準偏差 σ	変動係数	
支圧効果を考慮する方法	14	1.21	0.15	0.12	0.97
仮想中空円形断面	14	0.92	0.12	0.13	0.72

［注］＊1）：（実験値／計算値）を正規分布とした場合の不良率5％以下とするための係数

解説表 5.5.6 接合法 A の曲げ強度の（実験値／計算値）の統計量

計算法	（実験値／計算値）の統計量				$(\overline{X}-1.64\sigma)$ [*1)]
	データ数	平均値 $\overline{X}$	標準偏差 σ	変動係数	
支圧効果を考慮する方法	21	1.41	0.18	0.13	1.12
仮想中空円形断面	21	1.34	0.20	0.15	1.01

［注］＊1)：（実験値／計算値）を正規分布とした場合の不良率5%以下とするための係数

4. 限界変形角

（1） 接合法 A の杭頭接合部の限界塑性変形角

PHC 杭の接合法 A における杭頭接合部の強度と変形性能に関しては，各工法で実験結果が報告されている[5.5.8),5.5.9)]．解説図 5.5.14 に実験による R_u（繰返し荷重において最大荷重の80%以上を安定的に維持できる部材角をいい，以下同様とする）をまとめて示す．同図によると，軸方向力がなく定着筋の降伏が先行する場合には，定着筋の伸びとパイルキャップへのめり込みによる回転が発生するため，最大耐力後すぐに耐力低下を起こさず，ある程度の変形能力を期待することができる[5.5.8)～5.5.9)]．ただし端板のねじ孔がひょうたん型で，それにねじ込む形式の場合（図中の黒丸），ねじ部での破断が発生すると変形能力を期待することができない[5.5.8)]．また，定着筋量が多い場合や軸方向力が比較的大きい場合には，杭頭接合部よりも杭体の破壊が先行するため，下記に示す接合法 B と同様の脆性的な破壊になる（図中の△）ことも報告されている[5.5.9)]．なお，解説図 5.5.14 の△は最大荷重以後，少ない繰返しによって破壊に至ったため，最大荷重時の部材角を示している．

また，解説図 5.5.14 から分かるように，変形性能を定量的に評価するには実験データが十分ではなく，特に軸方向力がある場合の実験データが少ないのが現状である．したがって，現段階では接合法 A の杭頭接合部における曲げ降伏後の限界塑性変形角はゼロとし，曲げ降伏後の変形性能を考慮しないこととする．

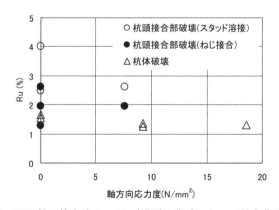

解説図 5.5.14 PHC 杭の接合法 A の R_u（繰返し荷重において最大荷重の80%以上を安定的に維持できる部材角）の実験結果[5.5.8),5.5.9)]

（2） 接合法Bの杭頭接合部の限界塑性変形角

黒正ら[5.5.4)]は，現在一般的に使われているPHC杭B種（JIS仕様，らせん筋3.2φピッチ100 mm）をパイルキャップに埋め込んだ杭頭接合部の実験を行い，軸方向力がない場合には軸方向筋破断あるいは杭頭部がせん断破壊し，軸方向力がある場合には杭頭部が曲げ圧縮破壊を起こして，最大荷重後すぐに軸方向力保持能力を失い塑性変形能力が極めて小さいことを指摘している〔解説図5.5.15参照〕．すなわち，このようなPHC杭では，杭頭部のせん断力保持限界（限界変形）は，軸方向力保持限界と近いといえる．また，前述のように，JISのらせん筋量の最小規定は製造上の規定であり，変形能力という観点から見ると全く不十分であることが分かる．

さらに，堀井[5.5.16)]は，これらの破壊を防止するためには，現状（JISの最小規定）の9倍以上のらせん筋量（$p_w \cdot {}_w\sigma_y \geq 4.9\,\text{N/mm}^2$）と，杭頭から杭径の4倍以上の範囲に中詰コンクリートの充填が必要であり，その結果，部材角で1/20までの変形能力を確保できることを報告している．したがって，このような対策をとらない限り，PHC杭の接合法Bの杭頭接合部に変形能力を期待することは難しい．

以上のことから，接合法Bの杭頭接合部の限界塑性変形角には，堀井[5.5.16)]が提案する十分な補強をする場合には，実験から得られた結果を用いてよいが，それ以外の場合には，接合法Aと同様に，ゼロとし，曲げ降伏後の変形性能を考慮しないこととする．

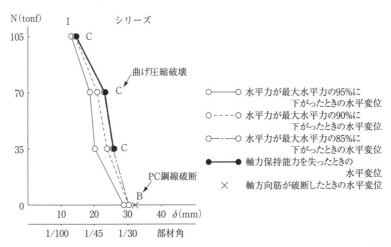

解説図5.5.15 PHC杭の接合法Bの変形性能の例（杭外径300mm，B種）[5.5.4)]

参 考 文 献

5.5.1) 豊田　哲・瀬田英彦：既製コンクリート杭の杭頭接合工法と現場継ぎ手工法，基礎工，pp.32～36，2000.11

5.5.2) 日本建築センター：地震力に対する建築物の基礎の設計指針，1984

5.5.3) 杉村義広・中田慎介・川島俊一・阿部道彦：高強度プレストレスとコンクリートぐいの地震被害とその再現実験，日本建築学会構造系論文集，第340号，pp.40～50，1984

5.5.4) 黒正清治・和田　章・小林克巳・光木史朗・上田邦成：軸方向力と水平力を受ける高強度PC杭の力学的性状に関する実験，高強度PC杭の耐力変形性能向上に関する実験（1），日本建築学会構造

系論文集，第 376 号，pp.71〜80, 1987

5.5.5) 岸田慎司・堀井昌博・桑原文夫・林　静雄：大口径 PHC 杭のせん断終局強度に関する実験研究, 日本建築学会構造系論文集, 第 510 号, pp.123〜130, 1998

5.5.6) 金子　治・中井正一・飯場正紀・平出　務・向井智久・阿部秋男：大地震時に対する耐震性能評価のための既製コンクリート杭の強度変形特性, 日本建築学会技術報告集, 第 21 巻, 第 47 号, pp.95〜98, 2015

5.5.7) 大岩健治郎・津田和義：既製コンクリート杭の $M〜\phi$ 関係と PHC 杭のせん断耐力, 橋梁と基礎, 98-2, pp.25〜33, 1998

5.5.8) 杉村義広・大杉文哉・多田正明・大野八郎・豊岡恒夫：スタッド溶接を用いた PHC 杭の杭頭接合方法に関する実験研究（その 1〜その 3），日本建築学会学術講演梗概集，pp.1615〜1620, 1994

5.5.9) 榎並　昭・岡田　満・田中勝博・佐藤秀人・森山英二・大垣正之：アンカーボルト工法による杭頭とフーチングの接合部の曲げ耐力試験（その 1〜その 4），日本建築学会学術講演梗概集，pp.1621〜1628, 1994

5.5.10) 松村孝夫・浅野真一朗・山田　淳・木場将雄・伊藤浩二・岩本　勲：PHC 杭の変形性能実験に基づく建物基礎の地震応答解析, 日本建築学会技術報告集, 第 9 号, pp.71〜76, 1999

5.5.11) 平出　務・杉村義広・大杉文哉：アンボンド型スタッド鉄筋を用いた PHC 杭の杭頭接合法の力学特性に関する実験的研究, 日本建築学会構造系論文集, 第 581 号, pp.71〜78, 2004

5.5.12) 佐々木聡・小林勝巳・山本英明・小林恒一・松山俊樹・内海祥人；アンボンドアンカーを用いた既製コンクリート杭の杭頭半剛接合部の力学的挙動に関する研究, 日本建築学会構造系論文集, 第 620 号, pp.81〜86, 2007.10

5.5.13) 小嶋一好・永井興史郎ほか：基礎スラブと接合した PHC 杭の曲げ性能に関する実験的研究（その 1〜その 3），日本建築学会学術講演梗概集，B1, pp.1621〜1626, 1994

5.5.14) 川合弘之・稲田修ほか：SC 杭を使った杭頭接合部に関する実験（その 1〜その 2）：日本建築学会学術講演梗概集, B1, pp.1551〜1554, 1990

5.5.15) 橋本一也・豊岡恒夫ほか：杭頭接合部に関する研究, 日本建築学会学術講演梗概集, B1, pp.1037〜1038, 1995

5.5.16) 堀井昌博：高強度プレストレストコンクリート杭基礎の耐震性能向上に関する研究, 東京工業大学博士論文, 1992

5.5.17) コンクリートパイル建設技術協会：既製コンクリート杭−基礎構造設計マニュアル−建築編, 2009.5

5.5.2　PRC 杭

1. 本項は，下記の（1）〜（4）を満たす高強度プレストレスト鉄筋コンクリート杭（以下，PRC 杭という）の限界値の算定および設計用限界値の設定に適用する．
  （1）PRC 杭の材料・品質は，JIS A 5373（プレキャストプレストレストコンクリート製品）または信頼できる資料による．杭体のコンクリートの設計基準強度は，80 N/mm^2 以上 105 N/mm^2 以下とする．PC 鋼材および軸方向鉄筋の全断面積を杭の断面積で除した比率は，2.3% 以上 6.2% 以下とする．
  （2）PRC 杭に作用する軸方向力は，ゼロまたは圧縮力とする．
  （3）杭どうしの接合部は，安全限界設計時の軸方向力，曲げモーメントならびにせん断力を確実に伝達できるものとする．
  （4）杭頭接合部は，杭頭部をパイルキャップに埋め込む接合法（接合法 B）とし，埋込み深さは杭外径の 2 倍以上とする．
2. PRC 杭の限界値および設計用限界値設定のための低減係数は，次の（1）および（2）による．
  （1）損傷限界設計時
  （i）損傷限界曲げモーメントは，(5.5.6) 式による．

$$M_s = \min\left\{Z_e\left(f_t + \sigma_e + \frac{N}{A_e}\right), Z_e\left(f_c - \sigma_e - \frac{N}{A_e}\right)\right\} \tag{5.5.6}$$

記号　　M_s：PRC 杭の損傷限界曲げモーメント（N・mm）
　　　　Z_e：PC 鋼材および軸方向鉄筋を考慮した換算断面係数（mm³）で，次式による．
$$Z_e = I_e / r_o$$
　　　　I_e：PC 鋼材および軸方向鉄筋を考慮した換算断面二次モーメント（mm⁴）で，次式による．
$$I_e = I + \frac{1}{2} \cdot n \cdot A_g \cdot r_p^2$$
　　　　I：PRC 杭の断面二次モーメント（mm⁴）で，次式による．
$$I = \pi(r_o^4 - r_i^4)/4$$
　　　　r_o：杭の外半径（mm）
　　　　r_i：杭の内半径（mm）
　　　　n：ヤング係数比（$= E_s/E_c = 5$）
　　　　E_s：PC 鋼材および軸方向鉄筋のヤング係数（N/mm²）
　　　　E_c：PRC 杭のコンクリートのヤング係数（N/mm²）
　　　　A_g：PC 鋼材および軸方向鉄筋の全断面積（mm²）
　　　　r_p：杭中心から軸方向鉄筋までの距離（mm）
　　　　f_t：PRC 杭のコンクリートの損傷限界曲げ引張強度（N/mm²）で，次式による．
$$f_t = \min(\sigma_e/2, 5)$$
　　　　σ_e：有効プレストレス量（N/mm²）
　　　　f_c：PRC 杭のコンクリートの損傷限界圧縮強度（N/mm²）で，次式による．
$$f_c = F_c \times 2/3.5$$
　　　　F_c：PRC 杭のコンクリートの設計基準強度（N/mm²）
　　　　N：軸方向力（N）（圧縮力を正とする）
　　　　A_e：PRC 杭のコンクリート換算断面積（mm²）で，次式による．
$$A_e = A_c + (n-1) \cdot A_g$$
　　　　A_c：PRC 杭のコンクリートの断面積（mm²）で，次式による．
$$A_c = \pi(r_o^2 - r_i^2)$$

（ⅱ）損傷限界せん断力は，(5.5.7) 式による．

$$Q_{AS} = \frac{t \cdot I}{S_o} \cdot \sqrt{(\sigma_g + 2\sigma_d)^2 - \sigma_g^2} \tag{5.5.7}$$

記号　　Q_{AS}：PRC 杭の損傷限界せん断力（N）
　　　　t：杭の肉厚（mm）
　　　　S_o：断面芯より片側にある杭断面の断面一次モーメント（mm³）で，次式による．
$$S_o = 2(r_o^3 - r_i^3)/3$$
　　　　σ_g：有効プレストレス量 σ_e を考慮した軸方向応力度（N/mm²）で，次式による．
$$\sigma_g = \sigma_e + \sigma_0$$
　　　　σ_0：軸方向力による平均軸方向応力度（N/mm²）で，次式による．
$$\sigma_0 = N/A_e$$
　　　　σ_d：PRC 杭のコンクリートの短期許容斜張応力度（N/mm²）で，次式による．
$$\sigma_d = 1.8$$

　I, σ_e, N, A_e：(5.5.6) 式の記号の説明による．

（ⅲ）設計用損傷限界算定用の低減係数は，曲げモーメントについては 1.0 以下，せん断力については 0.6 以下とする．

(2) 安全限界設計時

（ⅰ）曲げ強度は，応力度とひずみの関係をコンクリートについてはバイリニアなどの方法で，軸方向鉄筋については規格降伏点を折れ点とするバイリニアで，PC鋼材については規格降伏点と規格引張強度を折れ点とするトリリニアで設定し，断面の平面保持を仮定した曲げ解析によって算定する．圧縮側最外縁のコンクリートのひずみが限界ひずみ $_c\varepsilon_{cu}$ に達したときの曲げモーメントと，PC鋼材の引張ひずみが限界ひずみ $\varepsilon_{pu}(=0.05)$ に達したときの曲げモーメントのうち小さい方を，曲げ強度とする．コンクリートの限界ひずみ $_c\varepsilon_{cu}$ は設計基準強度 F_c が 85 N/mm² 以下の場合には 0.0025，F_c が 105 N/mm² の場合には 0.002625 とする．平均軸方向応力度 σ_0 の範囲は 0～25 N/mm² とする．

（ⅱ）せん断強度は，(5.5.8) 式による．

$$Q_u = \left[\frac{0.092 k_u k_p (18+F_c)}{M/(Q \cdot d)+0.12} + 0.85\sqrt{p_w \cdot \sigma_{wy}} + 0.1(\sigma_0+\sigma_g) \right] b \cdot j \tag{5.5.8}$$

記号　Q_u：PRC杭のせん断強度（N）

$M/(Q \cdot d)$：せん断スパン比で，1.0以下の場合には1.0，3.0以上の場合には3.0とする．

M：杭に生じる最大曲げモーメント（N・mm）

Q：杭に生じる最大せん断力（N）

d：杭の有効せい（mm）（$=D-d_t$）

D：杭外径（mm）

d_t：杭体コンクリートの引張縁から軸方向鉄筋芯までの距離（mm）

k_u：断面寸法による補正係数で，表5.5.1による．

表5.5.1　断面寸法による補正係数 k_u

杭外径(mm)	300	350	400	450以上
k_u	0.82	0.76	0.73	0.72

k_p：引張鉄筋比による補正係数で，次式による．

　　$k_p = 0.82(100 p_t)^{0.23}$

p_t：引張鉄筋比　（$=p_g/4$）

p_g：軸方向鉄筋比　（$=A_g/(b \cdot d)$）

A_g：PC鋼材および軸方向鉄筋の全断面積（mm²）

b：有効断面幅　$b=A_c/D$

A_c：PRC杭のコンクリートの断面積（mm²）で，(5.5.6)式の記号の説明による．

p_w：せん断補強筋比　$\left(p_w = \dfrac{a_w}{b \cdot x}\right)$

a_w：1組のせん断補強筋の断面積（mm²）

x：1組のせん断補強筋の間隔（mm）

σ_{wy}：せん断補強筋の規格降伏点（N/mm²）

σ_0：軸方向力による平均軸方向応力度（N/mm²）で，圧縮を正とし，かつ 0～5N/mm² とする．

σ_e：有効プレストレス量（N/mm²）

j：応力中心距離（mm）で，$j=(7/8)d$ とする．

（ⅲ）設計用限界値算定用の低減係数は，曲げ強度とせん断強度ともに1.0以下とする．

3．PRC杭の杭頭接合部の限界値と設計用限界値算定のための低減係数は，損傷限界設計時および安全限界設計時ともに，杭体の限界値および低減係数と同じとする．

4．杭頭部における安全限界設計用の曲げ降伏後の限界塑性変形角はゼロとする．

5．構　造　規　定

杭頭接合部は接合法Bとし，杭体よりも先に損傷あるいは破壊させないことを前提とする．

1. 適用範囲

(1) PRC杭の材料・品質

　PRC杭（Pre-stressed Reinforced Concrete pile）は，杭体の強度や靱性を高めるためにPHC杭に鉄筋を加えたものをいう．PRC杭のうち（一社）コンクリートパイル建設技術協会が仕様を定めた杭を「コピタ型PRC杭（CPRC杭）」[5.5.17] と呼んでいる〔解説表5.5.7参照〕．使用するコンクリートやPC鋼材はPHC杭と同じであるが，CPRC杭の場合，加える鉄筋量に応じてⅠ種からⅥ種まで製造されており，プレストレス量 σ_e は 4.2～6.7 N/mm² となっている．杭径，杭長，断面形状，軸方向形状は，PHC杭とほぼ同じである．また，CPRC杭のせん断補強筋の量 $p_s \cdot \sigma_{wy}$ は，次のとおりである．

$$p_s \cdot \sigma_{wy} \geq 2.45 \text{ N/mm}^2$$

　　　記号　　p_s：せん断補強筋の体積比で，次式による．

$$p_s = \frac{4 \cdot A_w}{d' \cdot x}$$

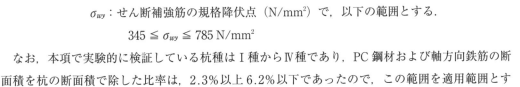

　　　　　　A_w：1本のせん断補強筋の断面積（mm²）
　　　　　　d'：せん断補強筋の有効長さ（mm）
　　　　　　x：せん断補強筋のピッチ（mm）
　　　　　　σ_{wy}：せん断補強筋の規格降伏点（N/mm²）で，以下の範囲とする．

$$345 \leq \sigma_{wy} \leq 785 \text{ N/mm}^2$$

　なお，本項で実験的に検証している杭種はⅠ種からⅣ種であり，PC鋼材および軸方向鉄筋の断面積を杭の断面積で除した比率は，2.3%以上6.2%以下であったので，この範囲を適用範囲とする．

(2) 軸方向力

　引張軸方向力を作用させた実験は皆無であるため，引張軸方向力が作用する場合は本項の適用範囲外とする．

(3) 杭の継手

　杭どうしの継手には，PHC杭と同様な継手が用いられている．

(4) 杭頭とパイルキャップの接合

　PRC杭の杭頭接合部には，杭頭部の端版や補強鋼板に接合した定着筋をパイルキャップに定着する方法（接合法A）と，杭頭部をパイルキャップに埋め込む方法（接合法B）が考えられる．しかし，現状では，接合法Aで接合した杭頭部の強度および変形性能の実験データがほとんどない．一部意図的に接合部の強度を小さくして，杭頭接合部の強度を検証したデータはある〔解説図5.5.12, 解説図5.5.13参照〕が，通常の設計で行われるように，杭頭接合部の曲げ強度（あるいは許容曲げモーメント）が杭体の曲げ強度（あるいは許容曲げモーメント）を上回るように設計された試験体のデータはない．したがって，接合法Aの強度が杭体の強度を確保できるかどうか，十分な検証がされていない．そこで，本項におけるPRC杭の杭頭接合法は，接合法Bのみを対象とする．

解説表 5.5.7 CPRC 杭の仕様[5.5.17]

外径 D (mm)	厚さ t (mm)	区分	PC鋼材 径 (mm)	PC鋼材 本数	PC鋼材 断面積 A_p $\times 10^2$(mm²)	異形鉄筋 呼び名	異形鉄筋 本数	異形鉄筋 断面積 A_s $\times 10^2$(mm²)	コンクリート 断面積 A_c $\times 10^2$(mm²)	換算 断面積 A_e $\times 10^2$(mm²)	断面一次モーメント S_o $\times 10^3$(mm³)	断面二次モーメント I_c $\times 10^6$(mm⁴)	換算断面 二次モーメント I_e $\times 10^6$(mm⁴)	有効プレストレス σ_{ce} (N/mm²)
300	60	I	10	6	4.71	D13	6	7.60	452	502	1 764	346.1	381.12	6.7
		II				D16		11.92		519			392.40	6.5
		III				D19		17.19		540			405.62	6.3
		IV				D22		23.23		564			420.11	6.1
350	60	I	10	7	5.50	D13	7	8.87	547	604	2 559	599.3	659.06	6.5
		II				D16		13.90		624			678.61	6.3
		III				D19		20.06		649			701.69	6.1
		IV				D22		27.10		677			727.20	5.9
400	65	I	10	8	6.28	D13	8	10.14	684	750	3 693	995.8	1 084.4	6.1
		II				D16		15.89		773			1 113.6	5.9
		III				D19		22.92		801			1 148.3	5.7
		IV				D22		30.97		833			1 186.7	5.5
450	70	I	10	10	7.85	D13	10	12.67	836	918	5 111	1 560	1 706.6	6.2
		II				D16		19.86		947			1 755.5	6.0
		III				D19		28.65		982			1 813.7	5.8
		IV				D22		38.71		1 022			1 878.6	5.6
500	80	I	10	12	9.42	D13	12	15.20	1 056	1 154	7 141	2 412	2 627.7	5.9
		II				D16		23.83		1 189			2 699.8	5.8
		III				D19		34.38		1 231			2 785.8	5.6
		IV				D22		46.45		1 279			2 882.0	5.4
600	90	I	10	16	12.56	D13	16	20.27	1 442	1 573	11 830	4 834	5 258.9	5.8
		II				D16		31.78		1 619			5 402.0	5.7
		III				D19		45.84		1 676			5 573.6	5.5
		IV				D22		61.94		1 740			5 766.2	5.3
700	100	I	11.2	16	16.00	D13	16	20.27	1 885	2 030	18 170	8 718	9 369.4	5.7
		I'				D19	8	22.92		2 041			9 408.1	5.7
		II				D22	8	30.97		2 073			9 543.7	5.6
		II'				D16	16	31.78		2 076			9 569.6	5.6
		III				D19		45.84		2 132			9 810.4	5.5
		IV				D22	16	61.94		2 197			10 081	5.4
		V				D25		81.07		2 273			10 399	5.2
		VI				D29		102.78		2 360			10 752	5.0
800	110	I	11.2	18	18.00	D13	18	22.81	2 384	2 548	26 410	14 550	15 521	5.2
		I'				D19	9	25.79		2 560			15 580	5.2
		II				D22	9	34.84		2 596			15 784	5.1
		II'				D16	18	35.75		2 599			15 820	5.1
		III				D19		51.57		2 663			16 181	5.0
		IV				D22	18	69.68		2 735			16 587	4.9
		V				D25		91.21		2 821			17 064	4.7
		VI				D29		115.63		2 919			17 598	4.6
900	120	I	11.2	20	20.00	D13	20	25.34	2 941	3 122	36 790	22 890	24 269	4.8
		I'				D19	10	28.65		3 135			24 355	4.7
		II				D22	10	38.71		3 175			24 646	4.7
		II'				D16	20	39.72		3 179			24 695	4.7
		III				D19		57.30		3 250			25 210	4.6
		IV				D22	20	77.42		3 330			25 792	4.5
		V				D25		101.34		3 426			26 475	4.4
		VI				D29		128.48		3 534			27 240	4.2
1 000	130	I	11.2	24	24.00	D13	24	30.41	3 553	3 771	49 560	34 370	36 424	4.7
		I'				D19	12	34.38		3 787			36 555	4.7
		II				D22	12	46.45		3 835			36 991	4.7
		II'				D16	24	47.66		3 840			37 062	4.7
		III				D19		68.76		3 924			37 833	4.6
		IV				D22	24	92.90		4 021			38 706	4.5
		V				D25		121.61		4 136			39 733	4.3
		VI				D29		154.18		4 266			40 884	4.2

2. 杭体の限界値と限界値設定用の低減係数

杭体の限界値と限界値設定用の低減係数の検討に際して，検証に用いた実験データの範囲は，以下のとおりである．

① 軸方向力を作用させない杭体（中詰めコンクリートなし）の実験データ[5.5.17),5.5.18)]

② 軸方向力を作用させた試験体を含む杭体（中詰めコンクリートなし）の実験データ[5.5.6]

③ 軸方向力（圧縮力）を作用させた杭頭部の実験データで，以下の仕様のもの[5.5.19)~5.5.21)]

　　 ⅰ） 接合法 B で，パイルキャップに $2D$（D は杭外径）埋め込む

　　 ⅱ） パイルキャップ下面から $3D$ の範囲の杭体に，中詰めコンクリートを打設する

杭体の損傷限界曲げモーメント，損傷限界せん断力，曲げ強度，せん断強度については，後述するように中詰めコンクリートの影響が余り顕著でないと考えられることと，中詰めコンクリートを考慮しない設計式との比較検証をしていることから，中詰めコンクリートが無くても良いものとする．本項 PRC 杭の設計式は実験データとの検証を行っているが，上記のようにかなり限定された実験データしかないのが現状である．そこで，PHC 杭の実験データ[5.5.3)~5.5.6)]も含めて検証を行い，設計用限界値設定のための低減係数を定めた．

（1）損傷限界設計時

（ⅰ）損傷限界曲げモーメント

PRC 杭の損傷限界曲げモーメントは，PHC 杭と同様，曲げひび割れモーメントと，圧縮側コンクリートが損傷限界圧縮強度 f_c に達するときの曲げモーメントのうち，小さい方とする．PRC 杭のコンクリートの損傷限界曲げ引張強度 f_t と損傷限界圧縮強度 f_c については，5.5.1 の PHC 杭に準じる．解説図 5.5.16 に曲げひび割れモーメントの実験値[5.5.19)~5.5.21)]と計算値との比較を示す．実験の範囲は，外径 $D=300$，600 mm，Ⅰ種とⅣ種，$F_c=85\,\mathrm{N/mm^2}$，$M/(Q\cdot d)=3.3$，$\sigma_0+\sigma_e=12\sim23\,\mathrm{N/mm^2}$ である．

これより，PRC 杭の曲げひび割れモーメントに関し，実験値と（5.5.6）式の右辺第一項あるいは（解5.5.1）式と比較すると，（実験値/計算値）のばらつきは PHC 杭のデータと同じ範囲にあるといえる．そこで限界値と低減係数は，PHC 杭と同じとした．

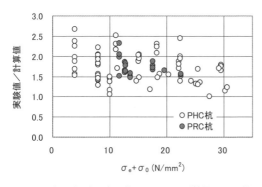
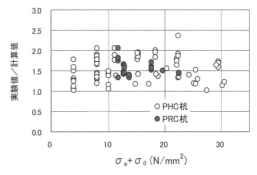

(a) (5.5.6) 式の右辺第一項による計算値との比較　　(b) (解5.5.1) 式による計算値との比較

解説図 5.5.16 PRC 杭および PHC 杭の曲げひび割れモーメントの実験値と計算値との関係

なお，PRC杭の場合には，場所打ち鉄筋コンクリート杭と同様に，引張鉄筋が降伏する曲げ降伏モーメントを採用することも考えられる．しかし現状では，曲げ降伏モーメントの実験値がほとんどなく，設計式の精度の検証ができないため，本指針では採用しないこととした．今後のデータの蓄積が望まれる．

(ⅱ) 損傷限界せん断力

損傷限界設計時には，PHC杭および場所打ち鉄筋コンクリート杭と同様に，せん断ひび割れを発生させないことを要求性能とする．そのため，損傷限界せん断力はせん断ひび割れ強度とし，PHC杭と同じ式を採用する．PRC杭のコンクリートの短期許容斜張応力度 σ_d は，PHC杭に準じて $1.8\,\mathrm{N/mm^2}$ とする．解説図5.5.17にせん断ひび割れ強度の実験値と(5.5.7)式による計算値との比較を示す．実験の範囲は，杭外径 D が $300 \sim 1\,000$ mm，Ⅰ種とⅣ種，F_c が $85\,\mathrm{N/mm^2}$，$M/(Q \cdot d)$ が $1.1 \sim 3.3$，$\sigma_0 + \sigma_e$ が $5 \sim 10\,\mathrm{N/mm^2}$ である．実験値には，中詰めコンクリートのある試験体[5.5.19]〜[5.5.21]と無い試験体[5.5.17],[5.5.18]が含まれているが，ばらつきの範囲やせん断スパン比や寸法効果とも，概ねPHC杭のデータと同じ範囲にある．(実験値/計算値)の平均値と変動係数もPHC杭の場合と概ね同じ数値であるため，低減係数の数値もPHC杭の場合と同じ数値(=0.6)とした．

解説図5.5.18に，実験によるせん断ひび割れ強度 Q_{cr} とせん断強度 Q_{max} との比を示す．PHC杭の場合には，軸方向力を作用させた試験体では Q_{max}/Q_{cr} は $1.0 \sim 1.1$ の範囲にあり，せん断ひび割れが発生するとすぐにせん断破壊が生じる傾向にあるが，PRC杭の場合には軸方向力を作用させた試験体の Q_{max}/Q_{cr} は $1.5 \sim 2.0$ の範囲にある．ただし，これらのデータは中詰めコンクリートがある試験体であることと，限られた軸方向応力度の範囲 ($\sigma_e + \sigma_0 \leq 10\,\mathrm{N/mm^2}$) であり，$10\,\mathrm{N/mm^2}$ より大きな軸方向力度の範囲では検証されていないので，注意が必要である．

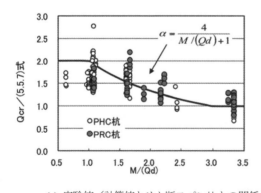 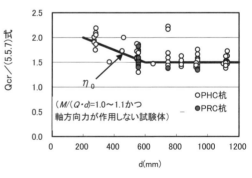

(a) 実験値／計算値とせん断スパン比との関係　　(b) 実験値／計算値と有効せいとの関係

解説図5.5.17 せん断ひび割れ強度の実験値と計算値(5.5.7)式との比較

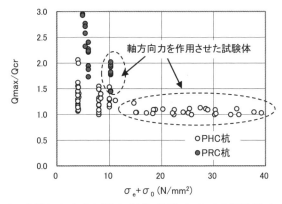

解説図 5.5.18 実験によるせん断ひび割れ強度 Q_{cr} とせん断強度 Q_{max} との比較

（2） 安全限界設計時
（ⅰ） 曲げ強度

曲げ強度は，コンクリートおよび PC 鋼線，鉄筋の応力度―ひずみ関係を，解説図 5.5.19 のようにモデル化し，断面の平面保持を仮定した曲げ解析を行い，圧縮側最外縁のコンクリートのひずみ ε_c が圧縮限界ひずみ ε_{cu} に達したとき，あるいは，PC 鋼材の引張ひずみ ε_{pc} が引張限界ひずみ ε_{pu} に達したときの曲げモーメントのうち，小さいほうとする．

ただし，コンクリートの圧縮限界ひずみ ε_{cu} は，コンクリートの設計基準強度 F_c が 85 N/mm² 以下の場合には 0.0025，F_c が 105 N/mm² の場合には 0.002625 とする．また，PC 鋼材の引張限界ひずみ ε_{pu} は 0.05 とする．その他の PC 鋼材の材料定数を解説表 5.5.3 に示す．

なお，PC 鋼材には断面の曲げによるひずみのほかに，プレストレスによる初期ひずみ ε_{pi} が作用するので，その影響を考慮して応力度を算定する．プレストレスによる初期ひずみ ε_{pi} は次式とする[5.5.17]．

$$\varepsilon_{pi} = A_c \cdot \sigma_e \cdot \left(\frac{1}{E_c \cdot A_c} + \frac{1}{E_p \cdot A_p} + \frac{E_s \cdot A_s}{E_c \cdot A_c + E_p \cdot A_p} \right)$$

記号　　ε_{pi}：プレストレスによる PC 鋼材の初期ひずみ
　　　　A_c：コンクリートの断面積（mm²）
　　　　σ_e：有効プレストレス（N/mm²）
　　　　E_c：コンクリートのヤング係数（N/mm²）で，4.0×10^4 とする．
　　　　E_p：PC 鋼材のヤング係数（N/mm²）で，2.0×10^5 とする．
　　　　A_p：PC 鋼材の断面積（mm²）
　　　　E_s：鉄筋のヤング係数（N/mm²）で，2.05×10^5 とする．
　　　　A_s：鉄筋の断面積（mm²）

解説図 5.5.21 に中詰めコンクリートのない試験体の曲げ実験[5.5.6]における，曲げ強度の実験値と計算値との比較を示す．試験体は 73 体で，杭外径 D が 400 mm から 1 000 mm，Ⅰ種からⅣ種，F_c が 85，105 N/mm²，平均軸方向応力度 σ_0 が 0～25 N/mm² である．これより，（実験値/計算値）

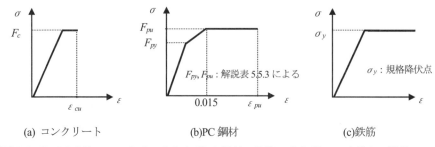

解説図 5.5.19 PRC杭のコンクリートおよびPC鋼材，鉄筋の応力度 σ - ひずみ ε 関係のモデル化

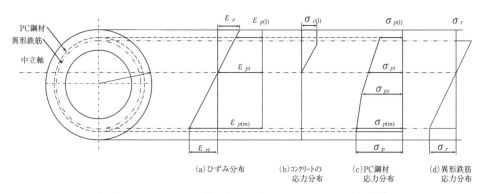

解説図 5.5.20 PRC杭の曲げ強度計算用のひずみ分布[5.5.17]

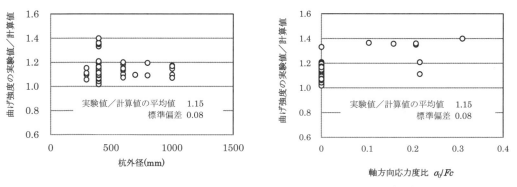

解説図 5.5.21 PRC杭の曲げ強度 Q_{bu} の実験値と計算値との比較[5.5.6]のデータを使用

の平均値は1.15，標準偏差は0.08であり，正規分布を仮定した場合の5%不良率を与える係数は1.01となることから，設計用限界値算定のための低減係数を1.0とする．

(ii) せん断強度

解説図5.5.22にPRC杭のせん断強度の実験値 Q_{max}[5.5.18),5.5.19),5.5.21] とせん断ひび割れ強度式(5.5.7)式との比較を示す．PHC杭の場合と異なり，PRC杭のせん断強度はせん断ひび割れ強度式による計算値よりもかなり大きいことが分かる．これはせん断補強筋量や軸方向筋量が多いことによると考えられる．また，せん断スパン比の効果は α と調和的であるといえる．寸法効果につ

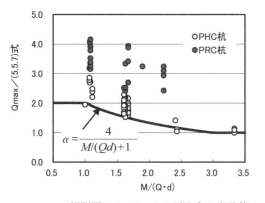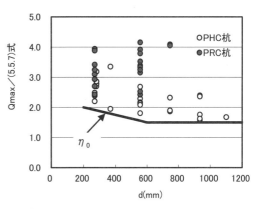

解説図 5.5.22 せん断強度の実験値 Q_{max} と（5.5.7）式による計算値との比較

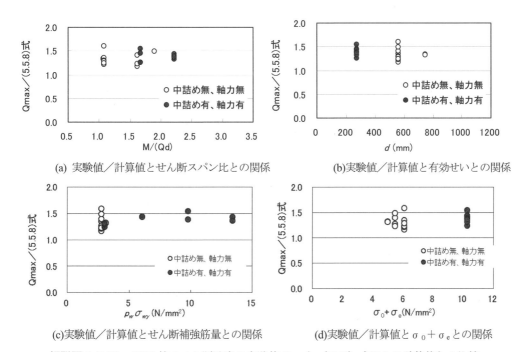

解説図 5.5.23 PRC 杭のせん断強度の実験値 Q_{max} と（5.5.8）式による計算値との比較

いては，データが少ないためあまり明確ではない．

そこで，せん断強度の計算値として，それらの効果を考慮できる（5.5.8）式と，実験値との関係を検討する．（5.5.8）式は柱の荒川 $Q_{u,min}$ 式を基にして，中空円形断面による幅 b の修正とプレストレス量 σ_e の効果を考慮したものである．解説図 5.5.23 にせん断強度の実験値 Q_{max} と（5.5.8）式との比較を，解説表 5.5.8 に（実験値/計算値）の統計量を示す．実験の範囲は，杭外径 D が 300〜800 mm，Ⅰ種とⅣ種，F_c が 85 N/mm²，$M/(Q \cdot d)$ が 1.1〜2.2，$\sigma_0 + \sigma_e$ が 5〜10 N/mm²，$p_w \sigma_{wy}$ が 2〜13 N/mm² である．中詰めコンクリートがあるものも含めている．

解説表 5.5.8 PRC 杭のせん断強度（実験値）／（計算値）の統計量

設計式	（実験値／計算値）の統計量				$(\overline{X}-1.64\sigma)^{*1)}$
	データ数	平均値 $\overline{X}$	標準偏差 σ	変動係数	
(5.5.8) 式	21	1.35	0.11	0.08	1.16

［注］＊1)：（実験値／計算値）を正規分布とした場合の不良率5%以下とするための係数

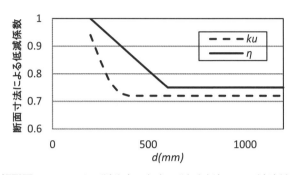

解説図 5.5.24 せん断強度に与える断面寸法による低減係数

なお，PHC 杭では寸法効果の係数として (5.5.3) 式の η を採用しているが，解説図 5.5.24 に示すように k_u と η とではあまり大きな差は無く，修正荒川式では一般に k_u が用いられることから，(5.5.8) 式をそのまま採用した．

解説表 5.5.8 から，正規分布を仮定した場合の不良率5%以下とするための係数は 1.0 以上であることから，設計用限界値設定のための低減係数を 1.0 以下とする．

3. 限界変形角

PRC 杭においては，特にせん断補強筋量を増大することによって，変形性能を向上することができる．PRC 杭の変形性能は軸方向応力度，せん断スパン比，中詰めコンクリートの有無，せん断補強筋量，軸方向筋量，せん断余裕度などに左右されると考えられるが，限られた実験データを整理した結果，特にせん断補強筋量，せん断余裕度と中詰めコンクリートの有無の影響が大きかった．

長江らは[5.5.19],[5.5.20]，片持ち梁形式の加力装置によって，曲げ降伏する PRC 杭の変形性能を報告している．実験装置と実験結果の例を，解説図 5.5.25 に示す．杭の部材角 R は加力点変位を加力点スパンで除したものである．

これらの実験結果から，繰返し載荷において最大荷重の90%を維持できる部材角を R_u として，整理した結果を解説図 5.5.26 に示す．実験の範囲は，杭外径 D が 300 m と 600 mm，I 種と IV 種，F_c が 85 N/mm²，$M/(Q \cdot d)$ が 3.2〜3.3，$\sigma_0 + \sigma_e$ が 10〜21 N/mm²，$p_w \sigma_{wy}$ が 2.6〜24 N/mm² であり，杭頭接合は接合法 B で $2D$ をパイルキャップに埋め込み，さらにパイルキャップ下面から $3D$ の範囲の杭体には中詰めコンクリートを打設した試験体である．最大荷重の90%に荷重が低下しなかった試験体については、矢印で最大部材角を示している。

解説図 5.5.26 中の破線は R_u の実験データの下限値であり，下式で表される．

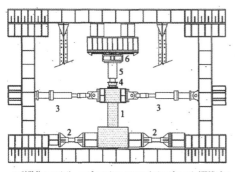

(a) 実験装置 　　　　　　　　　(b)せん断力 Q と杭の部材角 R との関係の例

解説図 5.5.25 長江ら[5.5.19), 5.5.20)] の実験装置と実験結果の例

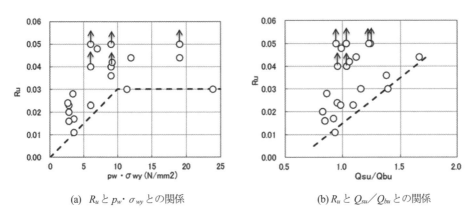

(a) R_u と $p_w \cdot \sigma_{wy}$ との関係　　　　　(b) R_u と Q_{su}/Q_{bu} との関係

解説図 5.5.26 PRC 杭の R_u （繰返し載荷において最大荷重の90％を維持できる部材角）の実験値[5.5.19), 5.5.20)]

$R_u = 0.003 \times p_w \cdot \sigma_{wy}$ 　　　　　　　: $0 \leq p_w \cdot \sigma_{wy} < 10 \, \text{N/mm}^2$

$R_u = 0.03$ 　　　　　　　　　　　　: $10 \, \text{N/mm}^2 \leq p_w \cdot \sigma_{wy}$

または,

$R_u = 0.04 \cdot (Q_{su}/Q_{bu}) - 0.025$ 　　: $Q_{su}/Q_{bu} = 0.8 \sim 1.2$

ただし，Q_{su} は（5.5.8）式による PRC 杭のせん断強度で，Q_{bu} は断面の曲げ解析による PRC 杭の曲げ強度である．なお，降伏時の部材角 R_y の実験値はないが，$Q-R$ 関係〔解説図 5.5.25 参照〕から推測すると概ね下式により推測できる．

$R_y = 0.01$

これらを用いて，杭頭の曲げ降伏後の限界塑性変形角 θ_u は下式となる．

$\theta_u = R_u - R_y$

したがって，上記実験に基づく PRC 杭の限界塑性変形角の下限値は，以下のとおりである．

$\theta_u = 0$ 　　　　　　　　　　　　: $0 \leq p_w \cdot \sigma_{wy} < 3.33 \, \text{N/mm}^2$

$\theta_u = 0.003 \times p_w \cdot \sigma_{wy} - 0.01$: $3.33\,\mathrm{N/mm^2} \leq p_w \cdot \sigma_{wy} < 10\,\mathrm{N/mm^2}$

$\theta_u = 0.02$: $10\,\mathrm{N/mm^2} \leq p_w \cdot \sigma_{wy}$

または,

$\theta_u = 0.04 \cdot (Q_{su}/Q_{bu}) - 0.035$: $Q_{su}/Q_{bu} = 0.875 \sim 1.2$

現段階で一般に使用されている PRC 杭は，中詰めコンクリートが施工されない，かつせん断補強筋量 $p_w \cdot \sigma_{wy}$ が $3.3\,\mathrm{N/mm^2}$ 以下のものである．また PHC 杭の場合と同様に，中詰めコンクリートの施工には技術的な課題も残されている．そこで，本項では PRC 杭の曲げ降伏後の限界塑性変形角をゼロとし，曲げ降伏後の変形性能を考慮しないこととした．

参 考 文 献

5.5.18) 多田正明：PRC くいのせん断耐力とその試験方法：コンクリート工学，Vol. 39, No. 12, pp. 25～30, 2001.12

5.5.19) 長江拓也・岸田慎司・香取慶一・林　静雄：PRC 杭の耐震性能に及ぼす軸方向異形鉄筋と横方向筋の影響，日本建築学会構造系論文集，第 538 号，pp. 123～129, 2000.12

5.5.20) 長江拓也・岸田慎司・柳瀬高仁・香取慶一・林　静雄：PRC 杭の耐震性能と横方向筋量の関係−杭径および軸力が異なる場合−，日本建築学会構造系論文集，第 551 号，pp. 95～102, 2002.1

5.5.21) 長江拓也・岸田慎司・香取慶一・林　静雄：せん断破壊性状が卓越する PRC 杭の強度と変形性能−長期軸力作用下における場合−，日本建築学会構造系論文集，第 559 号，pp. 205～210, 2002.9

5.6　パイルキャップ

5.6.1　場所打ちコンクリート杭のパイルキャップ

1. 本項は，次の（1）から（7）までを満たす基礎梁外端側（側柱下および外柱下）場所打ち鉄筋コンクリート杭のパイルキャップの限界値および設計用限界値設定のための低減係数に適用する．両側に基礎梁が配置される場所打ち鉄筋コンクリート杭のパイルキャップに対しては，特殊な条件下以外では下記の（1）から（3）までおよび（5）から（7）までを満たせば本節の検討を省略してよいこととする．なお，基礎梁を設けずマットスラブとする場合は，（1）から（7）までを準用する．
   （1）コンクリートの設計基準強度は，$21\,\mathrm{N/mm^2}$ 以上 $60\,\mathrm{N/mm^2}$ 以下とする．
   （2）鉄筋の種別は，SD295A，SD295B，SD345 および SD390 とする．
   （3）杭頭応力を伝達する軸方向鉄筋が配筋されている 1 本杭が取り付くパイルキャップを対象とする．
   （4）基礎梁上端主筋のうち 1 段目主筋はパイルキャップ内に，また 1 段目主筋以外の上端筋は柱基礎梁接合部内またはパイルキャップ内に十分な定着長さを確保して定着されていることとする．また，基礎梁下端筋はパイルキャップ内に十分な定着長さを確保して定着されていることとする．
   （5）柱主筋は，パイルキャップ内に十分な定着長さを確保して定着されていることとする．
   （6）杭およびパイルキャップならびに基礎梁間に極端な偏心がないものとする．
   （7）パイルキャップの上面位置は，基礎梁材軸中心位置以上とする．
2. 基礎梁外端側（側柱下および外柱下）のパイルキャップにおいて，杭と基礎梁が閉じる方向の力を受ける場合と杭と基礎梁が開く方向の力を受ける場合について，ひび割れや局部圧縮が生じる危険断面〔図 5.6.1 および図 5.6.2 参照〕を設定し，それぞれの危険断面において限界値を算定する．基礎梁外端部以外のパイルキャップについては，杭頭に生じる曲げモーメントとせん断力に対する限界値を算定する．なお，図 5.6.1 および図 5.6.2 において L_2 は本会「鉄筋コンクリート造配筋指針・同解説」に規定される鉄筋の定着の長さを示している．

5章　基礎構造部材の保有性能と構造規定　—233—

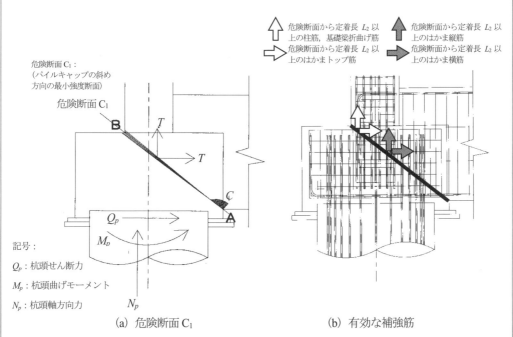

(a) 危険断面 C_1　　　(b) 有効な補強筋

図 5.6.1　閉じる方向の力を受ける場合の危険断面と有効な補強筋

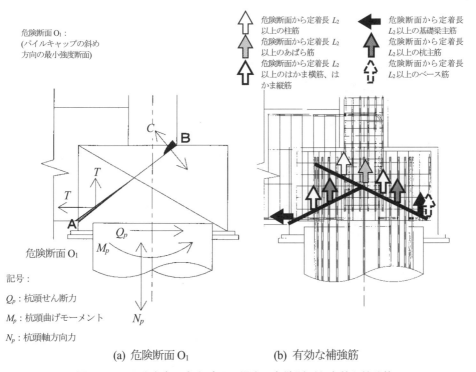

(a) 危険断面 O_1　　　(b) 有効な補強筋

図 5.6.2　開く方向の力を受ける場合の危険断面と有効な補強筋

3. 基礎梁外端側パイルキャップにおける安全限界値および安全限界値設定のための低減係数は，次による．
 (1) 閉じる方向の力を受ける場合
 (i) 基礎梁外端側の杭頭周辺部において，杭と基礎梁が閉じる方向の力を受ける場合の危険断面を横切る有効な鉄筋によるパイルキャップの曲げ強度 M_{ju} は，(5.6.1)式による．

$$M_{ju} = T_{gu} \cdot d_{gx} + T_{ce} \cdot d_{ce} + T_{cm} \cdot d_{cm} + T_h \cdot d_{hy} + N_p \cdot d_{ex} + Q_p \cdot d_{ey} \qquad (5.6.1)$$

記号　　M_{ju}：危険断面位置を横切る有効な鉄筋によるパイルキャップの曲げ強度（N·mm）
　　　　T_{gu}：検討対象のパイルキャップに接続する基礎梁上端筋のうち，曲下げ定着部が危険断面を横切ってから十分な定着長さを有する上端筋による引張力（N）で，次式による．
$$T_{gu} = A_{gu} \cdot \sigma_{yg}$$
　　　　A_{gu}：検討対象のパイルキャップに接続する基礎梁上端筋のうち，曲下げ定着部が危険断面を横切ってから十分な定着長さを有する上端筋の断面積の和（mm²）
　　　　σ_{yg}：同上鉄筋の材料強度（N/mm²）
　　　　d_{gx}：検討対象のパイルキャップに接続する基礎梁上端筋の曲下げ定着部の当該鉄筋重心位置からC点までの水平距離（mm）〔図5.6.3〕
　　　　T_{ce}：検討対象のパイルキャップに接続する柱の引張側端部主筋のうち，定着部が危険断面を横切ってから十分な定着長さを有する主筋による引張力（N）で，次式による．
$$T_{ce} = A_{ce} \cdot \sigma_{yce}$$
　　　　A_{ce}：検討対象のパイルキャップに接続する柱の引張側端部主筋のうち，定着部が危険断面を横切ってから十分な定着長さを有する主筋の断面積の和（mm²）
　　　　σ_{yce}：同上鉄筋の材料強度（N/mm²）
　　　　d_{ce}：同上鉄筋の重心位置からC点までの水平距離（mm）〔図5.6.3〕
　　　　T_{cm}：検討対象のパイルキャップに接続する柱の中間主筋のうち，定着部が危険断面を横切ってから十分な定着長さを有する中間主筋による引張力（N）で，次式による．
$$T_{cm} = A_{cm} \cdot \sigma_{ycm}$$
　　　　A_{cm}：検討対象のパイルキャップに接続する柱の中間主筋のうち，定着部が危険断面を横切ってから十分な定着長さを有する中間主筋の断面積の和（mm²）
　　　　σ_{ycm}：同上鉄筋の材料強度（N/mm²）
　　　　d_{cm}：同上鉄筋の重心位置からC点までの水平距離（mm）〔図5.6.3〕
　　　　T_h：検討対象のパイルキャップのはかまトップ筋のうち，定着部が危険断面を横切ってから十分な定着長さを有するはかまトップ筋による引張力（N）で，次式による．
$$T_h = A_h \cdot \sigma_{yh}$$
　　　　A_h：検討対象のパイルキャップのはかまトップ筋のうち，定着部が危険断面を横切ってから十分な定着長さを有するはかまトップ筋の断面積の和（mm²）
　　　　σ_{yh}：同上鉄筋の材料強度（N/mm²）
　　　　d_{hy}：同上鉄筋の重心位置からC点までの鉛直距離（mm）〔図5.6.3〕
　　　　N_p：検討対象のパイルキャップに接続する杭の杭頭に作用する軸方向力（N）で，圧縮力の場合を正，引張力の場合を負とする．
　　　　d_{ex}：同上杭心からC点までの水平距離（mm）〔図5.6.3〕
　　　　Q_p：同上杭頭に作用する安全限界設計時水平力（N）
　　　　d_{ey}：基礎梁材軸中心位置からC点までの鉛直距離（mm）〔図5.6.3〕

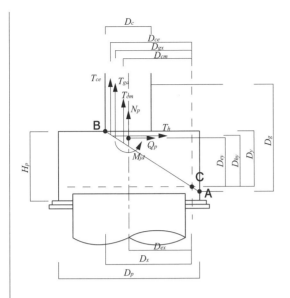

[注] (5.6.1) 式以外の記号は，下記による．
D_c：柱のせい，D_g：基礎梁のせい，
D_p：パイルキャップの長さ，
d_x：B 点から C 点までの水平距離，
d_y：パイルキャップ上面から C 点までの鉛直距離

図 5.6.3 (5.6.1) 式の記号の説明

なお，A 点は基礎梁下面がパイルキャップに接する点，B 点は柱外面（柱幅より基礎梁幅のほうが大きい場合には基礎梁末端面）がパイルキャップに接する点，C 点の位置は，危険断面（図 5.6.3 中の直線 AB）における圧縮中心位置で，直線 AB の線上で B 点から直線 AB の長さの 0.8 倍の長さの位置とする．

(ii) 低減係数は，1.0 以下とする．
(2) 開く方向の力を受ける場合
(i) 基礎梁外端側の杭頭周辺部において，杭と基礎梁が開く方向の力を受ける場合の危険断面を横切る有効な鉄筋によるパイルキャップの曲げ強度 M_{ju} は，(5.6.2) 式による．

$$M_{ju} = T_{gb} \cdot d_{gy} + T_{pt} \cdot d_{px} + (T_c + T_{pc} + T_{gv}) \cdot d_{x2}/2 + N_p \cdot d_{x2}/2 - Q_p \cdot d_{y2}/2 \tag{5.6.2}$$

記号　M_{ju}：危険断面位置を横切る有効な鉄筋によるパイルキャップの曲げ強度（N・mm）

T_{gb}：検討対象のパイルキャップに接続する基礎梁下端筋のうち，第 1 危険断面（図 5.6.4 中の直線 AC）を横切ってから十分な定着長さを有する下端筋による引張力（N）で，次式による．

$T_{gb} = A_{gb} \cdot \sigma_{ygb}$

A_{gb}：基礎梁下端筋のうち，第 1 危険断面（図 5.6.4 中の直線 AC）を横切ってから十分な定着長さを有する基礎梁下端筋の断面積の和（mm²）

σ_{ygb}：同上鉄筋の材料強度（N/mm²）

d_{gy}：同上鉄筋の重心位置から図 5.6.4 中の C 点までの鉛直距離（mm）

T_{pt}：杭の軸方向鉄筋のうち，引張縁近傍にあり，定着部が第 1 危険断面（図 5.6.4 中の直線 AC）を横切ってから十分な定着長さを有する杭の軸方向鉄筋による引張力（N）で，次式による．

$T_{pt} = A_{pt} \cdot \sigma_{yp}$

A_{pt}：杭の軸方向鉄筋のうち，引張縁近傍にあり，定着部が第 1 危険断面（図 5.6.4 中の直線 AC）を横切ってから十分な定着長さを有する杭の軸方向鉄筋の断面積の和（mm²）

σ_{yp}：同上鉄筋の材料強度（N/mm²）

d_{px}：同上鉄筋の重心位置から図5.6.4中のC点までの水平距離（mm）

T_c：柱の全主筋のうち，第2危険断面（図5.6.4中の直線BCD）を横切ってから十分な定着長さを有する柱主筋による引張力（N）で，次式による．

$$T_c = A_c \cdot \sigma_{yc}$$

A_c：柱の全主筋のうち，第2危険断面（図5.6.4中の直線BCD）を横切ってから十分な定着長さを有する柱主筋の断面積の和（mm²）

σ_{yc}：同上鉄筋の材料強度（N/mm²）

T_{pc}：杭の軸方向鉄筋のうち，杭心よりも圧縮側にあり，定着部が第2危険断面（図5.6.4中の直線BCD）を横切ってから十分な定着長さを有する杭の軸方向鉄筋による引張力（N）で，次式による．

$$T_{pc} = A_{pc} \cdot \sigma_{yp}$$

A_{pc}：杭の軸方向鉄筋のうち，杭心よりも圧縮側にあり，定着部が第2危険断面（図5.6.4中の直線BCD）を横切ってから十分な定着長さを有する杭の軸方向鉄筋の断面積の和（mm²）

T_{gv}：基礎梁下端1段目主筋以外の曲上げ定着部分のうち，第2危険断面（図5.6.4中の直線BCD）を横切ってから十分な定着長さを有する基礎梁下端による引張力（N）で，次式による．

$$T_{gv} = A_{gv} \cdot \sigma_{ygy}$$

A_{gv}：基礎梁下端1段目主筋以外の曲上げ定着部分のうち，第2危険断面（図5.6.4中の直線BCD）を横切ってから十分な定着長さを有する基礎梁下端筋の断面積の和（mm²）

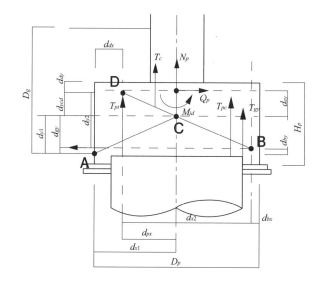

[注]（5.6.2）式以外の記号は，下記による．
D_g：基礎梁のせい
D_p：パイルキャップの長さ
d_{x1}：A点からC点までの水平距離
d_{x2}：B点からD点までの水平距離
d_{y1}：A点からC点までの鉛直距離
d_{y2}：B点からD点までの鉛直距離

図5.6.4　（5.6.2）式の記号の説明

σ_{ygy}：同上鉄筋の材料強度（N/mm²）
d_{x2}：第2危険断面（図5.6.4中の直線BCD）の水平投影長さ（mm）
N_p：杭頭に作用する安全限界状態における軸方向力（N）で，圧縮力の場合を正，引張力の場合を負とする
Q_p：杭頭に作用する安全限界状態におけるせん断力（N）
d_{y2}：第2危険断面（図5.6.4中の直線BCD）の鉛直投影長さ（mm）

なお，危険断面位置設定のためのA，B，C，Dの各点の位置は，下記による．
・A点：基礎梁下端とパイルキャップ側面の交点
・B点：基礎梁下端1段目主筋の曲上げ定着部の鉄筋のパイルキャップ側面からの位置（d_{bx}）および基礎梁下端1段目主筋の基礎梁底面からの位置（d_{by}）により定まる点
・D点：杭の最外縁引張鉄筋の定着末端より$8d_b$（d_b：杭の引張鉄筋の呼び名に用いた数値）手前の位置（d_{by}）および杭引張主筋のパイルキャップ側面からの位置（d_{bx}）により定まる点
・C点：直線BDと杭の材軸中心線との交点

（ⅱ）低減係数は0.8以下とする．

4．構造規定

パイルキャップの形状および配筋は，次の(1)から(4)までの規定を満たすものとする．
（1）安全限界状態における応力をパイルキャップ周辺の部材に確実に伝達できる形状および配筋とする．
（2）パイルキャップの高さは，原則として1500 mm以上かつ（杭径−200 mm）以上とする．
（3）パイルキャップ上面位置は，基礎梁材軸中心位置以上の位置とする．
（4）パイルキャップ内のベース筋およびはかまトップ筋，縦筋，横筋は，両方向に同量の鉄筋を配置する．

1．適用範囲

本節は，場所打ち鉄筋コンクリート杭のパイルキャップの限界値および設計用限界値設定のための低減係数に適用する．

パイルキャップは，上部構造および杭からの応力を相互に伝達する重要な部材である．

基礎構造の安全限界状態においてパイルキャップが終局強度に達すると，そのときの層せん断力で建物の安全限界耐力が決定され，上部構造および杭の性能が活かされないため，パイルキャップは，安全限界状態においても降伏させないようにする必要がある．

パイルキャップそのものの複雑な形状に加え，パイルキャップ周囲の杭，基礎梁，柱などの部材の組合せは多種多様である．実際に用いられるすべてのパターンに対する記述は困難であるため，解説図5.6.1に示す本文1．および4．を満たす場合について必要な記載をすることとした．なお，両側に基礎梁が配置される場所打ち鉄筋コンクリート杭のパイルキャップに対しては，一般に地震時の軸力変動が基礎梁外端側（側柱下および外柱下）に比べて小さく，パイルキャップでの応力伝達の状況は安定していると考えられる．このため，特殊な条件下以外では下記の(1)から(3)までおよび(5)から(7)までを満たせば本項の検討を省略してよいこととする．

ここに記載していないようなパターンが無条件に適用範囲外ということではないが，記載していないパターンの場合は，設計者がパイルキャップ内での応力の伝達や断面および配筋の決定に際してその影響を十分に考慮するべきである．

本項を適用できるパイルキャップの条件を本文(1)から(7)まで記載している．以下に各条件について概説する．

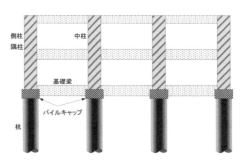

解説図 5.6.1 本文 1. および 4. を満たすパイルキャップの配置例

（1） パイルキャップのコンクリートの設計基準強度

　　パイルキャップに使用するコンクリートの設計基準強度は，RC 規準（2010）と同様に 21 N/mm²以上 60 N/mm²以下としている．なお，パイルキャップおよびパイルキャップ周囲の基礎梁や杭ならびに柱に使用する鉄筋の種別を SD390 とする場合は，パイルキャップ部のコンクリートの設計基準強度は 24 N/mm²以上とする．

（2） 鉄筋の種別

　　一般的な範囲として，主筋（はかまトップ筋を含む）に用いる鉄筋の種別は SD295A，SD295B，SD345 または SD390 とした．SD295A，SD295B，SD345 または SD390 以外の鉄筋を使用する場合は，適用性について別途確認するものとする．

（3） 取り付く場所打ち鉄筋コンクリート杭が 1 本で，杭頭応力を伝達できる軸方向鉄筋が配置されていること

　　材料の高強度化や施工方法の改良ならびに進化により，最近では 1 本の柱に対して複数本の場所打ち鉄筋コンクリート杭を配置することは稀であり，大きな応力を負担する場合にも大断面の 1 本杭とするのが一般的となっていることから，ここでは 1 本杭が取り付くパイルキャップを対象とする．

　　当該場所打ち鉄筋コンクリート杭には，少なくとも杭頭応力を伝達することができる有効な軸方向鉄筋が配筋されている必要がある．

（4） 基礎梁主筋の定着

　　基礎梁上端筋は，パイルキャップ上面位置が基礎梁上面と同じ場合は直接パイルキャップに定着させることが可能となるが，それ以外の場合は柱基礎梁接合部内に定着させることになる．ただし，応力をできるだけ直接伝達させるため，すべての基礎梁上端筋は曲げ下げた後パイルキャップ内まで延長させ，パイルキャップ内で十分な定着長さを確保することが望ましい．少なくとも基礎梁上端 1 段目主筋は曲げ下げた後パイルキャップ内まで延長させ，パイルキャップ内で十分な定着長さを確保するものとする．基礎梁上端 1 段目主筋を解説図 5.6.2 のように機械式定着とする場合や，曲下げ定着でもパイルキャップ内で十分な定着長さを確保しない場合には本節の適用範囲外とする．

　　応力伝達の検討に際しては，パイルキャップ内で十分な定着長さを有する場合に限り，基礎梁上端筋の効果を加算できるかどうか判断するものとする．

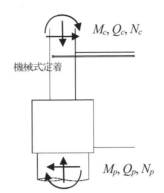

基礎梁上端筋をパイルキャップに定着しない例

解説図 5.6.2 適用範囲外とする例

杭頭部に生じる曲げモーメントをパイルキャップを介して基礎梁に伝達させるため，すべての基礎梁下端筋をパイルキャップ上面付近まで曲げ上げて定着することが望ましい．少なくとも基礎梁下端1段目主筋は必要定着長さにかかわらずパイルキャップ外端側先端付近まで突出させて定着する．

なお，基礎梁主筋は，下端筋であっても，通常柱面を起点に定着長さを定めていることにも留意するべきである．

（5） 柱主筋の定着

　　柱主筋は，パイルキャップのベース筋付近まで延伸させて定着する．

（6） 極端な偏心がないこと

　　杭頭周辺部を構成する部材としては，パイルキャップ，基礎梁，直交基礎梁，柱，柱基礎梁接合部，柱外側の突出梁やハンチ等があり，これらの取付け方は様々であるが，パイルキ

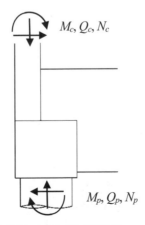

杭心と柱心に大きなずれがある例

解説図 5.6.3 適用範囲外とする例

ャップの危険断面位置における曲げ強度式の誘導において，杭－パイルキャップ－基礎梁の平面上の位置関係は偏心がないものとしている．

実際には各種の事情により心ずれが生じる場合もあるが，そのような場合への考慮は行っていない．したがって，解説図5.6.3のように大きなずれがある場合は，本項の適用範囲外とする．

なお，パイルキャップの大きさや基礎梁との位置関係等がこれらと大きく異なる場合には，別途，危険断面を設定して検討する．杭心と柱心に軽微な偏心を有する場合には，これに起因する付加曲げモーメントを考慮して余裕のある設計を行うことが望ましく，または低減係数を本指針に規定する限度よりも小さな数値とするなどして設計に考慮するとよい．

（7）パイルキャップの上面位置

パイルキャップは杭頭に生じている応力を基礎梁に伝達させる役割を担っていることから，少なくとも杭材軸中心と基礎梁材軸中心の交点まで包含しているべきと考えられるので，パイルキャップの上面位置は基礎梁材軸中心位置以上とする．

2. 危険断面の設定

杭頭周辺部に作用する外力の方向により，異なる応力伝達機構により応力の伝達が行われる．本指針では，杭と基礎梁が「閉じる方向の力を受ける場合」と「開く方向の力を受ける場合」の2つの場合に対して，考慮すべき危険断面と対応する限界値を設定している．

それぞれの危険断面の設定にあたっては，杭頭周辺部は一般的な形状や配筋を想定している．そのため，想定していない形状や配筋の場合には，ここで設定する危険断面以外の危険断面が想定されることとなる．たとえば，1本の柱に複数本の杭が取り付く場合や，解説図5.6.4や解説図5.6.5に例を示すような杭頭周辺部の形状，配筋の場合は，別の危険断面を設定して別途応力伝達を確認する必要がある．

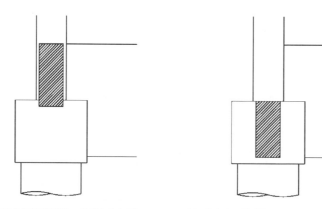

(a) 直交する基礎梁せいが不十分な例1　　(b) 直交する基礎梁せいが不十分な例2

解説図5.6.4 設定外の危険断面が生じると想定される例（1）

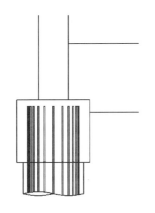 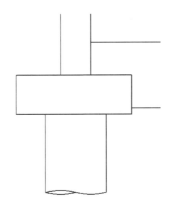

(a) 上面が基礎梁材軸中心位置より低い場合　　(b) パイルキャップが偏平な場合

解説図 5.6.5　設定外の危険断面が生じると想定される例（2）

3. 限界値と設計用限界値設定のための低減係数

　場所打ち鉄筋コンクリート杭のパイルキャップの設計では，使用性の確保については基礎指針によることとする．また，安全性の確保を確認する際にも降伏を認めないこととすれば，このとき計算式上降伏していないとしても一部の鉄筋の降伏が生じている可能性は否めないが，一部の鉄筋が降伏状態にあっても降伏・未降伏が混在する状態ではひび割れ幅の急激な拡大につながらないだろうこともふまえ，さらに損傷制御性については外力レベルが異なることも考慮して，損傷制御性の確認は自動的に満足するものとみなせると考えられる．したがって，安全性の確保についてのみ扱うこととする．

　なお，損傷制御性について別途確認する場合には，危険断面位置でのせん断ひび割れ強度を用いた次式によってもよい．

$$Q_{scr} = {}_sf_s \cdot a \cdot b \tag{解5.6.1}$$

　　記号　　Q_{scr}：パイルキャップの危険断面位置でのせん断ひび割れ強度（N）
　　　　　　${}_sf_s$：パイルキャップ部のコンクリートの短期許容せん断応力度（N/mm²）
　　　　　　a：パイルキャップの幅（mm）
　　　　　　b：危険断面の長さ（mm）

　（5.6.1）式および（5.6.2）式は，鉄筋コンクリート造のL形柱梁接合部の研究[5.6.1]を参考に，（一社）プレハブ建築協会に設置されているPC構造審査委員会にて検討された方法[5.6.2],[5.6.3]である．本来，検討方法としては曲げ強度の計算値と実験値の比較を行うべきではあるが，実際にはこの内容に関する実験はほとんど実施されていないのが実情である．そのため，実施物件の設計状況から推定を行っている．この場合，仮定がいろいろ含まれているので，一定程度の安全をみて低減係数を提案することとした．同委員会において審査した案件のうち場所打ち鉄筋コンクリート杭または場所打ち鋼管コンクリート杭（杭頭半剛接合工法は除く）が採用された壁式ラーメンプレキャスト鉄筋コンクリート造（WR-PC）またはラーメンプレキャスト鉄筋コンクリート造（R-PC）から14棟を選び，隅柱位置（建物四隅）と側柱位置（左記以外の基礎梁外端）を抽出してパイルキャ

ップ危険断面における曲げ強度を算定し安全限界状態における設計用曲げモーメント(「杭頭曲げモーメント」+「杭頭せん断力」×「杭頭から基礎梁中心までの高さ」により算出)との比較を行った[5.6.4)]. 解説表5.6.1に検討案件の杭頭周辺部の概要を示す.

解説表5.6.1に記載の14棟の杭および杭頭周辺部は下記のような状況となっているとする.
・杭は,一般的な場所打ち鉄筋コンクリート杭または場所打ち鋼管コンクリート杭である.
・設計時の性能条件書により,杭はすべて曲げ降伏先行型である.
・設計時の性能条件書により,基礎梁はメカニズム時に曲げ降伏せず,余力が確保されている.
・杭頭部には杭頭応力を伝達する軸方向鉄筋が配筋されている.ただし,実際の定着長さは不明の部分もあり,ここでは十分な定着がなされていると仮定する.
・基礎梁下端1段筋は必要定着長さにかかわらずパイルキャップ外端側先端付近まで突出させて定着されている.下端1段筋以外は実際の定着長さは不明の部分もあり,ここでは下端1段筋以外もパイルキャップ先端付近まで突出させて曲上げ定着されていると仮定する.
・基礎梁上端筋は,突出梁内に配筋されている場合でも突出梁を無視して柱基礎梁接合部内で曲下げ定着されているものとし,さらに上端1段目主筋は曲下げ部がパイルキャップ内に入ってから十分な定着長さを確保していると仮定する.
・柱主筋は,パイルキャップのベース筋付近まで延伸させて定着されていると仮定する.
・「柱−パイルキャップ−杭」間には,極端な偏心は生じていないと仮定する.
・パイルキャップ部のコンクリートの設計基準強度は,24〜33 N/mm^{2}の範囲にある.
・柱主筋はSD390(WR-PC壁柱の中間鉄筋は換算して評価している),基礎梁主筋はSD390,杭主筋はSD390,はかまトップ筋はSD295Aを使用している.
・設計時の性能条件書では,文献5.6.5)に準じることとされている.

解説表5.6.1に掲げた14棟28ケースのうち検討No.2, 3, 4以外の25ケースの杭頭周辺部では柱基礎梁接合部の外側に突出梁を有しているが,検討にあたって突出梁はないものとして取り扱うことにする.基礎梁せいに対する直交基礎梁せい(両側の直交基礎梁せいが異なる場合は大なるほう)の比は0.98〜1.58であり,直交基礎梁の断面形状は十分と考えられるが,検討にあたっては直交基礎梁がないものとして取り扱う.

杭と基礎梁が閉じる方向の力を受ける場合のパイルキャップ危険断面位置における曲げ強度M_{ju}を算定し,安全限界状態における設計用曲げモーメントM_{jd}と比較したところ,解説表5.6.2に示すように余裕度はすべて1.20以上となっている.

杭と基礎梁が閉じる方向の力を受ける場合のパイルキャップ危険断面位置における曲げ強度M_{ju}と安全限界状態における設計用曲げモーメントM_{jd}との関係を解説図5.6.6に示す.M_{ju}/M_{jd}の平均値は1.57程度となっている.

杭と基礎梁が開く方向の力を受ける場合のパイルキャップ危険断面位置における曲げ強度M_{ju}を算定し,安全限界状態における設計用曲げモーメントM_{jd}と比較したところ,解説表5.6.3に示すように余裕度が1.20以上となったものは28ケース中17ケース,1.00以上1.20未満のものは同6ケース,1.00未満のものは同5ケースであった.

解説表 5.6.1 検討案件の杭頭周辺部の概要

検討案件	地上階数	基礎形式 (A:アースドリル)	ケース番号	対象	柱断面 $b_C \times D_C$ (m)	基礎梁断面 $b_G \times D_G$ (m)	パイルキャップ断面 $b_P \times D_P \times H_P$ (m)	下面段差 (m)	直交基礎梁断面 $b \times D$ (m)	杭径 ϕ (m)
A	6	拡底A工法 頭部鋼管巻き	1	側柱	1.80×0.60	0.60×1.80	2.00×1.50×1.70	0.4	0.80×1.80 0.70×1.80	1.10
			2	隅柱	1.00×0.60	0.60×1.80	1.40×1.40×1.70	0.4	0.80×1.80	1.00
B	11	拡底A工法 頭部鋼管巻き	3	側柱	1.80×0.80	0.60×2.85	2.00×1.80×2.00	0.4	0.90×2.85 0.80×2.85	1.40
			4	隅柱	1.00×0.80	0.60×2.85	1.80×1.80×2.00	0.4	0.90×2.85	1.40
C	8	拡底A工法 頭部鋼管巻き	5	側柱	1.80×0.70	0.60×2.20	2.00×1.70×1.70	0.4	0.80×2.20 0.90×2.20	1.30
			6	隅柱	1.00×0.70	0.60×2.20	1.70×1.70×1.70	0.4	0.80×2.20	1.30
D	14	拡底A工法 頭部鋼管巻き	7	側柱	1.80×0.80	0.70×3.45	2.30×2.30×1.80	0.4	1.00×3.45 1.00×3.45	1.90
			8	隅柱	1.30×1.00	0.70×3.45	2.30×2.30×1.80	0.4	1.00×3.45	1.90
E	6	拡底A工法 頭部鋼管巻き	9	側柱	1.80×0.60	0.60×2.80	2.20×1.70×1.80	0.4	0.60×2.80 0.60×2.80	1.30
			10	隅柱	1.00×0.90	1.50×2.80	1.70×1.70×1.80	0.4	0.60×2.80	1.30
F	14	拡頭拡底A工法	11	側柱	1.80×0.70	1.00×3.25	2.50×2.50×1.90	0.2	0.90×3.20 0.90×3.20	2.10
			12	隅柱	1.00×10.0	1.00×3.00	2.50×2.50×1.90	0.2	1.20×3.20	2.10
G	12	拡頭拡底A工法	13	側柱	1.80×0.75	0.80×3.80	2.20×2.20×1.70	0.2	0.85×3.80 0.75×3.80	1.80
			14	隅柱	1.10×1.00	1.35×3.20	2.20×2.20×1.70	0.2	0.85×3.80	1.80
H	13	拡頭拡底A工法	15	側柱	1.80×0.75	0.80×3.00	2.40×2.40×1.70	0.2	0.95×3.00 0.75×3.00	2.00
			16	隅柱	1.10×0.80	1.05×3.00	2.40×2.40×1.70	0.2	0.95×3.00	2.00
I	10	拡底A工法 頭部鋼管巻き	17	側柱	1.68×0.55	0.56×2.52	1.68×1.60×1.70	0.4	0.64×2.52 0.64×2.52	1.20
			18	隅柱	1.15×0.68	0.56×2.52	1.60×1.60×1.70	0.4	0.64×2.52	1.20
J	9	拡底A工法	19	側柱	1.80×0.60	0.50×2.80	2.00×2.00×1.80	0.2	0.70×2.80 0.70×2.80	1.60
			20	隅柱	1.20×0.70	0.70×2.80	2.00×2.00×1.80	0.2	0.70×2.80	1.60
K	12	拡底A工法 頭部鋼管巻き	21	側柱	1.05×0.95	1.15×2.20	1.90×1.90×2.25	0.4	0.90×2.80 0.75×2.80	1.50
			22	隅柱	0.95×0.95	0.85×2.80	1.90×1.90×2.25	0.4	0.90×2.80	1.50
L	7	拡底A工法	23	側柱	0.90×0.75	0.75×2.00	1.90×1.90×1.85	0.2	0.70×2.00 0.70×2.00	1.50
			24	隅柱	0.85×0.75	0.75×2.00	1.90×1.90×1.85	0.2	0.70×2.00	1.50
M	10	拡頭拡底A工法	25	側柱	1.10×0.90	0.80×2.80	2.20×2.20×1.50	0.2	1.00×2.00 0.60×2.80	1.80
			26	隅柱	1.00×0.90	1.00×2.00	2.20×2.20×1.50	0.2	1.00×2.00	1.80
N	6	拡頭拡底A工法	27	側柱	0.90×0.70	0.80×1.20	1.80×1.80×1.50	0.2	0.70×1.90 0.50×1.90	1.40
			28	隅柱	0.90×0.70	0.70×1.70	1.80×1.80×1.50	0.2	0.70×1.90	1.40

解説表 5.6.2　閉じる方向の力を受ける場合の検討結果

ケース番号			1	2	3	4	5	6	7	8	9	10
			側柱	隅柱	側柱	隅柱	側柱	隅柱	側柱	隅柱	側柱	隅柱
閉じる方向の力を受ける場合（危険断面 C1）												
第1項	$A_{gu} \cdot \sigma_y \cdot d_{gx}$	(kN・m)	1 260	1 192	1 930	1 930	1 765	1 465	2 808	3 005	1 397	5 403
第2項	$A_{ce} \cdot \sigma_y \cdot d_{ce}$	(kN・m)	718	493	1 032	782	831	602	1 736	1 533	794	1 329
第3項	$A_{cm} \cdot \sigma_y \cdot d_{cm}$	(kN・m)	892	551	2 180	2 180	1 680	1 008	3 702	4 517	1 025	975
第4項	$A_h \cdot \sigma_y \cdot d_{hy}$	(kN・m)	307	256	386	386	307	256	389	389	333	333
第5項	$N_p \cdot d_{ex}$	(kN・m)	5 101	2 101	11 615	8 051	6 780	5 298	21 707	16 128	9 461	8 007
第6項	$Q_p \cdot d_{ey}$	(kN・m)	1 054	792	2 376	2 376	1 371	1 371	5 354	5 354	2 079	2 079
	M_{ju}	(kN・m)	9 334	5 385	19 519	15 705	12 735	10 000	35 696	30 925	15 087	18 126
	M_{jd}	(kN・m)	5 429	4 471	10 390	10 390	7 293	7 213	24 098	24 098	8 715	8 715
	M_{ju}/M_{jd}		1.72	1.20	1.88	1.51	1.75	1.39	1.48	1.28	1.73	2.08
	判定（1.2 以上→OK）		OK	OK	OK	OK	OK	OK	OK	OK	OK	OK

ケース番号			11	12	13	14	15	16	17	18	19	20
			側柱	隅柱	側柱	隅柱	側柱	隅柱	側柱	隅柱	側柱	隅柱
閉じる方向の力を受ける場合（危険断面 C1）												
第1項	$A_{gu} \cdot \sigma_y \cdot d_{gx}$	(kN・m)	4 617	5 086	3 104	4 845	3 334	4 360	1 256	1 342	1 544	2 414
第2項	$A_{ce} \cdot \sigma_y \cdot d_{ce}$	(kN・m)	1 454	1 257	1 646	1 991	1 766	1 991	737	622	906	747
第3項	$A_{cm} \cdot \sigma_y \cdot d_{cm}$	(kN・m)	3 055	4 434	2 661	3 008	2 925	1 454	1 289	1 575	1 630	1 608
第4項	$A_h \cdot \sigma_y \cdot d_{hy}$	(kN・m)	481	481	360	360	420	420	307	307	386	386
第5項	$N_p \cdot d_{ex}$	(kN・m)	25 865	18 492	22 340	10 026	17 624	7 988	7 434	3 783	13 605	9 121
第6項	$Q_p \cdot d_{ey}$	(kN・m)	3 906	3 526	4 880	3 740	3 670	3 246	1 180	1 210	2 331	2 331
	M_{ju}	(kN・m)	39 378	33 276	34 991	23 969	29 737	19 459	12 204	8 840	20 402	16 608
	M_{jd}	(kN・m)	22 299	21 919	18 092	15 207	18 216	16 142	4 374	4 567	9 173	9 173
	M_{ju}/M_{jd}		1.77	1.52	1.93	1.58	1.63	1.21	2.79	1.94	2.22	1.81
	判定（1.2 以上→OK）		OK	OK	OK	OK	OK	OK	OK	OK	OK	OK

ケース番号			21	22	23	24	25	26	27	28
			側柱	隅柱	側柱	隅柱	側柱	隅柱	側柱	隅柱
閉じる方向の力を受ける場合（危険断面 C1）										
第1項	$A_{gu} \cdot \sigma_y \cdot d_{gx}$	(kN・m)	3 416	2 562	1 971	1 971	3 276	4 212	2 146	1 839
第2項	$A_{ce} \cdot \sigma_y \cdot d_{ce}$	(kN・m)	2 902	4 353	670	732	866	866	629	629
第3項	$A_{cm} \cdot \sigma_y \cdot d_{cm}$	(kN・m)	1 812	2 718	1 132	1 132	1 741	2 611	1 432	1 432
第4項	$A_h \cdot \sigma_y \cdot d_{hy}$	(kN・m)	526	526	399	399	307	307	256	256
第5項	$N_p \cdot d_{ex}$	(kN・m)	15 221	12 324	6 646	5 419	13 233	10 180	4 536	3 271
第6項	$Q_p \cdot d_{ey}$	(kN・m)	2 060	2 791	859	971	2 834	1 802	430	746
	M_{ju}	(kN・m)	25 937	25 275	11 676	10 624	22 258	19 979	9 429	8 174
	M_{jd}	(kN・m)	15 664	15 902	6 072	6 864	16 036	14 734	5 511	5 827
	M_{ju}/M_{jd}		1.66	1.59	1.92	1.55	1.39	1.36	1.71	1.40
	判定（1.2 以上→OK）		OK	OK	OK	OK	OK	OK	OK	OK

解説表 5.6.3 開く方向の力を受ける場合の検討結果

ケース番号			1	2	3	4	5	6	7	8	9	10
			側柱	隅柱	側柱	隅柱	側柱	隅柱	側柱	隅柱	側柱	隅柱
開く方向の力を受ける場合（危険断面 O1）												
第1項	$A_{gb}\cdot\sigma_y\cdot d_{gy}$	(kN·m)	1 534	1 298	2 430	2 430	1 810	1 478	2 583	2 583	1 636	3 687
第2項	$A_{pt}\cdot\sigma_y\cdot d_{px}$	(kN·m)	1 173	1 069	3 887	3 887	1 575	2 511	5 828	5 828	2 410	2 712
第3-1項	$A_c\cdot\sigma_y\cdot d_{x2}/2$	(kN·m)	928	589	1 849	1 677	1 436	934	3 334	3 598	1 094	1 366
第3-2項	$A_{pc}\cdot\sigma_y\cdot d_{x2}/2$	(kN·m)	1 642	1 495	7 631	7 631	2 246	4 856	11 685	11 685	4 109	4 669
第3-3項	$A_{gv}\cdot\sigma_y\cdot d_{x2}/2$	(kN·m)	1 611	978	2 191	2 191	2 290	1 900	4 448	4 448	1 689	2 036
第4項	$N_p\cdot d_{x2}/2$	(kN·m)	−592	−68	−3 676	−3 217	−318	−1 494	−7 184	−8 078	−1 419	−112
第5項	$-Q_p\cdot d_{y2}/2$	(kN·m)	−449	−475	−1 097	−1 097	−627	−607	−938	−938	−783	−783
	M_{ju}	(kN·m)	5 848	4 885	13 215	13 501	8 412	9 578	19 757	19 126	8 736	13 574
	M_{jd}		3 852	4 471	10 390	10 390	7 189	7 189	14 459	14 459	8 715	8 715
	M_{ju}/M_{jd}		1.52	1.09	1.27	1.30	1.17	1.33	1.37	1.32	1.00	1.56
判定(1.2以上→OK，1.0以上△)			OK	△	OK	OK	△	OK	OK	OK	△	OK

ケース番号			11	12	13	14	15	16	17	18	19	20
			側柱	隅柱	側柱	隅柱	側柱	隅柱	側柱	隅柱	側柱	隅柱
開く方向の力を受ける場合（危険断面 O1）												
第1項	$A_{gb}\cdot\sigma_y\cdot d_{gy}$	(kN·m)	3 834	5 494	2 661	4 330	2 779	3 928	987	987	2 242	2 436
第2項	$A_{pt}\cdot\sigma_y\cdot d_{px}$	(kN·m)	6 067	7 531	4 005	3 634	4 913	4 496	1 579	1 579	1 728	1 728
第3-1項	$A_c\cdot\sigma_y\cdot d_{x2}/2$	(kN·m)	2 715	3 251	2 550	2 905	2 846	2 245	1 169	1 214	1 463	1 323
第3-2項	$A_{pc}\cdot\sigma_y\cdot d_{x2}/2$	(kN·m)	9 516	11 984	6 299	5 669	7 734	7 031	2 213	2 213	2 586	2 586
第3-3項	$A_{gv}\cdot\sigma_y\cdot d_{x2}/2$	(kN·m)	2 796	6 523	2 332	4 663	2 974	4 833	631	631	2 061	1 472
第4項	$N_p\cdot d_{x2}/2$	(kN·m)	−6 386	−3 374	−6 169	−204	−7 540	−771	−2 009	305	−2 213	−1 945
第5項	$-Q_p\cdot d_{y2}/2$	(kN·m)	−1 666	−1 666	−1 053	−1 061	−1 088	−1 244	−385	−393	−845	−845
	M_{ju}	(kN·m)	16 875	29 744	10 624	19 935	12 617	20 519	4 185	6 537	7 022	6 755
	M_{jd}		22 299	17 655	13 567	13 107	14 100	16 142	4 010	4 184	6 879	6 879
	M_{ju}/M_{jd}		0.76	1.68	0.78	1.52	0.89	1.27	1.04	1.56	1.02	0.98
判定(1.2以上→OK，1.0以上△)			NG	OK	NG	OK	NG	OK	△	OK	△	OK

ケース番号			21	22	23	24	25	26	27	28
			側柱	隅柱	側柱	隅柱	側柱	隅柱	側柱	隅柱
開く方向の力を受ける場合（危険断面 O1）										
第1項	$A_{gb}\cdot\sigma_y\cdot d_{gy}$	(kN·m)	5 764	4 323	2 734	2 734	1 839	2 439	1 955	1 533
第2項	$A_{pt}\cdot\sigma_y\cdot d_{px}$	(kN·m)	3 004	3 235	1 299	1 299	3 200	3 631	1 300	1 300
第3-1項	$A_c\cdot\sigma_y\cdot d_{x2}/2$	(kN·m)	2 919	4 379	1 009	1 052	1 497	1 944	1 110	1 110
第3-2項	$A_{pc}\cdot\sigma_y\cdot d_{x2}/2$	(kN·m)	5 165	5 595	1 954	1 954	5 017	5 748	1 925	1 925
第3-3項	$A_{gv}\cdot\sigma_y\cdot d_{x2}/2$	(kN·m)	4 691	3 518	1 925	1 925	1 665	2 332	1 909	1 273
第4項	$N_p\cdot d_{x2}/2$	(kN·m)	−5 216	−5 676	−1 129	−1 890	−3 420	−3 636	158	−291
第5項	$-Q_p\cdot d_{y2}/2$	(kN·m)	−1 218	−1 269	−717	−623	−585	−604	−138	−368
	M_{ju}	(kN·m)	15 109	14 104	7 075	6 451	9 213	11 854	7 990	6 482
	M_{jd}		10 464	11 570	6 072	5 280	10 145	9 823	4 290	4 537
	M_{ju}/M_{jd}		1.44	1.22	1.17	1.22	0.91	1.21	1.86	1.43
判定(1.2以上→OK，1.0以上△)			OK	OK	△	OK	NG	OK	OK	OK

既往の実施例は,実際には十分な断面形状の直交基礎梁や突出梁等を有するが,その効果を無視したため余裕度が十分でない結果が生じた.これらの事実から,十分な直交基礎梁や突出梁等がない基礎梁外端側杭頭周辺部を設計する場合には当面は余裕度が1.2以上(低減係数としては0.833以下)となることを確認することが望ましいといえる.

杭と基礎梁が開く方向の力を受ける場合のパイルキャップ危険断面位置における曲げ強度 M_{ju} と安全限界状態における設計用曲げモーメント M_{jd} との関係を解説図5.6.7に示す. M_{ju}/M_{jd} の平均値は1.19程度となっている.

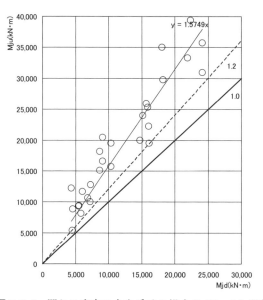

解説図 5.6.6 閉じる方向の力を受ける場合の $M_{ju}-M_{jd}$ 関係

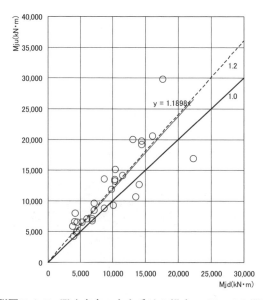

解説図 5.6.7 開く方向の力を受ける場合の $M_{ju}-M_{jd}$ 関係

これらの検討結果を踏まえ，設計用曲げ強度算定用の低減係数は杭と基礎梁が閉じる方向の力を受ける場合1.0以下，杭と基礎梁が開く方向の力を受ける場合は0.8以下としてよい．

4．構造規定

（1）応力伝達を考慮した形状・配筋

パイルキャップは，柱，基礎梁，および杭に作用する力を各々の部材間で伝達させる役割を有する構造部材である．柱，基礎梁，杭の断面がそれぞれで大きく異なるため，常時および地震時におけるパイルキャップ内の応力伝達機構は，三次元的な広がりを有し，複雑な応力状態になる．また，それらの応力伝達機構は，形状の違いにより内柱下と側柱下で大きく異なり，地震時の側柱下においては転倒モーメントによる変動軸力が押し込む方向であるか，引き抜く方向であるかで大きく異なる．変動軸力が引抜き方向の場合は，基礎梁と杭が開く方向に変形し，押込み方向の場合は，基礎梁と杭が閉じる方向に変形する．解説図5.6.8に，それぞれの場合において想定されるパイルキャップ内の応力状態の模式を示す．

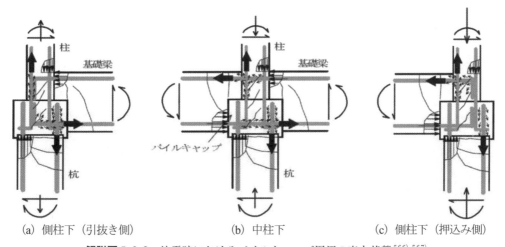

(a) 側柱下（引抜き側）　　　(b) 中柱下　　　(c) 側柱下（押込み側）

解説図 5.6.8　地震時におけるパイルキャップ周辺の応力状態[5.6.6),5.6.7)]

ここでは，パイルキャップを含む基礎梁－杭－柱の部分架構実験[5.6.6),5.6.7)]を対象とした非線形FEM解析結果[5.6.8)]に基づき，パイルキャップの応力伝達機構について解説する．解説図5.6.9に解析から得られたコンクリートの最小主応力コンターとひび割れ状況を示す．これらの図より，パイルキャップのコンクリート内部の応力の流れが把握でき，内柱下と側柱下でその応力の流れ方が大きく異なり，側柱下では，変動軸力が押し込む方向（閉じる方向）か，引き抜く方向（開く方向）かで，大きく応力伝達機構が異なることが分かる．

この結果を基に，応力伝達機構を模式的に記述したものを解説図5.6.10に示す．図に示すように，パイルキャップの応力伝達機構を考えた場合は，パイルキャップにおいては以下に示す破壊モードが想定される．

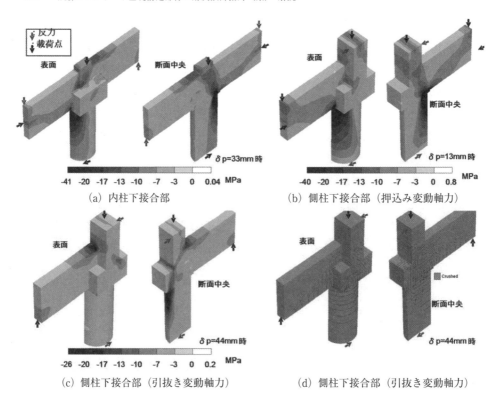

(a) 内柱下接合部
(b) 側柱下接合部（押込み変動軸力）
(c) 側柱下接合部（引抜き変動軸力）
(d) 側柱下接合部（引抜き変動軸力）

解説図 5.6.9 パイルキャップ周辺部材のコンクリートの最小主応力コンターおよびひび割れ状況

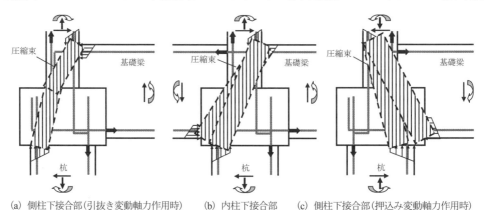

(a) 側柱下接合部（引抜き変動軸力作用時）　(b) 内柱下接合部　(c) 側柱下接合部（押込み変動軸力作用時）

解説図 5.6.10 想定されるパイルキャップ周辺の応力伝達機構

・基礎梁主筋の定着破壊
・杭主筋の定着破壊
・パイルキャップにおけるせん断破壊
・パイルキャップの引裂き破壊（側柱下の杭と基礎梁が開く方向のみ）

　基礎梁主筋の定着破壊を防ぐためには，折曲げ定着とするか定着長を十分に確保する必要がある．杭主筋の定着破壊に対しても同様に，定着長を十分に確保するか，また機械式定着を用いて十分な定着性能を確保する必要がある．特に，側柱下において，変動軸力が引き抜

く方向に作用する場合，つまり杭と基礎梁が開く方向に変形する場合においては，解説図5.6.11(a)に示すように，基礎梁引張主筋の定着部周辺にひび割れが生じて，定着性能を低下させる可能性があるため注意が必要である．

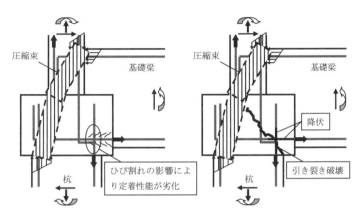

(a) 杭主筋の定着性能の劣化　　(b) パイルキャップの引裂き破壊

解説図 5.6.11　側柱下の杭と基礎梁が開く方向に変形した場合の破壊モード

パイルキャップにおけるせん断破壊に関しては，一般的にパイルキャップは，連結されている柱，基礎梁，杭よりも断面が大きく設計されるため，パイルキャップがせん断破壊することはほとんどないものと考えられるが，文献5.6.2)に指摘されているように基礎梁下端主筋の定着位置によって，コンクリートの圧縮束の形成の角度や幅が変化するとともに解説図5.6.12に示すようにせん断に有効な面積（せん断有効面積）が変化することが考えられる．パイルキャップ基礎梁下端主筋の定着はできる限り深い位置（杭曲げ圧縮領域）にする方が，パイルキャップのせん断強度をより向上させるものと考えられる．

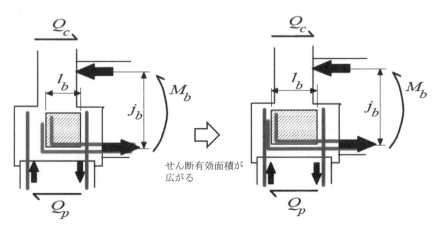

(a) 基礎梁主筋の定着位置が浅い場合　　(b) 基礎梁主筋の定着位置が深い場合

解説図 5.6.12　基礎梁主筋の定着位置がせん断有効面積に与える影響

側柱下の変動軸力が引抜き方向（開く方向）に作用する場合，パイルキャップが斜めに引き裂かれる破壊モードが想定される．ただし，解説図5.6.11(b)に示すように，この破壊モードは杭主筋および基礎梁主筋の両方が定着破壊するかもしくは降伏した時に生じる．したがって，設計において，この破壊モードを避けるためには，各主筋の定着性能を確保するとともに，杭と基礎梁の曲げ強度の差を大きくすることが有効である．塩原らは鉄筋コンクリート造の柱梁接合部において，梁と柱の曲げ強度比が1.0に近づくと，梁と柱の曲げ強度を十分に発揮できずに，接合部を斜めに引き裂く破壊モードを示すことを指摘している[5.6.9]．この知見より，基礎梁主筋と杭主筋の両方が降伏する場合は，パイルキャップを斜めに引き裂く破壊モードが生じる可能性があり，杭と基礎梁のいずれか一方の曲げ強度を十分に確保することにより，この破壊モードを防げるものと考えられる．

パイルキャップに取り付く柱，基礎梁，杭はそれぞれ断面形状が異なるため，応力の流れは三次元的な広がりを示し，パイルキャップの全断面が有効とはならないことに留意する必要がある．解説図5.6.13にFEM解析から得られたパイルキャップ水平断面のせん断応力度コンターを示す．この図より，パイルキャップ内のせん断応力分布は，表面よりも中央部が大きなせん断力を負担していることが分かる．

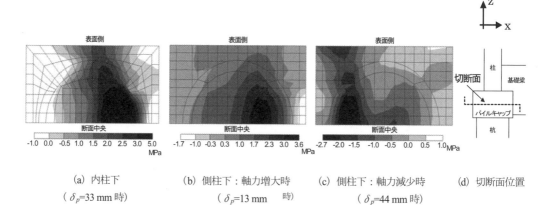

(a) 内柱下　　　　　(b) 側柱下：軸力増大時　　(c) 側柱下：軸力減少時　　(d) 切断面位置
（δ_p=33 mm 時）　　（δ_p=13 mm 時）　　（δ_p=44 mm 時）

解説図 5.6.13　パイルキャップ水平断面におけるせん断応力度コンター

また，解説図5.6.14に示すように，パイルキャップの変形は，表面よりも中央部の方が大きく，表面の変形は中央部よりも遅れて進展することが分かる．このことより，基礎梁幅とパイルキャップの幅が大きく異なる場合は，パイルキャップの表面に近い部分に配筋される補強筋は，パイルキャップのせん断性能に対する寄与は小さいことが分かる．これらの挙動に関しては，杭心と基礎梁材軸心が異なり，大きく偏心して取り付く場合等は，パイルキャップの応力伝達機構が異なる場合があるため留意する必要がある．

解説図5.6.15に側柱下の変動軸力が引抜き方向に作用する場合において，パイルキャップせいを変数とした解析の断面中央位置のコンクリート主応力度の流れを示す．パイルキャップせいが小さい場合は，大きい場合に比べて，パイルキャップ上部の柱におけるコンクリ

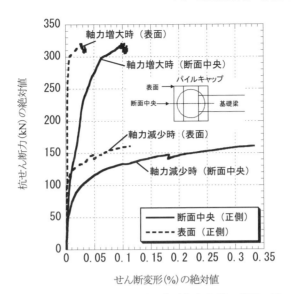

解説図 5.6.14 パイルキャップの表面と中央部の変形の違い

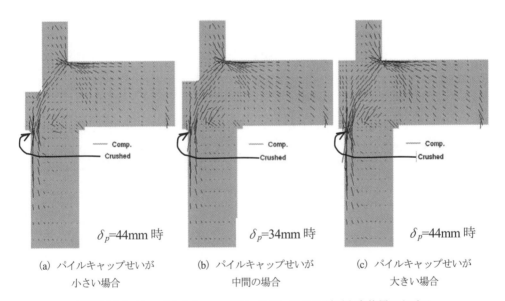

(a) パイルキャップせいが小さい場合
(b) パイルキャップせいが中間の場合
(c) パイルキャップせいが大きい場合

解説図 5.6.15 パイルキャップせいの違いによる断面中央位置における
コンクリート主応力度（軸力減少時）

ートの圧縮束が狭くなる傾向が現れている．このことから，基礎梁せいに比べて，極端にパイルキャップのせいが小さい場合は，パイルキャップ上部の柱がせん断破壊する可能性があることが分かる．設計においては，パイルキャップ上部の柱に対しても十分なせん断補強を施すなど留意が必要である．

（2） パイルキャップ高さを原則として 1 500 mm 以上かつ（杭径 −200）mm 以上とすること
　　　杭頭周辺部の形状は，実際には各種の要因により解説図 5.6.16 や解説図 5.6.17 に示すような一般的なものばかりではない．

杭と柱の心ずれ，柱と基礎梁の心ずれ，パイルキャップ上面位置が極端に低い場合，基礎梁下面とパイルキャップ下面との段差が極端に大きい場合，直交基礎梁のせいが極端に小さい場合，基礎梁と直交基礎梁の上面位置の差異，または直交基礎梁が存在しないといった状態も想定される．これらの中には，杭頭応力を基礎梁に伝達することが困難なものもある．

したがって，これらの影響を慎重に評価しながら応力伝達上の危険断面を設定することが必要となる．本指針では，(5.6.1) 式および (5.6.2) 式を適用するに際して，一般的な杭頭周辺部を想定していることから，解説図 5.6.16 や解説図 5.6.17 に示すような一般的な状態

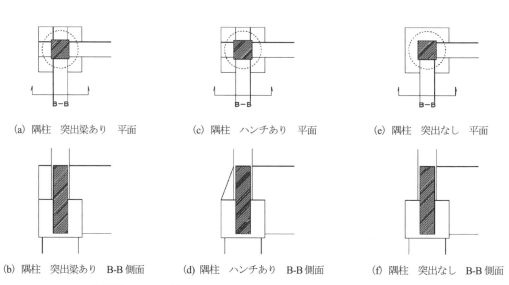

解説図 5.6.16 杭頭周辺部の一般的な状態（隅柱の位置の場合）

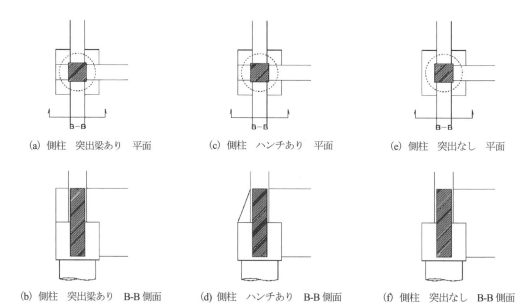

解説図 5.6.17 杭頭周辺部の一般的な状態（側柱の位置の場合）

を対象とし，また解説表5.6.1で検討に用いたパイルキャップの最小せいが1500mmであることも考慮して，パイルキャップのせいは少なくとも1500mm以上かつ（杭径 −200）mm以上とし，できるだけ大きくすることを推奨する．ただし，基礎梁せいが1500mm以下であるなどの場合においては，パイルキャップ上面を基礎梁上面より上方にする必要はない．

（3）パイルキャップ上面の位置

解説図5.6.16および解説図5.6.17の(a)図，(b)図に示す突出梁やそれらの(c)図，(d)図に示すハンチを柱−基礎梁接合部の外側に設け，基礎梁上端筋を突出梁またはハンチを通してパイルキャップ内に定着させることは，十分な応力伝達が期待できると考えられる．たとえば，文献5.6.10)に，「（3）基礎梁の設計 …中略… 杭基礎の場合，杭頭固定による大きな杭頭モーメントが生じ，それを基礎梁へ伝達させなければならない．従来の基礎スラブと基礎梁の関係ではこの杭頭モーメントが十分に基礎梁へ伝達されているとは言いがたい．したがって，基礎梁を基礎スラブ先端まで突出させて拘束する方法や，あるいは，基礎スラブせいを大きくして杭頭モーメントを基礎梁へ伝達させる方法を採用することが必要となる．…後略… 」とある．文献5.6.11)にも解説図5.6.18と同じ図があり，パイルキャップの上面高さを基礎梁中心位置以上に高める方法も記載されていることから，パイルキャップの高さを高くすることで同等の応力伝達が期待できるとされている〔解説図5.6.18参照〕．

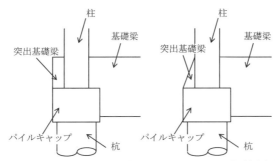

(a) 外柱および側柱での突出基礎梁によるパイルキャップの補強方法

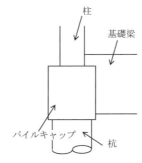

(b) パイルキャップせいを大きくする補強方法

解説図 5.6.18 パイルキャップと基礎梁の接合例[5.6.10)] を一部修正

(4) パイルキャップ内の配筋

望ましい形状・配筋等の例として，文献 5.6.12) の抜粋を解説図 5.6.19 に，文献 5.6.13) 中の該当部分抜粋を解説図 5.6.20 に示す．なお，本指針に記載された内容と解説図 5.6.19 および解説図 5.6.20 に記載された内容に違いがある場合は，本指針に記載された内容に置き換えて読むものとする．

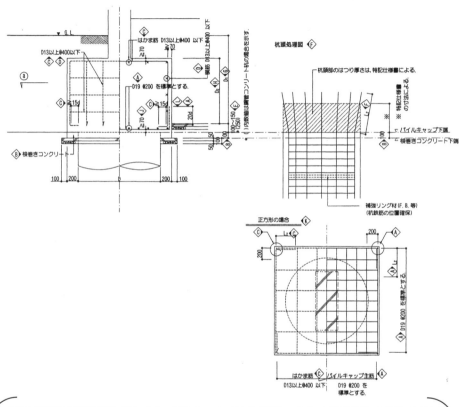

図中の記号部分の解説を以下に示す．なお，本図において L_2 は本会「鉄筋コンクリート造配筋指針・同解説」に規定される鉄筋の定着の長さを示している．
A 隅角部の鉄筋は一方を水平に L_2 定着し，他方を立ち上げるものとする．
B 根巻きコンクリートの厚さは100mm（鋼管コンクリート杭の場合は250mm）を標準とする．
C はかま筋は特記なき限り，D13@400以下とし，末端部の余長は $15d$ 以上として，パイルキャップ主筋とラップさせる．なお四隅部の鉄筋の納まりはパイルキャップ主筋と同様とする．
D はかま筋，横筋も D13@400 以下とする．
E 基礎梁下端とパイルキャップ下端は，パイルキャップ主筋と基礎梁下端の鉄筋が重なるのを避けるため，100～150mm のあきをとる．
F 杭主筋はパイルキャップに L_2 かつ特記に示す値以上定着すること．
I パイルキャップ隅角部のすみ切りは，杭面より 200mm の位置で行う．
J パイルキャップ主筋は杭頭からスペーサー等により 70mm 以上のかぶりを確保する．
M 偏心基礎および2本打ちの杭基礎の場合，パイルキャップ主筋の端部を $20d$ 上方に立ち上げる．

解説図 5.6.19 場所打ち鉄筋コンクリート杭のパイルキャップの配筋詳細例[5.6.12)]

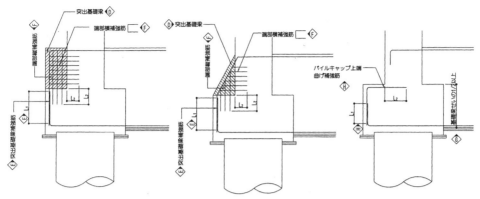

(a) 基礎梁を突出させる場合　　(b) 基礎梁突出部にハンチを設ける場合　　(c) パイルキャップ上面位置を基礎梁材軸中心位置以上とする場合

　本指針により検討を行う場合は，少なくとも基礎梁上端1段筋については曲げ下げ後パイルキャップ内にある部分で定着長を確保するものとすることに注意が必要である．なお，本図においてL_1およびL_2は本会「鉄筋コンクリート造配筋指針・同解説」に規定される鉄筋の重ね継手の長さおよび鉄筋の定着の長さを示している．
　図中の記号部分の解説を以下に示す．
D　杭頭部に生じる曲げモーメントをパイルキャップを介して基礎梁に伝達させるため，基礎梁をパイルキャップ先端まで突出させて拘束する．
E　杭頭部に生じる曲げモーメントを処理するための補強筋は，計算による．配筋はパイルキャップ先端で，基礎梁下端筋とL_1の重ね継手長さを確保する．
F　端部の横・縦補強筋は，基礎梁のあばら筋と同径，同ピッチ程度とする．
G　杭の曲げを処理するため，パイルキャップせいを大きくして補強筋を配する方法もある．
H　パイルキャップ上端の曲げ補強筋は，計算による．また，この鉄筋と基礎梁下端筋の鉄筋の重ね継手はL_1の長さを確保する．

解説図 5.6.20　場所打ち鉄筋コンクリート杭のパイルキャップの補強詳細例[5.6.13)]

　上記のほか，パイルキャップに関して留意すべき事項として下記の事項が挙げられる．
・パイルキャップの支圧に対する検討
　杭とパイルキャップのコンクリートの強度差が大きい場合は支圧の検討を行う．検討の方法は文献 5.6.14) などによるとよい．
・パイルキャップのコーン状破壊に対する検討
　埋込み部のはしあきの大きさに注意する．杭頭埋込み部側面のパイルキャップの厚さ（はしあき）が少ないと，杭頭応力によりパイルキャップが割り裂かれるコーン状破壊が生じるおそれがあるので，杭頭応力をパイルキャップが伝達できることを確認しておくとよい[5.6.3)]．確認方法として 5.6.2 に記述している方法を準用してもよい．
・パイルキャップを柱とした場合の応力伝達検討
　パイルキャップが仮想の柱であるとみなして，杭頭応力を基礎梁に伝達できることを確認しておくとよい．

参考文献

5.6.1)　辛　勇雨・塩原　等：定着長さの影響を考慮した RC 造 L 字型柱梁接合部の解析的検討，日本建築学会大会学術講演梗概集，C-2 分冊，pp. 53～54, 2006.9

5.6.2) 飯塚正義・荒木和豊・三浦康秀・藪崎　清・塩原　等：基礎梁外端側杭頭周辺部の検討法（その1　危険断面の提案），日本建築学会大会学術講演梗概集，C-2分冊，pp. 359～360，2007.8
5.6.3) 飯塚正義：杭頭接合部での応力伝達を考慮した設計方法，基礎工，pp. 103～106，2013.5
5.6.4) 荒木和豊・飯塚正義・三浦康秀・藪崎　清・塩原　等：基礎梁外端側杭頭周辺部の検討法（その2　提案式の試計算），日本建築学会大会学術講演梗概集，C-2分冊，pp. 361～362，2007.8
5.6.5) 都市基盤整備公団：公団住宅標準詳細設計図集（第5版）
5.6.6) 小林勝巳・丸　隆宏・大西靖和・寺岡　勝・和田　章：水平力を受ける場所打ち杭─基礎部分架構の力学的特性に関する研究，日本建築学会構造系論文集，第509号，pp. 83～90，1998.7
5.6.7) 小林勝巳・丸　隆宏・大西靖和・寺岡　勝・和田　章：側柱下の場所打ち杭─基礎梁部分架構の耐震性能に関する研究，日本建築学会構造系論文集，第520号，pp. 61～68，1999.6
5.6.8) 米澤健次・倉本　洋・井上芳生：地震荷重を受ける場所打ち杭頭接合部の3次元非線形FEM解析，日本コンクリート工学年次論文集，第29巻，pp. 271～276，2007.7
5.6.9) 塩原　等：鉄筋コンクリート柱梁接合部：見逃された破壊機構，日本建築学会構造系論文集，第631号，pp. 1641～1648，2008.9
5.6.10) 住宅・都市整備公団：中高層壁式ラーメン鉄筋コンクリート構造設計指針・同解説，pp. 135～136，1999.3
5.6.11) 住宅・都市整備公団建築技術部：高層鉄筋コンクリート造設計指針（暫定版）平成11年1月版，p. 47，1999.1
5.6.12) 都市再生機構：機構住宅標準詳細設計図集　第2版，SWR-102，2010.12
5.6.13) 都市再生機構：機構住宅標準詳細設計図集　第2版，SWR-108，2010.12
5.6.14) 日本建築学会：プレストコンクリート設計施工規準・同解説，68条　局部応力の計算と補強，1998

5.6.2　既製コンクリート杭のパイルキャップ

1. 本項は，既製杭の杭頭において，定着筋をパイルキャップ内に定着する接合方法（以下，接合法Aという），および杭頭部をパイルキャップに埋め込む接合方法（以下，接合法Bという）におけるパイルキャップの限界値および設計用限界値設定のための低減係数に適用する．
2. 単杭のパイルキャップへの埋込み部の地震力作用方向前面の限界値および設計用限界値設定のための低減係数は，下記による．
   （1）接合法Aの場合
   　1）損傷限界せん断力

$$_sQ_{ph} = {}_sQ_{h1} \tag{5.6.3}$$

　　記号　$_sQ_{ph}$：接合法Aにおけるパイルキャップへの杭埋込み部の損傷限界せん断力（N）
　　　　　$_sQ_{h1}$：パイルキャップへの杭埋込み部前面のコンクリートの短期許容せん断力（N）で，次式による．

$$_sQ_{h1} = (2/3) \cdot {}_c\sigma_t \cdot A_{qc1}$$

　　　　　$_c\sigma_t$：パイルキャップのコンクリートの引張強度（N/mm²）で，次式による．

$$_c\sigma_t = 0.31\sqrt{F_c}$$

　　　　　F_c：パイルキャップのコンクリートの設計基準強度（N/mm²）
　　　　　A_{qc1}：水平力作用方向の杭前面のパイルキャップのコーン状破壊面の有効投影面積（mm²）で，次式による．

$$A_{qc1} = \frac{1}{2}\pi\left(c + \frac{D}{2}\right) \cdot c + 2c \cdot h$$

　　　　　c：杭表面とパイルキャップ側面までの距離（mm）
　　　　　D：杭外径（mm）
　　　　　h：杭のパイルキャップへの埋込み長さ（mm）

2) 安全限界せん断強度

$$_uQ_{ph} = \mu \cdot N_s + {}_sQ_{h1} \tag{5.6.4}$$

記号　$_uQ_{ph}$：接合法Aにおけるパイルキャップへの杭埋込み部前面のコンクリートの安全限界せん断強度（N）

　　　μ：杭天端の摩擦係数で，0.5とする．

　　　N_s：杭天端に作用する安全限界設計時の軸方向力（N）で，引張りの場合0とする．

　　　$_sQ_{h1}$：(5.6.3) 式の記号の説明による．

3) 設計用限界値設定のための低減係数は，損傷限界せん断力および安全限界せん断強度ともに0.6とする．

（2）接合法Bの場合

1) 損傷限界曲げモーメント

$$_sM_{ph} = {}_sf_c \cdot \left(\frac{D \cdot h^2 \cdot L}{6L + 4h} \right) \tag{5.6.5}$$

記号　$_sM_{ph}$：接合法Bにおけるパイルキャップへの杭埋込み部前・後面のコンクリートの支圧による損傷限界曲げモーメント（N・mm）

　　　$_sf_c$：パイルキャップのコンクリートの短期許容圧縮応力度（N/mm²）

　　　D, h：(5.6.3) 式の記号の説明による．

　　　L：杭頭の曲げモーメント M とせん断力 Q の比（M/Q）

2) 安全限界曲げ強度

$$_uM_{ph} = F_c \cdot \left(\frac{D \cdot h^2 \cdot L}{6L + 4h} \right) \tag{5.6.6}$$

記号　$_uM_{ph}$：接合法Bにおけるパイルキャップへの杭埋込み部前・後面のコンクリートの支圧による安全限界曲げ強度（N・mm）

　　　F_c：パイルキャップのコンクリートの設計基準強度（N/mm²）

　　　D, h, L：(5.6.5) 式の記号の説明による．

3) 損傷限界せん断力

$$_sQ_{ph} = (2/3) \cdot {}_c\sigma_s \cdot A_s \tag{5.6.7}$$

記号　$_sQ_{ph}$：接合法Bにおけるパイルキャップへの杭埋込み部の損傷限界せん断力（N）

　　　$_c\sigma_s$：パイルキャップのコンクリートの直接せん断強度（N/mm²）で，次式による．

$$_c\sigma_s = 0.335\sqrt{F_c}$$

　　　A_s：水平力作用方向の杭前面のパイルキャップのせん断破壊面の水平投影面積（mm²）で，次式による．

$$A_s = c \cdot (c + D) \qquad \text{ただし，} c/D \leq 1.0$$

　　　c, F_c, D：(5.6.3) 式の記号の説明による．

4) 安全限界せん断強度

$$_uQ_{ph} = {}_c\sigma_s \cdot A_s \tag{5.6.8}$$

記号　$_uQ_{ph}$：接合法Bにおけるパイルキャップへの杭埋込み部の安全限界せん断強度（N）

　　　$_c\sigma_s, A_s$：(5.6.7) 式の説明による．

5) 設計用限界値設定のための低減係数は，損傷限界曲げモーメント，安全限界曲げ強度については1.0，損傷限界せん断力および安全限界せん断強度については0.7とする．

3. 2本の杭で支持される場合（以下，2本杭という）および4本の杭で支持される場合（以下，4本杭という）のパイルキャップの限界値および設計用限界値設定のための低減係数は，下記による．

　なお，3本杭や5本杭以上の場合は，本号に準じて限界値を算定するとともに，設計用限界値設定のための低減係数を適切に設定する．

（1）限界曲げモーメント

1) 損傷限界曲げモーメント

2本杭のパイルキャップの損傷限界曲げモーメントは，(5.6.9) 式による．なお，4本杭の場合は各方向の損傷限界曲げモーメントを算定する．また，検討断面は，柱フェイス位置として図5.6.5による．2本杭の検討断面は，図5.6.5に示す検討断面①と②で設計用曲げモーメントがいずれか大きい方とし，4本杭の検討断面は，x方向に対しては検討断面①と②で，y方向に対しては検討断面③と④で設計用曲げモーメントがいずれか大きい方とする．

$$_aM_{cp} = \beta_b \cdot a_t \cdot f_t \cdot j \tag{5.6.9}$$

記号　$_aM_{cp}$：パイルキャップの損傷限界曲げモーメント（N・mm）
　　　β_b：パイルキャップの形状による低減係数で，次式による．
　　　　　・$d/l_p < 2.0$ の場合：$\beta_b = 1.0$
　　　　　・$2.0 \leq d/l_p$ の場合：$\beta_b = -0.12 d/l_p + 1.24$　（$\beta_b \leq l_p/a$ の場合は$\beta_b = l_p/a$）
　　　d：基礎梁の有効せい（mm）
　　　l_p：柱フェイスから杭心までの距離（mm）〔図5.6.6参照〕
　　　a：柱中心から杭心までの距離（mm）〔図5.6.6参照〕
　　　a_t：パイルキャップの引張鉄筋断面積（mm²）
　　　f_t：引張鉄筋の短期許容引張応力度（N/mm²）
　　　j：パイルキャップの応力中心距離（mm）で，$(7/8)d$としてよい．
　　　d：パイルキャップの有効せい（mm）

2）安全限界曲げ強度

　2本杭のパイルキャップの安全限界曲げ強度は，(5.6.10) 式による．なお，4本杭の場合は各方向の安全限界曲げ強度を算定する．また，検討断面は柱フェイス位置として図5.6.5による．2本杭の検討断面は，図5.6.5に示す検討断面①と②で設計用曲げモーメントがいずれか大きい方とし，4本杭の検討断面は，x方向に対しては検討断面①と②で，y方向に対しては検討断面③と④で設計用曲げモーメントがいずれか大きい方とする．

$$_uM_{cp} = 0.9 \cdot \beta_b \cdot a_t \cdot \sigma_y \cdot d \tag{5.6.10}$$

記号　$_uM_{cp}$：パイルキャップの安全限界曲げ強度（N・mm）
　　　β_b, a_t, d：(5.6.9) 式の記号の説明による．
　　　σ_y：引張鉄筋の規格降伏点（N/mm²）

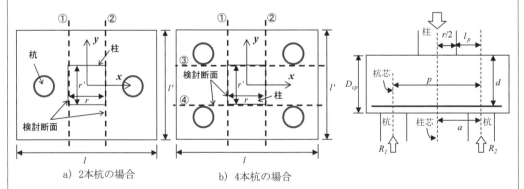

a) 2本杭の場合　　　　b) 4本杭の場合

図5.6.5　検討断面　　　　　図5.6.6　記号 p, a, d, l_p, D_{cp}

3）設計用損傷限界曲げモーメント算定用および設計用安全限界曲げ強度算定用の低減係数は，1.0以下とする．

(2) 限界せん断力

1）損傷限界せん断力

　群杭のパイルキャップの損傷限界せん断力は，(5.6.11) 式による．なお，検討断面は，限界曲げモーメントと同様に柱フェイス位置として図5.6.5による．

$$_aQ_{cp} = l_e \cdot j \cdot f_s \quad \text{または} \quad l_e' \cdot j \cdot f_s \tag{5.6.11}$$

記号　$_aQ_{cp}$：パイルキャップの損傷限界せん断力（N）

　　　l_e, l_e'：パイルキャップのせん断有効幅（mm）で，次式による．

$$l_e = \min(l, 3r, r+2D_{cp}), \quad l_e' = \min(l', 3r', r'+2D_{cp})$$

　　　l, l'：杭心を結ぶ直線と直交する方向のパイルキャップの幅（mm）〔図5.6.5〕

　　　r, r'：柱幅，柱せい（mm）〔図5.6.5〕

　　　D_{cp}：パイルキャップせい（mm）〔図5.6.6〕

　　　j：パイルキャップの応力中心距離（mm）で，$(7/8)d$としてよい．

　　　f_s：パイルキャップコンクリートの短期許容せん断応力度（N/mm^2）で，次式による．

$$f_s = 1.5 \times \min(F_c/30, 0.49 + F_c/100)$$

　　　F_c：パイルキャップのコンクリートの設計基準強度（N/mm^2）

　　　d：パイルキャップの有効せい（mm）

2) 安全限界せん断強度

群杭のパイルキャップの安全限界せん断強度は，(5.6.12)式による．なお，検討断面は，限界曲げモーメントと同様に柱フェイス位置とし図5.6.5による．

$$_uQ_{cp} = l_e \cdot j \cdot \tau_u \quad \text{または} \quad l_e' \cdot j \cdot \tau_u \tag{5.6.12}$$

記号　$_uQ_{cp}$：パイルキャップの安全限界せん断強度（N）

　　　l_e, l_e', j：(5.6.11)式の記号の説明による．

　　　τ_u：パイルキャップのコンクリートのせん断強度（N/mm^2）で，次式による．

$$\tau_u = \frac{0.053 p_t^{0.23}(F_c+18)}{l_p/d + 0.12}$$

（ただし，l_p/dは$l_p/d<1$のとき1とし，$l_p/d>3$のとき3とする）

　　　p_t：引張鉄筋比（％）

　　　d, l_p：(5.6.9)式の記号の説明による．

　　　F_c：パイルキャップのコンクリートの設計基準強度（N/mm^2）

3) 設計用損傷限界せん断力および設計安全限界せん断強度算定用の低減係数は，1.0以下とする．

(3) 限界パンチングシヤーおよび強度

1) 損傷限界パンチングシヤー

ⅰ) 柱周囲の損傷限界パンチングシヤー

群杭のパイルキャップにおける柱周囲の損傷限界パンチングシヤーは，(5.6.13)式による．

$$_aV_{cp1} = \alpha \cdot b_{co} \cdot j \cdot f_s \tag{5.6.13}$$

記号　$_aV_{cp1}$：パイルキャップにおける柱周囲の損傷限界パンチングシヤー（N）

　　　α：1.5

　　　b_{co}：柱周囲のパンチングシヤーに対する算定断面の延べ長さ（mm）で，次式による．〔図5.6.7〕

　　　　・$d \leq c$の場合：$b_{co} = 2(r+r') + \pi d$

　　　　・$d > c$の場合：$b_{co} = 2(r+r') + \pi(d+c)/2$

　　　c：杭表面とパイルキャップ側面までの距離（mm）〔図5.6.7〕

　　　r, r'：柱幅，柱せい〔図5.6.7〕

　　　j：パイルキャップの応力中心距離（mm）で，$(7/8)d$としてよい．

　　　f_s：パイルキャップコンクリートの短期許容せん断応力度（N/mm^2）で，次式による．

$$f_s = 1.5 \times \min(F_c/30, 0.49 + F_c/100)$$

　　　F_c：パイルキャップのコンクリートの設計基準強度（N/mm^2）

　　　d：パイルキャップの有効せい（mm）

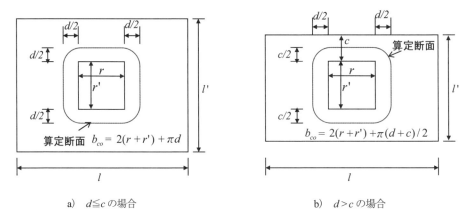

a) $d \leqq c$ の場合　　　　b) $d > c$ の場合

図 5.6.7 群杭のパイルキャップにおける柱周囲のパンチングシヤーの算定断面

ii）杭周囲の損傷限界パンチングシヤー

群杭のパイルキャップにおける杭周囲の損傷限界パンチングシヤーは，(5.6.14) 式による．

$$_aV_{cp2} = \alpha \cdot b_{po} \cdot d_p \cdot f_s \tag{5.6.14}$$

記号　$_aV_{cp2}$：群杭のパイルキャップにおける杭周囲の損傷限界パンチングシヤー（N）

α：1.0

b_{po}：群杭のパイルキャップにおける杭周囲のパンチングシヤー算定断面の延べ長さで，パンチングシヤー算定用のせい d_p とパイルキャップ端から杭表面までの距離 (c, c') の関係により適切に算定する〔図5.6.8〕．なお，4本杭の場合の b_{po} は b_{p1} と b_{p2} のいずれか小さい方の数値とする〔図5.6.8 (b)〕．

d'：パンチングシヤーの破壊面を定義する長さ（mm）で，次式による．

$$d' = \min(d_p, (P_x - D)/2, (P_y - D)/2)$$

d_p：2本杭または4本杭のパイルキャップのパンチングシヤー算定用のせい（mm）で，杭天端からパイルキャップ天端までの鉛直距離〔図5.6.9 (b)〕

P_x, P_y：x 方向と y 方向の杭間隔（mm）〔図5.6.9 (a)〕

D：杭直径（mm）．

f_s：(5.6.13) 式の記号の説明による．

2）安全限界パンチングシヤー強度

i）柱周囲の安全限界パンチングシヤー強度

群杭のパイルキャップにおける柱周囲の安全限界パンチングシヤー強度は，(5.6.15) 式による．

$$_uV_{cp1} = \alpha \cdot b_{co} \cdot j \cdot \tau_u \tag{5.6.15}$$

記号　$_uV_{cp1}$：群杭のパイルキャップにおける柱周囲の安全限界パンチングシヤー強度（N）

α：1.5

b_{co}, j：(5.6.13) 式の記号の説明による．

τ_u：パイルキャップのコンクリートの直接せん断強度（N/mm²）で，次式による．

$$\tau_u = 0.335\sqrt{F_c}$$

F_c：パイルキャップのコンクリートの設計基準強度（N/mm²）

ii）杭周囲の安全限界パンチングシヤー強度

群杭のパイルキャップにおける杭周囲の安全限界パンチングシヤー強度は，(5.6.16) 式による．

$$_uV_{cp2} = \alpha \cdot b_{po} \cdot d_p \cdot \tau_u \tag{5.6.16}$$

記号　$_uV_{cp2}$：群杭のパイルキャップにおける杭周囲の安全限界パンチングシヤー強度（N）

α：1.0

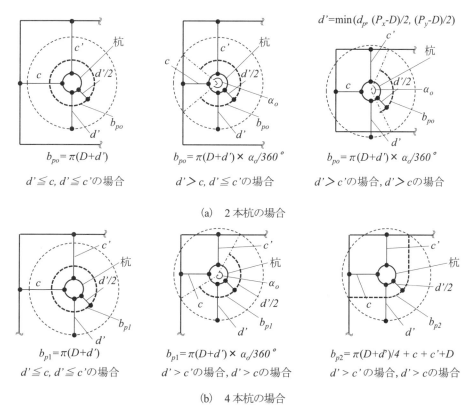

図 5.6.8 群杭パイルキャップにおける杭周囲のパンチングシヤー強度算定断面

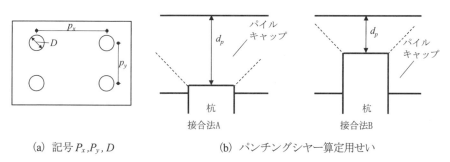

図 5.6.9 群杭のパイルキャップにおける杭周囲のパンチングシヤー算定式中の記号

b_{po}, d_p：(5.6.14) 式の記号の説明による．
τ_u：(5.6.15) 式の記号の説明による．

3) 群杭のパイルキャップにおける柱周囲の設計用損傷限界パンチングシヤーおよび設計用安全限界パンチングシヤー強度算定用の低減係数は，1.0 以下とする．また，群杭のパイルキャップにおける杭周囲に対しては，設計用損傷限界パンチングシヤー算定用の低減係数は，1.0 以下とし，設計用安全限界パンチングシヤー強度算定用の低減係数は，0.9 以下とする．

(4) パイルキャップへの杭埋込み部の損傷限界せん断力および安全限界せん断強度

群杭のパイルキャップにおいて，パイルキャップへの杭埋込み部の損傷限界せん断力および安全限界せん断強度は，単杭の場合と同じとし，接合方法に応じて算定するものとする．

> (5) パイルキャップへの杭埋込み部の損傷限界曲げモーメントおよび安全限界曲げ強度
> 　　　群杭のパイルキャップにおいて，接合法Bを用いた場合のパイルキャップへの杭埋込み部の損傷限界曲げモーメントおよび安全限界曲げ強度は，単杭の場合と同じとする．
> (6) 群杭のパイルキャップにおける構造規定
> 　1) パイルキャップの各方向の全幅について，引張鉄筋断面積のコンクリート断面積に対する割合は0.2％以上とし，せん断有効幅内に配筋される引張鉄筋の断面積は$0.004 \cdot l_e \cdot d$（l_e：パイルキャップのせん断有効幅，d：パイルキャップの有効せい）以上とする．
> 　2) せん断補強筋は，せん断有効幅内に関しては0.2％以上とし，その他の部分に対しては0.15％以上とする．

1. 適用範囲

本項は，5.5節に記述された杭のパイルキャップの設計用限界値および設計用限界値設定のための低減係数の設定に適用する．杭種（PHC杭，PRC杭）と杭頭接合法（接合法A，接合法B）との許容される組合せについては，5.5節による．

2. 単杭におけるパイルキャップの限界値および設計用限界値設定のための低減係数

（1）接合法A

接合法Aのパイルキャップ埋込み部のせん断伝達は，杭頭端面との摩擦抵抗，埋込み部コンクリートのせん断抵抗，定着鉄筋のせん断抵抗によると考えるが，実験的な検証が非常に少ないのが現状であり，現段階で妥当であると思われる式を本文に記載することとした．すなわち，損傷限界せん断力は埋込み部コンクリートのせん断抵抗とし，安全限界せん断強度にはさらに杭頭端面との摩擦抵抗を加えたものとした．

青島ら[5.6.15)]は定着筋のない簡易型杭頭接合部の実験結果から，以下のように埋込み部のせん断強度式を提案している．

$$Q_u = \mu \cdot N + Q_h \qquad (解5.6.2)$$

ただし，Q_uは埋込み部のせん断強度，Nは軸力，μは摩擦係数で実験結果から0.5程度が妥当としている．また，Q_hは埋込み部前面のせん断抵抗であり，実験の破壊モードを参照してコーン状破壊面を仮定し，アンカーボルトのせん断強度算定式[5.6.16)]を利用した式Q_{h1}，あるいはシヤーキーのせん断耐力式[5.6.17)]を適用したQ_{h2}を検討している．なお，次式Q_{h1}は，破壊面の鉛直投影面積A_cとコンクリートの引張強度の係数について，文献5.6.16)の式を修正したものである．

$$Q_{h1} = 0.19\sqrt{\sigma_B} \cdot A_c \qquad (解5.6.3)$$
$$Q_{h2} = 0.5\sqrt{\sigma_B} \cdot A_s \qquad (解5.6.4)$$

　　記号　Q_{h1}：アンカーボルトのせん断耐力算定式[5.6.16)]を利用した埋込み部のせん断強度（N）

　　　　　σ_B：パイルキャップのコンクリート強度（N/mm²）で，設計基準強度とする．

　　　　　A_c：破壊面の鉛直投影面積で次式による．

$$A_c = \frac{1}{2}\pi\left(c + \frac{D}{2}\right) \cdot c + 2c \cdot h$$

　　　　　c：杭表面とパイルキャップ側面までの距離（mm）

D：杭外径（mm）

h：パイルキャップ内への杭の埋込み深さ（mm）

Q_{h2}：シヤーキーのせん断耐力式5.6.17）を適用した埋込み部のせん断強度（N）

A_s：破壊面の水平投影面積で次式による．

$$A_s = (c+D) \cdot c$$

解説図5.6.21[5.6.15]によれば，実験値は二つの式（Q_{h1}, Q_{h2}）の概ね中間的な値となっており Q_{h1} による方が安全側であることが報告されている．本指針の損傷限界せん断力として，埋込み部前面のせん断抵抗にアンカーボルトのせん断強度算定式を基にして，破壊面の面積を修正した（5.6.3）式を採用することとした．さらに安全限界せん断強度として，軸力による杭天端の摩擦抵抗を加えた（5.6.4）式を採用することとした．

これらの式による計算値と実験値との比較を解説図5.6.22に示す．計算値は，軸力の無い試験体は（5.6.3）式により，軸力のある試験体は（5.6.4）式によっている．実験値/計算値が1.0を下回る2体は，パイルキャップに埋め込まれたシース管の影響で強度が小さい可能性があるとの指摘[5.6.15]もあるが，その可能性を無視して統計量を計算すると，実験値/計算値の平均値 X は1.23，標準偏差 σ は0.35となっている．軸力のある試験体の実験値/計算値は0.93となっている．データが非常に少ないが，不良率95%を与える $X-1.64\sigma$ は0.66であることから，損傷限界せん断力

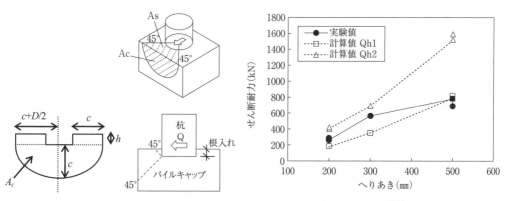

解説図5.6.21 定着筋のない簡易型杭頭接合部の実験結果[5.6.15]

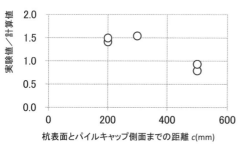
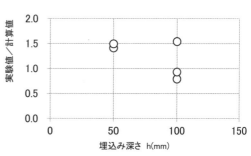

解説図5.6.22 埋込み部前面のせん断抵抗の実験値と計算値（軸力の無い試験体は（5.6.3）式，軸力のある試験体は（5.6.4）式）との比較

および安全限界せん断強度ともに，低減係数の値を 0.6 とした．

また，曲げ強度が大きな既製杭の場合，多くの定着筋をパイルキャップに定着し，かつパイルキャップの大きさを基礎梁あるいは柱と同程度に小さくすると，上部構造の柱梁接合部と同じように，パイルキャップがせん断破壊することがある〔解説図 5.6.23〕．この場合のパイルキャップのせん断ひび割れ強度は弾性理論に基づく主応力度式で，せん断強度は靱性指針[5.6.18)]に基づく式で推定できることが報告されている[5.6.19)]ので，これらを参考にしてパイルキャップの大きさやコンクリート強度を確保することが必要である．

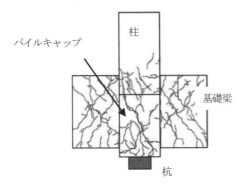

解説図 5.6.23 パイルキャップの幅が小さい場合のせん断破壊[5.6.19)]

（2） 接 合 法 B

接合法 B のパイルキャップ埋込み部の曲げモーメントとせん断力の伝達は，埋込み部前面，後面ならびに杭端面でのコンクリートの抵抗や，パイルキャップの補強筋の引張抵抗によると考えるが，実験的な検証が非常に少ないのが現状であり，現段階で妥当であると思われる式を本文に記載することとした．

上記のように埋込み部の応力伝達は複雑であるが，解説図 5.6.24 に設計用の模式を示す．せん断力 Q を埋込み部の等分布の支圧応力度 σ_s で負担し，曲げモーメント M_o を逆対象の三角形分布の支圧応力度 σ_m で負担すると仮定している．損傷限界曲げモーメント (5.6.5) 式は，解説図 5.6.24 に示す埋込み部前面の最大の支圧応力度 σ_{ch} が，パイルキャップのコンクリートの短期許容圧縮応力度 $_sf_c(=2/3F_c)$ 以下となるように設定した．σ_{ch} は，杭頭の曲げモーメント M とせん断力 Q に対して，次のように算定できる．

$$\sigma_{ch}=\sigma_m+\sigma_s$$

$$\sigma_m=\frac{6M_o}{D\cdot h^2}=\frac{6}{D\cdot h^2}\left(M+Q\cdot\frac{h}{2}\right)$$

$$\sigma_s=\frac{Q}{D\cdot h}$$

したがって，

$$\sigma_{ch}=\frac{6}{D\cdot h^2}M+\frac{4}{D\cdot h}Q$$

ここで，$Q=\dfrac{M}{L}$ とすると，

$$\sigma_{ch}=\left(\dfrac{6}{D\cdot h^2}+\dfrac{4}{D\cdot h\cdot L}\right)M$$

$\sigma_{ch}\leq {}_sf_c$ とすることから，

$$M\leq {}_sf_c\cdot\left(\dfrac{D\cdot h^2\cdot L}{6L+4h}\right)$$

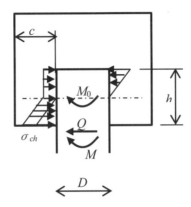

解説図 5.6.24 接合法Bのパイルキャップ埋込み部の垂直応力度分布の仮定

以上のことから，損傷限界曲げモーメントを (5.6.5) 式とした．また，安全限界曲げ強度には，埋込み部の支圧応力度 σ_{ch} がパイルキャップのコンクリートの設計基準強度を超えないように，(5.6.6) 式とした．これらの設計式と実験値[5.6.20]との比較を解説図 5.6.25 に示す．試験体は，杭外径 D が 264.7 mm，肉厚 6〜9 mm の鋼管杭で，埋込み深さ h が 0.75〜1D，杭表面からパイルキャップ側面までの距離 c が 0.75D〜2D，中詰めコンクリートが打設され，軸力はゼロである．実験ではすべてのパイルキャップが破壊した．

解説図 5.6.25(a) では，実験のパイルキャップに初ひび割れが発生した時の曲げモーメント M_{cr} と損傷限界曲げモーメント (5.6.5) 式を比較した．実験値 M_{cr} は必ずしも，支圧応力度が限界となっていない可能性もあるが，実験値／計算値は 1.4〜2.7 の範囲にあり安全側であることが分かる．また，実験の最大曲げモーメント M_{max} と安全限界曲げ強度との比較〔解説図 5.6.25(b)〕では，実験値／計算値が 2〜4 の範囲にあり，(5.6.6) 式はかなり過小評価となっていることが分かる．この原因は，パイルキャップの配筋を考慮していないことによる．より合理的な安全限界曲げ強度の算定法は，今後の課題である．以上より，設計用限界値算定用の曲げモーメントに対する低減係数は 1.0 とした．

パイルキャップの崩壊系として，桐原ら[5.6.20]は解説図 5.6.26 に示す複数の破壊モードを提案している．これらのうち，a, g, h のモードは単独で崩壊形となるが，他の破壊モードについてはA部（前面）とT部（連結部），またはA部とB部（後面）の組合せとして 6 通り考えることができ，全体として a, g, h, bd, be, bf, cd, ce, cf の 9 通りの崩壊形がある．さらに，実験結果

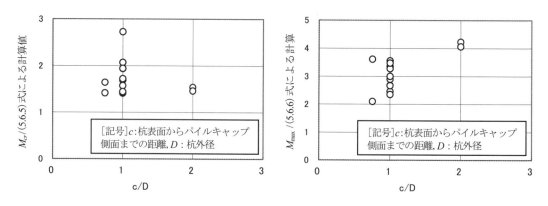

(a) 損傷限界曲げモーメントと実験値との比較　　　　(b) 安全限界曲げ強度と実験値との比較

解説図 5.6.25 接合法Bのパイルキャップの限界曲げモーメントと実験値との比較

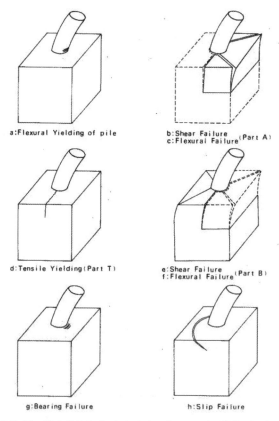

解説図 5.6.26 接合法Bにおけるパイルキャップの崩壊形の仮定[5.6.20)]

との対応から，上記の破壊モードのうち以下の3つの崩壊形が支配的であること，提案した終局強度計算式と実験値が良い対応を示すことを報告している．

ⅰ）b, d（A部のせん断破壊とT部の引張降伏の組合せ）

ⅱ) h（B 部のすべり破壊）
ⅲ) b, e（A 部のせん断破壊と B 部のせん断破壊の組合せ）

詳細は文献 5.6.20）によるが，杭端面の抵抗や軸力が考慮されていないことや，パイルキャップに独自の補強筋が設置されていることなどに留意する必要がある．

前述の桐原ら[5.6.20]の報告より，杭前面のせん断破壊が大きく寄与していることが分かる．そこで，杭前面のせん断強度に関し，コーン状破壊面のせん断強度式による算定方法，および水平せん断面のせん断強度式による算定方法を検討した．アンカーボルトのせん断耐力算定式[5.6.16]を杭埋込み部にそのまま適用すると，せん断強度は次式で表される．

$$Q_{u1} = 0.31\sqrt{\sigma_B} \cdot A_{qc2} \qquad (解 5.6.5)$$

記号　Q_{u1}：アンカーボルトのせん断耐力算定式[5.6.16]を利用した埋込み部のせん断強度（N）

　　　σ_B：パイルキャップのコンクリート圧縮強度（N/mm²）で，設計基準強度とする．

　　　A_{qc2}：コーン状破壊面の有効投影面積（mm²）で，次式による．〔解説図 5.6.27〕

$$A_{qc2} = \frac{1}{2}\pi\left(c + \frac{D}{2}\right)^2$$

c, D, h：(5.6.3) 式の記号の説明による．

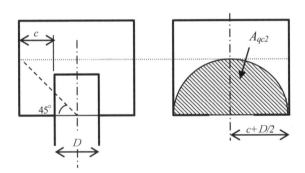

解説図 5.6.27　接合法 B のパイルキャップ埋込み部前面のコーン破壊面

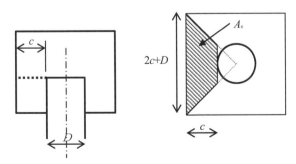

解説図 5.6.28　接合法 B のパイルキャップ埋込み部前面の水平せん断破壊面

また，以下のように水平せん断破壊面を設定すると，埋込み部前面のせん断強度は次式で表される．

$$Q_{u2}=0.335\sqrt{\sigma_B}\cdot A_s \qquad (解5.6.6)$$

記号　Q_{u2}：埋込み部の水平せん断破壊面のせん断強度（N）
　　　A_s：水平せん断破壊面の水平投影面積（mm²）で，次式による．

$$A_s=(c+D)\cdot c$$

前述した実験[5.6.20]の範囲（$c/D=0.75\sim2.0$，$h/D=0.75\sim1.0$）で，（解5.6.5）式と（解5.6.6）式によるせん断強度の計算値を比較すると，（解5.6.5）式の方が（解5.6.6）式の1.5～1.7倍となり，大きなせん断強度を与えることが判明した．そこで，（解5.6.6）式に基づくせん断強度式を本文（5.6.8）式に採用した．実験[5.6.20]による最大強度と（5.6.8）式による計算値との比較を，解説図5.6.29に示す．c/Dが0.75の場合には計算値が実験値を過小評価するが，c/Dが1.0の場合には概ね平均値を与え，c/Dが2.0の場合には計算値が過大評価となっている．c/Dが1.0の場合の試験体は10体で，その実験値／計算値の平均値Xは1.01，標準偏差σは0.17であり，正規分布すると仮定した場合の不良率5%を与える係数（$X-1.64\sigma$）は0.73となっている．そこで，設計用せん断力算定用の低減係数を0.7とした．ただし，c/Dが1.0を超えると明らかに過大評価となっているので，（5.6.8）式の適用範囲はc/Dが1.0以下とする．

なお，損傷限界せん断力については，現状では明快な検討ができないため，安全限界せん断力を2/3とした式を採用し，設計用限界値算定のための低減係数も0.7とすることとした．

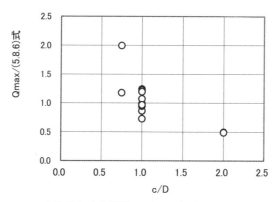

解説図5.6.29　実験最大強度[5.6.20]と（5.6.8）式による計算値との比較

3. 群杭におけるパイルキャップの限界値および設計用限界値設定のための低減係数

（1）損傷限界曲げモーメントおよび安全限界曲げ強度

杭基礎では直接基礎に比べて，パイルキャップの厚さが厚く，柱フェイス面と杭心との距離が短く，かつパイルキャップせいが大きい場合が多い．そのような場合において，検討断面を柱フェイス位置とし，曲げスパンを杭心から柱フェイス間の距離とした場合，設計用曲げモーメントを過小に算定する場合があることが指摘されている[5.6.21]．このことは，解説図5.6.30に示すように，柱フェイスから杭心までの距離に対してパイルキャップせいが大きい場合は，パイルキャップの曲げ

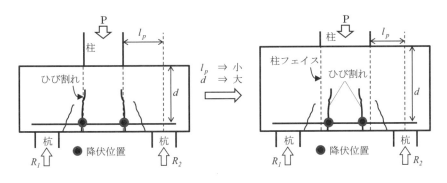

(a) l_p が大きく d が小さい場合　　　　(b) l_p が小さく d が大きい場合

解説図 5.6.30　パイルキャップの形状によるひび割れや降伏位置の変化

ひび割れや降伏位置が柱フェイスよりも柱内側で生じて，危険断面位置が変化することに起因する．つまり，パイルキャップの形状によっては，設計における検討断面とパイルキャップの曲げ降伏位置が異なるため，柱フェイス断面について設計した場合では，設計用曲げモーメントを小さく算定し，必要引張鉄筋量の算定において危険側となる場合がある．そこで，損傷限界曲げモーメントの(5.6.9) 式および安全限界曲げ強度の (5.6.10) 式においては，パイルキャップのプロポーションにより危険断面位置が変化する影響を考慮するために，RC 部材の曲げ強度の算定として RC 規準 13 条の規定に準じた略算式（(解 5.6.7) 式, (解 5.6.8) 式）に，パイルキャップの形状による低減係数 β_b を乗じることにした．

$$M_A = a_t \cdot f_t \cdot j \tag{解 5.6.7}$$

$$M_u = 0.9 \cdot a_t \cdot \sigma_y \cdot d \tag{解 5.6.8}$$

記号　M_A：パイルキャップの短期許容曲げモーメント（N·mm）

　　　a_t：パイルキャップの引張鉄筋断面積（mm²）

　　　f_t：同上鉄筋の短期許容引張応力度（N/mm²）

　　　j：パイルキャップの応力中心距離（mm）で $(7/8)d$ とする．

　　　d：パイルキャップの有効せい（mm）

　　　M_u：パイルキャップの曲げ強度（N·mm）

　　　σ_y：パイルキャップの引張鉄筋の規格降伏点（N/mm²）

1) パイルキャップの形状による低減係数 β_b

（解 5.6.7）式および（解 5.6.8）式による計算値と検討断面を柱フェイスとした場合の実験値[5.6.21]の比較を解説図 5.6.31 (a) および (b) にそれぞれ示す．解説図 5.6.31(a) および (b) の横軸は柱フェイスから杭心までの距離 l_p に対するパイルキャップの有効せい d の比 d/l_p を示し，解説図 5.6.31(a) の縦軸は（解 5.6.7）式に基づく計算値に対する実験における引張鉄筋降伏時の柱フェイス位置の曲げモーメントの比を，解説図 5.6.31(b) の縦軸は（解 5.6.8）式に基づく計算値に対する実験における最大耐力時の柱フェイス位置の曲げモーメントの比をそれぞれ示している．なお，ここでの実験値は，4 本杭を対象とした鈴木ら

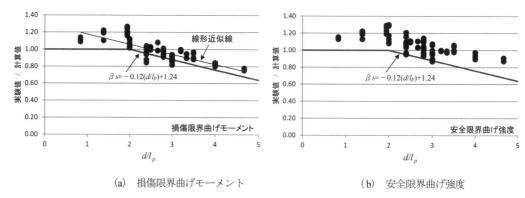

(a) 損傷限界曲げモーメント　　　　　(b) 安全限界曲げ強度

解説図 5.6.31　計算値と実験値[5.6.21)]の比較と低減係数 β_b

の実験[5.6.21)]の中からパイルキャップが曲げ破壊した試験体について示している．

両図より，d/l_p が大きくなるほどに計算値に対する実験値の比が1.0を下回り，検討断面を柱フェイスとした設計では危険側になる場合があることがわかる．そこで，パイルキャップの形状による危険断面位置の変化を考慮するため，これらの実験値と計算値の比の傾向から低減係数 β_b を定め，損傷限界曲げモーメントおよび安全限界曲げ強度を低減することにした．低減係数 β_b の算定式は，降伏モーメントに対応する解説図5.6.31(a)のデータから最小二乗法により線形近似線を求め，実験値に対する計算値の比は d/l_p が2.0までは1.0以上であることから，線形近似線を平行移動することで，d/l_p が2.0以上の場合に線形近似線の勾配で β_b を低減することにした．解説図5.6.32に損傷限界曲げモーメント（5.6.9）式および安全限界曲げ強度（5.6.10）式による計算値と実験値の比較を示す．ここで比較する実験値は，引張鉄筋降伏時および最大耐力時の柱フェイス位置における曲げモーメントである．解説図5.6.32より，パイルキャップの形状による低減係数 β_b を考慮することで，実験値と計算値が良好に対応し，β_b を乗じることで，安全性が確保されるものと考えられる．なお，β_b の下限値としては，危険断面が柱中央（パイルキャップ中央）にある場合として，$\beta_b \geq l_p/a$ とした．

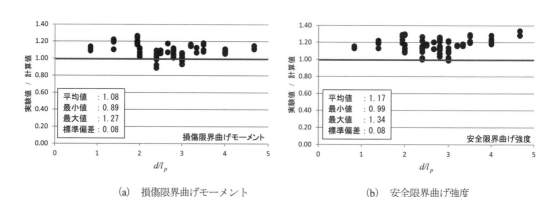

(a) 損傷限界曲げモーメント　　　　　(b) 安全限界曲げ強度

解説図 5.6.32　低減係数 β_b を考慮した計算値と実験値[5.6.21)]の比較

2) 設計用損傷限界曲げモーメント算定用および設計用安全限界曲げ強度算定用の低減係数

損傷限界曲げモーメントに関しては，解説図5.6.32(a)に示すように，計算値に対する実験値の比は平均値1.08，標準偏差0.08であり，計算値と実験値は良好に対応している．計算値に対する実験値の比が1.0を下回るデータもあるが，不良率5%未満となる信頼係数は1.03となるため設計用損傷限界曲げモーメント算定用の低減係数は1.0とした．

安全限界曲げ強度に関しては，解説図5.6.32(b)に示すように，計算値に対する実験値の比は平均値1.17，標準偏差0.08，最小値0.99と計算値と実験値の対応性は良好であり，計算値は実験値に対して概ね小さめであった．これらの実験値と計算値の整合性を勘案し，設計用安全限界曲げ強度算定用の低減係数は1.0とした．

3) パイルキャップの引張鉄筋断面積

柱幅に対してパイルキャップ幅が極端に大きい場合には，パイルキャップ全幅に渡って配筋した鉄筋のすべてが有効になるとは限らず，柱から距離が遠ざかるほど鉄筋の寄与は小さくなることが考えられる．このような場合において，全幅に渡って配筋した鉄筋をすべて有効として限界値を算定した場合には危険側の設計となる可能性があるため，特に留意が必要である．

柱幅に対してパイルキャップ幅が極端に大きい場合，柱からパイルキャップへの力の流れを考え，柱幅＋パイルキャップせいの2倍の範囲（$r+2D_{cp}$あるいは$r'+2D_{cp}$）内に配置された鉄筋が有効であると考えられる〔解説図5.6.33〕．また，RC規準（2010）20条の解説「（5）基礎スラブの配筋」においては，柱近傍に重点配筋する場合の範囲として，柱幅の3倍と（柱幅＋パイルキャップせいの2倍）のいずれか小さい方としている．したがって，安全側の設計を行うために，損傷限界曲げモーメントの（5.6.9）式および安全限界曲げ強度の（5.6.10）式におけるパイルキャップの引張鉄筋断面積は，柱を中心とする$\min(3r, r+2D_{cp})$あるいは$\min(3r', r'+2D_{cp})$）の範囲にある鉄筋の断面積の総和とすることが望ましい〔解説図5.6.33〕．

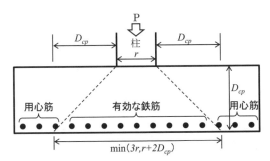

解説図5.6.33 パイルキャップ幅が大きい場合の曲げモーメントに有効な引張鉄筋の範囲

4) 限界曲げモーメントの算定に関する留意事項

引張鉄筋比が釣合い鉄筋比以上の場合には，鉄筋が降伏する以前に，曲げ圧縮側のコンク

リートが最大圧縮強度に達する可能性がある．したがって，引張鉄筋比が釣合い鉄筋比以下であることを確認する必要がある．パイルキャップの設計では釣合い鉄筋比以下であることが望ましい．釣合い鉄筋比以上となる場合には，ここで示す損傷限界曲げモーメントおよび安全限界曲げ強度に対する算定法の適用範囲外であるため，適切な精算式を用いて曲げ強度を算定するか，あるいは設計基準強度の高いコンクリートを採用し，釣合い鉄筋比以下とするなどの対処が必要である．また，精算式を用いた設計を行う場合においては，パイルキャップの形状による危険断面の位置の変化を考慮して，適切に設計用曲げモーメントを割り増すか，あるいは曲げ強度を低減するなど，留意する必要がある．

(2) 損傷限界せん断力および安全限界せん断強度

1) 損傷限界せん断力

パイルキャップの損傷限界せん断力は，RC規準（2010）20条の（20.1）式に準じて算定するものとするが，柱幅に対してパイルキャップの幅が極端に大きな場合に対して危険側の設計とならないように，柱からの力の広がりやRC規準（2010）20条の解説「（5）基礎スラブの配筋」を参考に，パイルキャップの有効幅は柱幅の3倍と（柱幅＋パイルキャップせいの2倍）のいずれか小さい方を上限とした〔解説図5.6.33〕．

解説図5.6.34にパイルキャップの損傷限界せん断力に対する計算値と実験値の比較を示す．解説図5.6.34の縦軸は計算値に対する実験値の比を示し，横軸はパイルキャップの有効せい d に対する柱フェイスから杭心までの距離 l_p の比 l_p/d を示している．実験値は，2本杭を対象とした酒井らの実験[5.6.22]，4本杭を対象とした鈴木らの実験[5.6.23]の中からパイルキャップがせん断破壊に至った試験体の最大耐力を示している．計算値に対する実験値の比は，l_p/d が小さいほど，引張鉄筋比 P_t が大きいほど大きくなる傾向を示している．ここでの l_p/d はせん断スパン比に相当し，本算定式においては，せん断強度に対する引張鉄筋比

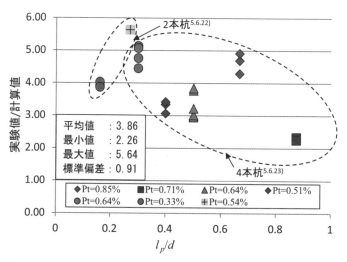

解説図5.6.34 パイルキャップの損傷限界せん断力の計算値と実験値の比較

やせん断スパン比による効果を考慮していないため，引張鉄筋比が大きい場合や，せん断スパン比が小さい場合において過小な計算値となる傾向がある．RC部材のせん断強度式として一般に用いられる大野・荒川式[5.6.24)]では，せん断スパン比が小さいほど，引張鉄筋比 P_t が大きいほどせん断強度が増加する特性を有し，大野・荒川式を用いることで計算値と実験値の対応性は向上するものと考えられる．しかし，パイルキャップは補修が困難であることから，損傷限界時においてはせん断ひび割れの発生を防止する必要があること，また実験データが少ないこともあり，損傷限界せん断力の算定においては安全側の設計として，コンクリートの短期許容せん断応力度を有効断面に乗じることで求め，せん断補強筋の効果も考慮しないことにした．損傷限界せん断力の計算値に対する実験値の比は少なくとも2.0以上であり，十分な安全率を有しているものと判断される．

2) 安全限界せん断強度

パイルキャップの安全限界せん断強度は，(5.6.12) 式に示す大野・荒川式においてせん断補強筋の項を無視して算定するせん断強度を有効断面積に乗じて算定することとした．有効断面積は，損傷限界せん断力の算定と同様であり，柱幅に対してパイルキャップ幅が極端に大きな場合に対して，パイルキャップ幅の上限値を設けた．

解説図 5.6.35 に，パイルキャップの安全限界せん断強度に対する計算値と実験値[5.6.22),5.6.23)]の比較を示す．解説図 5.6.35 の縦軸は計算値に対する実験値の比を示し，横軸はパイルキャップの有効せい d に対する柱フェイスから杭心までの距離 l_p の比 l_p/d を示している．実験値は，2本杭を対象とした酒井らの実験[5.6.22)]，4本杭を対象とした鈴木らの実験[5.6.23)]の中からパイルキャップがせん断破壊に至った試験体の最大耐力を示している．損傷限界曲げモーメントの計算値と実験値の比較における傾向と同様に，l_p/d が小さいほど，計算値に対する実験値の比は大きくなる傾向があるが，計算値に対する実験値の比の最小値は 1.4 以上であり，計算値は実験値に対して安全側である．

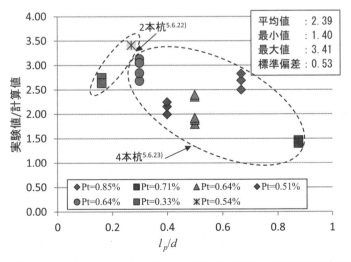

解説図 5.6.35 パイルキャップの安全限界せん断強度の計算値と実験値[5.6.22),5.6.23)]の比較

酒井らの研究[5.6.22)]においては，2本杭のパイルキャップに対する実験を行い，パイルキャップに生じるせん断ひび割れを横切る鉄筋をすべて考慮することで，大野・荒川式により精度良く実験の最大耐力を算定できるとしており，せん断補強筋がせん断強度に対して有効に寄与する知見が得られている．しかし，パイルキャップにおいては，柱および杭から集中的に荷重が伝達されるため，梁部材とは異なり，断面内の応力状態が不均一になる場合があり，パイルキャップの形状や配筋方法によってはせん断補強筋が有効に寄与しない場合も想定される．したがって，せん断強度に対するせん断補強筋の効果に関しては，実験データが非常に少ないため，ここでは，安全側の設計としてせん断補強筋の寄与は見込まないことにした．

ただし，柱幅や杭径とパイルキャップ幅の差が小さく，梁部材と同様な応力状態が考えられる場合は，(解5.6.9)式によりせん断補強筋の効果を考慮して安全限界せん断強度を算定してもよい．

$$Q_{su} = \left\{ \frac{0.053 p_t^{0.23}(F_c+18)}{M/(Q \cdot d)+0.12} + 0.85\sqrt{p_w \cdot \sigma_{wy}} \right\} \cdot b \cdot j \qquad (解5.6.9)$$

記号　p_t：引張鉄筋比（%）で，解説図5.6.33に示す有効な範囲内の引張鉄筋のみを考慮する．

F_c：パイルキャップのコンクリートの設計基準強度（N/mm²）

M/Q：M，Qは強度算定時における最大曲げモーメントおよびせん断力

（ここでは，$M/(Q \cdot d) = l_p/d$として$l_p/d < 1$のとき1とし，$l_p/d > 3$のとき3とする）

l_p：柱フェイスから杭心までの距離（mm）〔図5.6.6〕

d：パイルキャップの有効せい（mm）

p_w：せん断補強筋比（%）

σ_{wy}：せん断補強筋の規格降伏点（N/mm²）

b：パイルキャップ幅（mm）（図5.6.5のl, l'と同じ）

j：応力中心距離（mm）で，$(7/8)d$としてよい．

3）設計用損傷限界せん断力算定用および設計用安全限界せん断強度算定用の低減係数

パイルキャップの設計用損傷限界せん断力および設計用安全限界せん断強度算定用の低減係数は，各限界せん断力の算定式は安全側であり，計算値と実験値の比較より十分な安全率を有するものと判断できるため1.0以下とした．

(3) 損傷限界パンチングシヤーおよび安全限界パンチングシヤー強度

1）柱周囲のパンチングシヤー

パイルキャップの損傷限界パンチングシヤーは，RC規準（2010）20条の（20.2）式に準じて算定するものとした．また，安全限界パンチングシヤー強度は，コンクリートの直接せん断強度（$\tau_u = 0.335\sqrt{F_c}$）をパンチングシヤー算定断面積に乗じることにより算定することにした．安全限界パンチングシヤー強度におけるコンクリートの直接せん断強度（τ_u）と損傷限界パンチングシヤーにおける短期許容せん断強度（f_s）とした場合の比較を解説図

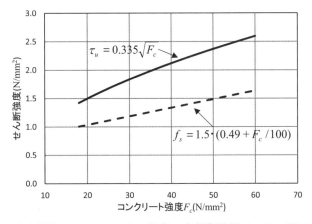

解説図 5.6.36 安全限界パンチングシヤー強度 τ_u と損傷限界パンチングシヤー f_s の比較

5.6.36 に示す．この直接せん断強度は，短期許容せん断力に比べて，1.4～1.6倍の値となる．

　解説図 5.6.37(a) および (b) にパイルキャップの損傷限界パンチングシヤーおよび安全限界パンチングシヤー強度の計算値と実験値の比較を示す．解説図 5.6.37(a)，(b) の縦軸は計算値に対する実験値の比を示している．実験値は，鈴木らが行った4本杭を対象とした実験[5.6.23]の中から，パイルキャップが柱周囲でパンチング破壊に至った試験体の最大耐力を示している．損傷限界パンチングシヤーの計算値に対する実験値の比は，最小値が1.68であり，計算値は実験値に対して十分な安全率を有するものと考えられる．安全限界パンチングシヤー強度の計算値に対する実験値の比は，最小値が1.12であり，計算値は実験値に対して安全側である．

　解説図 5.6.37(a) および (b) に示される計算値に対する実験値の比は，引張鉄筋比が大きいほどに大きくなる傾向を示している．このことからパンチングシヤー強度に対しても引張鉄筋量の効果が表れているものと考えられるが，実験データが少ないこともあり，安全側の設計として，パンチングシヤーに対する引張鉄筋量の効果は考慮しないこととした．

　ここでの各計算値と実験値の比較は4本杭を対象とした実験のみについて行っており，2本杭においてパンチング破壊に至った実験データがないため，2本杭に対する計算値の妥当性に関しては検証を行っていない．しかし，2本杭の場合では，上述の各限界せん断力に対する検討において，せん断有効幅を規定しているため，一方向の各限界せん断力に対する検討においてパイルキャップの厚さやコンクリートの設計基準強度を設定し，柱周囲のパンチングシヤーに対する検討は省略できるものとする．

2) 杭周囲のパンチングシヤー

　群杭のパイルキャップにおける柱周囲のパンチングシヤーと同様に，杭周囲のパイルキャップの損傷限界パンチングシヤーも，RC規準 (2010) 20条の (20.2) 式に準じて算定し，安全限界パンチングシヤー強度は，コンクリートの直接せん断強度 ($\tau_u = 0.335\sqrt{F_c}$) をパ

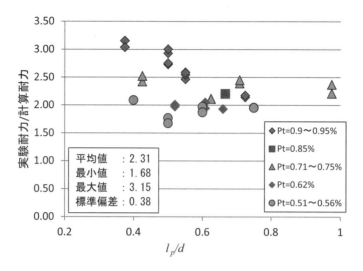

(a) 損傷限界パンチングシヤーの計算値と実験値[5.6.23)]の比較

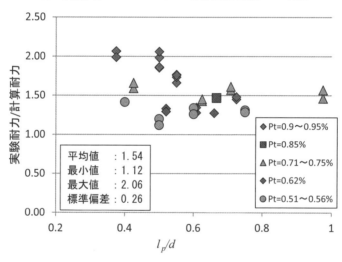

(b) 安全限界パンチングシヤー強度の計算値と実験値[5.6.23)]の比較

解説図 5.6.37 群杭のパイルキャップにおける柱周囲のパンチングシヤー強度の計算値と実験値[5.6.23)]の比較

ンチングシヤー算定断面積に乗じることにより算定する.ただし,柱周囲の損傷限界パンチングシヤーおよび安全限界パンチングシヤー強度算定用の(5.6.13)式と(5.6.15)式においては,RC規準(2010)20条の(20.2)式と同様に$\alpha=1.5$として強度の割増し係数を乗じているが,杭周囲に関しては,実験結果との対応性から判断し,$\alpha=1.0$として強度の割増しは考慮しないことにした.

解説図5.6.38(a),(b)に杭周囲の損傷限界パンチングシヤーおよび安全限界パンチングシヤー強度の計算値と実験値の比較を示す.解説図5.6.38(a),(b)の縦軸は,計算値に対する実験値の比を示している.実験値は,鈴木らが行った4本杭を対象とした実験[5.6.23)]の中

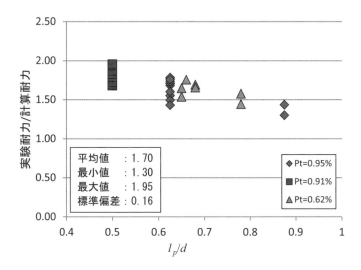

(a) 損傷限界パンチングシヤーの計算値と実験値[5.6.23)]の比較

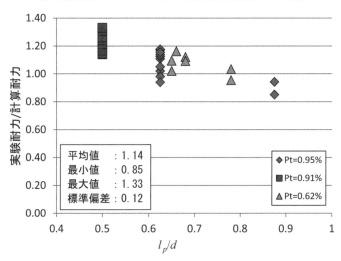

(b) 安全限界パンチングシヤー強度の計算値と実験値[5.6.23)]の比較

解説図 5.6.38 群杭のパイルキャップにおける杭周囲のパンチングシヤー強度の計算値と実験値[5.6.23)]の比較

から,杭周囲のパイルキャップがパンチング破壊に至った試験体の最大耐力を示している.解説図 5.6.39 に破壊状況の一例を示す.解説図 5.6.38(a),(b)に示される計算値に対する実験値の比は,引張鉄筋比が大きいほどに大きくなる傾向を示している.このことから杭周囲のパンチングシヤー強度に対しても引張鉄筋量の効果が表れているものと考えられるが,実験データが少ないこともあり,安全側の設計として,パンチングシヤーに対する引張鉄筋量の効果は考慮しないこととした.損傷限界パンチングシヤーの計算値に対する実験値の比は,最小値が 1.30 であり,計算値は実験値に対して十分な安全率を有するものと考えられる.一方,安全限界パンチングシヤー強度の計算値に対する実験値の比の平均値は 1.14 で

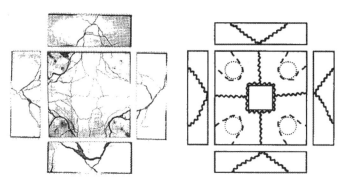

解説図 5.6.39 4本杭のパイルキャップにおける杭周囲のパンチング破壊状況[5.6.23]

あり，両者は良好な対応性を示しているが，その最小値は 0.85 であり，1.0 を下回る実験値もあった．

3) パンチングシヤー算定断面に対する留意点

　パンチングシヤーに対する算定断面は，解説図 5.6.40(a) に示すように，杭の端から 45°の傾きを持つコーン状の破壊面を想定して算定するものとしている．この破壊面が隣接する杭の破壊面と交差する場合は，適切に重複する部分を除き，また，パイルキャップのへりあきなども考慮して算定断面を決める必要がある．破壊面が交差する場合の算定断面の算定方法の例を解説図 5.6.40(a)，(b) に示す．

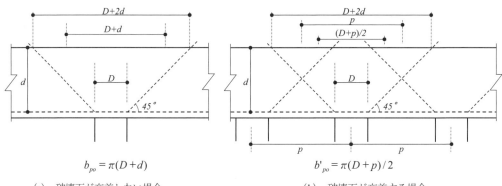

(a) 破壊面が交差しない場合　　　　　　(b) 破壊面が交差する場合

$b_{po} = \pi(D+d)$　　　　　　$b'_{po} = \pi(D+p)/2$

解説図 5.6.40 パンチングシヤーの算定断面積

4) パンチング破壊面のせん断補強筋

　パイルキャップがパンチングシヤー破壊を起こすと，極めて靱性に乏しい壊れ方をする．ここでの損傷限界パンチングシヤーおよび安全限界パンチングシヤー強度の算定においては，コンクリート躯体のみのせん断抵抗を考慮し，せん断補強筋の寄与は考慮していないが，解説図 5.6.41 に示すパンチング破壊面の範囲においては，十分なせん断補強筋を配するなど安全側の設計を行うことが望ましい．

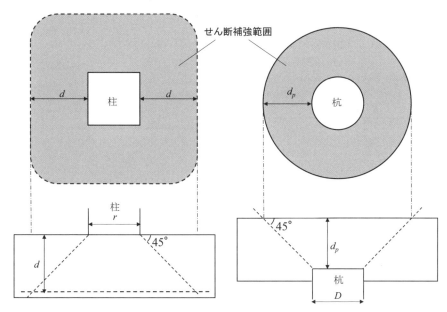

解説図 5.6.41 パンチングシヤー破壊面に対するせん断補強範囲

5) 設計用損傷限界パンチングシヤーおよび設計用安全限界パンチングシヤー強度設定用の低減係数

　柱周囲に関しては，設計用損傷限界パンチングシヤー算定用の低減係数は，計算値に対する実験値の比が1.5以上であり，計算値を下回る実験値がないことから当面は1.0以下とした．

　杭周囲の設計用損傷限界パンチングシヤー算定用の低減係数は，計算値に対する実験値の比が1.3以上であることから当面は1.0以下とする．杭周囲の設計用安全限界パンチングシヤー強度式に関しては，計算値に対する実験値の比が平均値1.14，標準偏差0.12であり，1.0を下回るデータもあった．そこで，不良率5％未満となる信頼係数は0.94となるため，杭周囲の設計用安全限界パンチングシヤー強度設定用の低減係数は0.9とした．

（4） パイルキャップへの杭埋込み部の損傷限界せん断力および安全限界せん断強度

　群杭のパイルキャップにおけるパイルキャップへの杭埋込み部の損傷限界せん断力および安全限界せん断強度は，単杭の場合と同じ算定法を用い，損傷限界直接せん断力および安全限界直接せん断強度算定用の低減係数も同じでよいことにした．ただし，有効断面は，杭表面からパイルキャップ端までの最短距離cと関係を適切に考慮して定め，隣接する杭の有効断面A_sが交差する場合には，隣接した杭と有効断面が重複しない有効面積により損傷限界直接せん断力および安全限界直接せん断強度を算定するものとする．解説図5.6.42に，群杭のパイルキャップにおける杭埋込み部せん断破壊に対する有効断面の例を示す．

（5） パイルキャップへの杭埋込み部の損傷限界曲げモーメントおよび安全限界曲げ強度

　群杭のパイルキャップにおいて，接合法Bを用いた場合のパイルキャップへの杭埋込み部の損

傷限界曲げモーメントおよび安全限界曲げ強度は，単杭の場合と同じ算定法を用い，損傷限界直接せん断力および安全限界直接せん断強度算定用の低減係数も同じでよいことにした．

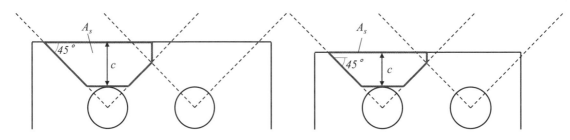

a) へりあき寸法cが大きい場合　　　　　　b) へりあき寸法cが小さい場合

解説図 5.6.42　杭埋込み部せん断破壊に対する有効面積
（接合法B：隣接する破壊面が重複する場合）

(6) 群杭のパイルキャップにおける構造規定

1) 引張鉄筋量

　　各限界値の算定法は，ある程度の引張鉄筋が配筋されている試験体との比較により検証しているため，せん断有効幅内にある引張鉄筋に関しては有効断面積に対して0.4%以上の引張鉄筋を配筋する規定を設け，その他の部分においては0.2%以上の引張鉄筋を配筋する規定を設けた．

2) せん断補強筋量

　　パイルキャップがせん断破壊あるいはパンチング破壊を起こすと，極めて靱性に乏しい壊れ方をする．ここでのせん断強度およびパンチングシヤー強度の算定においては，コンクリート躯体のみのせん断抵抗を考慮し，せん断補強筋の寄与は考慮していないが，安全側の設計として，せん断補強筋に対する最小鉄筋量を規定した．

参 考 文 献

5.6.15) 青島一樹・島田博志・小室　努；改良型簡易接合法を採用した既製コンクリート杭杭頭部の力学性状，日本建築学会構造系論文集，第607号, pp.125〜132, 2006.9

5.6.16) 日本建築学会：各種合成構造設計指針・同解説, pp.196〜197, 2002, 10

5.6.17) 日本建築学会：現場打ち同等型プレキャスト鉄筋コンクリート構造設計指針（案）・同解説（2002），pp.59〜60, 2002.10

5.6.18) 日本建築学会：鉄筋コンクリート造建物の靱性保証型耐震設計指針（案）・同解説, 1997

5.6.19) 岸田慎司・久保田篤史・石川一真・酒井慎二・小林恒一・林　静雄；既製杭を使用した中柱におけるパイルキャップの耐震性評価に関する実験，日本建築学会構造系論文集，第640号, pp.1131〜1136, 2009.6

5.6.20) 桐原英秋・牧野俊雄・棚橋秀光・秋山　宏；鋼管くい基礎接合部の終局耐力と変形能力，日本建築学会構造系論文集，第366号, pp.132〜141, 1986.8

5.6.21) 大築和夫・鈴木邦康；4本杭支持独立フーチングの曲げ耐力に関する実験的研究，日本建築学会構

造系論文集, 第482号, pp.93〜102, 1996.4
5.6.22) 酒井慎二・岸田慎司・小林恒一・田中佑二郎；2本群杭で支持されたパイルキャップの鉛直載荷に対する耐震性能評価, コンクリート工学年次論文集, Vol. 29, No. 3, 2007
5.6.23) 鈴木邦康・大築和夫；4本杭支持独立フーチングのせん断耐力に関する実験的研究, 日本建築学会構造系論文集, 第548号, pp.123〜130, 2001.10
5.6.24) 大野和男・荒川 卓；鉄筋コンクリートはりのせん断抵抗に関する研究, 日本建築学会論文報告集, 第66号, 1960.10

6章　杭の諸強度と変形特性の設定

6.1　基本事項

> 杭体のモデル化に必要な諸強度と変形特性は，対象とする杭の種類に応じて使用する設計式の適用条件を考慮し，より実状に近い挙動を示すものを用いることとする．

・**杭体のモデル化に際しての基本事項**

本章では，杭の軸方向力 N〜変形特性，杭の曲げモーメント（軸直交方向力）M および杭のせん断力 Q〜変形特性の設定方法を記載している．設計に際しては，本章に記載した各式を参考に，より実状に近い挙動をモデル化できるよう設計者が検討するものとする．

なお，大口径杭のせん断強度式については各種の式が提案されているが，寸法効果を含めて検証されているものは少ない．このため，設計に際しては設計式の適用条件を考慮し，その適用の可否を含め十分検討されるべきである．大口径杭の強度と変形特性については，6.2によるほか，「大断面 RC 基礎部材の強度・変形性能」〔2006 年度日本建築学会大会構造部門（RC 構造）パネルディスカッション資料〕等を参考とするとよい．

最近では，杭頭の固定度を意図的に低下させて杭と基礎梁の設計の合理化を図る杭頭半剛接合工法が採用される場合がある．これらについては，各工法の特徴と適用範囲を確認のうえ採用することが重要である．

6.2　杭体のモデル化

6.2.1　場所打ち鉄筋コンクリート杭

> 1. 本項の適用範囲は，5.4.1 項の適用範囲による．
> 2. 場所打ち鉄筋コンクリート杭の軸方向力〜軸変形関係は線形とし，軸剛性は (6.2.1) 式による．ただし，平均軸方向応力度 σ_0 の範囲は $-0.05\xi \cdot F_c$ 以上，$(1/3)\xi \cdot F_c$ 以下（ξ：場所打ち鉄筋コンクリート杭の施工の品質管理に関わる係数，F_c：場所打ち鉄筋コンクリート杭のコンクリートの設計基準強度）とする．
>
> $$K_v = \frac{E_c \cdot A_c}{L_p} \tag{6.2.1}$$
>
> 　　記号　　K_v：場所打ち鉄筋コンクリート杭の軸剛性（N/mm）
> 　　　　　　E_c：場所打ち鉄筋コンクリート杭のコンクリートのヤング係数（N/mm²）で，(5.4.1) 式による．
> 　　　　　　A_c：場所打ち鉄筋コンクリート杭の断面積（mm²）
> 　　　　　　L_p：場所打ち鉄筋コンクリート杭の解析上の要素分割長さ（mm）
> 3. 場所打ち鉄筋コンクリート杭の杭体のせん断変形は，杭長／杭直径の比が 5.0 以上の場合には無視することができる．

4. 場所打ち鉄筋コンクリート杭の杭体の曲げ変形は，原則として以下の仮定により曲げモーメントと曲率の関係（M–ϕ関係）をモデル化して算定する．
    (1) 断面の平面保持を仮定して，鉄筋とコンクリートの応力度～ひずみ関係をモデル化し，断面の曲げ解析を行って，M–ϕ関係を計算する．
    (2) 鉄筋の応力度とひずみの関係は，材料強度を用いたバイリニアとする．
    (3) コンクリートの応力度とひずみの関係には，e関数法またはバイリニアなど適切な関係を用いる．
5. 杭頭の曲げ降伏前の杭頭接合部からの杭主筋の抜出しによる変形と，杭頭の曲げ降伏後の変形特性を考慮する場合には，杭頭部に回転ばねを用いてモデル化する．

1. 適用範囲

本項は，5.4.1項の適用範囲や構造規定を満たす場所打ち鉄筋コンクリート杭の杭体のモデル化に適用する．

2. 軸変形

場所打ち鉄筋コンクリート杭の軸剛性は（6.2.1）式でモデル化するが，コンクリートのヤング係数は5.4.1節による．また，構造実験の範囲を考慮して，平均軸方向応力度σ_0の範囲を$-0.05\xi \cdot F_c$以上$(1/3)\xi \cdot F_c$以下とし，軸方向力と軸変形との関係を線形とする．

3. せん断変形

場所打ち鉄筋コンクリート杭の場合には，せん断ひび割れ発生後のせん断変形に対する実験的検証がほとんどないのが現状である．ただし，場所打ち鉄筋コンクリート杭は，径に対する長さの比（長さ／径比）が大きいことが多く，曲げ変形が卓越することから，計算の簡略化のためにせん断変形を無視することができる．

杭の長さ／直径比が5.0以下の場合等でせん断変形が無視できない場合には，せん断ひび割れを防止することを前提に，せん断力とせん断ひずみの関係を弾性と仮定してよい．その場合には，（解6.2.1）式を用いることができる．

$$K_s = \frac{G_c \cdot A_c}{\kappa \cdot L_p} \tag{解6.2.1}$$

記号　K_s：場所打ち鉄筋コンクリート杭のせん断力に対する剛性（N/mm）
　　　G_c：場所打ち鉄筋コンクリート杭のコンクリートのせん断弾性係数（N/mm²）で，次式による．

$$G_c = \frac{E_c}{2(1+\nu_c)}$$

　　　E_c：場所打ち鉄筋コンクリート杭のコンクリートのヤング係数（N/mm²）で，（5.4.1）式による．
　　　ν_c：場所打ち鉄筋コンクリート杭のコンクリートのポアソン比で，0.2とする．
　　　κ：場所打ち鉄筋コンクリート杭のせん断変形算定用の形状係数で，1.1とする．
　　　L_p：場所打ち鉄筋コンクリート杭の解析上の要素分割長さ（mm）

4. 曲げ変形

杭の曲げ変形は，解説図6.2.1に示す解析モデルを用いて計算することができる．杭体の曲げ変

形は断面の曲げモーメントと曲率の関係（以下，$M-\phi$ 関係）からモデル化し，杭頭接合部からの杭主筋の抜出しと，さらに杭頭部の曲げ降伏後の変形性能を考慮する場合には，杭頭回転ばねを用いてモデル化する．解説図 6.2.1 のモデルでは，杭頭部の主筋降伏曲げモーメント M_y 以降は回転ばねで変形性能を評価するため，M_y 以降の急激な曲率の増大を考慮しないバイリニア型の $M-\phi$ 関係とする〔解説図 6.2.1(b)〕．ここで，杭頭および杭地中部の曲げ降伏とは，杭主筋降伏発生時の B 点ではなく，C 点とする．

　杭地中部においては，曲げ解析で得られた $M-\phi$ 関係を用いて，トリリニアモデルとする〔解説図 6.2.1(c)〕．ただし杭地中部の曲げ降伏（C 点）を超える解析を行う場合には，分割長が大きいと精度が悪くなると考えられるため，十分小さい分割長さとすることが必要である．

　ひび割れ曲げモーメント M_{cr} は杭体にも杭頭接合部にも同じ値を用い，杭頭接合部の M_{cr} 以前の回転角はゼロとする．

　また，杭頭回転ばねを設けず，$M-\phi$ 関係だけでモデル化する場合には，以下に示す理由により，特に杭頭付近の分割長さを小さくする必要がある．

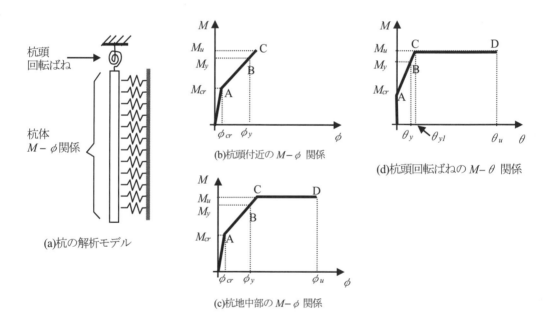

記号　　M_{cr}：　杭の曲げひび割れモーメント（N・mm）
　　　　M_y：　杭の主筋降伏時の曲げモーメント（N・mm）
　　　　M_u：　杭の曲げ強度（N・mm）
　　　　ϕ_{cr}：　ひび割れ発生時の曲率（mm^{-1}）
　　　　ϕ_y：　杭主筋降伏時の曲率（mm^{-1}）
　　　　ϕ_u：　圧縮縁がコンクリートの限界圧縮ひずみ(=0.003)に達する時の曲率(mm^{-1})
　　　　θ_y：　杭頭回転ばねの主筋降伏時の回転角（rad）
　　　　θ_{yl}：　杭頭回転ばねの曲げ降伏時の回転角（rad）
　　　　θ_u：　杭頭回転ばねの限界回転角（rad）

解説図 6.2.1　杭頭回転ばねと $M-\phi$ 関係を用いた場所打ち鉄筋コンクリート杭の解析モデル

1) 弾性支承梁の曲げ剛性 EI に非線形を導入するための $M-\phi$ モデルは，通常，要素の中央点の M と ϕ で非線形性を評価する．すなわち，杭頭よりも若干下の曲げモーメント（杭頭より若干小さい曲げモーメント）で評価されるため，杭頭の曲げモーメントが，仮定した曲げ強度を超えてしてしまう可能性がある．この影響を回避するために，杭頭が曲げ強度に達した時点で塑性化する（曲げ強度を超えない），杭頭回転ばねを設けるのが望ましい．

2) 上記1) の要因を回避するために，要素中央部ではなく，杭頭部の M と ϕ を要素の $M-\phi$ 関係に擬似的に反映する方法を採用し，杭頭部分の要素をヒンジゾーンとして塑性化させる場合には，そのヒンジゾーンの長さに留意する必要がある．解説図5.4.17より，実験結果によると，ヒンジゾーンの長さ L_{hz} は概ね $0.5D \sim 0.7D$（D は杭直径）の間にあり，最小値は $0.4D$ となっている．データが少ないので，小さめに見ておく必要がある．すなわち $(\phi_u-\phi_y) \times$ 分割長を，擬似的に降伏後の変形能力として考える場合には，分割長を $0.4D$ 程度として，さらに5.4.1項3.本文に示すように，杭頭の限界塑性変形角 1/100 に収まるようにすべきである．

杭体の $M-\phi$ 関係は，平面保持を仮定して断面の曲げ解析を行って算定するが，その際に用いるコンクリートの応力度とひずみの関係には e 関数法[5.4.23] あるいはバイリニア型を，鉄筋の応力度とひずみの関係にはバイリニア型を仮定するのが一般的である〔解説図6.2.2〕．e 関数法を次式に示す．

$$\frac{\sigma}{\sigma_B} = 6.75 \{ e^{-0.812(\varepsilon/\varepsilon_B)} - e^{-1.218(\varepsilon/\varepsilon_B)} \} \quad \text{ただし，} \varepsilon \leq \varepsilon_B \tag{解6.2.2}$$

ここで，$\sigma_B = \xi \cdot F_c$ で，ξ は杭のコンクリート施工の品質管理に関わる低減係数，F_c は設計基準強度，ε_B はコンクリートの限界圧縮ひずみで 0.003 とする．

また，コンクリートの曲げ引張強度 σ_{cr} は，後述する M_{cr} の実験値との比較〔解説図6.2.4(a)〕から，下式が推奨される．

$$\sigma_{cr} = 0.56\sqrt{\sigma_B} \tag{解6.2.3}$$

記号　σ_{cr}：場所打ち鉄筋コンクリート杭のコンクリートの曲げ引張強度（N/mm²）

　　　σ_B：場所打ち鉄筋コンクリート杭のコンクリートの圧縮強度（N/mm²）で，$\xi \cdot F_c$ とする．

　　　ξ, F_c：(5.4.1) 式による．

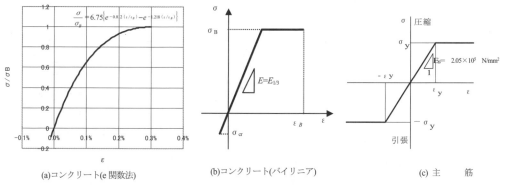

解説図 6.2.2 場所打ち鉄筋コンクリート杭の杭体のコンクリートおよび主筋の $\sigma-\varepsilon$ 関係の例

解説図6.2.3にコンクリートの$\sigma-\varepsilon$関係のモデル化の違いによる$M-\phi$関係の比較を示す．この図から，軸力が低い場合には両者は一致し，軸力が高い場合には若干の差が出るが，その差は小さいことが分かる．

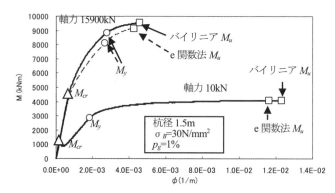

解説図6.2.3 コンクリートの$\sigma-\varepsilon$関係のモデル化による場所打ち鉄筋コンクリート杭の$M-\phi$関係の比較

解説図6.2.4(a)に曲げひび割れモーメントM_{cr}の実験値と計算値との比較を示す．いずれも杭頭部の実験[6.2.2],[6.2.3]での値である．M_{cr}の計算値については，下式によった．

$$M_{cr} = (0.56\sqrt{\sigma_B} + \sigma_{0e}) \cdot Z_e \tag{解6.2.4}$$

ただし，σ_{0e}は杭体コンクリートに作用する軸方向圧縮応力度，Z_eは鉄筋を考慮した断面係数である．解説図6.2.4(a)から，M_{cr}の実験値は計算値に対して0.8～1.9倍の範囲にあり，若干のばらつきはあるものの概ね対応していることが分かる．

次に，解説図6.2.4(b)に主筋降伏時の曲げモーメントM_yの実験値[6.2.2]～[6.2.6]と計算値との比較

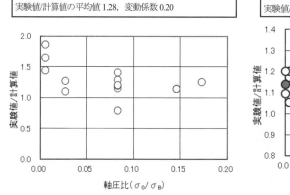

(a)ひび割れ曲げモーメントM_{cr}　　　(b)主筋降伏時の曲げモーメントM_y

解説図6.2.4 M_{cr}, M_yの実験値と計算値との比較

を示す.計算値は,コンクリートの $\sigma-\varepsilon$ 関係を e 関数法で仮定した断面の曲げ解析によった.同図によれば,M_y の実験値は計算値の概ね 1.0〜1.2 倍の範囲にあり,変動係数も小さいことが分かる.また,同図には,模擬的に泥水中にトレミー管でコンクリートを打設して作製した試験体も含まれているが,気中あるいは水中で打設された試験体と比較してあまり差がなく,泥水中打設の影響は小さい.

一方,上部構造物の静的非線形漸増載荷解析に用いられる解析モデルは,部材の非線形性を部材端部の曲げモーメント M と部材端回転角 θ の関係(以下,$M-\theta$ モデル)で表している場合が多い.

ただし $M-\theta$ モデルでは,要素内の曲げモーメントを逆対称分布と仮定していることに注意する必要がある.$M-\phi$ モデルでは要素内で概ね一様な曲げモーメントを仮定して,要素中央部の曲げモーメントによって非線形性を評価するのが一般的である.したがって,$M-\phi$ モデルと同等な非線形性を $M-\theta$ モデルで表現するためには,降伏時の割線剛性低下率 α_y を(解 6.2.5)式で置き換える必要がある[6.2.7].

$$\alpha_y' = \frac{\alpha_y}{3-2\alpha_y} \qquad \text{(解 6.2.5)}$$

ここで α_y は杭の $M-\phi$ 関係から得られる杭主筋降伏時の割線剛性低下率,α_y' は $M-\theta$ モデルに入力する割線剛性低下率である〔解説図 6.2.5 参照〕.上記の方法により,片持ち梁(杭頭付近の検証モデル)と連続梁(杭地中部曲げモーメントが最大となる検証モデル)において,$M-\phi$ モデルと $M-\theta$ モデルの荷重〜変形関係を比較した結果,せん断スパンを 8 分割すれば,両者の結果が一致することが報告されている.

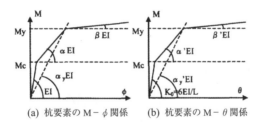

解説図 6.2.5 $M-\phi$ モデルと $M-\theta$ モデルの割線剛性低下率[6.2.7]

5. 杭頭接合部からの鉄筋の抜出しによる変形と杭頭降伏後の変形

解説図 6.2.1 の θ_y には,5.4.1 項の解説(解 5.4.12)式により,(解 6.2.6)式を提案することができる.下式の適用性と適用範囲は,解説図 5.4.14 のとおりである.

$$\theta_y = \frac{1}{2}\alpha \cdot d_{bp} \cdot \phi_y \qquad \text{(解 6.2.6)}$$

記号　　θ_y:曲げ降伏時の回転角

　　　　α:杭主筋比,パイルキャップの形状,軸方向力などによる係数で,32 とする〔解説図 5.4.15 参照〕.

d_{bp}：杭主筋径 (mm)

ϕ_y：杭主筋降伏時の曲率 (mm^{-1})

　$M-\phi$モデルから得られる杭体の曲げ変形および（解6.2.1）式によるせん断変形δ_1と，（解6.2.6）式による接合部からの鉄筋の抜出しによる変位成分δ_2との合計値$\delta_{p,cal}$と，杭変形の実測値δ_pとの比較[6.2.3]を解説図6.2.6に示す．実験は，側柱下の杭～基礎梁～パイルキャップ部分架構の変動軸力を作用させた試験体によった．これより，杭主筋降伏までの変形は，以上の仮定で概ね評価できることが分かる．

　ただし，解説図6.2.6からも分るように，主筋降伏までの抜出しによる変形の影響はあまり大きくない場合が多い．また主筋降伏までの回転剛性を考慮しないほうが安全側になることも多いので，実際の計算においては$\theta_y=0$と仮定しても良い．

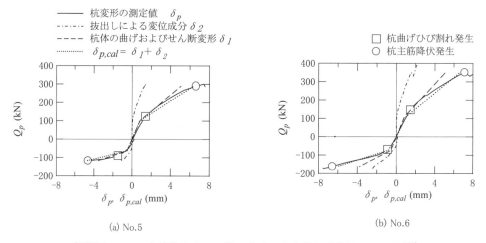

解説図 6.2.6 主筋降伏までの杭の変形の実験値と計算値との比較[6.2.3]

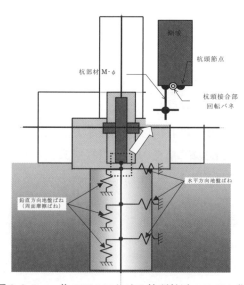

解説図 6.2.7 一体モデルにおける杭頭付近のモデル化の例

次に，解説図6.2.1のθ_uは，平均軸方向応力度，せん断余裕度等の影響によって異なるといえる．しかし当面，5.4.1項で記載したように，実験データが不足しているため，5.4.1項の本文に従い，$\theta_u = 1/100$とする．

杭頭回転ばねを含めた一体モデルにおける杭頭付近のモデル化の例を，解説図6.2.7に示す．

参考文献

6.2.1) 日本建築学会：鉄筋コンクリート構造計算規準・同解説，p.71，2010
6.2.2) 小林勝已・丸 隆宏・大西靖和・寺岡 勝・和田 章：水平力を受ける場所打ち杭－基礎梁部分架構の力学的特性に関する研究，日本建築学会構造系論文集，第509号，pp.83〜90，1998.7
6.2.3) 小林勝已・丸 隆宏・大西靖和・寺岡 勝・和田 章：側柱下の場所打ち杭－基礎梁部分架構の耐震性能に関する研究，日本建築学会構造系論文集，第520号，pp.61〜68，1999.6
6.2.4) 瀧口将志・渡辺忠朋：場所打ちRC杭の変形性能に関する実験的研究，コンクリート工学年次論文報告集，Vol. 19，No. 2，pp.801〜806，1997
6.2.5) 白都 滋・稲村利男・田村昌仁・勅使川原正臣：実大場所打ちRC杭の実験的研究，コンクリート工学年次論文報告集，Vol. 20，No. 3，pp.895〜900，1998
6.2.6) 長江拓也・香取慶一・林 静雄：軸部を細くした場所打ちコンクリート杭の耐震性能，日本建築学会構造系論文集，第542号，pp.139〜146，2001.4
6.2.7) 時本和則・田村昌仁・井上芳生・細野久幸・合田 徹・高森文雄・梅村美孝：一体解析による耐震性能評価手法の検討（その3 杭体の$M-\theta$モデル化の提案），日本建築学会大会学術講梗概集，pp.513〜514，2004.8

6.2.2 場所打ち鋼管コンクリート杭

1. 本項は，5.4.2の適用範囲を満たす場所打ち鋼管コンクリート杭の変形特性の設定に適用する．
2. 杭体のモデル化は，下記（1）から（3）による．

（1）軸方向力〜軸方向変形特性

場所打ち鋼管コンクリート部の軸方向力〜軸方向変形特性は，杭軸方向強度（圧縮および引張強度）と軸剛性をもとに，軸方向力と軸方向ひずみの関係（$N-\varepsilon$関係）としてバイリニアの骨格曲線にモデル化する．なお，鉄筋コンクリート部は，6.2.1による．

（i）杭軸方向圧縮強度

$$N_{cu} = \xi \cdot F_c \cdot {}_cA + {}_s\sigma_y \cdot {}_sA + {}_r\sigma_y \cdot {}_rA \tag{6.2.2}$$

記号　N_{cu}：鋼管コンクリート部の杭軸方向圧縮強度（N）
　　　ξ：場所打ち鋼管コンクリート杭の施工の品質管理に関わる係数で，通常の施工品質管理を行う場合には0.75以下，高品質な施工品質管理を行う場合には1.0以下とする．
　　　F_c：鋼管コンクリート部内のコンクリートの設計基準強度（N/mm²）
　　　${}_cA$：鋼管コンクリート部内のコンクリートの断面積（mm²）
　　　${}_s\sigma_y$：鋼管の材料強度（N/mm²）
　　　${}_sA$：腐食しろを考慮した鋼管の有効断面積（mm²）
　　　${}_r\sigma_y$：鋼管コンクリート部内の杭主筋の材料強度（N/mm²）
　　　${}_rA$：鋼管コンクリート部内の杭主筋の断面積（mm²）

（ii）杭軸方向引張強度

$$N_{tu} = {}_r\sigma_y \cdot {}_rA + {}_s\sigma_y \cdot {}_sA \tag{6.2.3}$$

記号　N_{tu}：鋼管コンクリート部の杭軸方向引張強度（N）
　　　${}_r\sigma_y$：鋼管コンクリート部内の杭主筋の材料強度（N/mm²）

$_rA$：鋼管コンクリート部内の杭主筋の断面積（mm²）

$_s\sigma_y$：鋼管の材料強度（N/mm²）

$_sA$：腐食しろを考慮した鋼管の有効断面積（mm²）

(iii) 軸剛性

$$K_{vc} = (_cE \cdot {}_cA + {}_sE \cdot {}_sA)/L_p \tag{6.2.4}$$

$$K_{vt} = (_rE \cdot {}_rA + {}_sE \cdot {}_sA)/L_p \tag{6.2.5}$$

記号　K_{vc}：鋼管コンクリート部の圧縮時の軸剛性（N/mm）

K_{vt}：鋼管コンクリート部の引張時の軸剛性（N/mm）

$_cE$：鋼管コンクリート部内のコンクリートのヤング係数（N/mm²）

$_cA$：鋼管コンクリート部内のコンクリートの断面積（mm²）

$_sE$：鋼管のヤング係数（N/mm²）

$_sA$：腐食しろを考慮した鋼管の有効断面積（mm²）

$_rE$：鋼管コンクリート部内の杭主筋のヤング係数（N/mm²）

$_rA$：鋼管コンクリート部内の杭主筋の断面積（mm²）

L_p：鋼管コンクリート部の解析上の要素分割長さ（mm）

（2）せん断力～せん断変形特性

鋼管コンクリート部のせん断変形は，場所打ち鉄筋コンクリート部を含めた杭長と杭直径の比が5.0以上の場合には無視することができる．それ以外の場合は，せん断強度とせん断剛性をもとに，せん断力とせん断ひずみの関係（$Q-\gamma$ 関係）としてバイリニアの骨格曲線にモデル化する．なお，鉄筋コンクリート部は，6.2.1による．

（i）せん断強度

鋼管コンクリート部のせん断強度は，5.4.2に示す鋼管コンクリート部のせん断強度とし，(5.4.4)式により算出する．

（ii）せん断剛性

$$K_s = \left(\frac{1}{_c\kappa} \cdot {}_cG \cdot {}_cA + \frac{1}{_s\kappa} \cdot {}_sG \cdot {}_sA\right)/L_p \tag{6.2.6}$$

記号　K_s：鋼管コンクリート部のせん断剛性（N/mm）

$_cG$：鋼管コンクリート部内のコンクリートのせん断弾性係数（N/mm²）で，次式による．

$$_cG = \frac{_cE}{2(1+{}_c\nu)}$$

$_cE$：鋼管コンクリート部内のコンクリートのヤング係数（N/mm²）

$_c\nu$：鋼管コンクリート部内のコンクリートのポアソン比

$_cA$：鋼管コンクリート部内のコンクリートの断面積（mm²）

$_c\kappa$：鋼管コンクリート部内のコンクリートのせん断変形算定用形状係数で，次式による．

$$_c\kappa = 1.1$$

$_sG$：鋼管のせん断弾性係数（N/mm²）で，次式による．

$$_sG = \frac{_sE}{2(1+{}_s\nu)}$$

$_sE$：鋼管のヤング係数（N/mm²）

$_s\nu$：鋼管のポアソン比

$_sA$：腐食しろを考慮した鋼管の有効断面積（mm²）

$_s\kappa$：鋼管のせん断変形算定用形状係数で，次式による．

$$_s\kappa = 2.0$$

L_p：鋼管コンクリート部の解析上の要素分割長さ（mm）

（3）曲げモーメント～曲げ変形特性

鋼管コンクリート部の曲げモーメント～曲げ変形特性は，鋼管とコンクリートならびに鋼管内に主筋が配

置されている場合は主筋の応力度とひずみ度の関係を用いて断面の平面保持を仮定した方法から算出した数値をもとに，曲げモーメントと曲率の関係（$M-\phi$ 関係）または曲げモーメントと部材端回転角の関係（$M-\theta$ 関係）としてトリリニアの骨格曲線にモデル化する．なお，鉄筋コンクリート部は，6.2.1による．

（ⅰ）第1折れ点の曲げモーメントと曲率・部材端回転角

第1折れ点の曲げモーメントは，5.4.2に示す損傷限界曲げモーメントとする．また，第1折れ点の曲率・部材端回転角は，損傷限界曲げモーメントに対応する曲率・部材端回転角とする．

（ⅱ）第2折れ点の曲げーモーメントと曲率・部材端回転角

第2折れ点の曲げモーメントは，5.4.2に示す曲げ強度とする．また，第2折れ点の曲率・部材端回転角は，面積等値等の方法により算出した曲率・部材端回転角とする．

3．杭頭接合部における鉄筋の抜出しによる変形特性のモデル化は，下記による．

杭頭接合部では，パイルキャップからの定着鉄筋の抜出しを考慮して，曲げモーメント～曲げ変形特性を設定する．曲げモーメント～曲げ変形特性は，接合部の曲げ強度と回転剛性をもとに，接合部端部における曲げモーメントと回転角の関係（$M-\theta$ 関係）としてバイリニアの骨格曲線にモデル化する．モデル化に際しては，杭頭接合部に作用する軸方向力を考慮する．

（1）曲げ強度

杭頭接合部の曲げ強度は，5.4.2に示す杭頭接合部の曲げ強度とする．

（2）回転剛性

杭頭接合部の回転剛性は，5.4.2に示す杭頭接合部の曲げ強度の算定方法を用いて，定着鉄筋の最外縁引張鉄筋が材料強度に達したとき曲げモーメントと回転角から算定する．

$$K_\theta = {_rM_{ty}}/{_r\theta_{ty}} \tag{6.2.7}$$

記号　K_θ：杭頭接合部の回転剛性（N・mm/rad）

　　　$_rM_{ty}$：杭頭接合部の定着鉄筋の最外縁引張鉄筋が材料強度に達したときの曲げモーメント（N・mm）

　　　$_r\theta_{ty}$：杭頭接合部の曲げモーメントが $_rM_{ty}$ に達したときの回転角（rad）で，次式による．

$$_r\theta_{ty} = {_r\phi_{ty}} \cdot L_d$$

　　　$_r\phi_{ty}$：杭頭接合部の曲げモーメントが $_rM_{ty}$ に達したときの曲率（mm^{-1}）

　　　L_d：定着鉄筋の付着長さ（mm）で，次式による．

$$L_d = \lambda \cdot \alpha \cdot \frac{S \cdot {_r\sigma_y} \cdot d_b}{10 \cdot f_b}$$

　　　λ：付着長さの補正係数で，$\lambda=0.86$ とする．

　　　α：割裂破壊に対する補正係数で，横補強筋で拘束されたコア内に定着する場合は1.0，それ以外の場合は1.25とする．

　　　S：必要長さの修正係数で，直線定着する杭頭定着鉄筋の場合1.0とする．

　　　$_r\sigma_y$：定着鉄筋の材料強度（N/mm^2）

　　　d_b：定着鉄筋の呼び名に用いた数値（mm）

　　　f_b：付着割裂の基準となる強度（N/mm^2）で，次式による．

$$f_b = \frac{F_c}{40} + 0.9$$

　　　F_c：パイルキャップコンクリートの設計基準強度（N/mm^2）

4．鋼管および鋼管コンクリート部の杭主筋，杭頭接合部の定着鉄筋，鋼管コンクリート部のコンクリート，パイルキャップコンクリートの材料定数は，以下による．

（1）材料強さ

鋼管および鋼管コンクリート部の杭主筋，杭頭接合部の定着鉄筋の材料強度は，表6.2.1による．

表6.2.1 鋼管および杭頭接合部定着鉄筋の材料強さ

鋼材	種別	引張強さ (N/mm²)	基準強度 F(N/mm²)	材料強度 σ_y(N/mm²)
鋼管	SKK400	400	235	258
鋼管	SKK490	490	315	347
鉄筋	SD295A・B	440	295	324
鉄筋	SD345	490	345	379
鉄筋	SD390	560	390	429
鉄筋	SD490	620	490	490

[注] SD490を除き，$\sigma_y=1.1 \cdot F$ とする．

（2） 材料定数

鋼管および鋼管コンクリート部の杭主筋，杭頭接合部の定着鉄筋，鋼管コンクリート部のコンクリート，パイルキャップコンクリートのヤング係数，ポアソン比は，表6.2.2による．

表6.2.2 鋼管および鋼管コンクリート部の杭主筋，杭頭接合部の定着鉄筋 鋼管コンクリート部のコンクリート，パイルキャップコンクリートの材料定数

鋼材	種別	ヤング係数 E(N/mm²)	ポアソン比 ν
鋼管	SKK400	205 000	0.3
鋼管	SKK490	205 000	0.3
鉄筋	SD295	205 000	—
鉄筋	SD345	205 000	—
鉄筋	SD390	205 000	—
鉄筋	SD490	205 000	—
鋼管コンクリート部のコンクリート	—	$3.35 \times 10^4 \times \left(\frac{\gamma}{24}\right)^2 \times \left(\frac{\xi \cdot F_c}{60}\right)^{\frac{1}{3}}$	0.2
パイルキャップのコンクリート	—	$3.35 \times 10^4 \times \left(\frac{\gamma}{24}\right)^2 \times \left(\frac{F_c}{60}\right)^{\frac{1}{3}}$	

[記号] γ：コンクリートの気乾単位体積重量（kN/m³）
ξ：場所打ち鋼管コンクリート杭の施工の品質管理に関わる係数で，通常の施工品質管理を行う場合には0.75以下，高品質な施工管理を行う場合には1.0以下とする．
F_c：コンクリートの設計基準強度（N/mm²）

1. 適用範囲

本項は，5.4.2に記載される適用範囲や構造規定を満たす場所打ち鋼管コンクリート杭の鋼管コンクリート部および杭頭接合部のモデル化に適用する．なお，鉄筋コンクリート部のモデル化は，6.2.1による．

2. 杭体のモデル化

　場所打ち鋼管コンクリート杭の鋼管コンクリート部のモデル化は，鋼管コンクリート部の構成材料（鋼管とコンクリートならびに鋼管内に主筋が配置されている場合は主筋）の特性を考慮して設定する．なお，鋼管コンクリート部の鋼管外面に防食処理を施さない場合には，腐食による断面性能の低下を考慮して，外面に1 mmの腐食しろを見込むものとする．ただし，打設後圧入工法を採用する場合には，腐食しろを見込まなくともよい．以下に，各変形特性について概説する．

（1）軸方向力～軸方向変形特性

　鋼管コンクリート部の軸方向力～軸方向変形特性は，杭軸方向力と軸方向ひずみの関係として解説図6.2.8に示すバイリニアの骨格曲線にモデル化する．このとき，杭軸方向力の上限値は圧縮方向を鋼管コンクリート部の杭軸方向圧縮強度，引張方向を鋼管コンクリート部の杭軸方向引張強度とし，杭軸方向強度に至るまでの剛性は鋼管コンクリート部の軸剛性を用いる．鋼管コンクリート部の軸剛性は圧縮時と引張時で異なるため，モデル化にあたっては注意する．

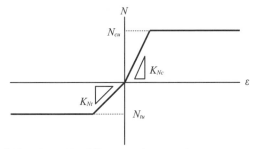

［注］図中の記号の定義は(6.2.2)式～(6.2.5)式による．

解説図6.2.8　鋼管コンクリート部の軸方向力～軸方向変形特性

（2）せん断力～せん断変形特性

　場所打ち鋼管コンクリート杭の場合も場所打ち鉄筋コンクリート杭と同様に，せん断変形に対する実験的検証がないのが現状である．しかし，径に対する長さの比（長さ／径比）が大きく曲げ変形が卓越することから，場所打ち鉄筋コンクリート杭と同様，計算の簡略化のためにせん断変形を無視することができる．ただし，鉄筋コンクリート部を含む杭の長さ／直径比が5.0以下の場合等でせん断変形が無視できない場合には，せん断力～せん断変形特性を以下のように仮定する．

　鋼管コンクリート部のせん断力～せん断変形特性は，せん断力とせん断ひずみの関係として解説図6.2.9に示すバイリニアの骨格曲線にモデル化する．このとき，せん断力の上限値は鋼管コンクリート部のせん断強度とし，せん断強度に至るまでの剛性は鋼管コンクリート部のせん断剛性を用いる．なお，鉄筋コンクリート部については，場所打ち鉄筋コンクリート部に準じる．

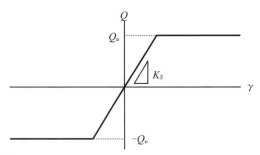

［注］図中の記号の定義は(5.4.5)式および(6.2.6)式による．

解説図 6.2.9 鋼管コンクリート部のせん断力〜せん断変形特性

（3） 曲げモーメント〜曲げ変形特性

鋼管コンクリート部の曲げモーメント〜曲げ変形特性は，鋼管とコンクリートならびに鋼管内に主筋が配置されている場合は主筋の応力度とひずみ度の関係を用いて断面の平面保持を仮定した方法により求めた曲げモーメントと曲率の関係を基に，曲げモーメントと曲率の関係または曲げモーメントと部材端回転角の関係としてトリリニアの骨格曲線にモデル化する．解説図 6.2.10 に，曲げモーメントと曲率の関係におけるモデル化方法を示す．

曲げモーメントの上限値は鋼管コンクリート部の曲げ強度とし，曲げ降伏（第1折れ点）に至るまでの初期剛性は鋼管コンクリート部の曲げ剛性を用いる．また，曲げ降伏から曲げ強度に至るまでの第2剛性と曲げ強度に至るときの曲率は，面積1と面積2が等しくなるよう設定する．第2剛性または曲げ強度に至るときの曲率は，どちらか一方が決定されれば，他方は一義的に求めることができる．解説図 6.2.10 中の各折れ点の設定方法は，解説表 6.2.1 による．

鋼管コンクリート部の変形性能については，5.4.2 に示すように部材角で設定されるが，杭体の曲げモーメント〜曲げ変形特性は曲げモーメントと曲率の関係でモデル化される場合が多い．この場合は，安全限界変形角を曲率に変換する必要があるが，ここでは，ヒンジ領域を固定端部から $0.5D$（D：鋼管の直径）の範囲と仮定〔解説図 5.4.27 参照〕して，安全限界変形角をヒンジ領域の（材軸方向）長さとその平均曲率の積と考え，この平均曲率を曲率の限界値として算定することとした．

なお，杭体の曲げモーメント〜曲げ変形特性を曲げモーメントと部材端回転角の関係とする場合は，断面の平面保持を仮定した方法により求めた曲げモーメントと曲率の関係を基に，曲率と回転角の関係から曲率を部材端回転角に変換する．

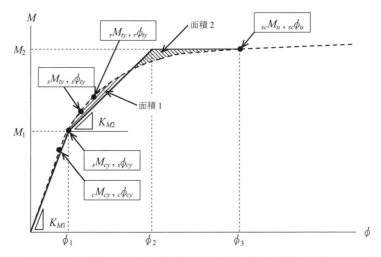

記号　M_1：$M\sim\phi$ 曲線を 3 折れ点に置換したときの第 1 折れ点位置の曲げモーメント
　　　ϕ_1：M_1 時の曲率
　　　M_2：$M\sim\phi$ 曲線を 3 折れ点に置換したときの第 2 折れ点位置の曲げモーメント
　　　ϕ_2：$M\sim\phi$ 曲線を 3 折れ点に置換したときの第 2 折れ点位置の曲率
　　　ϕ_3：安全限界変形曲率
　　　K_{M1}：鋼管コンクリート部の曲げ変形に対する初期剛性
　　　K_{M2}：鋼管コンクリート部の曲げ変形に対する第 2 剛性
　　　${}_cM_{cy}$：コンクリートの圧縮縁が材料強度に達したときの曲げモーメント
　　　${}_c\phi_{cy}$：コンクリートの圧縮縁が材料強度に達したときの曲率
　　　${}_sM_{cy}$：鋼管の圧縮縁が材料強度に達したときの曲げモーメント
　　　${}_s\phi_{cy}$：鋼管の圧縮縁が材料強度に達したときの曲率
　　　${}_sM_{ty}$：鋼管の引張縁が材料強度に達したときの曲げモーメント
　　　${}_s\phi_{ty}$：鋼管の引張縁が材料強度に達したときの曲率
　　　${}_rM_{ty}$：引張縁の杭主筋が材料強度に達したときの曲げモーメント
　　　${}_r\phi_{ty}$：引張縁の杭主筋が材料強度に達したときの曲率
　　　${}_{sc}M_u$：鋼管の圧縮縁の応力度が ${}_s\sigma_{tb}$ の 0.85 倍またはコンクリートの圧縮縁の
　　　　　ひずみ度が 0.003 に達した時の曲げモーメント
　　　${}_{sc}\phi_u$：鋼管コンクリート部が安全限界変形角に達したときの曲率で下記による．
$$_{sc}\phi_u = \frac{R_u \cdot 1\,000}{0.5 \cdot D} \cdot \frac{1}{100}$$
　　　R_u：鋼管コンクリート部の安全限界変形角 (%)
　　　D：鋼管の直径 (mm)

解説図 6.2.10　鋼管コンクリート部の曲げモーメント～曲げ変形特性

解説表 6.2.1　鋼管コンクリート部のモデル化曲線における各折れ点の設定方法

第1折れ点	剛性 K_{M1}	$K_{M1} = M_1 / \phi_1$
	曲げ強度 M_1	$M_1 = \min({_s}M_{cy}, {_s}M_{ty})$
		鋼管の圧縮側最外縁または引張側最外縁が材料強度に達したときの曲げモーメントのうちの小なる数値
	曲率 ϕ_1	$\phi_1 = \phi_{M1}$
		鋼管コンクリート部の曲げモーメント M_1 に対応する曲率
第2折れ点	剛性 K_{M2}	面積1と面積2が等しくなるよう定める（面積等値による）
		$K_{M2} = (M_2 - M_1)/(\phi_2 - \phi_1)$
	曲げ強度 M_2	$M_2 = {_{sc}}M_u$
		鋼管の圧縮縁の応力度が ${_s}\sigma_{tb}$ の0.85倍またはコンクリートの圧縮縁のひずみ度が0.003に達したときの曲げモーメント
	曲率 ϕ_2	面積1と面積2が等しくなるよう定める（面積等値による）
		$\phi_2 = (M_2 - M_1)/K_{M2} + \phi_1$
	曲率 ϕ_3	$\phi_3 = {_{sc}}\phi_u$
		鋼管コンクリート部が安全限界変形角に達したときの曲率

3. 杭頭接合部における鉄筋の抜出しによる変形特性のモデル化

　杭頭接合部における鉄筋の抜出しによる変形特性は，断面の平面保持を仮定した方法（断面解析）により算定した曲げモーメントと曲率の関係をもとに，曲げモーメントと回転角の関係として設定する．このとき，回転角は，断面解析により求めた曲率に定着鉄筋の付着長さを乗じた数値とする．

　断面解析では，コンクリートおよび鉄筋の応力度とひずみの関係を設定する必要があるが，コンクリートについてはe関数法等，鉄筋については材料強度を上限値とするバイリニアの骨格曲線として応力度とひずみの関係を設定する．ただし，接合面での補正応力度分布を用いる方法では，接合面を杭断面と同じ寸法の仮想鉄筋コンクリート断面とし，e関数法等に用いるコンクリート強度は支圧強度〔(解5.4.30)式参照〕とする．また，これによらない場合では，接合面を鋼管の直径+200 mmの仮想鉄筋コンクリート断面としてe関数法に用いるコンクリート強度は設計基準強度とする．いずれの場合でも，コンクリートの圧縮限界ひずみは0.003とし，杭頭に軸方向力が作用する場合にはこれを考慮する[6.2.8)~6.2.10)]．解説図6.2.11に杭頭接合部の曲げモーメントと回転角の関係を示す．

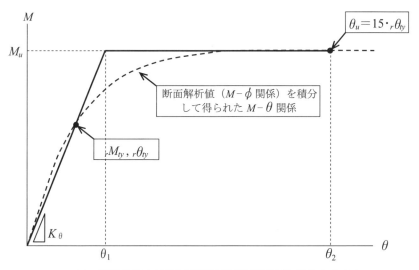

記号　$_rM_{ty}$：定着鉄筋の最外縁引張鉄筋が材料強度に達したときの曲げモーメント
　　　$_r\theta_{ty}$：定着鉄筋の最外縁引張鉄筋が材料強度に達したときの回転角
　　　M_u：杭頭接合部の曲げ強度

解説図 6.2.11　場所打ち鋼管コンクリート杭の杭頭接合部の曲げ－モーメントと回転角の関係

なお，本指針では，RC規準（2010）との整合を図るため，杭頭接合部の定着鉄筋の付着長さをRC規準（2010）の必要定着長さから求めることとした．このため，付着長さの補正係数として$\lambda=0.86$を設定した．

参考文献

6.2.8) 井川　望・倉本　洋・渡辺一弘ほか：一体解析による耐震性能評価手法の検討（その2 杭体の$M-\phi$モデルについて），日本建築学会大会学術講演梗概集，B-1，pp.511～512，2004.8

6.2.9) 建設省建築研究所編：建設省総合技術開発プロジェクト「新建築構造体系の開発」性能評価分科会基礎WG 最終報告書 資料4-21 場所打ち鋼管コンクリート杭杭頭接合部の曲げ耐力の算定に関して，p.資-117，2000.3

6.2.10) 建設省建築研究所編：建設省総合技術開発プロジェクト「新建築構造体系の開発」性能評価分科会基礎WG 最終報告書 資料4-22 場所打ち鋼管コンクリート杭杭頭接合部の変形性能算定法に関して，pp.資-118～120，2000.3

6.2.11) 建設省建築研究所編：建設省総合技術開発プロジェクト「新建築構造体系の開発」性能評価分科会基礎WG 最終報告書 資料4-15 鋼管杭杭頭接合部 B～D方法における曲げ耐力の算定に関して，p.資-101，2000.3

6.2.12) 建設省建築研究所編：建設省総合技術開発プロジェクト「新建築構造体系の開発」性能評価分科会基礎WG 最終報告書 資料4-16 鋼管杭杭頭接合部 B～D方法の変形性能算定法に関して，pp.資-102～104，2000.3

6.2.3 既製コンクリート杭

1. 本項の適用範囲は，5.5.1「PHC杭」および5.5.2「PRC杭」の適用範囲による．
2. ＰＨＣ杭
   （1） PHC杭の軸剛性は（6.2.8）式による．平均軸方向応力度 σ_0 は，0～30 N/mm² 以下とする．

   $$K_v = \frac{E_c \cdot A_e}{L_p} \tag{6.2.8}$$

   記号　K_v：PHC杭の軸剛性（N/mm）
   　　　E_c：PHC杭のコンクリートのヤング係数（N/mm²）で，4×10^4 とする．
   　　　A_e：PHC杭のコンクリート換算断面積（mm²）で，次式による．

   $$A_e = A_c + (n-1) \cdot A_p$$

   　　　A_c：PHC杭のコンクリートの断面積（mm²）で，次式による．

   $$A_c = \pi(r_o^2 - r_i^2)$$

   　　　r_o：杭の外半径（mm）
   　　　r_i：杭の内半径（mm）
   　　　n：ヤング係数比（= 5）
   　　　A_p：PC鋼材の全断面積（mm²）
   　　　L_p：PHC杭の解析上の要素分割長さ（mm）

   （2） PHC杭の杭体のせん断変形は，杭長／杭直径の比が5.0以上の場合には無視することができる．
   （3） PHC杭の杭体の曲げ変形は，以下の仮定により，曲げひび割れ発生時の曲げモーメント M_{cr} と曲率 ϕ_{cr}，PC鋼材が降伏するときの曲げモーメント M_y と曲率 ϕ_y，コンクリートの最外縁の圧縮ひずみが圧縮限界ひずみ ε_{cu} に達するときの曲げモーメント M_u と曲率 ϕ_u を算定し，図6.2.1の実線で示すバイリニア（OAD）の $M-\phi$ 関係を用いて算定する．

   a．曲げひび割れモーメント M_{cr} および曲げひび割れ時の曲率 ϕ_{cr} は，以下による．

   $$M_{cr} = Z_e \left(f_t + \sigma_e + \frac{N}{A_e} \right) \tag{6.2.9}$$

   $$\phi_{cr} = \frac{M_{cr}}{E_c \cdot I_e} \tag{6.2.10}$$

   記号　M_{cr}：PHC杭の曲げひび割れモーメント（N・mm）
   　　　f_t：コンクリートの曲げ引張強度（N/mm²）で，次式による．

   $$f_t = 0.56\sqrt{F_c}$$

   　　　$Z_e, \sigma_e, N, A_e, I_e, F_c$：(5.5.1) 式の記号の説明による．
   　　　ϕ_{cr}：PHC杭の曲げひび割れ時の曲率（1/mm）
   　　　E_c：(6.2.8) 式の記号の説明による．

   b．曲げひび割れの発生以降は，断面の平面保持を仮定して，鉄筋とコンクリートの応力度～ひずみ関係を次のcからfに基づいてモデル化し，断面の曲げ解析を行って曲げモーメントと曲率の関係を計算する．
   c．PC鋼材の応力度～ひずみ関係は，規格降伏点と規格引張強度を用いたトリリニアとする．
   d．コンクリートの応力度～ひずみ関係には，バイリニア関係を用いる．コンクリートの圧縮限界ひずみ ε_{cu} は，コンクリートの設計基準強度 F_c が 85 N/mm² 以下の場合には 0.0025，F_c が 105 N/mm² 以上の場合には 0.002625 とする．
   e．PC鋼材の応力度は，有効プレストレスによる初期ひずみを考慮して算定する．有効プレストレスによる初期ひずみは，以下による．

   $$\varepsilon_{pi} = A_c \cdot \sigma_e \cdot \left(\frac{1}{E_c \cdot A_c} + \frac{1}{E_p \cdot A_p} \right) \tag{6.2.11}$$

   記号　ε_{pi}：プレストレスによるPC鋼材の初期ひずみ

σ_e：有効プレストレス（N/mm²）で，A種は4，B種は8，C種は10とする．
E_p：PC鋼材のヤング係数（N/mm²）で，2.0×10^5 とする．
A_c, E_c, A_p：(6.2.8)式の記号の説明による．

f．PC鋼材の引張応力度が規格降伏点に達した時（引張降伏）の曲げモーメントを M_y，コンクリートの圧縮縁が限界ひずみ ε_{cu} に達した時の曲げモーメントを M_u とし，M_y よりも M_u のほうが大きく，PC鋼材の引張降伏が先行すれば，解説図6.2.1(a)に示すOADのバイリニア型の $M-\phi$ 関係とする．そうでない場合には，解説図6.2.1(b)に示すOAD型のバイリニア型の $M-\phi$ 関係とする．いずれの場合にも，Dから先の曲率を考慮しない．

（4）PHC杭は，杭頭の曲げ降伏前の杭頭接合部の回転変形と，曲げ降伏後の変形性能を考慮しない．ただし曲げ降伏とは，図6.2.1のDの時点とする．

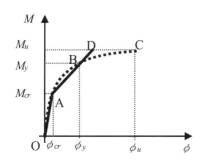
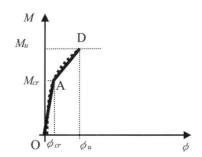

(a) PC鋼材の引張降伏が先行する場合　　　(b) コンクリートの圧壊が先行する場合

図6.2.1 PHC杭の $M-\phi$ 関係のモデル化

3．PRC杭

（1）PRC杭の軸剛性は（6.2.12）式による．平均軸方向応力度 σ_0 は，0～25 N/mm² 以下とする．

$$K_v = \frac{E_c \cdot A_e}{L_p} \tag{6.2.12}$$

記号　K_v：PRC杭の軸剛性（N/mm）
E_c：PRC杭のコンクリートのヤング係数（N/mm²）で，4×10^4 とする．
A_e：PRC杭のコンクリート換算断面積（mm²）で，次式による．
$$A_e = A_c + (n-1) \cdot A_g$$
A_c：PRC杭のコンクリートの断面積（mm²）で，次式による．
$$A_c = \pi(r_o^2 - r_i^2)$$
r_o：杭の外半径（mm）
r_i：杭の内半径（mm）
n：ヤング係数比（= 5）
A_g：PC鋼材および軸方向鉄筋の全断面積（mm²）
L_p：PRC杭の解析上の要素分割長さ（mm）

（2）PRC杭の杭体のせん断変形は，杭長／杭直径の比が5.0以上の場合には無視することができる．

（3）PRC杭の杭体の曲げ変形は，以下の仮定により，曲げひび割れ発生時の曲げモーメント M_{cr} と曲率 ϕ_{cr}，PC鋼材が引張降伏するときの曲げモーメント M_{y1} と曲率 ϕ_{y1}，軸方向鉄筋が降伏するときの曲げモーメント M_{y2} と曲率 ϕ_{y2}，コンクリートの最外縁の圧縮ひずみが圧縮限界ひずみ ε_{cu} に達するときの曲げモーメント M_u と曲率 ϕ_u を算定し，図6.2.2の実線で示すバイリニア（OAD）の $M-\phi$ 関係を用いて算定する．

a．曲げひび割れモーメント M_{cr} および ϕ_{cr} は，以下による．

$$M_{cr} = Z_e \left(f_t + \sigma_e + \frac{N}{A_e} \right) \tag{6.2.13}$$

$$\phi_{cr} = \frac{M_{cr}}{E_c \cdot I_e} \tag{6.2.14}$$

記号　　M_{cr}：PRC 杭の曲げひび割れモーメント（N・mm）
　　　　f_t：コンクリートの曲げ引張強度（N/mm²）で，次式による．
　　　　　　　$f_t = 0.56\sqrt{F_c}$
　　　　Z_e, σ_e, N, A_e, I_e, F_c：(5.5.6) 式の記号の説明による．
　　　　ϕ_{cr}：PRC 杭の曲げひび割れ時の曲率（mm^{-1}）
　　　　E_c：(6.2.12) 式の記号の説明による．

b．曲げひび割れの発生以降は，断面の平面保持を仮定して，鉄筋とコンクリートの応力度～ひずみ関係を次のcからfに基づいてモデル化し，断面の曲げ解析を行って曲げモーメントと曲率の関係を計算する．

c．PC 鋼材の応力度～ひずみ関係は，規格降伏点と引張強度を用いたトリリニアとする．軸方向鉄筋の応力度～ひずみ関係は，規格降伏点を用いたバイリニアとする．

d．コンクリートの応力度～ひずみ関係には，バイリニア関係を用いる．コンクリートの圧縮限界ひずみ ε_{cu} は，コンクリートの設計基準強度 F_c が 85 N/mm² 以下の場合には 0.0025，F_c が 105 N/mm² 以上の場合には 0.002625 とする．

e．PC 鋼材の応力度は，有効プレストレスによる初期ひずみを考慮して算定する．有効プレストレスによる初期ひずみは，以下による．

$$\varepsilon_{pi} = A_c \cdot \sigma_e \cdot \left(\frac{1}{E_c \cdot A_c} + \frac{1}{E_p \cdot A_p} + \frac{E_s \cdot A_s}{E_c \cdot A_c + E_p \cdot A_p} \right) \tag{6.2.15}$$

記号　　ε_{pi}：プレストレスによる PC 鋼材の初期ひずみ
　　　　σ_e：有効プレストレス量（N/mm²）
　　　　E_p：PC 鋼材のヤング係数（N/mm²）で，2.0×10^5 とする．
　　　　E_s：軸方向鉄筋のヤング係数（N/mm²）で，2.05×10^5 とする．
　　　　A_s：軸方向鉄筋の全断面積
　　　　A_c, E_c：(6.2.12) 式の記号の説明による．
　　　　A_p：(6.2.8) 式の記号の説明による．

f．コンクリートの圧壊よりも，PC 鋼材または軸方向鉄筋の引張降伏（規格降伏点に達する時点）が先行する場合には，図 6.2.2(a) に示す OAD のバイリニア型の $M-\phi$ 関係とする．M_y は PC 鋼材が引張降伏するときの曲げモーメント M_{y1} と，軸方向鉄筋が引張降伏するときの曲げモーメント M_{y2} のうち小さい方とし，ϕ_y は PC 鋼材が引張降伏するときの曲率 ϕ_{y1} と軸方向鉄筋が引張降伏するときの曲率 ϕ_{y2} のうち小さい方とする．

　　コンクリートの圧壊が先行する場合には，解説図 6.2.2(b) に示す OAD 型のバイリニア型の $M-\phi$ 関係とする．いずれの場合にも，D から先の曲率を考慮しない．

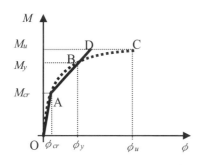
(a) PC 鋼材または軸方向鉄筋の引張降伏が先行する場合

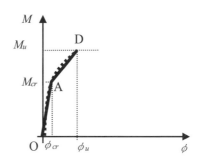
(b) コンクリートの圧壊が先行する場合

図 6.2.2　PRC 杭の $M-\phi$ 関係のモデル化

（4） PRC 杭は，杭頭の曲げ降伏前の杭頭接合部の回転変形と，曲げ降伏後の変形性能を考慮しない．なお，杭頭の曲げ降伏とは，図 6.2.2 の D の時点とする．

1. 適用範囲

本項は，5.5.1 の適用範囲や構造規定を満たす PHC 杭と，5.5.2 の適用範囲や構造規定を満たす PRC 杭の杭体のモデル化に適用する．

2. 軸剛性

解説図 6.2.12 に PHC 杭および PRC 杭（$F_c=80\sim105\,\text{N/mm}^2$）のテストピースの圧縮強度とヤング係数との関係[6.2.13]を示す．同図中には，RC 規準（2010）の式で，$\gamma=24\,\text{kN/m}^3$ とした場合と，解説図 5.4.5(a) のアースドリル杭のコア抜き試験体のデータも併せて示している．これより，PHC 杭および PRC 杭のヤング係数は RC 規準（2010）の式によって概ね表されることと，同式に対する実験値のばらつきの程度は，概ねアースドリル杭と同程度であることがわかる．また，解説図 6.2.12 によれば，PHC 杭のコンクリートのヤング係数に従来から慣用的に用いられている値（$4\times10^4\,\text{N/mm}^2$）は，圧縮強度 80〜105 N/mm² の範囲の平均的な値であるといえる．そこで本指

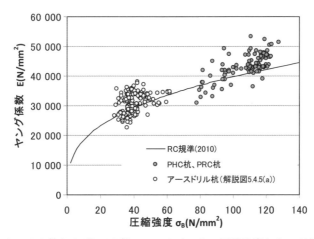

解説図 6.2.12　PHC 杭および PRC 杭のコンクリートの圧縮強度とヤング係数との関係

針では，従来から用いられている値をそのまま用いることとした．

なお軸方向力による平均軸方向応力度 σ_0 の範囲は，PHC 杭においては，解説図 5.5.2 および解説図 5.5.8 に示す曲げ実験の範囲と，PRC 杭においては解説図 5.5.16 および解説図 5.5.21 に示す曲げ実験の範囲と概ね一致させている．

3. せん断変形

PHC 杭の場合には，せん断ひび割れ発生後にすぐにせん断強度に達することが多く，せん断変形に対する実験的検証がほとんどないのが現状である．PRC 杭の場合には，軸方向鉄筋およびせん断補強筋の効果で，せん断ひび割れ発生から強度が増大するが，せん断変形に対する実験的検証がほとんどない．ただし，場所打ち鉄筋コンクリート杭と同様に，径に対する長さの比（長さ／径比）が大きいことが多く，曲げ変形が卓越することから，計算の簡略化のためにせん断変形を無視することができる．

杭の長さ／直径比が 5.0 以下の場合等でせん断変形が無視できない場合には，せん断ひび割れを防止することを前提に，せん断力とせん断ひずみの関係を弾性と仮定してよい．その場合には，(解 6.2.1)式を参考にして，場所打ち鉄筋コンクリート杭を PHC 杭または PRC 杭に読み替えて，せん断力に対する剛性を設定すればよい．ただし，PHC 杭および PRC 杭のコンクリートのヤング係数には $4.0 \times 10^4 \, \text{N/mm}^2$ を用いる．

4. 曲げ変形

PHC 杭の杭体の曲げひび割れモーメントに採用した (6.2.9) 式は，(解 5.5.1) 式でコンクリートの曲げひび割れ強度を $f_t = 0.56\sqrt{F_c}$ としたものである．前述したように $F_c = 80 \, \text{N/mm}^2$ とすると $f_t = 5.0 \, \text{N/mm}^2$ となる．(解 5.5.1) 式による計算値は，解説図 5.5.2(b) で示したように，実験結果との対応が比較的良い．PRC 杭においても，同様なことがいえる〔解説図 5.5.16〕．そこで，曲げ変形を計算する際の曲げひび割れ強度として，(解 5.5.1) 式に基づく，(6.2.9) 式および (6.2.13) 式を採用した．

曲げひび割れの発生以降の，曲げモーメントと曲率の関係は，断面の平面保持を仮定して，5.5.1 項および 5.5.2 項の安全限界曲げモーメントの算定方法の解説と同じ方法による．コンクリートおよび，PC 鋼材，鉄筋の応力度〜ひずみ関係は，PHC 杭の場合には解説図 5.5.6 と，PRC 杭の場合には解説図 5.5.19 と同じとする．

解説図 6.2.13 に PHC 杭の曲げ試験における，加力点たわみの実験値と計算値との比較例[6.2.14]を示す．載荷方法は，中央 2 点を載荷して純曲げ部分を設ける方式で，単調載荷と繰返し載荷が実施されている．試験体は，杭外径 600 mm の B 種である．加力点たわみの計算値は，断面解析によって算定した曲率を積分したものである．これより，荷重〜たわみ関係の形状については，概ね実験値と計算値が一致していることとがわかる．

解説図 6.2.14 に鋼材が降伏するときの曲げモーメントの実験値[6.2.13],[6.2.14]と計算値との比較を示す．既製コンクリート杭の鋼材降伏時曲げモーメント M_y の実験値は非常に少ないのが現状であるが，この文献の範囲では M_y の実験値と計算値との対応が比較的良いことが分かる．また，鋼材降伏時の曲率 ϕ_y についても今後のデータの蓄積が望まれる．

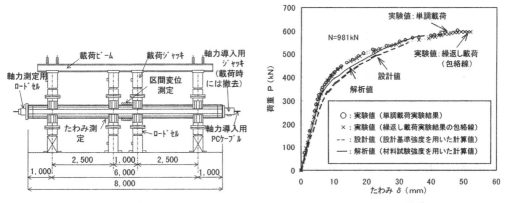

解説図 6.2.13 PHC 杭の曲げ変形の実験値と計算値との比較例[6.2.14]

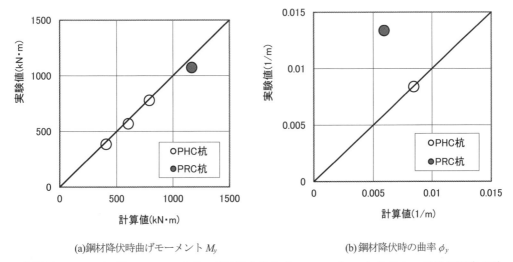

(a)鋼材降伏時曲げモーメント M_y (b)鋼材降伏時の曲率 ϕ_y

解説図 6.2.14 既製コンクリート杭の鋼材降伏時曲げモーメント M_y と曲率 ϕ_y の実験値[6.2.13]〜[6.2.14] と計算値との比較

 本指針では，PHC 杭と PRC 杭には，曲げ降伏後の変形性能を考慮しないこととしている．$M-\phi$ 関係においては，図 6.2.1〜6.2.2 に示すように断面解析によって得られた $M-\phi$ 関係（点線）を修正して，OAD のバイリニアの $M-\phi$ 関係を用い，D 点以降の変形性能を考慮しないモデル化とする．

参考文献

6.2.13) 金子 治・中井正一・飯場正紀・平出 務・向井智久・阿部秋男：大地震時に対する耐震性能評価のための既製コンクリート杭の強度変形特性，日本建築学会技術報告集，第 21 巻，第 47 号，pp. 95〜98，2015

6.2.14) 松村孝夫・浅野真一朗・山田 淳・木場将雄・伊藤浩二・岩本 勲：PHC 杭の変形性能実験に基づく建物基礎の地震応答解析，日本建築学会技術報告集，第 9 号，pp.71〜76，1999

6.3 杭周辺地盤のモデル化

1. 解析モデルは，杭の各節点の水平方向に水平地盤ばねを，鉛直方向は杭の各節点に周面摩擦ばねおよび杭先端に先端ばねを適切に配置する．
2. 地盤と杭の間に設定する地盤ばね定数は，基礎指針等を参考に適切な数値を設定する．各ばねは，原則として地盤の塑性化を考慮した弾塑性ばねを基本とする．

1. 地盤ばねの配置

地盤ばねの配置は 4.1 節 3. による．

2. 杭周辺地盤のばねの設定方法

（1） 水平地盤ばねの評価に関する提案

杭周辺地盤のばねの評価方法として，本会では「基礎指針(「建築基礎構造設計指針(2001)」[6.3.1])」に水平地盤反力係数 k_h および塑性水平地盤反力 p_y の評価式が示されており，これを水平地盤ばねの評価として用いることを基本とする．適用にあたっては，設定の考え方を理解したうえで，対象敷地で得られている地盤情報と評価方法の関連性や地盤のひずみレベル等を考慮することが必要である．

$$\left.\begin{array}{l} k_h = k_{h0} \cdot y^{-1/2} \quad (y \geq 0.1), \text{ただし，} k_h \cdot y \leq p_y \\ = 3.16 \cdot k_{h0} \quad (y < 0.1) \end{array}\right\} \quad \text{(解 6.3.1)}$$

記号　　k_h：水平地盤反力係数（kN/m³）

　　　　k_{h0}：杭の水平変位 10 mm 時の基準水平地盤反力係数（kN/m³）で，次式による．

$$k_{h0} = \alpha \cdot \xi \cdot E_0 \cdot B^{-3/4} \quad \text{(解 6.3.2)}$$

　　　　α：定数（1/m）で，粘性土で N 値から E_0 を導く場合は 60，それ以外は 80 とする．

　　　　E_0：地盤の変形係数（kN/m²）で，ⅰ）ボーリング孔内で測定，ⅱ）一軸または三軸圧縮試験から求める，ⅲ）対象土層の標準貫入試験による平均 N 値より $E_0 = 700N$ で推定，のいずれかによる．

　　　　B：杭径（本式では杭径を cm で表した無次元数値とする）

　　　　y：水平変位量を cm 単位で表したときの無次元の数値

　　　　ξ：群杭効果を考慮した係数〔本節解説（4）参照〕

$$\left.\begin{array}{ll} P_y = \kappa \cdot K_p \cdot \gamma \cdot z & \text{（砂質土）} \\ = \lambda \cdot c_u & (z \geq 2.5B) \\ = 2[1 + \mu \cdot z/B] c_u & (z \geq 2.5B) \end{array}\right\} \text{（粘性土）} \quad \text{(解 6.3.3)}$$

記号　　P_y：塑性水平地盤反力（kN/m²）

　　　　κ：群杭効果を考慮した係数〔本節解説（4）参照〕で，単杭の場合は ＝3.0 とする

　　　　K_p：受働土圧係数（$=(1+\sin\phi)/(1-\sin\phi)$）

　　　　ϕ：内部摩擦角

γ：単位体積重量（kN/m^3）

z：杭頭からの深度（m）

λ：群杭効果を考慮した係数〔本節解説（4）参照〕で，単杭の場合は＝9.0とする

c_u：非排水せん断強度（粘着力）（kN/m^2）

μ：群杭効果を考慮した係数〔本節解説（4）参照〕で，単杭の場合は＝1.4とする

B：杭径（m）

これらの関係から設定した地盤ばねを応力解析に適用する場合には，折れ線モデルとしなければならないことが多く，基準水平地盤反力係数およびそれに対応する水平変位に基づくモデル化[6.3.2]の提案がある．また，動的解析への適用を想定した弾性論に基づく提案[6.3.3]もある．

また，建築物の基礎では安全限界状態設計に関する知見が少ない．そのため，特に安全限界状態に対する設計のための地盤ばねの設定にあたっては最新の研究成果を参照し，その知見に基づくことが望ましい．

（2） 杭先端地盤ばね定数および杭周面摩擦ばね

杭の荷重〜沈下関係に関しては，「基礎指針」[6.3.4]には周面摩擦力度と沈下量の関係について図6.3.1のようなバイリニア型のモデル化が，先端抵抗と沈下量の関係としては，場所打ちコンクリート杭に関しては（解6.3.4）式が示されている．ここから地盤ばねを設定することが可能であるが，これらの関係は沈下の検討に用いるために杭の静的載荷試験から導かれたもので，地震時の検討への適用については十分検証されていない．また，試験結果のばらつきも大きく，変位にはクリープ成分も含まれており，ばね定数の数値は小さめの評価となる可能性がある．適用にあたっては，これらを理解したうえで，幅を持った設定をするなど安全性の確保に配慮することが必要である．

$$\frac{S_p/d_b}{0.1}=0.3\frac{R_p/A_p}{R_{pu}/A_p}+0.7\left[\frac{R_p/A_p}{R_{pu}/A_p}\right]^2 \qquad (解6.3.4)$$

記号　S_p：杭先端沈下量（m）

d_b：杭先端直径（m）

R_p：杭先端荷重（kN）

A_p：杭先端断面積（m^2）

R_{pu}：極限先端支持力（kN）

またこれとは別に，（解6.3.4）式右辺の係数0.3を記号α（0.7は$1-\alpha$），指数2をnで表すと，砂質土で$\alpha=0.23$，$n=2.70$，砂礫で$\alpha=0.12$，$n=3.31$とする提案[6.3.5]もある．

他の施工法の杭については，打込み杭は，杭先端のばね定数は一般に場所打ち杭より大きい傾向があるが，安全側の判断として（解6.3.4）式を準用してもよい．埋込み杭（鋼管杭および既製コンクリート杭）については載荷試験結果を参照して適切な関係を導くものとしている[6.3.4]が，$\alpha=0.20$，$n=3.98$とする提案[6.3.6]もある．周面摩擦〜沈下量関係についても地盤種別ごとに双曲線やトリリニア型の折れ線モデルで表した提案[6.3.7]がある．

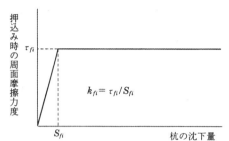

k_{fi}：i 層の周面摩擦に関する地盤反力係数(kN/m³)
S_{fi}：i 層の周面摩擦力度が最大になるときの沈下量(m)
　　　杭種，杭の施工法により 5~20mm
τ_{fi}：i 層の極限周面摩擦力度(kN/m²)

解説図 6.3.1　押込み時の摩擦力度−杭の沈下量関係[6.3.4]

　これらの提案はいずれも静的載荷試験に基づくものであり，適用にあたっては上記と同じ注意が必要である．また，応力解析に適用する場合の折れ線モデル化は，水平地盤ばねと同様に得られた曲線に内接する折れ線とする方法[6.3.8]が考えられる．

（3）　鉛直地盤ばねのモデル化における引抜き方向載荷の評価および常時（長期）荷重の考慮

　鉛直地盤ばねは押込みと引抜きで異なるが引抜き方向載荷に対するデータは十分でない．基礎指針では杭先端地盤ばねは抵抗力度を 0 とし，杭周面摩擦ばねについては，勾配は両方向同じで，最大値は引抜き時の残留周面摩擦応力度を用いるモデル化例[6.3.9]が示されている．

　また，常時荷重については，初期荷重として与えてから地震力に対する解析を行う方法もあるが，以下のような課題もあり，設計者の判断により常時荷重時の計算は地震荷重で用いる解析モデルとは別に行なってよい．ただし，地震荷重に対する解析でも杭体の初期軸力として常時荷重による軸方向応力を考慮する必要がある．

・常時荷重の算定では，一般に施工過程を考慮せずにすべての建物荷重を同時に与えるが，この方法により得られた負担軸力は実際の現象とは異なっている可能性があり，たとえば不同沈下

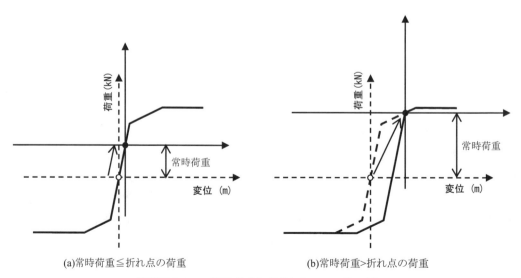

解説図 6.3.2　常時荷重を考慮したモデル化の例

量の影響を過大評価することが考えられる．一方で，施工過程を厳密に再現することは困難である．

・常時荷重および地震荷重は載荷速度が異なるが，地盤の荷重～変位関係は載荷速度に依存することも考えられ，単純累加が適切でない可能性がある．

常時荷重を初期荷重として与える場合は，解説図6.3.2(a)のように荷重～変位関係の原点を移動してモデル化することが考えられるが，杭頭付近の杭周面摩擦ばねは常時荷重で最大周面摩擦応力度を超える可能性があり，解説図6.3.2(b)のように常時荷重載荷時の軸力分布をもとにモデル化方法を深度ごとに逐次見直す必要がある．

（4）群杭効果の評価

（1），（2）の地盤ばね定数の提案の基となっている杭の載荷試験や弾性解は基本的に単杭を対象としており，群杭効果の影響は直接考慮されていない．群杭効果は，杭間隔・配置，杭径，地盤条件等で異なってくるが，基本的に基礎指針[6.3.1)]に示された方法により，基準水平地盤反力係数および塑性水平地盤反力について群杭の影響を考慮した係数を考慮する．群杭効果の適用は設計者の判断によるが，これを考慮しない場合は危険側の設定になる可能性に配慮する必要がある．

基準水平地盤反力に考慮する群杭効果：(解6.3.2)式の記号 ξ

$$\left.\begin{array}{l}\xi=0.15R/B+0.10 \quad :R/B\leqq6.0\\ =1.0:R/B>6.0\end{array}\right\} \quad (解6.3.5)$$

塑性水平地盤反力 P_{max} に考慮する群杭効果（後方にある杭で考慮）：(解6.3.3)式の記号 κ, μ, λ

砂質土　$\kappa=(0.55-0.007\phi)\left[\dfrac{R}{B}-1.0\right]+0.4 \quad \kappa\leqq3.0$ とする　　　(解6.3.6)

粘性土　$\dfrac{R}{B}<3.0$ の場合　$\mu=0.6\dfrac{R}{B}-0.4, \quad \lambda=3.0\dfrac{R}{B}$

　　　　$\dfrac{R}{B}<3.0$ の場合　$\mu=1.4, \quad \lambda=9.0$　　　　　　　　　　　　(解6.3.7)

記号　　R：検討方向の杭間距離（m）
　　　　B：杭の直径（m）
　　　　ϕ：内部摩擦角（度）

なお，係数 ξ について基礎指針では「群杭中で杭が占める位置関係の影響がそれほど大きくないため，設計の利便性を考慮して群杭中のすべての杭で同じ評価値を用いる」[6.3.1)]としている．

鉛直地盤ばね定数の群杭効果も研究成果が少ないことは同様であるが，きわめて近接して杭が配置されているケースなどでは設計への影響は無視できないと考えられる．ただし，実際の設計に用いることのできるような評価方法は提案されておらず，基礎指針に示された群杭の沈下量の計算方法[6.3.10)]等を参考に設計者の判断により適切な評価を行う必要がある．

（5）液状化地盤における地盤ばねの設定方法

液状化が発生する可能性が高いと判定された地層では，過剰間隙水圧比の上昇に伴う有効応力の減少およびそれに伴う剛性低下の影響を考慮して地盤ばねを評価する必要がある．ただし，有効応

力を厳密に予測するためには有効応力解析を行って時刻歴で評価する必要があるが，解析には精度の高い多くの地盤情報と高度な判断を要する．そこで，基礎指針の方法により液状化の可能性があると判定された層では（解6.3.1）～（解6.3.3）により導かれた水平地盤反力係数および塑性水平地盤反力に，基礎指針[6.3.11)]に示された低減率 β〔解説図6.3.3〕を乗じて低減し，杭周面摩擦ばね値および杭先端ばね値は0とする．

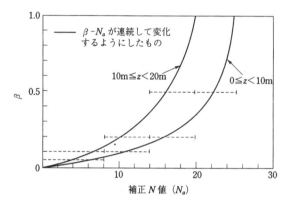

解説図6.3.3 液状化による低減率[6.3.11)]

上記の水平地盤反力係数の低減率はすべての荷重ステップで同じであるわけではない．さらに，地盤変位増分は地盤の非線形化に依存し，特に液状化地盤では液状化によって急激に大きくなると考えられ，設計用地震力（杭頭水平力）と設計用地盤変位を同じ増分とした解析とは異なる現象が生じる可能性が高い．しかしながら，現段階ではこれを定式化することは困難であり，かつ深さごとにも地盤変位の時刻歴は異なってくるため非常に複雑な現象となる．実用上は液状化地盤においても，最初の荷重ステップから水平地盤反力係数を低減したうえで，同じ時刻に設計用地震力（杭頭水平力）と設計用地盤変位の最大値が生じるものとして一定増分で加える手法を用いざるをえないが，設計用地震力（杭頭水平力）と設計用水平地盤変位との組合せ方法およびばね定数の設定において，設計上安全側となるような複数のケースについて検討することが望ましい．

参考文献

6.3.1) 日本建築学会：建築基礎構造設計指針，pp.267～284, 2001
6.3.2) 渡辺一弘・勅使川原正臣・田村昌仁・冨永晃司・国府田誠・佐藤秀人・根本 恒・金子 治：一体解析による耐震性能評価手法の検討 その1 地盤ばねの設定，日本建築学会大会学術講演梗概集 B-1, pp.509～510, 2004
6.3.3) 日本建築学会：建物と地盤の動的相互作用を考慮した応答解析と耐震設計，pp.152～193, 2006
6.3.4) 前掲6.3.1), pp.224～228
6.3.5) 持田 悟・萩原庸嘉・森脇登美夫・長尾俊昌：場所打ちコンクリート杭の支持力性能 その1 先端荷重－先端沈下特性，日本建築学会大会学術講演梗概集 B-1, pp.725～726, 2000
6.3.6) 山肩邦男・伊藤淳志・田中 建・倉本良之：埋込み杭の極限先端荷重および先端荷重～先端沈下量特性に関する統計的研究，日本建築学会構造系論文集，第436号，pp.81～89, 1992.6

6.3.7) 伊勢本昇昭・桂　豊・山田　毅：場所打ちコンクリート杭の支持力性能　その2 周面摩擦力—変位特性」日本建築学会大会学術講演梗概集 B-1, pp.727～728, 2000
6.3.8) 金子　治・田村昌仁・冨永晃司・国府田誠・佐藤秀人・青木健三：一体解析による耐震性能評価手法の検討　その10 杭先端地盤ばねの影響，日本建築学会大会学術講演梗概集 B-1, pp.493～494, 2005
6.3.9) 前掲 6.3.1), pp.246～247
6.3.10) 前掲 6.3.1), pp.230～234
6.3.11) 前掲 6.3.1), p.69

鉄筋コンクリート基礎構造部材の耐震設計指針（案）・同解説

2017年3月10日　第1版第1刷

編　集　一般社団法人　日本建築学会
著作人
印刷所　株式会社　東京印刷
発行所　一般社団法人　日本建築学会
　　　　108-8414　東京都港区芝5-26-20
　　　　電　話・(03)3456-2051
　　　　FAX・(03)3456-2058
　　　　http://www.aij.or.jp/

発売所　丸善出版株式会社
　　　　101-0051　東京都千代田区神田神保町2-17
　　　　　　　　　神田神保町ビル
　　　　電　話・(03)3512-3256

Ⓒ 日本建築学会 2017

ISBN978-4-8189-0640-2　C3052